Rosemarie Nave-Herz (Hrsg.)
Familiensoziologie

Rosemarie Nave-Herz (Hrsg.)

Familiensoziologie

Ein Lehr- und Studienbuch

DE GRUYTER
OLDENBOURG

ISBN   978-3-486-72123-2
e-ISBN 978-3-486-85606-4

Bibliografische Information der Deutschen Nationalbibliothek
Die Deutsche Nationalbibliothek verzeichnet diese Publikation in der Deutschen Nationalbiblio-
grafie; detaillierte bibliografische Daten sind im Internet über http://dnb.dnb.de abrufbar.

Library of Congress Cataloging-in-Publication Data
A CIP catalog record for this book has been applied for at the Library of Congress.

© 2014 Oldenbourg Wissenschaftsverlag GmbH
Rosenheimer Straße 143, 81671 München, Deutschland
www.degruyter.com
Ein Unternehmen von De Gruyter

Lektorat: Doris Funke, Annette Huppertz
Herstellung: Tina Bonertz
Grafik: Irina Apetrei
Druck und Bindung: CPI books GmbH, Leck

Gedruckt in Deutschland
Dieses Papier ist alterungsbeständig nach DIN/ISO 9706.

Vorwort

In den letzten Jahren sind eine Reihe von familiensoziologischen Einführungsbüchern erschienen (z. B. von Hill/Kopp 2004; Huinink/Konitzka 2007; Schneider 2009; Nave-Herz 2013). Der vorliegende Band unterscheidet sich von den bisherigen zum einen, weil er sich nicht allein an Studierende der Soziologie wendet, sondern auch an Studierende der Politikwissenschaft, Erziehungswissenschaft/Pädagogik, Sonderpädagogik, Psychologie, Sozialarbeit und Pflegewissenschaft, also auch an jene, für die familiensoziologisches Wissen direkt oder zusätzlich zu ihrem Fachwissen für ihre spätere berufliche Praxis notwendig ist. Dieses genannte Ziel bestimmte die inhaltliche Auswahl. Es wurden vornehmlich aktuelle gesellschaftliche und für die genannten Studiengänge relevante Themen berücksichtigt. Zum anderen unterscheidet sich dieser Band von den anderen Einführungswerken in seiner Gesamtkonzeption. Die besondere Aufgabe der Familiensoziologie besteht – im Vergleich zu anderen wissenschaftlichen Disziplinen, deren Forschungsprogramm sich ebenso auf die Familie und familienrelevante Fragestellungen beziehen – darin, dass sie sich einerseits auf Gegenwartsanalysen von inner- und außerfamilialen Beziehungen konzentriert, andererseits hierbei ebenso die Makroperspektive und insbesondere auch gesamtgesellschaftliche Veränderungen in ihre Analysen einbezieht. Ihr erkenntnisleitendes Interesse erstreckt sich dabei zugleich auf die Aufdeckung von gegebenen (z. T.bisher nicht erkannten) oder zu erwartenden Spannungen und Konflikten innerhalb des Familiensystems und zwischen diesem und anderen gesellschaftlichen Teilbereichen als Folge gesamtgesellschaftlicher und anderer gesellschaftlicher Veränderungen. Dieses Wissen ist für berufliches Handeln, bezogen auf die Familien, notwendig, um realitätsadäquate und damit effektive Erkenntnisse und potentielle Lösungswege im Hinblick auf familiale und gesamtgesellschaftliche Probleme zu finden. Mit dem vorliegenden Band wurde versucht, diese „Aufklärungs- und Hilfsfunktion" der Soziologie neben ihrer Dokumentationsfunktion der gegenwärtigen sozialen Lage der Familien zu erfüllen.

Der Band präsentiert nicht nur deskriptiv die umfangreichen empirischen Forschungsergebnisse der gesamten Familiensoziologie (einschließlich ihrer wissenschaftstheoretischen Ansätze) und zeigt die noch offenen Fragen und Forschungslücken auf, sondern es werden in allen Kapiteln die durch den abgelaufenen Modernisierungs- und Differenzierungsprozess entstandenen Veränderungen, Probleme, Spannungen und Konflikte innerhalb des Systems Familie und zwischen diesem und anderen gesellschaftlichen Teilbereichen benannt und z. T. explizit, z. T. implizit analysiert. Insofern stehen die einzelnen Beiträge nicht additiv nebeneinander, sondern diese Perspektive bildet ihre konzeptionelle Rahmung.

Ferner wird in allen Beiträgen von einem Familienbegriff ausgegangen, der als essentielles Kriterium nicht das Ehesubsystem und die Haushaltsgemeinschaft, sondern die Generationendifferenzierung betont. Der Begriff bezieht sich sowohl auf die Kernfamilie (Mutter- und/oder Vater und Kind bzw. Kinder) als auf die Mehrgenerationenfamilie (vgl. hierzu ausführlicher Nave-Herz 2013: 53 f.).

In einem Einführungsbuch ist es nicht möglich, alle Themen bis ins Detail zu behandeln. Um sich mit einzelnen Fragestellungen eingehender auseinandersetzen zu können, wird nach jedem Beitrag auf entsprechende weiterführende Literatur verwiesen. Da der Band – wie der Titel bereits ankündigt – auch zum Selbststudium verfasst wurde, sind jeweils Wiederholungs- bzw. Übungsaufgaben am Schluss eines jeden Beitrags angefügt, um zur Reflexion über seinen Inhalt anzuregen.

Ganz besonders bedanken möchte ich mich bei Herrn Dr. Michael Feldhaus, der mir nicht nur für meine eigenen Beiträge wichtige Hinweise und Anregungen gab, sondern auch die technische Herstellung des Bandes leitete mit der Hilfe von Frau Hertel. Auch bei ihr möchte ich mich für ihre Unterstützung bedanken.

Oldenburg, im Januar 2014   Rosemarie Nave-Herz

Inhaltsverzeichnis

1 Der Wandel der Familie zum spezialisierten gesellschaftlichen System im Zuge der allgemeinen gesellschaftlichen Differenzierung unserer Gesellschaft

Rosemarie Nave-Herz

1.1 Vorbemerkung

Der historische Rückblick soll die Möglichkeit bieten, das Besondere unserer heutigen Ehe und Familie herauszustellen. Durch das Eingebundensein in die gegenwärtige Gesellschaft sind wir zumeist gar nicht in der Lage, das Besondere der Jetztzeit zu erkennen; unsere heutigen Lebensformen gelten als selbstverständlich, als immer da gewesen.

Ferner muss immer wieder betont werden: Gesamtgesellschaftliche und familiale Entwicklungstendenzen finden jeweils ihre gegenseitige Entsprechung, zuweilen zwar mit hohen Anpassungskosten für eine oder sogar für beide Seiten. Dieser wechselseitige gesamtgesellschaftliche und familiale Zusammenhang zeigt, dass Familie nicht als eine „naturhafte Gemeinschaft" aufzufassen ist. So haben sich Ehe und Familie in unserem Kulturkreis immer wieder gewandelt, in Form und Sinnzuschreibung, ohne aber ihre Bedeutung für den Einzelnen und für die Gesamtgesellschaft verloren zu haben.

Der Wandel der Familie zum spezialisierten gesellschaftlichen System erstreckte sich über Jahrhunderte; im Übrigen gingen alle mit Ehe und Familie zusammenhängende Veränderungen unendlich langsam vor sich. Viele Prozesse des familialen Wandels verliefen ferner keineswegs unilinear und betrafen häufig zunächst nur eine bestimmte Bevölkerungsgruppe oder eine bestimmte soziale Schicht. Manche Prozesse wirkten in verschiedenen Räumen und sozialen Milieus stark phasenverschoben (Mitterauer 1989: 179). Auch unterschiedliche „Familienrhetoriken"– um einen Begriff von Lüscher (1994) aufzugreifen – liefen gleichsam viele Jahrhunderte nebeneinander her, z. B. christliche Heilslehren, katholisch-sakrale und protestantische sowie naturrechtliche Vorstellungen von Ehe und Familie.

Im folgenden Beitrag möchte ich – makroperspektivisch – den Prozess der funktionalen Spezialisierung von Familie herausarbeiten, wobei diese Ergebnisse mithilfe individualistischer Erklärungsansätze und ihren Forschungsergebnissen ergänzt werden.

1.2   Theoretische und begriffliche Vorüberlegungen

Als „funktionale Differenzierung" wird hier mit Esser „die Unterteilung des sozialen Systems der Gesellschaft in *arbeitsteilig* spezialisierte, deshalb typisch unterschiedliche und in Austausch befindliche Systeme der Nutzenproduktion bezeichnet" (2000: 64).

Der Begriff „Funktion" ist im Folgenden nicht im Sinne des klassischen Funktionalismus – z. B. Parsons'scher Prägung[1]– zu verstehen, sondern meint – in Anlehnung an das vorherige Zitat – „Leistungen" im Austauschprozess mit anderen sozialen Systemen. Mit der Verwendung des Systembegriffs wird hier allein das interdependente Verhältnis zwischen den Einzelsystemen und seinen relevanten Umwelten, seine Wechselbeziehungen und Verflechtungen zu koexistenten Systemen, betont. Es wird also davon ausgegangen, dass an soziale Systeme – so auch an familiale Systeme – sowohl systemexterne Anforderungen, Erwartungen seitens der Systemumwelt als auch systeminterne Bedürfnisanforderungen seitens der Systemmitglieder gestellt werden. Ohne auf die Systemtheorie selbst und ihre verschiedenen Varianten (vor allem auch auf die Theorie autopoietischer Systeme von Luhmann) eingehen zu können, sei weiterhin darauf hingewiesen, dass in diesem Beitrag von der Grundannahme ausgegangen wird, dass gesellschaftliche Differenzierungen als Systembildungsprozesse insbesondere durch Komplexitätssteigerung und zunehmende Leistungsspezialisierung ausgelöst werden; m. a. W., dass die Systemdifferenzierung Folge von gestiegener externer und interner Spezialisierung zum Zwecke der Komplexitätsreduktion ist.

Nach Luhmann (1978: 17 ff.) erfolgt die Reduktion von Komplexität über das Steuerungskriterium „Sinn", weil aus der gesellschaftlichen Komplexität und der Vielfältigkeit von Optionen nach dem vorhandenen Sinnkriterium selektiert und Entscheidungen gesteuert werden. In der Logik der funktionalen Differenzierungstheorie ist jedoch der Begriff „funktionales Systemziel", aus dem sich bestimmte funktional spezialisierte Leistungen ableiten, treffender als der des „Sinns".

Unbestritten ist seit den 1970er Jahren, dass die Familie als soziales System gelten kann (vgl. Neidhart 1976; Tyrell 1976; Broderick/Smith 1979: 112; Kaufmann 1994: 42 ff.); umstritten ist dagegen gegenwärtig noch, ob Familie als gesellschaftliches Teilsystem oder Funktionssystem zu bestimmen ist. Ohne diese Diskussion hier nachzuvollziehen und kritisch erörtern zu können, spreche ich im Folgenden vom „System Familie" und möchte damit betonen, dass im Zuge der funktionalen Differenzierung unserer Gesellschaft die Familie als gesellschaftlich spezialisiertes System mit einer spezifischen Sinn- und Handlungslogik für andere gesellschaftliche Systeme spezialisierte Leistungen zu erbringen hat.

In Bezug auf Systemdifferenzierungen werden keine evolutionistischen Entwicklungstrends postuliert. So sind sowohl Entdifferenzierungsprozesse als auch Systemauflösungen (Esser 2000: 67) möglich. Vor allem kann es auch zu neuen Spannungen zwischen verschiedenen gesellschaftlichen Systemen durch ihre unterschiedliche dynamische Entwicklung kommen. Schon Luhmann hat 1970 darauf hingewiesen, dass eine Steigerung funktionaler Differenzie-

---

[1]   „Parsons ging es [...] nicht darum, die spezifischen Merkmale kapitalistischer, bürokratisierter, zivilisierter Gesellschaften herauszufinden, sondern um eine universell gültige, allgemeine Theorie [...] Parsons versuchte einen hochabstrakten analytischen Bezugsrahmen zu entwickeln. Er untersuchte die Stabilität einzelner Systeme in ahistorischen Zusammenhängen. Ein System weist bei Parsons bestimmte zentrale Strukturen auf (deshalb: Strukturfunktionalismus), an deren Erhalt das System", das gesellschaftliche Gesamtsystem, „ein Interesse hat" (Treibel 1993: 25).

rung bedeuten könnte, dass „das System einerseits störanfälliger, andererseits leistungsfähiger" würde (Luhmann 1970: 124).

Erst in der zweiten Hälfte des 18. Jahrhunderts begann der Prozess der funktionalen Differenzierung und Spezialisierung, und zwar zunächst im wohlhabenden Bürgertum und verbreitete sich dann mit zunehmender Industrialisierung. Die verursachenden Bedingungen dieses Wandels sind in der Literatur vielfach benannt worden: Erst infolge ökonomischer und technischer Veränderungen, dem Wandel der Produktionsverhältnisse sowie gesamtgesellschaftlicher Leitideen im Zuge der allgemeinen funktionalen Differenzierung unserer Gesellschaft wurde auch die Familie zu einem System mit funktionaler Spezialisierung.

1.3   Die Familie in der vorindustriellen Zeit

In vormoderner Zeit waren Familien funktional diffus[2], d. h. das Familiensystem hatte die vielfältigsten funktionalen Leistungen zu erbringen: die Reproduktionsfunktion, die Kranken- und Altenversorgung, die Sozialisations- und Platzierungsfunktion, die Versicherung gegen Arbeitsunfähigkeit, die wirtschaftliche Vorsorge für Notlagen, die Sterbebegleitung und Bestattung ihrer Mitglieder, überhaupt ihre emotionale fürsorgliche Unterstützung. Ferner hatte sie die Weitergabefunktion von religiösen Riten zu garantieren usw. Das Familiensystem wurde in diesen Leistungserbringungen in starkem Maße vom Verwandtschaftssystem unterstützt. Die Grenzen zwischen Familien- und Verwandtschaftssystem waren nämlich in jener Epoche „offen", zuweilen bereits durch die Wohnweise bedingt.

Die aufgelisteten Leistungen wurden an alle Familien gestellt, gleichgültig welche Struktur das konkrete Familiensystem aufwies. Denn – entgegen weit verbreiteter Vorstellungen – bestanden zu allen Zeiten in unserem Kulturbereich verschiedene Familienformen nebeneinander, die sich in ihrer Personenzahl, Rollenzusammensetzung, Binnenstruktur, in ihren Außenbeziehungen zu anderen gesellschaftlichen Systemen z. T. sehr stark unterschieden.

So gab es z. B. in der vorindustriellen Zeit nicht nur – wie häufig sogar noch heute, selbst in wissenschaftlicher Literatur, zu lesen ist – allein den Typ des „ganzen Hauses" (vgl. Brunner 1966), gekennzeichnet durch die Einheit von Haushalt und Betrieb (landwirtschaftlichem, gewerblichem oder handwerklichem). Diese Familienform wird im Folgenden mit „Haushaltsfamilie mit Produktionsfunktion" benannt. Auf die Familien ohne Produktionsfunktion wird später eingegangen.

Zwischen den *Haushaltsfamilien mit Produktionsfunktion* gab es große strukturelle Differenzen: So zählten einerseits zu ihnen die kleinbäuerlichen Familien, die Handwerks- und Handelsbetriebe, deren Haushalt nur die Kernfamilie (die Eltern und Kinder) umfasste. Zuweilen lebte noch ein unverheirateter Verwandter oder ein Knecht bzw. Geselle oder eine Magd mit ihnen, wenn der Betrieb auf Arbeitskräfte angewiesen war und wenn der Bauer, Handwerker oder Händler sich dies leisten konnte (Gestrich 2008: 82).

Andererseits gab es die „großen Haushaltsfamilien mit Produktionsfunktion", die zuweilen bis zu 15 Personen umfassten. Die Zahl der Haushaltmitglieder war abhängig von Art und Umfang der Produktionsfunktion. Die Lehrlinge, Handwerksgesellen, die Knechte und Mäg-

---

[2]   Ich verwende hiermit die Begriffsdifferenzierung von Esser: „Soziale Systeme, die mehrere Funktionen gleichzeitig erfüllen, werden auch als funktional diffus bezeichnet, soziale Systeme, die eine ganz spezielle Aufgabe übernommen haben und nur diese ausüben, als funktional spezifisch" (Esser 2000: 65).

de, die Handlungsdiener usw. lebten im Haushalt – wie es damals hieß – ihres „Brotherrn" und waren dessen Hausgewalt unterstellt. Diese Familienform hatte – quantitativ gesehen – eine Minoritätenstellung inne, genoss aber in damaliger Zeit wegen ihrer weit besseren ökonomischen Lage als alle übrigen Familientypen hohes Ansehen (ausführlicher Nave-Herz 2013: 43 f.).

Neben der Variabilität in Bezug auf die Zahl der personellen Zusammensetzung bedingte sowohl in den Kernfamilien mit Produktionsfunktion als auch in den großen Haushaltsfamilien die jeweilige Produktionsweise (Landwirtschaft/Handwerk/Handel) unterschiedliche Lebensweisen. Für alle Familien mit Produktionsfunktion galt, dass der Betrieb den familialen Mittelpunkt bildete, weswegen sie als Haushaltsfamilien zu kennzeichnen sind. Von ihnen wurde weiterhin eine betriebliche Ausbildungsfunktion in Bezug auf die nächste Generation erwartet.

In jenen Familien war ferner die Ehe der Herkunftsfamilie untergeordnet; sie war nicht als familiales Subsystem mit eigener Sinnzuschreibung und mit eigenen Systemgrenzen usw. beschreibbar. So war auch in diesen Familien in der vorindustriellen Zeit eine nur bedingt freie Partnerwahl möglich. Denn nicht das „romantische Liebesideal" legitimierte die eheliche Verbindung, sondern die Partnerwahlkriterien waren das Arbeitsvermögen eines Partners oder einer Partnerin, die Gesundheit, bestimmte Persönlichkeitsvariablen (Fleiß, Zuverlässigkeit, Integrationsvermögen) und die Höhe der Mitgift. In diesen besitzenden Schichten herrschten die arrangierten Ehen vor, d. h. die Partnerauswahl und die Abstimmung über die materielle Ausstattung der Kinder bei Eheschließung wurde zwischen den beiden Herkunftsfamilien getroffen. Diese bestimmten deshalb die Ehepartnerwahl mit, weil diese Auswirkungen auf den gesamten Familien- und Produktionsbereich hatte; deshalb konnte sie nicht einem Einzelnen überlassen bleiben. Diese arrangierten Ehen waren aber keinesfalls Zwangsverheiratungen bzw. Zwangsehen (ausführlicher Nave-Herz 2013: 120 ff.), denn die Zustimmung beider zukünftigen Ehepartner war in unserem Kulturkreis immer Voraussetzung für eine Eheschließung. Ausnahmen von dieser Norm gab es zuweilen in Bezug auf adlige Verlöbnisse und Trauungen.

Auch für die *Haushaltsfamilien ohne Produktionsfunktion* galt Gleiches wie für die Familien mit Produktionsfunktion, nämlich dass es zwischen den einzelnen Familien große soziale Unterschiede und eine große Variabilität in Bezug auf die Rollenzusammensetzungen, ökonomische Lagen, den sozialen Status u. a. m. gegeben hat. In den Städten arbeiteten gegen Lohnarbeit z. B. untere Bedienstete, die Gerichtsdiener, Nachtwächter, Türsteher; ferner zählten zu ihnen die Familien der Lehrer, des höheren Verwaltungspersonals, Ärzte, Pfarrer und andere akademische Berufe. Auf dem Lande waren es die Häusler-, Inwohner- und Tagelöhnerfamilien. Ihre Kinder mussten so früh wie möglich (mindestens mit zehn Jahren) aus wirtschaftlicher Not außer Haus gehen. Sie stellten einen großen Teil der Hirten für die Weiden und Almen, der Senner und Sennerinnen und der Dienstboten. Die Ehemänner/Väter und die Ehefrauen/Mütter gingen einer außerhäuslichen Erwerbstätigkeit nach. Denn außerhalb des Hauses geleistete Lohnarbeit ist nicht irgendeine neuartige, sondern eine sehr alte Erscheinung. Die Männer arbeiteten z. B. im Montan-, Bau- und Transportwesen, vor allem auch in der Forst- und Weinwirtschaft sowie als Erntehelfer in der Landwirtschaft. Die Frauen und Mütter halfen in „fremden" Haushalten und verdingten sich z. B. als Waschfrauen und Näherinnen oder als Küchenhilfen bei bestimmten Anlässen (Hochzeiten, Taufen usw.) sowie als Hilfen in der Landwirtschaft. Ihre Mithilfe wurde häufig sporadisch abgerufen und ihre Entlohnung bestand z. T. aus Naturalien. Zuweilen besaßen einige dieser Familien zusätzlich einen Acker, einen Garten und/oder etwas Vieh.

Für beide Familientypen galt: Was die Zusammensetzung der Familienmitglieder und damit die Vielfalt der Familienformen *nach ihrer Rollenbesetzung* anbetrifft, war diese größer als heute (Mitterauer 1977: 31; Imhof 1981; Gehrmann 2003: 8 ff.[3]). Neben Stief-, Adoptions-, Pflege, Patchwork- und Einelternfamilien gab es die Familienform von Großeltern bzw. einem Großelternteil und Enkel(n) sowie Geschwisterfamilien ohne Eltern. Der Anteil dieser Familienformen, gemessen an den Zwei-Eltern-Familien, war höher als heute (z. B. Imhof 1976: 203), eine Folge der damals gegebenen sehr geringen Lebenserwartung der Menschen aufgrund von Hungersnöten, Seuchen, medizinischer Unkenntnis, Unfällen, Kriegen. Wiederverheiratungen von Witwern und Witwen waren vor allem in den Familienbetrieben notwendig, weil die Familien- mit einer Berufsrolle zusammenfiel.

Die Kinderzahl war in den vorindustriellen Familien wegen der hohen Säuglings- und Kindersterblichkeit geringer als vielfach angenommen wird. „Bis ins 19. Jahrhundert starben – mit erheblichen regionalen Unterschieden – etwa 30 % der Neugeborenen noch im ersten Lebensjahr, und nur etwas mehr als die Hälfte der Kinder erreichte das Erwachsenenalter" (Gestrich 2008: 80). In Bezug auf diese Zeit ist es also besonders wichtig, zwischen Geburten- und Kinderzahl explizit zu unterscheiden. Die Geburtenzahlen waren hoch (acht bis zehn), die Kinderzahl pro Familie war dagegen geringer, nämlich durchschnittlich drei bis vier.

Aus der Diskrepanz zwischen hoher Geburtenzahl und gleichzeitiger hoher Säuglingssterblichkeit leitet z. B. Shorter (1977) die sachlichere Beziehung zwischen der Mutter und ihrem Säugling in der vorindustriellen Zeit ab, ein Sachverhalt, der uns heute unverständlich erscheint. Die emotionslosere Zuwendung der Mutter zu ihren Kleinstkindern wurde zudem dadurch bedingt, dass die Schwangerschaft, die Geburt und das Wochenbett durch das sog. Kindbettfieber für die Frauen mit einem Lebensrisiko verbunden waren. Ebenso trugen die materiellen Existenzbedingungen bzw. die Existenznot in den besitzlosen Familien und selbst in den kleinen Landwirtschafts- und Handwerksbetrieben dazu bei, dass Schwangerschaften nicht immer „willkommen" geheißen wurden: Kinder stellten eine ökonomische Belastung dar, bis sie selbst zum Familienunterhalt beitragen konnten.

Eine sachlichere Beziehung und keine starke affektiv-emotionale, wie sie heute von der Mutter in Hinwendung zu ihrem Säugling erwartet wird, darf jedoch nicht mit Vernachlässigung oder völliger Gefühlsarmut assoziiert werden. Die Kinder – auch die Kleinstkinder – wurden im Übrigen nicht allein von ihren Müttern versorgt und dieser Anspruch wurde gesellschaftlich auch nicht an die Mütter gestellt. Die Säuglinge und Kleinkinder wuchsen „nebenbei" auf, ohne die dauernde Aufmerksamkeit seitens ihrer Mütter: in Geschwister-, Verwandtschafts- und Nachbarschaftsgemeinschaften; die gesamte familiale Umwelt war an der Erziehung der Kinder beteiligt.

Was *die Dreigenerationenfamilie* anbetrifft, so war diese in unserem Kulturkreis sehr selten gegeben, eine Folge der damaligen sehr geringen Lebenserwartung. Vor allem in der vorindustriellen Zeit war die Sterberate in den unteren sozialen Schichten aufgrund ihrer Lebens-

---

[3]   Selbstverständlich gibt es über diese Epoche keine Gesamtstatistiken, sondern nur regional begrenzte Nachberechnungen (hierzu Imhof 1976: 203).

bedingungen, durch ihre stärkere Betroffenheit von Hungersnöten, Seuchen u. a. m., sehr hoch (hierzu Imhoff 1981: 107).

Ebenso war – im Gegensatz zur Gegenwart – in jener Zeit das Sterberisiko für Frauen höher als das der Männer. Denn in Bezug auf die verlängerten Lebenserwartungszeiten sind zwischen den Geschlechtern in den letzten 250 Jahren bemerkenswerte Veränderungen erfolgt. Männliche Säuglinge hatten (und haben) zwar immer eine höhere Sterblichkeitsrate als weibliche, dagegen war aber in der vorindustriellen Zeit das Sterberisiko bei Frauen – wie bereits erwähnt – durch Schwangerschaft, Geburt und das Wochenbettfieber sehr hoch. Wenn also Enkelkinder ihre Großeltern in jener Epoche überhaupt erlebten, dann umgekehrt zu heute – eher den Großvater als die Großmutter.

Die Dreigenerationenfamilie war zudem selten, weil viele Personen von einer Familiengründung bzw. Eheschließung ausgeschlossen waren, z. B. aus ökonomischen Gründen, infolge mangelnder Gesundheit u. a. m. Es bestand „im ganzen vorindustriellen West- und Mitteleuropa im agrarischen wie im gewerblichen Bereich die Zweiteilung der Arbeitsplätze in Vollstellen mit Familiengründung und Nicht-Vollstellen mit generativer Sterilisierung ihrer Inhaber durch Ehelosigkeit" (Mackenroth 1953: 234). Diese – regional und zeitlich unterschiedlich erlassenen – Heiratsverbote sollten einer Überbevölkerung vorbeugen.

Des Weiteren galt in den besitzenden Schichten ein relativ hohes Heiratsalter im Vergleich zu der damaligen geringen Lebenserwartung. Man heiratete – von epochalen, regionalen und berufsbedingten Schwankungen abgesehen (Mitterauer 2003: 357; Gestrich 2008: 85) – im Alter von 25 bis 30 Jahren, weil damit die Hof- bzw. Betriebsübergabe verbunden war. Diese schob man möglichst lange hinaus, insbesondere aus wirtschaftlichen Gründen, infolge des geltenden Erbrechts (z. B. Jüngsten-Erbrecht) und/oder weil man die Abhängigkeit von den Nachfolgern bzw. die Erblasser ihren „Machtverlust" scheuten. Wenn es überhaupt eine Dreigenerationenfamilie gab, dann gehörte sie zu den wohlhabenderen großen Haushaltsfamilien mit Produktionsfunktion. Aber selbst unter ihnen waren die Dreigenerationenfamilien (mit beiden Großeltern) eine Seltenheit.

Die vorindustrielle Familie war ferner dadurch gekennzeichnet, dass es keine strikte Trennung zwischen Familienmitgliedern und familienfremden Personen gab, dass die Wohnungen in allen Schichten jederzeit für Jeden offenstanden. Sie waren öffentliche Begegnungsorte und keine Zufluchtsstätten vor der Öffentlichkeit (ausführlicher Nave-Herz 2013: 43 ff.).

Vor allem wurde ihnen – wie bereits am Anfang dieses Kapitels aufgelistet – eine größere Vielfältigkeit an familialen Funktionen zugewiesen als heute. Unter differenzierungstheoretischer Perspektive waren alle diese Familien, gleichgültig um welche Familienform es sich handelte, als „funktional diffuse Systeme" zu kennzeichnen.

1.4   Der Prozess der zunehmenden funktionalen Differenzierung unserer Gesellschaft: die Folge für das System Familie

Funktionale Differenzierung ist – wie den Ausführungen in Abschnitt 1.2 zu entnehmen ist – die Folge der Entstehung spezialisierter Systeme und Übernahme von Leistungen, die zuvor von funktional diffusen Systemen erbracht wurden. Diese erfahren hierdurch einerseits Funktionsverluste, andererseits ihre funktionale Spezialisierung. Mit dieser zunehmenden Arbeitsteilung – wie man diesen Vorgang auch benennen kann – ist eine gegenseitige Abhängigkeit verbunden, worauf bereits Durkheim hingewiesen hat, die zu gesellschaftlicher Integration führt. Mit anderen Worten: Funktionsverlust, verbunden mit Funktionsspezialisierung bedeutet zwar gesellschaftliche Differenzierung; aber gleichzeitig werden die Beziehungen zwischen den Systemen interdependent (hierzu ausführlicher Treibel 993:19 ff.; Schimank 1996: 30 ff.; Esser 2000: 66).

Das gilt – wie bereits in Abschnitt 1.2 beschrieben – ebenso für das System Familie und seiner Beziehung zu anderen sozialen Systemen, vor allem zu jenen, die ihre funktionale Spezialisierung – wenn auch nicht allein – durch Übernahme von ehemals familialen Funktionen erwarben. Dieser – sich über lange Zeit erstreckende – Prozess wird in familiensoziologischen Einführungswerken mit „Funktionsausgliederung" oder mit „Funktionsverlust der Familie" bezeichnet und hier gleichzeitig die dem Familiensystem entzogenen Funktionen aufgelistet und beschrieben, ohne aber auf den Wandel von zuvor funktional diffusen nichtfamilialen Systemen oder historisch neu entstandenen einzugehen. Im Folgenden soll – des Umfangs wegen wenigstens skizzenhaft – auf diesen gesamtgesellschaftlichen Differenzierungsprozess, veranschaulicht an einigen Beispielen, eingegangen werden.

Wie bereits in Abschnitt 1.2 kurz erwähnt, wurde der ab dem 17./18. Jahrhundert beginnende und sich über Jahrhunderte erstreckende Differenzierungsprozess durch viele Faktoren ausgelöst und im Weiteren verstärkt; infolge ihrer gegenseitigen Verflechtung ist ferner kaum auszumachen, welche Faktoren als verursachende, auslösende oder bedingende anzusehen sind. Als Bedingungen werden genannt: die Ideen der Aufklärung, die technischen Entwicklungen, die Wissensakkumulation in den verschiedensten Bereichen, der Wandel der Wirtschaftsstruktur, die sog. Bevölkerungsexplosion aufgrund der medizinischen Forschung u. a. m. Vor allem verstärkte diesen Prozess auch die Durchsetzung des industriekapitalistischen Wirtschaftssystems – wissenschaftlich-technisch fundiert und rational strukturiert – mit dem Ziel der Massenproduktion: „Die industrielle Revolution beginnt im 18. Jh. in England. Im 19. Jh. greift sie auf den Kontinent über, in Deutschland setzt sie um die Jahrhundertwende voll ein. Bevölkerungszunahme, Landflucht und technische Erfindungen treiben sie weiter voran. Darum ist sie für die Entwicklung der modernen Welt nicht weniger bedeutsam als die Französische Revolution" (Kunze/Wolff 1974: 53).

Die Industrialisierung verstärkte vor allem auch den Prozess der Trennung zwischen Arbeitsplatz und Familienhaushalt für immer mehr Menschen. Diese räumliche Differenzierung zwischen Erwerbsarbeit und Familienleben hatte bereits lange vor der Industrialisierung unter hochbürgerlichen Familien ihren Anfang genommen. Nach Häußermann und Siebel (2000: 23) gab es Ansätze dieses Wandels in den Städten bereits ab dem 16. Jh.; er setzte dann verstärkt ab dem 18. Jh. ein, als die vermögenden Familien – wie es Nahrstedt (1972) beschrieben hat – „vor die Stadt zu ziehen" begannen, d. h. die Kontore und Büros der wohlhabenden Handels- und Bankbetriebe verblieben im Stadtzentrum, die Familie zog aus und in eine extra für das Familienleben bestimmte, vom Stadtzentrum etwas entfernte, neu erbaute Villa.

Durch die Industrialisierung, verbunden mit einer stärkeren Verstädterung bzw. Landflucht, traf diese Separierung von Wohn- und Arbeitsbereich, vor allem dann im 19. Jahrhundert für die Mehrheit der Bevölkerung zu. Doch unter der besitzlosen Arbeiterschaft gab es selten infolge ihrer existentiellen Not einen räumlich – nur auf die Familienmitglieder begrenzten – Wohnbereich; denn aus ökonomischen Gründen wurden sog. „Kostgänger" aufgenommen und vielfach sog. „Schlafstellen" untervermietet. „Noch um 1900 konnten in Berlin in einer

Wohnung mit zwei Zimmern bis zu acht Personen wohnen, ohne dass die Wohnung als über-besetzt eingestuft wurde" (Gestrich 2008: 91).

Mit der Industrialisierung entstand – wie bekannt – die neue Schicht des Proletariats: unge-lernte und angelernte Arbeiter am Bau, im Transportwesen, vor allem in den Fabriken. Ihre Arbeitszeiten waren hoch, ihre Löhne sehr gering. Ihre hauptsächliche Einkommensquelle beruhte allein auf ihrer Arbeitsfähigkeit. Bei Krankheit, Arbeitsunfall, Arbeitslosigkeit waren sie – wie in der vorindustriellen Zeit – auf die Unterstützung der Familie angewiesen. Bis in die zwei letzten Jahrzehnte des 19. Jahrhunderts hatte diese Unterstützungsfunktion weiter-hin überwiegend das System Familie inne. Nur wenn diese dazu nicht in der Lage war und um die Not etwas abzumildern, wurde versucht, über Selbsthilfeeinrichtungen, Betriebsver-sicherungen, genossenschaftliche Organisationen, karitative Einrichtungen und Armenfür-sorge neben der Kirche und sozial engagierten Einrichtungen den Auswirkungen von Armut, Elend und Krankheit entgegenzuwirken. Einen rechtmäßig verbrieften Anspruch auf Leis-tungen gab es für die breite Bevölkerung nicht.

Die sozialen und politischen Auseinandersetzungen in Deutschland und die Furcht vor einer Revolution führten dann in der zweiten Hälfte 19. Jahrhunderts zu der Auffassung, dass es Sache des Staates sei, die soziale Frage der Arbeiterklasse zu lösen (Kaiserliche Botschaft von 1881). Die Anstöße zur Entstehung eines spezialisierten Versicherungssystems in seiner heutigen Struktur gaben also einerseits die Industrialisierung im 18./19. Jahrhundert und die damit verbundene „Arbeiterfrage", aber andererseits auch die Entstehung der modernen Versicherungstechnik (Farney 1977: 166): 1883 wurde die gesetzliche Krankenversicherung eingeführt, 1884 die Unfallversicherung, 1889 die Invaliden- und Altersversicherung (zu-nächst nur für Arbeiter und ohne Hinterbliebenenversorgung), 1911 die Ausweitung der Ren-tenversicherung auf Angestellte und Hinterbliebene, 1957 auf Landwirte und schließlich 1927 Einführung der Arbeitslosenversicherung. Auf die vielen seitdem durchgeführten Ge-setzesveränderungen und die Einführung weiterer Pflichtversicherungen, z. B. Hausbrand-versicherung, kann hier nicht eingegangen werden. Durch diese sukzessive Einführung von Pflichtversicherungen und damit durch die Entstehung eines Versicherungssystems wurde das System Familie von der Verantwortung für diese – von ihr bis dato – erwarteten gesell-schaftlichen Leistung immer stärker entbunden.

Im gleichen Zeitraum der Entstehung des Versicherungssystems stellte sich außerdem der Staat zunehmend die Aufgabe, für die Schul- und Ausbildungsmöglichkeit aller seiner Bürger die Verantwortung zu übernehmen. Durch die zunehmende Technisierung im Rahmen der Industrialisierung, durch die Ausweitung der staatlichen Verwaltung, also: der Bürokratisie-rung unserer Gesellschaft, wurde es notwendig, eine Elementarbildung der Gesamtbevölke-rung mit Grundkenntnissen im Lesen, Schreiben und Rechnen zu garantieren. Bis Mitte des 19. Jahrhunderts hatte es genügt, durch die Gymnasien und Universitäten die kleine Gruppe notwendiger juristisch gebildeter Beamter, Geistlicher, Selbständiger (z. B. Ärzte, Notare) zu rekrutieren. Nunmehr entstanden – neben dem starken zahlenmäßigen Ausbau von Volks-schulen – für die neu entstandenen Berufe die Real- und Mittelschulen.

Zwar kannte schon das Mittelalter Schulen (Dom-, Stifts- und Klosterschulen), aber die Un-terrichtstätigkeit war nur eine der vielfältigen Aufgaben, die die kirchlichen Einrichtungen ausübten. Mit Aufblühen der Städte Ende des 12. und im 13. Jh. begannen diese für ihre Bürger sog. „schriefsscholen" einzurichten, die neben den Pfarr- und Stiftsschulen als niede-re oder Elementarschulen galten. Der Lehrer erhielt von den Eltern ein Schulgeld und bezog Einnahmen aus den Diensten, die er und auch seine Schüler, z. B. als Sänger bei kirchlichen

Veranstaltungen, zu leisten hatten. Auf dem Dorfe musste der Lehrer, um seinen Unterhalt zu sichern, noch nebenbei ein Handwerk ausüben (vgl. ausführlicher auch für die folgenden Ausführungen Nave-Herz 1977). Humanismus, Reformation und die katholische Kirche haben in der Neuzeit das Schulwesen gefördert, zunächst mehr die Gelehrtenschule. Eine allgemeine Volksschule entstand erst allmählich seit dem 17. Jh. und im 18. Jh. Wenn ab jener Zeit auch die Landesfürsten die Verantwortung für die Bildung selbst der „niedrigen Schichten" übernahmen, galt dennoch für diese, dass Geistliche den Unterricht durchführten und somit der kirchliche Einfluss garantiert wurde. In Preußen wurden auch ehemalige Soldaten mit dieser Aufgabe betraut. Hier wurde zwar bereits im Allgemeinen Landrecht von 1794 betont: „Universitäten und Schulen sind Veranstaltungen des Staates", aber diese Bestimmung hatte in der Realität keinerlei Auswirkung auf die enge Beziehung zwischen Schule und Kirche. So gehörten z. B. zu den Tätigkeiten eines Volksschullehrers noch bis ins 19. Jh. hinein sog. niedrige Kirchendienste. In einem Ministerialerlass vom 30. Mai 1891 werden diese genau spezifiziert: Auf- und Zuschließen sowie Lüften der Kirche und Sakristei, Läuten, Anzünden und Löschen der Kirchenlichte, Anstecken bzw. Schreiben der Liednummern, Setzen der Stühle, Aufstellen der Sammelbüchsen, Aufrechterhaltung der äußeren Ordnung beim Gottesdienst und bei den geistlichen Handlungen, Besorgung von Hostien, Brot und Wein für die Abendmahlsfeier, Reinigung der Altargeräte, Schmücken von Altar und Kanzel, Reinigung der Kirche usw.

Überspitzt kann man den damaligen Volksschullehrer als aufgestiegenen Küster, den Gymnasiallehrer als säkularisierten Theologen bezeichnen. Denn die Lehrer der älteren Kloster-, Dom- und Stiftsschulen sowie die der späteren städtischen Latein- und Gelehrtenschulen waren in der Regel Priester oder Geistliche. Das theologische Examen galt zugleich als Lehramtsprüfung. Die berufsspezifische Ausbildung der „Höheren Lehrer" regelte erst Humboldt mit dem Edikt vom 12. Juli 1810. Er führt die allgemeine Lehramtsprüfung (*examen pro facultate docenti*) ein.

Der skizzenhafte Rückblick zeigt, dass unter systemdifferenzierungstheoretischem Aspekt das Schulsystem also bis weit in das 19. Jh. hinein als funktional diffus zu kennzeichnen ist. Erst unter dem Kultusminister Falk wurde 1872 ein „Schulaufsichtsgesetz" erlassen, das alle Schularten (einschließlich der damals – wie bereits erwähnt – neu entstandenen Real- und Mittelschulen) unter die staatliche Aufsicht stellte und damit de facto die endgültige Ablösung von der Kirche brachte. Die Professionalisierung durch spezialisierte Lehrerausbildungen, durch Beamtenbesoldungsgesetze, die Festschreibung spezialisierter Bildungsinhalte usw. setzte sich in der Folgezeit durch. In ganz Europa wurde in der 2. Hälfte des 19. Jh. ein für alle Kinder verpflichtendes, staatlich finanziertes und kontrolliertes Elementarschulwesen eingeführt.

Damit begann der umfassende Prozess des Wandels des Schulsystems zu einem funktional spezialisierten gesellschaftlichen System.

In jener Zeit wurde ferner – dem Anspruch nach – das Schulsystem mit dem Leistungsprinzip gekoppelt. Historisch gesehen ist das schulische Leistungsprinzip auch eine Waffe im bürgerlichen Emanzipationskampf gegen das feudalistische System gewesen: „Für das gehobene, später in zunehmenden Maße auch das mittlere Bürgertum bedeutet die Forderung nach Durchsetzung des Leistungsprinzips in der Gesellschaft und im Schulwesen die Öffnung von gesellschaftlichen Handlungsfeldern, die ihm bis dahin weitgehend verschlossen waren" (Klafki 1975: 76). Die Möglichkeit, etwa Offizier, Jurist oder Beamter im staatlichen Dienst zu werden oder andere höhere Berufspositionen zu übernehmen, sollte nicht mehr von der familialen Herkunft abhängen. Mit anderen Worten: Damit sollte die soziale Platzierungsfunktion vom System Familie abgezogen und dem Schulsystem überantwortet werden.

Schelsky behauptete noch 1962, dass die Schule die „primäre, entscheidende und nahezu einzige soziale Dirigierungsstelle für Rang, Stellung und Lebenschancen des einzelnen in unserer Gesellschaft sei" (1962: 18). Doch viele empirische Untersuchungen haben inzwischen gezeigt, dass noch immer – bis heute – die Schulleistung durch die Wirkung bestimmter sozialer Mechanismen in starkem Maße von der familialen Herkunft bestimmt wird (vgl. die Beiträge von Lauterbach, Lange und Schlegel in diesem Band). Die Platzierungsfunktion ist also – wenn auch staatlicherseits nicht beabsichtigt – dem System Familie verblieben.

Es stellt sich weiterhin die Frage nach der arbeitsteiligen Spezialisierung zwischen dem System Schule und dem System Familie, denn von beiden wird die Sozialisationsfunktion in Bezug auf die nachwachsende Generation erwartet.

Doch Schul- und Familiensystem unterscheiden sich qualitativ. Während die Schulbildung vor allem spezifisches Wissen und bestimmte Fähigkeiten vermittelt, die im späteren Berufsleben benötigt werden, hängt von der Familie die moralische und emotionale Orientierung sowie die Lern- und Leistungsbereitschaft ab. Die familiale Sozialisation prägt die Arbeitsmotivation, Vertrauensbereitschaft, Fleiß, Neugier und Experimentierfreude, Ausdauer, Sprachkompetenz u. a. m.; zusammenfassend formuliert: die extra-funktionalen Fähigkeiten (vgl. Fünfter Familienbericht 1994; Wiss. Beirat für Familienfragen 2002: 17 ff.; vgl. auch den Beitrag von Lauterbach in diesem Band). Insbesondere wurde auch die Primärsozialisation der Kinder, vor allem in der Säuglings- und Kleinstkindphase, fast ausschließlich den Eltern, also dem kernfamilialen System übertragen. Insofern ist das System Schule in seiner Leistungserbringung stark angewiesen auf das ihr vorgelagerte System Familie. Wenn auch gegenwärtig der Ausbau nicht-familialer Betreuungsinstitutionen (Krippen, Kindertagesstätten, Tagesmütter) staatlicherseits stark gefördert wird (vgl. ausführlicher den Beitrag von Honig in diesem Band), so bleibt – im Zuge der funktionalen Differenzierung – den Eltern die übertragene Alleinzuständigkeit für die Sozialisation ihrer Kinder (auf diese historische Entwicklung wird später ausführlicher eingegangen).

Auch für den weiteren allgemeinen Sozialisationsprozess im Jugendalter bleiben heutzutage in unserem Kulturbereich die Eltern „zuständig", das verlangt ihre materielle und immaterielle Unterstützung, die sogar im Grundgesetz und im Bürgerlichen Gesetzbuch vorgeschrieben ist. In Deutschland ist formal-juristisch das Elternrecht ein pflichtgebundenes Recht. § 6, Abs. 2 des Grundgesetzes besagt: „Pflege und Erziehung der Kinder sind das natürliche Recht und die zuvörderst ihnen obliegende Pflicht". In § 1627 BGB heißt es: „Die Eltern haben die elterliche Sorge in eigener Verantwortung und in gegenseitigem Einvernehmen zum Wohle des Kindes auszuüben. Bei Meinungsverschiedenheit müssen sie versuchen, sich zu einigen", in § 1631 (1): „Die Personensorge umfasst insbesondere die Pflicht und das Recht, das Kind zu pflegen, zu erziehen, zu beaufsichtigen und seinen Aufenthalt zu bestimmen". Im Übrigen hat sich – historisch, vor allem auch in den letzten Jahrzehnten – die Verweildauer im Elternhaus weit über das Mündigkeitsalter der Kinder verlängert; man spricht in diesem Zusammenhang von einer gestiegenen „Familisierung" (vgl. Mitterauer 1989) und von der sog. „Nesthocker-Generation" (vgl. hierzu den Beitrag von Szydlik in diesem Band).

Ehe weiterhin auf die funktionale Spezialisierung des Systems Familie eingegangen wird, ist es notwendig, den endogenen Wandel des Systems Familie zu skizzieren.

1.5 Der endogene Wandel im Rahmen der funktionalen Spezialisierung des Systems Familie

Endogene und exogene Wandlungsprozesse bedingen sich zumeist gegenseitig, vielfach bewirken exogene Faktoren endogene Veränderungen. Doch diese Prozesse sind nicht im Sinne eines einfachen Reiz-Reaktionsschemas zu verstehen, denn die exogenen Fakten determinieren nicht eine bestimmte Form oder eine bestimmte Richtung im Hinblick auf endogenen Wandel. Mit der Abschnittsübersicht soll lediglich betont werden, dass im Mittelpunkt der folgenden Analyse der innerfamiliale Veränderungsprozess steht, der vor ca. 250 Jahren im Besitzbürgertum seinen Anfang nahm und sich schließlich im Laufe der Zeit in allen Schichten durchsetzte und bis heute fortdauert.

Wie bereits in Abschnitt 1.4 dargestellt, hatte die Trennung zwischen Arbeitsort und dem Wohn- und Familienbereich bereits vor der Industrialisierung, nämlich ab dem 17./18. Jh. unter den hochbürgerlichen Familien ihren Anfang genommen. Diese Trennung war gleichzeitig mit einer Trennung psychischer Ebenen verknüpft: der Arbeitsbereich wurde – zumindest dem Anspruch nach – immer zweckrationaler, dem System Familie wuchs als spezialisierte Leistung die emotionale Bedürfnisbefriedigung ihrer Mitglieder zu. Der Familiensinn, d. h. die Intimisierung und Emotionalisierung der familialen Binnenstruktur, entwickelte sich und ließ die Familie zu einer eigenen geschlossenen Gemeinschaft mit Exklusivcharakter werden. Diese Entwicklung war eng verknüpft mit der Abnahme der gesellschaftlichen Dominanz des Bauerntums und der wachsenden gesellschaftlichen Bedeutung des vermögenden Bürgertums und seinem erstarkten Selbstbewusstsein gerade gegenüber dem Adel. Einerseits wollte es ihren Lebensstil nachahmen, andererseits distanzierte es sich gleichzeitig von ihm in sexual-moralischer Hinsicht. Das galt insbesondere im Hinblick auf das Konkubinat. Weiterhin wurde dieser Prozess auch ausgelöst durch neue, sich durchsetzende Leitideen, basierend auf der Romantik und der Aufklärung mit ihrer Anerkennung des Individuums und ihrer Diesseitsbejahung.

Rein äußerlich, genauer: rein räumlich, signalisiert ein neuer Wohnstil den Beginn dieses Intimisierungs- und Emotionalisierungsprozesses und betont die Vertrautheit zwischen den Familienmitgliedern. So finden wir im 17., verstärkt im 18. Jh. die Form des modernen Hauses, getrennt vom Bank-, Handels- und dem Produktionsbetrieb, dessen Kennzeichen die Unabhängigkeit und Vereinzelung der Zimmer ist, die durch die Einrichtung von Fluren gewährleistet wird. Sie sind eine neue Erfindung; selbst in alten Schlössern sind alle Räume Durchgangszimmer, wie noch heute zu sehen ist. Das Herrenzimmer und der Damensalon, das Esszimmer sowie die Kinderzimmer entstanden. Die Dienstboten aßen nunmehr getrennt von der Familie in der Küche und schliefen – wenn nicht zu Hause – dann in winzigen Kammern. Nach Ariès hat die Spezialisierung der Wohnräume die größte familiale Veränderung gebracht (1975:598). Erst mit der räumlichen Absonderung waren die Möglichkeit der Aufhebung der totalen sozialen Kontrolle und die Differenzierung zwischen Familienangehörigen und familienfremden Personen möglich und damit die Distanzierung zu den Dienstboten, die zuvor mit den eigenen Kindern gleichrangig behandelt wurden.

Gleichzeitig setzte sich erst in jener Zeit sehr langsam die Auffassung durch, Kindern eine eigene Phase zuzubilligen, und sie nicht nur als kleine Erwachsene zu betrachten. Ferner beginnt nunmehr der Prozess zunehmender emotionaler Zuwendung zum Kind seitens der Mutter, vor allem auch zum Säugling. Dem Familiensystem wurde hierdurch die Spezialisierung der frühkindlichen Sozialisation, d. h. die soziokulturelle Nachwuchssicherung der Gesellschaft allein zu erkannt, nachdem zuvor – wie berichtet – Kinder (auch Säuglinge) nicht allein von ihren Eltern und auch nicht von ihnen an erster Stelle betreut und erzogen wurden.

Die Emotionalisierung der familialen Binnenstruktur trägt ihren endgültigen Sieg davon, als die „romantische Liebe" – nicht das Vermögen, die Arbeitskraft, die Gesundheit usw. (vgl. Abschnitt 1.3) – zum einzigen legitimen Heiratsgrund in diesen hochbürgerlichen Familien wurde.

Durch die im 19. Jh. und dann im 20. Jh. allgemein gegebene normative Durchsetzung der „romantischen Liebe" als einzigen legitimen Heiratsgrund (was auch für die Gegenwart gilt) wurde die Erwartung betont, den instrumentellen Charakter der Ehe gegen das Ideal der exklusiven Liebesbeziehung einzutauschen. Persönliches Glück, eheliche Liebe und exklusive Intimität wurden als Erwartung an die Ehe formuliert und damit die außereheliche Sexualität zunehmend stigmatisiert. Hierdurch wurde – dem Anspruch nach – Liebe und Sexualität völlig in den Rahmen dieses Ehemodells integriert.

Die Familie erhielt durch diese Intimisierung und Emotionalisierung ihrer Binnenstruktur – historisch gesehen – eine nie zuvor gekannte eigene Sinnzuschreibung. Erst durch diese Sinnzuschreibung konnten Systemgrenzen zwischen dem Familiensystem und zu den Haushaltsmitgliedern, z. B. dem Hauspersonal, den Nachbarn usw. begründbar werden. Die zunehmende Industrialisierung im 20./21. Jahrhundert verbunden mit besseren ökonomischen Bedingungen, der öffentlich geplante Ausbau des Wohnungssystems in den Städten förderte schließlich den familialen Intimisierungsprozess auch in den Familien anderer sozialer Schichten.

Gleichzeitig übernahm im Laufe der Zeit durch die Veränderungen in der Arbeitswelt, nämlich mit ihrer steigenden Zweckrationalität, mit ihrem zunehmenden hochspezialisierten, organisierten und bürokratisierten Ausbau, ferner durch die weitere Verstädterung und gestiegene regionale Mobilität, das Familiensystem die Funktion eines „Gegenpols" zu dieser Arbeitswelt. Infolge seiner speziellen Binnenstruktur wurde der Anspruch an das Familiensystem gestellt, Spannungen und Konflikte am Arbeitsplatz, in der Schule und anderswo „aufzufangen" und evtl. zu kompensieren. Da auf den Einzelmenschen in den verschiedensten gesellschaftlichen Systemen ständig eine Vielzahl von Zwängen ausgeübt wird und er hier immer nur als Rollenträger fungiert, soll ihm im Familiensystem das Gefühl gegeben werden, als „ganze Person", in seiner persönlichen Eigenart, von den Familienmitgliedern aufgenommen zu sein.

Die in den letzten Jahrzehnten sich verbreitende Philosophie über eine neue effektivere Unternehmungsorganisation durch projektorientierte Teamarbeit, die in Großkonzernen vielfach verwirklicht ist, stellt nicht die zuvor beschriebene Leistungserwartung an das Familiensystem infrage: das Erwerbsarbeitssystem ist „das genaue Gegenteil zur Familie" (Boltanski/Chiapello 2003: 183). Lediglich wird zur Beschreibung der Teamarbeiterbeziehungen ein Teil des familienrelevanten Vokabulars entliehen (Zuneigung, persönliche Beziehungen, Vertrauen usw.), wie Boltanski und Chiapello durch eine Untersuchung der Management-Literatur festgestellt haben. Doch beide Systeme unterscheiden sich durch verschiedene Sinn- und Handlungslogiken. In der modernen Arbeitswelt, d. h. „in einer vernetzten Welt versucht jeder, die ihn interessierenden Kontakte mit Menschen seiner Wahl zu knüpfen". Partner wählt man aus nach jeweiliger Interessenlage. „Im Unterschied zur Familienwelt sind

(z. B.) Mobilität und Instabilität wichtige Eigenschaften, die man besitzen sollte [...] Sie sind die Grundvoraussetzung für einen hohen Wertigkeitsstatus [...] (Nur die persönlichen Beziehungen) sind interessant, die mit neuen Personen oder Objekten aufgebaut werden" (2003: 183).

Trotz der – auch von Hochschild (2002) beschriebenen – neuen Unternehmenskultur, die die herkömmliche hierarchisch angeordnete innerbetriebliche Kontrolle durch Mobilisierung der Arbeitsfreude und durch Anerkennung und Wertschätzung des Arbeitenden ersetzt und auf eine Umgebung des „Sich-Wohlfühlens" setzt, bleibt er lediglich beruflicher „Rollenträger".

Zweifellos wird dieser – zuvor beschriebene – Anspruch heutzutage im Alltag an die Familie nicht nur gestellt, sondern dem System Familie obliegt – makroperspektivisch gesehen – auch de facto diese neue Funktion, die in der Familiensoziologie mit „Spannungsausgleichs-funktion" benannt wird.

Mit der „Spannungsausgleichfunktion" darf nicht die Vorstellung von Familie als eine Art „Sozialidylle" verbunden werden; und zwar nicht nur deshalb nicht, weil nicht alle und jede Spannung durch die Familiensolidarität aufgefangen wird und aufgefangen werden kann, sondern weil Ehe und Familie auch selbstproduzierende Konfliktpotenziale besitzen (z. B. in Form von Geschlechter- und Generationen- sowie Rollen- und Autoritätskonflikten). Erwähnt sei in diesem Zusammenhang, dass – rein kriminalitätsstatisch gesehen (vgl. auch den Beitrag von Völschow in diesem Band) – die Familie als der gefährlichste Ort in unserer Gesellschaft angesehen werden müsste: Überwiegend werden Mord, Totschlag, sexueller Missbrauch von Familienangehörigen gegenüber anderen Familienangehörigen begangen (Jahrbuch der Kriminalstatistik 2011: 27).

Unter systemdifferenzierendem Aspekt (und nur um diesen geht es hier) muss betont werden: Ob und wie die einzelne Familie diese Spannungsausgleichfunktion erfüllt, ist hier – unter dem makrosoziologischen Aspekt – ohne Belang. Vom System Familie wird aber im Zuge des Modernitätsprozesses eine neue Leistungserbringung erwartet, nämlich die *psychische* Regeneration ihrer Mitglieder, auf die alle übrigen gesellschaftlichen Systeme angewiesen sind.

Beibehalten hat sie die biologische und physische Regeneration ihrer Mitglieder. Die *biologische* Reproduktionsfunktion wurde zu allen Zeiten in unserem Kulturbereich der Ehe zugeschrieben, was insbesondere für die Vergangenheit bis in die 1970er Jahre galt. Unterstützt wurde diese Funktionszuschreibung durch die Diskriminierung bei Nichterfüllung dieser Erwartung (= Kinderlosigkeit in einer Ehe). Doch die Diskriminierung kinderloser Ehepaare hat seit 1980 stetig abgenommen (vgl. Nave-Herz 1988).

In diesem Zusammenhang ist es wichtig, zwischen Ehe und Familie zu unterscheiden. Die biologische Reproduktionsfunktion ist heutzutage nicht mehr notwendigerweise an die Ehe gebunden. Sie begründet oder erweitert aber Familie.

Historisch gesehen, konnten (und haben) sich die Eltern oder die Frau bei einer ungewollten Schwangerschaft häufig für die Weggabe des Kindes zur Adoption oder in ein Heim entschlossen (vgl. hierzu ausführlicher Peiper 1966; Nave-Herz 2003: 98 f.), ohne gegen ein Tabu zu verstoßen. Inzwischen ist ein derartiges Verhalten in unserer Kultur fast „undenkbar" geworden und zwar aufgrund des während der letzten 50 Jahre sich langsam durchsetzenden und nunmehr allgemein anerkannten Postulats der „verantworteten Elternschaft", d. h. dass man nur dann Kinder „in die Welt setzen" sollte, wenn man für diese selbst zu sorgen (ökonomisch und psychologisch) in der Lage ist (Kaufmann 1995: 42). Diese Norm

„ist heute so hochgradig internalisiert, dass sich nur wenige Frauen – zumeist unter erheblichen seelischen Belastungen – bereit finden, Schwangerschaften auszutragen und das Kind dann [...] freizugeben" (Kaufmann 1995: 42).

Damit aber wird im Übrigen die Gegenläufigkeit des familialen Entwicklungstrends zum allgemeinen Modernisierungsprozess offenkundig. Wenn nämlich als ein Charakteristikum des Modernisierungsprozesses die Zunahme der Revisionsmöglichkeit von individuellen Entscheidungen genannt wird (z. B. im Hinblick auf die Ausbildung, auf den Beruf, die Partnerwahl u. a. m.), dann gilt dies zwar im Hinblick auf die Ehe (hier ist eine Vertragskündigung gegenüber dem Ehepartner möglich); aber gekündigt werden kann heutzutage nicht mehr den Kindern, wenn auch ein Partner (zumeist der Vater) die Beziehung zu ihnen „lockern" kann. Die Entscheidung zum Kind wurde so gut wie irreversibel.

Die *physische* Reproduktionsfunktion wird in der Literatur auch mit „Haushaltsfunktion" bezeichnet. Doch die moderne Familie stellt keine Haushaltsfamilie mehr dar (vgl. Abschnitt 1.3), d. h. der Haushalt steht nicht mehr – wie in der vorindustriellen Zeit – im Mittelpunkt der Familie und ferner kann die Familie über mehrere Haushalte verfügen. Sie hat aber dennoch weiterhin als familiale Leistung zu erbringen: die physische Regeneration ihrer Mitglieder[4]. Dazu zählen u. a. ihre Ernährung, Kleidung, Freizeitgestaltung, Stabilisierung, evtl. Wiederherstellung der Gesundheit (einschließlich von Präventionsmaßahmen).

Die physische Reproduktionsfunktion ist häufig nicht zu trennen von der Sozialisationsfunktion, was am Beispiel der familialen gemeinsamen Mahlzeit illustriert werden soll. Im Übrigen hat die Zahl der gemeinsamen Essenszeiten am Tag zeitgeschichtlich abgenommen, aber nicht ihre Bedeutung für die Familienmitglieder, die sie als wichtige Familienaktivität herausstellen (vgl. hierzu Schönberger/Methfessel 2011). Mit dem gemeinsamen Essen wird nicht nur „der Hunger gestillt". Mahlzeiten sind in ein Bündel von sozialen Handlungen eingebettet: Informationsweitergabe, versuchte Einlösung bestimmter Erziehungsziele, Ausbildung und Weitergabe von Familienritualen u. a. m. und tragen somit zur familialen Stabilität der Binnenstruktur sowie zur Gruppenidentität bei. Sie können aber auch vorhandene innerfamiliale Spannungen evtl. verstärken bis hin zum offenen Ausbrechen eines Konfliktes.

Die familiale Sozialisation bedingt wiederum die soziale Platzierungsfunktion. Denn welche soziale Rolle und Position eine Person in unserer Gesellschaft einnimmt, war in der Vergangenheit und ist noch heute überwiegend vom Elternhaus abhängig (vgl. hierzu ausführlicher die Beiträge von Lauterbach, Lange, Schneider und Schlegel in diesem Band.).

1.6   Die funktional-spezialisierte Leistung der modernen Familie

Diese zuvor einzeln beschriebenen familialen Funktionen lassen sich differenzierungstheoretisch und damit unter dem Leistungsaspekt für andere soziale Systeme zusammenfassen: Als spezialisierte funktionale Leistungen des Systems Familie, auf die alle übrigen sozialen Systeme angewiesen sind und die ihr nahezu exklusiv zugesprochen werden, zählen:

---

[4] Aus den Statistiken des Gesundheitssystems, den Befunden der Lebensqualitätsforschung u. a. m. ist de facto zu entnehmen, dass nach Familienstand differenziert, für verheiratete Personen positivere Werte festgestellt werden.

- die Nachwuchssicherung (Geburt/Adoption und Sozialisation von Kindern) und
- die physische und psychische Regeneration und Stabilisierung ihrer Mitglieder.

Diese familiale Leistung hat Krüsselberg (1977: 240 ff.; 1997: 149 ff., 216 ff., 293 ff.; 2007) mit „Bildung und Erhaltung von Humanvermögen" benannt. Differenzierungstheoretisch gesehen, kennzeichnet diese – die Leistungen zusammenfassende – Bezeichnung das funktionale familiale Systemziel. Diese Kennzeichnung mag zunächst befremdlich erscheinen, weil heutzutage im Alltag – wie zuvor beschrieben – Ehe und Familie durch das romantische Liebesideal und die emotionale Eltern-Kind-Beziehung dem Anspruch nach gerade als zweckfrei definiert werden und – mit Habermas formuliert – den „Schein intensivierter Privatheit" erwecken. Dennoch: Unter funktional-differenzierendem Aspekt hat sich das System Familie im Laufe der Jahrhunderte auf diese Funktionen bzw. auf dieses familiale Systemziel „Bildung und Erhaltung von Humanvermögen" spezialisiert, auf die – um es noch einmal zu formulieren – alle übrigen gesellschaftlichen Systeme angewiesen sind.

Andere Partnerschaftssysteme, wie z. B. nichteheliche und homosexuelle Partnerschaften ohne Kinder, unterscheiden sich vom System Familie, obwohl von ihnen ebenso die physische und psychische Regeration ihrer Mitglieder erwartet wird, durch das Fehlen der Nachwuchssicherung, definitionsbedingt (zum Begriff „Familie" vgl. das Vorwort zu diesem Band).

Häufig wird in der Literatur (vgl. z. B. Honneth 2011) dem ökonomischen System, dem Wirtschaftssystem, eine gegenüber allen übrigen sozialen Systemen vorrangige Stellung und ihre Abhängigkeiten von diesem betont. Das gilt gerade auch im Hinblick auf das System Familie. Selbstverständlich wird die Familie in ihrer wirtschaftlichen und sozialen Lage vom Erwerbsarbeitssystem stark beeinflusst. Aber auch umgekehrt gilt: Das ökonomische bzw. Wirtschaftssystem ist in seiner Leistungserfüllung abhängig von der Leistungserfüllung des Systems Familie; denn ohne die Erfüllung familialer Funktionen, nämlich die der Nachwuchssicherung sowie der physischen und psychischen Regeneration und Stabilisierung ihrer Mitglieder, kurz: ohne die Bildung und Erhaltung von Humanvermögen, kann das Wirtschaftssystem seine Leistungserfüllung kaum, jedenfalls nur unter erschwerten Bedingungen, evtl. sogar gar nicht erbringen.

1.7   Die Pluralität von Familienformen

Seit den 1970er Jahren ist eine gestiegene Variabilität in der Rollenbesetzung des Systems Familie zu konstatieren, jedenfalls im Vergleich zu den vorgelagerten Jahrzehnten (Familienreport 2012: 14). Quantitative Forschungsergebnisse zeigen, „dass die biologische Zwei-Elternfamilie zwar weiterhin der dominierende Typus ist, dass aber andere Familienformen wie Alleinerziehende, Stieffamilien und vor allem Patchworkfamilien bedeutsame Familienformen sind" (Feldhaus/Huinink 2011: 77). Querschnittsmäßig betrachtet, beträgt gegenwärtig der Anteil der Familien mit einem Elternteil 20 %, vor 15 Jahren waren es nur 14 %. Vor allem die nichtehelichen Partnerschaften mit Kindern haben zugenommen; ihr Anteil beträgt 9 %. Ferner sind ca. 7–13 % aller Familien Stieffamilien.[5] Dennoch stellen die verheirateten Paare mit gemeinsamen Kindern weiterhin die häufigste Familienform in Deutschland dar.

---

[5]   Sie werden amtlich nicht erfasst. Dieser Anteil wurde im Monitor Familienforschung (2013: 9) aufgrund von Angaben in unterschiedlicher sozialwissenschaftlicher Forschungsliteratur ermittelt.

Die Unterschiede in den Anteilen zwischen verschiedenen Familienformen in Bezug auf ihre Rollenbesetzungen sind zwischen den alten und neuen Bundesländern bemerkenswert.

Früheres Bundesgebiet ohne Berlin

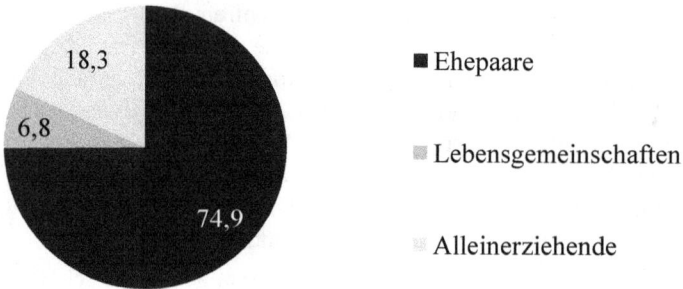

- Ehepaare
- Lebensgemeinschaften
- Alleinerziehende

Neue Länder einschließlich Berlin

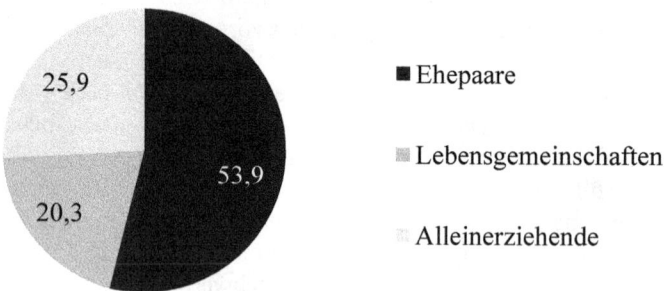

- Ehepaare
- Lebensgemeinschaften
- Alleinerziehende

Abb. 1.1:   Familienformen in den neuen und alten Bundesländern, 2011 (in %) (Quelle: Familienreport 2012: 15)

Von den Kindern aus gesehen, wächst die Mehrheit der Kinder (= 83 %) mit zwei Elternteilen zusammen im Haushalt auf, davon drei Viertel mit verheirateten Eltern und 8 % mit unverheirateten. Ferner hat in den letzten Jahrzehnten die Kinderzahl in den Familien stetig abgenommen. Noch überwiegt die Zwei-Kind- gegenüber der Ein-Kind-Familie.

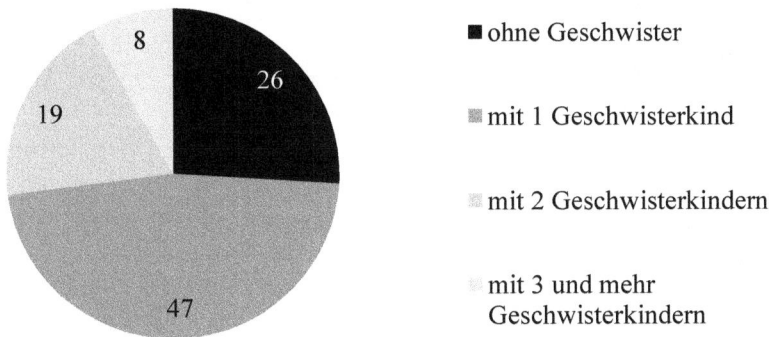

- ohne Geschwister

- mit 1 Geschwisterkind

- mit 2 Geschwisterkindern

- mit 3 und mehr
  Geschwisterkindern

Abb. 1.2:   Minderjährige Kinder nach Anzahl der Geschwister, 2011 (in %) (Quelle: Familienreport 2012: 17)

Weiterhin hat die Erwerbstätigkeit von Müttern zugenommen: „Im Vergleich zu 1996 ist der Anteil der Paarfamilien, in denen nur der Vater erwerbstätig war, um 10 Prozentpunkte zurückgegangen und die Erwerbsbeteiligung von Müttern gestiegen. Von den Paaren mit minderjährigen Kindern waren 2010 bei etwas mehr als der Hälfte (54,1 Prozent) beide Elternteile aktiv erwerbstätig" (Familienreport 2012: 71).

Diese endogenen familialen Veränderungen, nämlich die gestiegene Pluralität von Familienformen, die gesunkene Kinderzahl in den Familien, die gestiegene Erwerbstätigkeit von Müttern, haben selbstverständlich Auswirkungen auf die innerfamilialen Beziehungen (vgl. hierzu Nave-Herz 2013). Aber dennoch gilt, dass dieser Wandel nicht den makroperspektivischen Leistungsaspekt des Systems Familie infrage gestellt hat. Die Leistungserfüllung hat sich jedoch erschwert. Ehe auf diesen Tatbestand eingegangen wird, muss zuvor noch einmal daran erinnert werden, dass es – wie in Abschnitt 1.3 beschrieben – in der vorindustriellen Zeit eine größere Vielfältigkeit von Familienformen gegeben hat als gegenwärtig (zwar überwiegend verursacht durch Tod, nicht wie heute durch Ehescheidung bzw. Partnertrennung) und die mütterliche Erwerbstätigkeit für alle Frauen eine Selbstverständlichkeit war.

1.8   Die gestiegenen Leistungserwartungen an das System Familie

Familiensysteme waren – wie beschrieben – in der vorindustriellen Zeit als funktional diffus zu kennzeichnen, während sie heute funktional spezialisierte Systeme sind. Die damit verbundene Ausgliederung von Funktionen aus dem Familienbereich hat aber zu keiner „Entlastung" in Bezug auf ihre gesellschaftliche Leistungserbringung geführt; im Gegenteil: Im Laufe der letzten 50 Jahre ist die Leistungserwartung in Bezug auf ihre Spezialisierung, der Bildung und Erhaltung von Humanvermögen, gestiegen.

So ist einerseits neu – wie gezeigt – die Leistungserwartung der Erfüllung der Spannungsausgleichsfunktion an sie herangetragen worden, zum anderen wurde ihr die Primärsozialisation in einem Ausmaß – wie nie zuvor – zugewiesen. Der Ausbau des öffentlichen Kinderbetreuungssystems – vor allem auch in den letzten Jahren – stellt diese These nicht infrage.

Honig beschreibt in seinem Beitrag in diesem Band ausführlich die eigene Ziel- und Handlungslogik dieses sozialen Systems. Gleiches gilt – wie dargestellt – für die Schule. Hier haben sich ferner die Leistungsanforderungen an das familiale System durch die zeitliche Ausdehnung des Schul- und Ausbildungssystems im Umfang für das System Familie verstärkt.

Vor allem aber wurden die Anforderungen an das familiale System durch die Veränderung anderer Systeme qualitativ erhöht.

Das Wissenschaftssystem, das Medizinsystem und das Bildungssystem waren durch einen Wissenszuwachs über bessere Bedingungen im Hinblick auf die Entwicklung und Sozialisation von Kindern gekennzeichnet. Das Rechtssystem und die Massenkommunikationsmittel unterstützten diesen Prozess bzw. spiegeln diesen Wandel wider. Auf juristischer Ebene wurde über Erziehungsnormen und -verhalten diskutiert und dadurch setzten sich neue juristische Auslegungen in Bezug auf diese durch. Das Angebot an pädagogischem und psychologischem Wissen stieg. Gesundheitliche Vorsorgeuntersuchungen bis ins Schulalter der Kinder hinein wurden eingeführt. Ein bewussteres Ernährungsverhalten setzte sich durch usw. Ob die einzelne Familie diesen Ansprüchen nachkommt – das sei nochmals betont – ist unter diesem Makroaspekt nicht die Frage. Aber die Eltern wissen sehr wohl um diese gesellschaftlichen Erwartungen an sie; sie sind „in den Köpfen der diesem System zugehörigen Personen verankert" (Kudera 2002: 151) und können deshalb u. U. sogar auf der Mikroebene zu Überforderungen führen.

Vor allem durch das Wissenschafts- und Bildungssystem wurde den Eltern seit Anfang der 1970er Jahren vermittelt, dass Begabtsein bzw. Nicht-Begabtsein nicht einfach als Schicksal zu definieren, dass Sozialisationsdefizite ebenso auf elterliches Verhalten zurückzuführen seien, dass sie die schulischen Leistungen ihrer Kinder zu unterstützen hätten (hierzu auch Onnen 2013: 343) bis hin zur Hausaufgabenbetreuung u. a. m. Nach einer Befragung von 3.000 Eltern mit Kindern zwischen 6 und 16 Jahren gaben drei Viertel von ihnen an, ihren Kindern bei Hausaufgaben und der Vorbereitung von Klassenarbeiten und Referaten zu helfen (vgl. Bildungsstudie 2011). Dieser Tatbestand bedeutet eine – wenn auch geringfügige – funktionale Rückverlagerung aus dem Schul- in das Familiensystem, was hier zu häufigen Konflikten und Spannungen zwischen den Familienmitgliedern führt.

Eine weitere gestiegene Leistungserwartung an das familiale System ist auf die – sich immer stärker durchsetzende – sog. kindorientierte Pädagogik zurückzuführen, die zumindest in den höheren Schichten weit verbreitet ist. Sie setzt stärker auf eine zähe Verhandlungsarbeit in Form von Erklärungen und Diskussionen als auf Ge- und Verbote (Teichert 1990: 18). Die Sozialisation durch Sprache (oder: die Versprachlichung der Erziehung) verlangt sehr viel mehr Zeit und Energie sowie kognitive Kompetenz.

Diese gewachsenen Leistungsanforderungen an das familiale System wurden durch das im 20. Jahrhundert sich langsam ausprägende ethisch-normative Postulat der „verantworteten Elternschaft" (vgl. Abschnitt 1.5) unterstützt. Der Normenkomplex „verantwortete Elternschaft" beinhaltet die Erziehungsverantwortung der leiblichen Eltern. Dieser konnte sich erst durch die Verbreitung sicherer empfängnisverhütender Mittel durchsetzen, wodurch Kinder nicht mehr so selbstverständlich „als Schicksal" zu definieren sind, also infolge der Transferwirkungen vom Wissenschafts- und Medizinsystems.

Weiterhin hat der demografische Wandel für das System Familie eine starke endogene Veränderung dadurch gebracht, dass es heutzutage nicht mehr nur zwei, sondern drei familiale Generationen umfasst. Noch nie in der Geschichte unseres Kulturkreises war die Mehrgenerationenfamilie, genauer: die „multilokale Mehrgenerationen-Familie" (vgl. Lauterbach 2004), eine derartige Selbstverständlichkeit wie heute. Die gestiegene Lebenserwartung bringt – familienzyklisch gesehen – heutzutage zunächst den Eltern durch das Vorhandensein von Großeltern eine gewisse Entlastung im Hinblick auf ihre spezialisierte Leistungserbringung, im späteren Verlauf jedoch eine – historisch gesehen – neue Belastung im Hinblick auf die dritte Generation.

Zwar hat es in der Menschheitsgeschichte schon immer einzelne Menschen gegeben, die sehr alt wurden, und die starke Erhöhung der Lebenswahrscheinlichkeit im Laufe der Jahrhunderte in Europa ist vor allem auf die Reduktion des Sterberisikos von Säuglingen und Kleinkindern zurückzuführen; aber dennoch zeigen altersspezifisch aufbereitete Daten – trotz aller durch Hungersnöte, Seuchen, Kriege u. a. m. bedingten regionalen und epochalen Differenzen im Sterbeniveau – auch für die erwachsene Bevölkerung eine sehr geringe Lebenserwartung. Ein Beispiel sei angeführt: Im Zeitraum von 1570 bis 1599 lag das durchschnittliche Sterbealter bei denjenigen, die das 15. Lebensjahr erreicht hatten, nur bei etwa 55 bis 60 Jahre (Imhoff 1981: 83). Insgesamt gilt im Zeitvergleich mit der Gegenwart: Ein z. B. 80-Jähriger hat heute die Chance, wesentlich älter zu werden als vor z. B. hundert Jahren, aber die grundsätzliche Veränderung beinhaltet, dass heutzutage sehr viele das 80. Lebensjahr erreichen, für die alle nunmehr eine weitere höhere Lebenserwartung gilt.

Innerhalb der Lebenszeit der alten Familienmitglieder, also der dritten familialen Generation hat sich eine neue Phase herausgebildet (hierzu ausführlicher Nave-Herz 2011: 280 f.). Der Gesundheitszustand – evtl. mit kleineren Einschränkungen – und die sozio-ökonomische Lage – wenn auch schichtabhängig – haben es möglich gemacht, dass die Großeltern heutzutage als Fürsorgegeber in Bezug auf die nachfolgenden Generationen zu bewerten sind, und zwar über Jahrzehnte.

Insbesondere in Notfällen, z. B. in Bezug auf die Betreuung der Enkel, bei finanziellen Engpässen ihrer erwachsenen Kinder und für alle Arten von Krisensituationen sind überwiegend die Großeltern „zuständig" (vgl. hierzu auch den Beitrag von Szydlik in diesem Band). In ihrem Selbstkonzept stimmen die Großeltern mit diesen von ihnen erwarteten Funktionen überein und definieren ihre Rolle explizit als „Ersatz-Eltern" (vgl. Marx 1996; Sommer-Hill 2001: 112). Ecarius bezeichnet sie sogar aufgrund ihrer qualitativen Untersuchung als „zentrale Erziehungspersonen neben den Eltern" (2002a: 267). Die Großelternrolle könnte auch als Eltern minderen Rechts gekennzeichnet werden (Nave-Herz 2013: 194), gepaart mit weniger Verantwortung für die Enkel und mit reduzierten Kontakten zu ihnen im Vergleich zu ihren Eltern, aber dennoch als Unterstützungsträger im Hinblick auf die funktionale spezialisierte Leistung der Familie.

Zumeist erst ab der Mitte des 80. Lebensjahres (eine Folge der Leistungssteigerung des Medizinsystems) setzt die Phase ein, welche gekennzeichnet ist durch sukzessives Nachlassen der Gesundheit, beginnende Pflegebedürftigkeit und damit wachsende Abhängigkeit von anderen Personen. Diese Leistung wird von der Familie und nur zu einem sehr geringen Teil bisher von – auf diese Leistung spezialisierte – Systeme (Pflegeheime) erbracht.

Aber mit Beginn der Sterbephase endet heutzutage zumeist die familiale Fürsorgeleistung. Dagegen fand noch vor nicht allzu langer Zeit die Begleitung Sterbender in der Familie statt. Bereits 1995 trat der Tod zu 70 % der Fälle in Krankenhäusern oder Kliniken ein (vgl. Walter 1995). Die Familie übernimmt also – im Gegensatz zu vielen außereuropäischen Staaten – immer seltener die Sterbebegleitung ihrer alten, überhaupt ihrer Mitglieder.

1.9 Exkurs: Der quantitative Anstieg von nichtehelichen Lebensgemeinschaften sowie von kinderlosen Ehen und die quantitative Abnahme der Familiengründungen

Die nichteheliche Lebensgemeinschaft konnte erst durch gesamtgesellschaftliche Veränderungen in den 1970er Jahren entstehen, weil die emotionellen sexuellen Beziehungen seit 1973 keiner öffentlich bekundeten Legitimation mehr durch eine Eheschließung bedurften[6] und die finanziellen und wohnungsmäßigen Bedingungen, Paaren ein Zusammenleben, ohne verheiratet zu sein, ermöglichten. Damit hat die Ehe ihren Monopolanspruch, nämlich das einzige soziale System mit funktionaler Spezialisierung auf die physische Regeneration und Stabilisierung ihrer Mitglieder zu sein, verloren. Die nichteheliche Lebensgemeinschaft ohne Kinder und die kinderlose Ehe unterscheiden sich unter differenzierungstheoretischer Sicht nicht. Im Unterschied zum System Familie erfüllt dieses Partnerschaftssystem (= nämlich nichteheliche Lebensgemeinschaft ohne Kinder und die kinderlose Ehe) nicht die gesellschaftliche Leistungserwartung der Nachwuchssicherung (Geburt/Adoption, Pflege und Sozialisation von Kindern). Die nichteheliche Lebensgemeinschaft und die kinderlose Ehe sind unter differenzierungstheoretischer Perspektive als ein funktional spezialisiertes Partnerschaftssystem im Hinblick auf die physische und psychische Regenration und Stabilisierung ihrer Mitglieder beschreibbar. Dieses Partnerschaftssystem besitzt hierin seine spezifische Funktion bzw. Leistung für andere soziale Systeme. Im Unterschied zum System Familie – das sei nochmals betont – erfüllt sie nicht die gesellschaftliche Leistungserwartung der Nachwuchssicherung (Geburt/Adoption, Pflege und Sozialisation von Kindern).

In der Literatur wird die quantitative Zunahme der nichtehelichen Lebensgemeinschaften ohne Kinder und der kinderlosen Ehe u. a. als Folge des Wandels des Bildungssystems und als Anpassung an das Erwerbsarbeitssystems beschrieben. Dieses Partnerschaftssystem würde eher Flexibilität, Mobilität u. a. m., die im heutigen Erwerbsarbeitssystem gefordert wird (vgl. den Beitrag von Schneider und Ruppenthal in diesem Band), garantieren als das familiale System (vgl. z. B. Meyer 1992). Ohne diese Analyseergebnisse infrage stellen zu wollen, geht es mir im Folgenden darum – ergänzend hierzu – zu zeigen, dass nicht allein Anpassung an außerfamiliale Systeme, sondern gerade auch die Ungleichzeitigkeit des Wandels von verschiedenen sozialen Systemen, was mit Ogburn (1957) als *cultural lag* bezeichnet werden könnte, zur Differenzierung bzw. zur quantitativen Zunahme von nichtehelichen Lebensgemeinschaften ohne Kinder und kinderlosen Ehen geführt hat. Nur in diesem Sinne und allein mit dieser Funktion wird hier der Begriff *cultural lag* eingeführt. Bei der Prüfung, ob ein *cultural lag* zwischen zwei variablen Größen gegeben ist, muss zunächst der Nachweis geführt werden, dass zwischen diesen beiden Größen ein – wie immer geartetes – Gleichgewicht oder Parallelität bestand, d. h. es ist ihre Interdependenz aufzuzeigen, nicht ihre kausale Beziehung.

Die Transferwirkungen zwischen dem Schul- und Familiensystem wurden erstmalig Ende der 1960er Jahre besonders intensiv im Rahmen des Theorems der schichtenspezifischen Sozialisation problematisiert. Hierbei wurde auf die statistische Unterrepräsentanz von Mäd-

---

[6] 1973 wurde der Kuppelei-Paragraph (§180 StGB) verändert, der zuvor Personen (Eltern, Vermieter, Hotelbesitzer u. a.) unter Strafe stellte, die unverheirateten Paaren eine sexuelle Beziehung, z. B. durch Duldung oder durch Vermietung von Zimmern, gestatteten bzw. ermöglichten.

chen in weiterführenden Bildungseinrichtungen – trotz formalen Rechts und Anspruchs – hingewiesen; und der Familienbereich als eine der zentralen verursachenden Bedingungen beschrieben. Zuvor galt für Mädchen – vor allem solange es ein besonderes Mädchenschulwesen gab –, dass ihre Schulbildung sie auch auf ihre zukünftige Rolle als Ehefrau und Mutter vorzubereiten hatte (dazu gehörten Hauswirtschaftslehre und Handarbeitsunterricht auch in Mädchengymnasien wie in anderen Schultypen). Und sekundär sollte ihnen – vor allem für den Übergang bis zur Heirat und für den Notfall – eine Berufsvorbereitung ermöglicht werden. Seit den 1970er Jahren hat sich das Bildungssystem – unabhängig vom Familiensystem – stark verändert.

Die Folge der Bildungsexpansion in jener Epoche bewirkte nämlich nicht nur die Verlängerung der institutionellen Lernzeit für immer mehr Jugendliche, sondern auch, dass die Qualifizierung auf eine zukünftige Erwerbstätigkeit für beide Geschlechter in den Mittelpunkt der Schulbildung rückte und die o. a. Unterrichtsfächer an den weiterführenden Bildungseinrichtungen entfielen. Gleichzeitig hat der Anteil der Mädchen an diesen Schulen und an den Universitäten stark zugenommen. Noch nie in unserer Geschichte gab es – gemessen an den formalen Bildungsabschlüssen – eine so hohe Zahl qualifizierter Frauen wie heute. Damit hat sich auch – wie viele empirische Untersuchungen zeigen – ihr Berufsengagement und ihre Berufsorientierung erhöht. Im Übrigen gilt dieser Wandel im Bedeutungsgehalt des Berufes für Frauen auf allen beruflichen Statusebenen. Diese Veränderung des Bildungssystems und damit verbunden die Berufsorientierung von Frauen sind im Zuge des Modernisierungsprozesses (vor allem im Hinblick auf den Wertewandel- und Individualisierungsprozess) irreversibel. Der Veränderung im Bildungssystem stand aber im familialen System kein entsprechender Wandel gegenüber. Die innerfamiliale Arbeitsteilung hat sich kaum verändert. Vor allem die typifizierten Erwartungen an die Mutterrolle haben nicht an normativer Kraft verloren: Über 70 % vor allem der westdeutschen Bevölkerung lehnen weiterhin die Erwerbstätigkeit von Müttern im Kleinkindalter ab (Schneider/Dobritz 2012: 14); 88 % der Bundesbürger sind der Ansicht, „dass sich junge Mütter in den ersten zwölf Lebensmonaten voll und ganz um ihr Baby kümmern sollten" (http//www.news.de/wirtschaft v. 10.5.2011: 3). Zudem haben sich die Leistungsanforderungen an das familiale System – wie beschrieben – durch die Leistungssteigerungen anderer sozialer Systeme sogar noch erhöht.

Die quantitative Zunahme von Systemen, die allein als funktionales Ziel, die Erhaltung von Humanvermögen übernommen haben, aber nicht zugleich die Bildung von Humanvermögen, nämlich die Nachwuchssicherung zu garantieren, scheint auch – selbstverständlich nicht allein – als Folge dieses *cultural lags* deutbar zu sein, was ich aus mikro-perspektivischer Sicht begründen möchte.

Die beschriebenen sozialstrukturellen ungleichzeitigen Veränderungsprozesse zwischen dem Bildungs- und Erwerbsarbeitssystem und dem System Familie können nämlich auf der individuellen Handlungsebene ablesbar werden in Form von Entscheidungskonflikten in Bezug auf die Familiengründung.

Zunächst sei betont, dass die gestiegene Berufsorientierung nicht etwa den Wunsch nach Kindern ausschließt (vgl. Nave-Herz 1988; Onnen 2000; Dobritz-Manthe 2012: 8). Auch jugendsoziologische Erhebungen belegen zwar bei jungen Erwachsenen eine gewisse Skepsis gegenüber der Ehe, der Wunsch nach Kindern wird aber bejaht (vgl. Shell-Studie 2011: 59). Trotz gestiegener Berufsorientierung haben aber auch viele junge Frauen und Männer – ebenso wie die Mehrzahl vor allem der westdeutschen Bevölkerung – das traditionelle Mutter-Rollenbild internalisiert, weswegen sie befürchten, das ihr Säugling bzw. Kleinkind, wenn sie es nicht selbst versorgen, Schaden erleiden könnte. Diese divergenten Wertorientie-rungen (hohe Berufsorientierung bei gleichzeitig internalisiertem traditionellem Mutterbild) können zu dauernden Entscheidungskonflikten und Spannungen auf der individuellen Hand-lungsebene und damit – wie Untersuchungen zeigen (vgl. Nave-Herz 1988, Onnen 2000) – zur Verschiebung der Einlösung des Kinderwunschs und hierdurch zur Fortsetzung der kin-derlosen Ehe oder der nichtehelichen Lebensgemeinschaft ohne Kinder führen. Zudem ver-anlassen strukturelle Barrieren (z. B. die langen Ausbildungswege mit anschließend befriste-ten Arbeitsverträgen, fehlende Planungssicherheit im Hinblick auf Krippen- und Kinder-betreuungsmöglichkeiten usw.) viele Frauen (und Männer), die Einlösung ihres Kinderwun-sches hinauszuschieben, bis es – wegen der biologischen Uhr – zu spät ist. Auch die hier-durch in den letzten zwanzig Jahren sprunghaft angestiegenen medizinischen Reproduktions-zentren lösen dieses Problem nur in geringem Maße.

Unter entscheidungstheoretischer Perspektive wäre noch ein weiterer Grund für den quantita-tiven Anstieg von nichtehelichen Lebensgemeinschaften und kinderlosen Ehen denkbar, dessen empirische Absicherung aber noch fehlt: Die heutige vermeintlich freie Gestaltungs-möglichkeit im Hinblick auf die Wahl von Lebensformen und Lebensweisen erweist sich in der sozialen Realität für viele Frauen in Bezug auf die Mutterrolle wegen struktureller Zwänge als Fiktion. Frauen können im Hinblick auf die Entscheidung zur Familiengründung nur zwischen Skylla und Charybdis wählen (vgl. auch Huinink 1990). Denn einerseits sind mit der Aufgabe, aber auch mit einer zeitlichen Reduzierung der Erwerbstätigkeit Nachteile in der Erwerbsbiografie verbunden (z. B. im Hinblick auf die Rentenbiografie, Karrierever-lauf usw.), und gleichzeitig verweisen die steigenden Ehescheidungszahlen auf eine unsiche-re Zukunft. Das neue Unterhaltsgesetz bei Ehescheidung hat die ökonomische Abhängigkeit der Hausfrauen von ihrem Ehemann und damit das Problem noch verschärft. Andererseits bedeutet die Aufrechterhaltung der Erwerbstätigkeit die bekannte Doppelbelastung, die noch nicht durch neue Formen der innerfamilialen Arbeitsteilung oder durch ein hinreichendes und für die Betroffenen adäquates und verlässliches Kinderbetreuungssystem relativiert wurde. So können Frauen im Hinblick auf die Familiengründung gegenwärtig in ein Entscheidungs-dilemma geraten, weil sich die Abwägung von Kosten und Nutzen im Hinblick auf die Mut-ter- und die Berufsrolle für viele erschwert hat; vor allem können Konflikte entstehen – ent-scheidungstheoretisch formuliert – durch fehlende subjektive Nutzeneindeutigkeit: im Hin-blick auf die Berufsrolle ist die Nutzenerwartung bekannt und eindeutig, aber der zu erwar-tende Nutzen von Kindern ist für manche Frau (aber auch für manchen Mann) nicht ab-schätzbar. Auch dieses Entscheidungsdilemma könnte zur Fortsetzung des Lebens in einer kinderlosen Ehe oder in einer nichtehelichen Lebensgemeinschaft ohne Kinder führen.

Wenn also in der Literatur für den Anstieg von partnerschaftlichen Lebensformen ohne Kin-der der Modernisierungsprozess mit seiner Optionssteigerung und damit verbundenen Zu-nahme an rationalen Entscheidungen, mit seinem Traditionsverlust, dem gestiegenen Bil-dungsniveau von Frauen usw. verantwortlich gemacht wird, dann ist das – alltagssprachlich formuliert – nur „eine Seite der Medaille". Denn – um es abschließend noch einmal zu beto-nen – es können strukturelle Zwänge, traditionelle Einstellungen, Nachteile und Unsicherhei-ten und eine fehlende Nutzeneindeutigkeit von Kindern der Einlösung des Kinderwunsches entgegenstehen; oder diese können ein langes zeitliches Verschieben der Familiengründung bewirken, manchmal so lange bis es zu spät ist; oder man entscheidet sich nunmehr – durch den Gewohnheitseffekt – seine zunächst nur befristet geplante Lebensform für immer zu wählen.

1.10 Resümee

Das system- und differenzierungstheoretische Paradigma wurde für die Analyse von familialem Wandel gewählt, weil es mit ihm eher möglich ist als mit anderen Theorieansätzen, die Leistungen der Familie für andere soziale Systeme „herauszufiltern", die ansonsten zu stark als „private/individualistische Angelegenheiten" dargestellt werden bzw. als solche erscheinen.

Zusammenfassend bleibt zu konstatieren: Zieht man Bilanz über die historischen funktionalen familialen Veränderungen, so ist Wandel und Kontinuität gegeben. Zwar wurde dem System Familie einerseits einige Funktionen durch das Erwerbsarbeits-, dem Versicherungs-, dem Schulsystem entzogen, andererseits war die dadurch verbundene Konzentration auf ihre funktionale Spezialisierung verknüpft mit einem höheren Umfang und einem Qualitätsanstieg der – von ihr nunmehr zu erfüllenden – Leistungserwartungen. Das gilt innerhalb ihres funktionalen Systemziels (= Bildung und Erhaltung von Humanvermögen) insbesondere für ihre Sozialisationsleistung, der (neuen) Spannungsausgleichsfunktion und der Fürsorgefunktion für ihre alten Mitglieder.

Aus dem historischen Rückblick wird ferner deutlich, dass die Ausgliederung von Funktionen überwiegend durch Regulierungen (gesetzliche Bestimmungen, wie z. B. die Schul- und Versicherungspflicht) erfolgte. Gleiches gilt z. T. für die Intensivierung ihrer spezialisierten funktionalen Leistung (z. B. rechtliche Einhaltung bestimmter Erziehungsnormen, der Unterhaltspflicht usw.). Aber nicht alle normativen Vorgaben zogen realiter die beabsichtigte Folge nach sich. So sollte durch das öffentliche Schulsystem allen Schülern durch das Leistungsprinzip die gleiche Chance zum Besuch weiterführender Bildungswege und entsprechender Berufspositionen garantiert werden. Doch die soziale Platzierungsfunktion ist – unbeabsichtigt – beim Familiensystem verblieben. Die neue Funktion des Spannungsausgleichs ist eine nicht-intendierte Folge aller der sozialen Systeme, die im Austauschprozess mit dem familialen stehen und deren Zweckrationalität, Beschleunigung in den Arbeitsabläufen, Bürokratisierung, Großorganisationsformen in den letzten Jahrzehnten stark angestiegen sind. Das gilt insbesondere für das Schul-, Wirtschafts- und Verwaltungssystem.

Hinweise auf weiterführende Literatur
Bertram, H. und Ehlert, N. (Hrsg.), Familie, Bindung und Fürsorge – Familiärer Wandel in einer vielfältigen Moderne, Opladen/Farmington Hills 2011.
Nave-Herz, R., Ehe- und Familiensoziologie, 3. Aufl., Weinheim 2013.

Wiederholungsfragen / Übungsaufgaben
1. Beschreiben Sie in Stichworten den Unterschied zwischen der vorindustriellen und der heutigen Familie.
2. Die Patchworkfamilie (= die Familie, bestehend aus „meinen, deinen und unseren Kindern") war in der vorindustriellen Zeit verbreiteter als heute. Wie erklären Sie sich diesen Tatbestand?
3. Versuchen Sie herauszufinden, ob es auch heute noch einen statistischen Zusammenhang zwischen Lebenserwartung und sozialer Schichtzugehörigkeit gibt.

1.11   Literatur

Ariès, P., Geschichte der Kindheit, München/Wien 1975.

Bildungsstudie vom 14.4.2011. Verfügbar unter: http://www.jako-o.de/presse.

Boltanski, L. und Chiapello, E., Der neue Geist des Kapitalismus, Konstanz 2013.

Broderick, C. und Smith, J., The general system approach to the family, in: Contemporary theories about the family, hrsg. v. W. R. Burr, New York 1979, S. 112–129.

Brunner, O., Das „ganze Haus" und die alteuropäische „Ökonomik", in: Familie und Gesellschaft, hrsg. v. F. Oeter, Tübingen 1966, S. 23–56.

Dobritz, J. und Manthe, A., Zum Einfluss der Lebensform und des sozialen Umfelds auf den Kinderwunsch, in: Bevölkerungsforschung aktuell 3, 2012, S. 8–15.

Ecarius, J., Familienerziehung im historischen Wandel – Eine qualitative Studie über Erziehung und Erziehungserfahrung von drei Generationen, Opladen 2002.

Esser, H., Soziologie – Spezielle Grundlagen 2: Die Konstruktion der Gesellschaft, Frankfurt am Main 2000.

Familienreport 2012, hrsg. v. Bundesministerium für Familie, Senioren, Frauen und Jugend, Berlin 2012.

Farney, D., Sozialversicherung, in: Handwörterbuch der Wirtschaftswissenschaften 7, 1977, S. 160–169.

Feldhaus, M. und Huinink, J., Multiple Elternschaften in Deutschland – eine Analyse zur Vielfalt von Elternschaft in Folgepartnerschaften, in: Pluralisierung von Elternschaft und Kindschaft, Sonderheft 17 der Zeitschrift für Familienforschung, hrsg. v. D. Schwab und L. A. Vaskovics, 2011, S. 77–104.

Fünfter Familienbericht, Familien und Familienpolitik im geeinten Deutschland – Zukunft des Humanvermögens, Bonn 1994.

Gehrmann, R., Heiratsverhalten als historisches Problem, in: Historische Sozialforschung 3, 2003, S. 8–28.

Gestrich, A., Neuzeit, in: Geschichte der Familie, hrsg. v. A. Gestrich, U. J. Krause und M. Mitterauer, Stuttgart 2003, S. 364–652.

Häußermann, H. und Siebel, W., Soziologie des Wohnens, 2. Aufl., Weinheim 2000.

Hochschild, A. R., Work-Life-Balance. Keine Zeit. Wenn die Firma zum Zuhause wird und zu Hause nur Arbeit wartet, Opladen 2002.

Honneth, A., Das Recht der Freiheit, Berlin 2011.

Huinink, J., Familie und Geburtenentwicklung, in: Lebensverläufe und sozialer Wandel, Sonderheft 31 der Kölner Zeitschrift für Soziologie und Sozialpsychologie, hrsg. v. K. U. Mayer, Opladen 1990, S. 245–393.

Imhof, A. E., Ländliche Familienstrukturen an einem hessischen Beispiel, in: Sozialgeschichte der Familie in der Neuzeit, hrsg. v. W. Conze, Stuttgart 1976, S.197–230.

Imhof, A. E., Die gewonnenen Jahre, München 1981 u. a., Konstanz 1988, S. 391–416.

Kaufmann, F. X., Familie und Modernität, in: Die postmoderne Familie, hrsg. v. K. Lüscher, F. Schultheis und M. Wehrspaun, Konstanz 1988, S. 391–416.

Kaufmann, F. X., Zukunft der Familie im vereinten Deutschland. Gesellschaftliche und politische Bedingungen, München 1995.

Klafki, W., Sinn und Unsinn des Leistungsprinzips der Erziehung, in: Sinn und Unsinn des Leistungsprinzips, hrsg. v. H. Dreitzel, München 1975, S. 68–80.

Krüger, D., Familie und Gender – Modernisierungspfade im Geschlechterverhältnis, in: Unsere Jugend (7/8), 2013, S. 324–331.

Krüsselberg, H.-G., Die vermögenstheoretische Dimension in der Theorie der Sozialpolitik – Ein Kooperationsfeld für Soziologie und Ökonomie, in: Soziologie und Sozialpolitik, Sonderheft 19 der Kölner Zeitschrift für Soziologie und Sozialpsychologie, hrsg. v. C. von Ferber, F.-X. Kaufman, Köln/Opladen 1977, S. 232–259.

Krüsselberg, H.-G., Ethik, Vermögen und Familie – Quellen des Wohlstands in einer menschenwürdigen Ordnung, Schriften zu Ordnungsfragen der Wirtschaft 56, Stuttgart 1997.

Krüsselberg, H.-G., Humanvermögen – Ein Blick auf die Quelle des gesellschaftlichen Wohlstandes, Oldenburger Universitätsreden174, Oldenburg 2007.

Kunze, K. und Wolff, K., Grundwissen Geschichte, 2. Aufl., Stuttgart 1974.

Lauterbach, W., Die multilokale Mehrgenerationenfamilie, Würzburg 2004.

Lüscher, K., Was heißt heute Familie? These zur Familienrhetorik, in: Familie der Zukunft – Lebensbedingungen und Lebensformen, hrsg. v. U. Gerhardt, S. Hradil, D. Lucke und B. Nauck, Opladen 1994, S. 51–66.

Luhmann, N., Handlungstheorie und Systemtheorie, in: Kölner Zeitschrift für Soziologie und Sozialpsychologie 2, 1978, S. 211–227.

Luhmann, N., Soziologische Aufklärung, Bd. 1, Opladen 1970.

Mackenroth, G., Bevölkerungslehre, Berlin 1953.

Marx, M. L., Großeltern als Ersatzeltern ihrer Enkelkinder – Ein vernachlässigtes Problem der Sozialpolitik, Frankfurt am Main 1996.

Meyer, Th., Modernisierung der Privatheit – Differenzierungs- und Individualisierungsprozesse des familialen Zusammenlebens, Opladen 1992.

Mitterauer, M., Die Familie als historische Sozialform, in: Vom Patriarchat zur Partnerschaft, hrsg. v. M. Mitterauer und R. Sieder, München 1977, S. 13–37.

Mitterauer, M., Entwicklungstrends der Familie in der europäischen Neuzeit, in: Handbuch der Familien- und Jugendsoziologie, hrsg. v. R. Nave- Herz und M. Markefka, Bd. 1, Neuwied 1989, S. 179–194.

Mitterauer, M., Mittelalter, in: Geschichte der Familie, hrsg. v. A. Gestrich, J. U. Krause und M. Mitterauer, Stuttgart 2003, S. 160–363.

Monitor Familienforschung, Stief- und Patchworkfamilien, hrsg. v. BMFSFJ, Berlin 2013.

Nahrstedt, W., Die Entstehung der Freizeit, Göttingen 1972.

Nave-Herz, R., Die Rolle des Lehrers, Neuwied 1977.

Nave-Herz, R., Kinderlose Ehen – Eine empirische Studie über die Lebenssituation kinderloser Ehepaare und ihre Gründe für ihre Kinderlosigkeit, Weinheim 1988.

Nave-Herz, R., Familie zwischen Tradition und Moderne – Ausgewählte Beiträge zur Familiensoziologie, Oldenburg 2003.

Nave-Herz, R., Die Familie als „Fürsorgeinstitution" für ihre älteren Familienmitglieder – Historischer Rückblick und zukünftige Perspektiven, in: Familie, Bindungen und Fürsorge, hrsg. v. H. Bertram und N. Ehlert, Opladen/Farmington Hills 2011, S. 281–298.

Nave-Herz, R., Ehe- und Familiensoziologie, 3. Aufl., Weinheim 2013.

Neidhardt, F., Systemeigenschaften der Familie. Materialien zum zweiten Familienbericht der Bundes-regierung, München 1976.

Ogburn, W. F., Cultural Lag as Theory, in: Sociology and Social Research, 1957, S. 167–174.

Onnen, C., Wenn der Familienbildungsprozess stockt. Eine empirische Studie über Stress- und Coping-Strategien reproduktionsmedizinische behandelter Partner, Heidelberg 2000.

Onnen, C., Geschlechtsspezifische Arbeitsteilung: Zur Einführung in das Themenheft, in: Zeitschrift für Sozialisationsforschung und Erziehungssoziologie, 2013, S. 341–349.

Peiper, A., Chronik der Kinderheilkunde, 4. Aufl., Leipzig 1966.

Schelsky, H., Schule und Erziehung in der industriellen Gesellschaft, 4. Aufl., Würzburg 1962.

Schneider, N. F. und Dobritz, J., Wo bleiben die Kinder, in: Bevölkerungsforschung aktuell 3, hrsg. v. Bundesministerium für Bevölkerungsforschung, 2011, S. 13–16.

Schimank, U., Theorie gesellschaftlicher Differenzierung, Opladen 1996.

Schönenberger, G. und Methfessel, B. (Hrsg.), Mahlzeiten – Alte Last oder neue Lust? Wiesbaden 2011.

Shell-Studie, Jugend 2010, hrsg. v. M. Albert, K. Hurrelmann und G. Quenzel, Frankfurt am Main 2010.

Shorter, E., Die Geburt der modernen Familie, Hamburg 1977.

Sommer-Hill, R., Großeltern heute. Betreuen, erziehen, verwöhnen. Eine qualitative Studie zum Betreuungsalltag mit Enkelkindern, Bielefeld 2001.

Teichert, V., Familie und Gesellschaftsstruktur, in: Junge Familien in der Bundesrepublik, hrsg. v. V. Teichert, Opladen 1990, S. 11–25.

Treibel, A., Einführung in soziologische Theorien der Gegenwart, Opladen 1993.

Tyrell, H., Probleme einer Theorie der gesellschaftlichen Ausdifferenzierung der privatisierten modernen Kleinfamilie, in: Zeitschrift für Soziologie 4, 1976, S. 393–417.

Walter, H., Das Alter leben!, Darmstadt 1995.

Wissenschaftlicher Beirat für Familienfragen, Die bildungspolitische Bedeutung der Familie – Folgerungen aus der Pisa-Studie, Schriftenreihe des BMFSFJ, Bd. 224, Stuttgart 2002.

2 Die funktionale Differenzierung zwischen Familie und Bildungssystem

2.1 Familie und öffentliche Kinderbetreuung

Michael-Sebastian Honig

Seit 1. August 2013 haben in Deutschland alle ein- bis dreijährigen Kinder einen Rechtsanspruch auf Betreuung außerhalb der eigenen Familie. Seit Inkrafttreten des Kinderförderungsgesetzes (KiFöG) am 16. Dezember 2008 wurden Milliarden Euro aufgewendet, um 780.000 Plätze bei Krippen und Tagesmüttern zu schaffen. Damit soll ein Bedarf von 39,4 % dieser Altersgruppe gedeckt werden (vgl. Deutsches Jugendinstitut 2013).

Als 1996 der Anspruch auf einen Kindergartenplatz für alle Drei- bis Sechsjährigen verwirklicht wurde, waren jahrelange Verhandlungen zwischen Bund, Ländern und Kommunen über die Bewältigung der finanziellen Lasten, eine Begrenzung der Anspruchsberechtigten und über Stichtagsregelungen vorausgegangen, um die Wucht der Veränderungen abzumildern und die Belastungen der öffentlichen Hand zeitlich zu strecken. Dass ein Rechtsanspruch auf außerfamiliale Betreuung für *Kinder unter Drei* („U3") Wirklichkeit würde – und dies sogar in parteiübergreifendem Konsens und mit einer forcierten finanziellen Kraftanstrengung – wäre damals in das Reich familienfeindlicher Ideologien verwiesen worden. Heute melden sich zwar vereinzelt immer noch Kritiker des Krippenausbaus zu Wort (vgl. etwa Böhm 2012), aber ihre Argumente finden kaum noch Gehör. Über institutionelle Kinderbetreuung wird nicht mehr im Feuilleton, sondern auf den Titelseiten und im Wirtschaftsteil der Zeitungen berichtet. Gemessen am Familienkonservatismus der Bonner Republik hat sich offenbar nichts weniger als eine Revolution im Verhältnis von Familie und öffentlicher Kinderbetreuung abgespielt.

Diese „Revolution" kam aber nicht aus heiterem Himmel. Seit Ende der 60er Jahre, mit dem Anfang vom Ende des „Goldenen Zeitalters der Hausfrauenehe", hatte die seit jeher familienunterstützend konzipierte institutionelle Kleinkinderziehung in Deutschland mehr und mehr ihre familiale Infrastruktur verloren. Es hatte ein Wandel von Lebensformen eingesetzt, der nicht nur die Position von Frauen/Müttern und Kindern veränderte, sondern mit der Position des männlichen Ernährers auch die Haushaltsökonomie der Familien betraf und schließlich die harten demografischen Fakten, die bereits seit den 1970er Jahren beunruhigten, vollends irreversibel erscheinen ließen. Der Wandel vollzieht sich seit den späten 1990er Jahren im Kontext krisenhafter politisch-ökonomischer Entwicklungen. Sie haben den Zwang verstärkt, Frauen und Mütter für den Erwerbsarbeitsmarkt zu mobilisieren und auf öffentliche Investitionen in das Humanvermögen zu setzen, sprich: nicht nur die Zahl der Kindertageseinrichtungen zu vermehren, sondern sie auch als Bildungseinrichtungen zu qualifizieren.

Neben diesen längerfristigen Entwicklungen sind aber auch aktuelle Ereignisse für diese „Revolution" ursächlich: die deutsche Vereinigung (1989), in deren Folge zwei konträre Kulturen des Verhältnisses von Familie und institutioneller Betreuung miteinander verschmolzen werden mussten (vgl. Liegle 1987: Kapitel 3, 1990), sowie die Beschlüsse des Europäischen Rates von Lissabon (2000), die den Umbau des europäischen *welfare state* von einem Verteilungs- zu einem Sozialinvestitionsstaat protokollierten, und von Barcelona (2002), die den Mitgliedsstaaten der Europäischen Union auferlegten, für mindestens 90 % der Vorschulkinder und für 33 % der Unter-3-Jährigen eine nicht-familiale Tagesbetreuung bereitzustellen.

Der folgende Argumentationsgang untersucht das Verhältnis von Familie und öffentlicher Kinderbetreuung (vgl. Cloos/Karner 2010; Ecarius/Groppe/Malmede 2009; Fried 2007, Wieners 1999). Die Überlegungen setzen sich mit der Frage auseinander, ob die vermeintliche „Revolution" lediglich als ein komplexer Strukturwandel des Verhältnisses von familialer und nicht-familialer Betreuung zu beschreiben ist, oder ob ein Funktionswandel der nicht-familialen Betreuung, Bildung und Erziehung festzustellen ist. In jedem Fall impliziert diese Frage, den Blick über den Tellerrand des Binnenverhältnisses von Familien- und Kindertageserziehung hinaus zu lenken und seine Kontextualität zu analysieren.

2.1.1　Wandel des Verhältnisses von privat-familialer und öffentlicher Kinderbetreuung

Im Lichte der gegenwärtigen Debatte über die Vereinbarkeit von Familie und Beruf könnte man vermuten, dass die institutionelle Kleinkinderziehung als Antwort auf die Erwerbstätigkeit von Müttern entstanden ist. Das wäre indes ein Fehlschluss, denn diese war in den vorindustriellen Handwerker- und Bauernfamilien bereits gang und gäbe. Entscheidend war vielmehr eine veränderte Bewertung der Rolle der Mutter in der Familie; sie steht im Kontext eines bürgerlichen Familienideals (vgl. Nave-Herz 2013), das sich im Laufe des 19. Jahrhunderts auch in den nicht-bürgerlichen Schichten der westlichen Industriegesellschaften schrittweise durchsetzte. Es beinhaltet u. a. die Vorstellung von einem weiblichen Geschlechtscharakter (vgl. Hausen 1976), der eine spezifische Mutter-Kind-Beziehung begründet. Die Natur der Frau und die Natur des Kindes finden in der Intimität der Kleinfamilie ihren sozialen Ort.

Die seit Ende des 18. Jahrhunderts zunächst in England, später auf dem Kontinent entstehenden Kleinkinderschulen und Bewahranstalten reagierten auf den Wandel der Haushaltsökonomie im Kontext der Frühindustrialisierung und ihrer Folgen, insbesondere die massenhafte Verelendung, im Lichte dieses Familienideals. Kleinkinderschulen und Bewahranstalten wollten entsprechend nicht mehr als ein Notbehelf sein, der nur dort gerechtfertigt erschien, wo von einem bürgerlichen Familienleben ohnehin keine Rede sein konnte. Sie folgten dem sozialpädagogischen Doppelmotiv, „einmal den Müttern der sozialen Unterschichten das Arbeiten zu ermöglichen, um dadurch die Familienhaushalte zu stabilisieren [...], zum anderen die Kinder nach trägerspezifischen Ordnungsvorstellungen zu erziehen" (Reyer 2004: 519). „Öffentlich" war diese Form nicht-familialer Betreuung noch nicht im Sinne staatlicher Sozialpolitik, vielmehr handelte es sich um privat-fürsorgerische Initiativen philanthropischer Kreise des Bürgertums. Sie konstituierten die frühkindliche Betreuung und Erziehung als ein klassenspezifisch geteiltes Sozialisationsfeld (vgl. Reyer 1981), als „eine Veranstaltung der bürgerlichen Schichten für die Klein- und Kleinstkinder der sozialen Unterschichten" (Reyer 1981: 302), bei der der Staat „eine lizenzierende und kontrollierende Rolle" (Reyer) übernahm.

Die Idee eines „Kindergartens" – der erste wurde 1839 in Blankenburg (Thüringen) eröffnet – ist vor diesem Hintergrund zu verstehen. Friedrich Fröbel dachte dabei nicht in erster Linie an eine sozialpädagogische Betreuungseinrichtung für Kinder; er unternahm damit vielmehr eine gesellschaftspolitische Initiative, um der Zerstörung der vorindustriellen Einheit von Arbeit und Leben etwas entgegenzusetzen. Anders als die Kinderbewahranstalten und Kleinkinderschulen reagierte er nicht auf das Massenelend seiner Zeit, er wollte auch nicht in eine illusionäre agrarische Idylle zurück, sondern ihm schwebte eine zukunftsorientierte Antwort auf die Dissoziation von Familien- und Erwerbsarbeit vor. Angelpunkt seiner Idee der „Lebenseinigung" war eine Familienerziehung, die auf dem Modell der Hausfrau und Mutter basierte und seinen Maßstab an der Bildung des Kindes hatte. Es ging um eine „Kulturmission", die in der damaligen Zeit auf eine Demokratisierung der Gesellschaft verwies, durchaus im Sinne einer „Bildung für alle".

Die Idee eines „Kindergartens" blieb institutionell indes solange marginal, bis sie von der bürgerlichen Frauenbewegung aufgegriffen wurde und sich im letzten Drittel des 19. Jahrhunderts in Gestalt des „Volkskindergartens" in das Instrumentarium des entstehenden Bismarckschen Sozialstaats einfügen ließ. Der Volkskindergarten war weit davon entfernt, eine Bildungsinstitution für alle Kinder zu sein; er war vielmehr eine sozialfürsorgerische Einrichtung für die (vorwiegend proletarischen) Familien, die sich das vorherrschende bürgerliche Familienideal nicht leisten konnten. Krippen, die es ohnehin kaum gab, folgten dieser Logik in verschärfter Form: Als Notlösung, wenn die Kinder nicht bei der Mutter bleiben konnten, hatten sie lediglich sozialhygienische Aufgaben; im Kern waren sie ein Instrument zur Verringerung von Säuglingssterblichkeit. Zugleich waren sie Stützpunkte von Stillkampagnen und anderer Maßnahmen zur Verbreitung des bürgerlichen Familienideals (vgl. Reyer/Kleine 1997).

Die Erfahrungen des Ersten Weltkriegs trugen dazu bei, dass die Kleinkinderfürsorge in den sozial- und bildungspolitischen Reformen der Weimarer Republik als ein Sektor sozialstaatlicher Daseinsvorsorge institutionalisiert wurde (vgl. Sachße 1986). Damit waren Weichenstellungen verbunden, die sich zum Teil bis heute auswirken. Zu ihnen gehört die – sowohl im Hinblick auf den Primat der Familienerziehung, als auch im Hinblick auf die privatgemeinnützige Trägerschaft – subsidiäre Veranstaltung nicht-familialer Betreuung und die eng damit verbundene Zuordnung der Kleinkinderfürsorge zum Sozialwesen. Konzeptionell war der Kindergarten in seiner Verknüpfung von Daseinsvorsorge und Sozialpädagogik eine „pädagogische Neuschöpfung" (vgl. Bäumer 1929) zwischen Armenfürsorge und Schule, während die Krippe der Säuglingsfürsorge zugeordnet blieb. Zugleich beerbte der Kindergarten die Kulturmission der bürgerlichen Frauenbewegung, indem er der „geistigen Mütterlichkeit" ein nebenfamiliales Berufsfeld eröffnete (Sachße 1986: 112 f.).

Nach der Erfahrung des Nationalsozialismus knüpften die beiden deutschen Staaten in unterschiedlicher Weise an der Weimarer Erfahrung an: Während die Bundesrepublik die Weimarer Traditionen der familienunterstützenden Kinderbetreuung fortsetzte, knüpfte die DDR an den linken Alternativen an, die u. a. bei der Reichsschulkonferenz von 1922 nicht zum Zuge gekommen waren. Jenseits dieser konzeptionellen Traditionen stand die Betreuungspolitik der DDR unter dem Imperativ chronischen Arbeitskräftemangels und strebte unter dem Vorzeichen einer sozialistischen Gesellschaftsordnung ein neues Leitbild der Frau und Mutter an. Ein flächendeckender Ausbau der institutionellen Kleinkinderziehung war die logische

Konsequenz. Die DDR wurde zu dem Land der Erde mit der höchsten Betreuungsdichte (vgl. Liegle 1987; Paterak 1999). Die Trennung zwischen Krippen- und Kindergartenerziehung blieb indes auch in der DDR erhalten: Der Kindergarten war der Volksbildung zugeordnet, die Krippe dem Gesundheitsministerium.

Ihre heutige Gestalt hat die nicht-familiale Betreuung, Bildung und Erziehung kleiner Kinder in Deutschland nach der Wiedervereinigung, in den 1990er Jahren des 20. Jahrhunderts an-genommen. Bereits in den 1980er Jahren war die innerfamiliale Betreuung und Erziehung der bis zu einem Jahr alten Kinder mit dem Instrument eines „Elternurlaubs" in das System der öffentlichen Kleinkinderziehung eingebaut worden – und zwar in der Bundesrepublik und der DDR. Das Kinder- und Jugendhilfegesetz von 1990 regelte die Entwicklungsförde-rung von Kindern in Tageseinrichtungen und Tagespflege als Betreuungs-, Bildungs- und Erziehungseinrichtungen. Einen entscheidenden konzeptionellen Beitrag leistete der Achte Jugendbericht von 1990, der die Kinderbetreuung als soziale Infrastruktur für alle Familien und Kinder konzipierte und damit aus ihrer vertrauten nachrangigen Funktion löste (vgl. Deutscher Bundestag 1990). Auf einer nur scheinbar weit entfernten Bühne, bei der Reform des Abtreibungsrechts (§ 218 StGB), wurde 1992 erstmals ein Anspruch auf einen bedarfsge-rechten Ausbau institutioneller Kinderbetreuung rechtlich fixiert. Nach dem Rechtsanspruch auf einen Kindergartenplatz (1996) haben das Tagesbetreuungs-Ausbau-Gesetz (TAG 2005), das Kinder- und Jugendhilfeweiterentwicklungsgesetz (KICK 2005) und das Kinderförde-rungsgesetz (KiFöG 2008) den gesetzlichen Rahmen für einen in den westlichen Bundeslän-dern nie dagewesenen Ausbau und Qualifizierung der institutionellen Kinderbetreuung ge-schaffen. Das TAG setzt die „Barcelona-Ziele" als Verpflichtung der Kommunen um, ent-sprechend Betreuungsplätze für Kinder von 0 bis 14 Jahren in Tageseinrichtungen oder Ta-gespflege vorzuhalten; die Tagespflege wird der institutionellen Kinderbetreuung gleichge-stellt. Das KiFöG formuliert den Rechtsanspruch auf einen Krippenplatz für Kinder unter 3 Jahren. 30 % dieser Plätze sollen bei Tageseltern bereitgestellt werden. Das KICK führt ei-nen Schutzauftrag bei Kindeswohlgefährdung ein, erweitert den Betreuungs- und Bildungs-auftrag der Kindertageseinrichtungen damit qualitativ um Präventionsaufgaben und ver-knüpft sie mit den Erziehungshilfen („Frühe Hilfen"). Im Schatten dieser Expansion, aber nicht minder bedeutsam, vollzieht sich ein Ausbau der Ganztagsbetreuung in den Grundschu-len.

Der kurze historische Rückblick lässt erkennen, dass ein umfassender Wandel des Verhältnis-ses von Familie und öffentlicher Kinderbetreuung in Deutschland mit der Kontinuität eines markanten Institutionalisierungspfades (vgl. Scheiwe 2009) einhergeht. Organisation und Selbstverständnis nicht-familialer Betreuung stehen in einem engen Bezug zur Geschlechter-ordnung der Familie und zu den Bedingungen ihrer Subsistenzsicherung. Zugleich lässt sich eine wachsende sozialpolitische Relevanz feststellen; entsprechend spielen politische Priori-täten und Eigengesetzlichkeit staatlicher Regulierung eine bedeutsame Rolle für die Ent-wicklungsdynamik des Betreuungssystems.

Für Kinder zwischen drei und sechs Jahren ist es mittlerweile im Westen wie im Osten Deutschlands die Regel, einen Kindergarten zu besuchen. Mehr als drei Mal so viele Dreijäh-rige wie Mitte der 1990er Jahre besuchen heute einen Kindergarten. Von den Vier- und Fünf-jährigen, das heißt: bis zum Übergang in die Schule, geht seit 2008 praktisch jedes Kindes in den Kindergarten (Rauschenbach 2011: 16 f.). Die „Revolution", von der oben die Rede war, hat aber vor allem bei den Ein- bis Dreijährigen stattgefunden. Man muss sich daran erin-nern, dass knapp zehn Jahre vor der Wiedervereinigung lediglich 3 % der westdeutschen

Kinder unter Drei in Krippen betreut wurden (Rauschenbach 2011: 164). Heute dagegen besuchen über 28 % der Einjährigen in Deutschland eine Kindertageseinrichtung (2012); bei den Zweijährigen sind es über die Hälfte des Jahrgangs (51,1 %). Zwischen 2006 und 2012 hat sich die Zahl der Ein- bis Dreijährigen, die institutionell betreut werden, fast verdoppelt (KOMDat 2013: 3). Dabei haben sich die Beteiligungsquoten der Zwei- und Dreijährigen angenähert. In diesem Prozess ist die Kindertagesbetreuung zum größten Arbeitsfeld der Kinder- und Jugendhilfe geworden. Die Kosten für Kinderbetreuung machen mit rund 19 Mrd. € fast zwei Drittel der Ausgaben für Kinder- und Jugendhilfe im Jahr 2011 aus (ebd.).

Allerdings bleiben die Unterschiede zwischen den Bundesländern und zwischen West und Ost groß (Bock-Famulla/Lange 2013: 8).[1] Auch die Nachfrage von Eltern schwankt zwischen (Groß-)Stadt und Land, West- und Ostdeutschland erheblich (zwischen durchschnittlich 31,6 % in Bayern und 60,8 % in Sachsen-Anhalt; KOMDat 2013: 3). Sie nimmt mit dem Alter des Kindes zu und verlangt in unerwartet großem Umfang nach extrem langen Betreuungszeiten: Fast jedes vierte Kind sollte nach dem Wunsch der Eltern 42 und mehr Stunden pro Woche institutionell betreut werden (17,5 % in West-, knapp 47 % in Ostdeutschland), unabhängig vom Alter des Kindes (vgl. Deutsches Jugendinstitut 2013).

2.1.2   Strukturmerkmale öffentlich veranstalteter Kinderbetreuung in Deutschland

Administrativ sind die Tageseinrichtungen für Kinder auch nach fast 25 Jahren beispielloser quantitativer Expansion und konzeptionellen Wandels unverändert dem Sozialwesen zugeordnet (Ausnahme: Bayern). Obwohl sie seit den Empfehlungen des Deutschen Bildungsrates in den 1970er Jahren und neuerdings wieder in den nationalen Bildungsberichten als Elementarbereich des Bildungswesens bezeichnet werden, grenzen sich die Tageseinrichtungen für Kinder nach wie vor strikt von der Schule ab und versuchen ihr sozialpädagogisches Selbstverständnis als Einrichtungen „non-formaler Bildung" zu modernisieren. Die traditionellen Unterschiede zwischen dem Betreuungsangebot für die Drei- bis Sechsjährigen („Kindergarten") und dem für die Unter-Dreijährigen („Krippe") werden dabei mehr und mehr in ein früheres Lebensalter verschoben. Dabei changiert die Organisationsform zwischen anstaltsförmigen Tageseinrichtungen und der familienähnlichen Tagespflege, wenn nicht umgekehrt die Eltern mit dem familienpolitischen Instrument des *parental leave* zeitweise von der Erwerbsverpflichtung freigestellt werden. Zuweilen gerät in Vergessenheit, dass die nicht-familiale Kinderbetreuung nicht nur unvermeidlich einen vorschulischen Charakter hat, sondern dass sie seit jeher auch ein Angebot für Schulkinder macht und es als „Hort" organisiert. Als Figuration nicht-familialer und vor-/außerschulischer Betreuung stehen Tageseinrichtungen für Kinder aber nicht nur zu Familie und Schule in einem spannungsreichen Verhältnis, sondern auch zum kindermedizinisch dominierten präventiven Kinderschutz („Frühe Hilfen") und zur sonderpädagogischen Frühförderung.

Im internationalen Vergleich ist das deutsche System von Krippe, Kindergarten und Hort (plus Tageseltern) keineswegs typisch. Die öffentliche Kinderbetreuung hat in den westlichen Wohlfahrtsstaaten systematisch unterschiedliche Strukturen ausgebildet (vgl. Michel/Mahon 2002; Scheiwe 2006, 2009). Eine zentraler strukturbildender Unterschied besteht darin, ob

---

[1]   Der Betreuungsatlas 2011 stellt unter folgender Internetadresse regional differenzierte Auswertungen amtlicher Daten zur Kindertagesbetreuung zur Verfügung: www.akjstat.tu-dortmund.de/index.php?id=450

sich die öffentliche Kinderbetreuung am Bildungssystem orientiert und als Vorschule organisiert wird oder ob sie als familienunterstützende Maßnahme konzipiert wird und der Armutsbekämpfung dient; die entsprechenden Leitbegriffe der internationalen Diskussion lauten *early childhood education* und *daycare* (vgl. Bahle 2009). Ein zweiter entscheidender Unterschied besteht darin, ob die organisierte Kinderbetreuung als öffentliche Aufgabe verstanden oder ob sie privat-gemeinnützigen bzw. privat-gewerblichen Anbietern überlassen wird (vgl. Lloyd/Penn 2013; Michel/Mahon 2002).

Die Unterscheidung zwischen „Bildung" und „Betreuung, zwischen *education* und *care*, hat nicht primär einen analytischen Charakter, sondern macht auf die wohlfahrtspolitische Kontextualität nicht-familialer Betreuungsangebote aufmerksam. Das lässt sich an der unterschiedlichen Bedeutung dieser Unterscheidung in den beiden deutschen Staaten einerseits, den USA bzw. dem Vereinigten Königreich andererseits demonstrieren:

– Während das BRD-System mit dem Halbtagskindergarten als Modell und einer marginalen Krippenversorgung einen ausgeprägt familienzentrierten und im wesentlichen privatgemeinnützig organisierten Charakter hatte, war das DDR-System Teil des staatlichen Bildungs- und – was die Krippe anging – Gesundheitssystems; Ganztagsbetreuung war die Regel. Dieser Unterschied zwischen den Systemen war weltanschaulich hoch besetzt; der heftige Streit um die Tagesmütter – der erste Modellversuch mit einer familialen Kleinstkindbetreuung außerhalb der Herkunftsfamilie in Westdeutschland (1974–1979) – ist dafür ein Beleg (vgl. Liegle 1974). Nach 1989 hat sich auch in den neuen Bundesländern die spätestens seit der Weimarer Zeit charakteristische Verknüpfung einer großen Distanz zwischen Kindergarten und Schule (vgl. Reyer 2006) mit einem spielpädagogischen Verständnis frühkindlicher Bildungsprozesse durchgesetzt.

– Im Kontext liberaler Wohlfahrtskulturen dagegen ist *Care*, sehr vereinfacht gesprochen, ein sozialpolitisches Instrument der Armutsbekämpfung und der sozialen Teilhabe. Es steht weniger in einem Verhältnis zur Schule als zum Arbeitsmarkt, und es betrifft nicht allein die Betreuung von Kindern, sondern auch von Alten und anderen Bevölkerungsgruppen mit besonderen Bedürfnissen. *Education* ist dagegen Schulvorbereitung und findet in eigenen Institutionen statt; „Kindergarten" – der Ausdruck ist in den USA geläufig – bezeichnet eine in die Grundschule integrierte *pre-school education*. *Daycare* ist in liberalen Wohlfahrtsregimes auch nicht selbstverständlich eine öffentliche Aufgabe, sodass beispielsweise in den USA und dem Vereinigten Königreich gewerbliche Anbieter den Markt der nicht-familialen Betreuung beherrschen (vgl. Levy/Mahon 2002; Nawrotzki 2009; Penn 2009).

In der gegenwärtigen, in hohem Maße von der OECD und der EU orchestrierten Debatte um die Reform von *Early Childhood Education and Care* treffen unterschiedliche institutionenpolitische Entwicklungspfade aufeinander. Sie sollen im Rahmen von supranationalen Strategien kommensurabel werden und bilden den Hintergrund für ein *reframing* der deutschen Debatte. Sie gewinnt Bezüge auf die Wirtschafts-, Arbeitsmarkt- und Sozialpolitik, auf die Frage der Geschlechtergleichheit bzw. der sozialen Teilhabe und auf eine Politik lebenslangen Lernens, die dem überlieferten Verständnis öffentlicher Kinderbetreuung in Deutschland zunächst fremd sind. Die komplexen Leistungserwartungen, die an die öffentliche Kinderbetreuung gerichtet werden, verweisen auf die Dynamik eines sozialen Wandels, der das Binnenverhältnis von Familie und nicht-familialer Betreuung übergreift.

2.1.3 Ansätze zu einer Theorie nicht-familialer Kinderbetreuung

Die öffentliche Diskussion über die nicht-familiale Betreuung und Bildung von Kindern im Vorschulalter ist seit den 1990er Jahren im Kern eine Diskussion um eine bessere Vereinbarkeit von Familie und Beruf für Eltern, vor allem für Frauen/Mütter; zugleich soll die öffentliche Kinderbetreuung eine „pädagogische Qualität" bzw. „Bildungsqualität" aufweisen, die Kindern eine erfolgreiche Schulkarriere ermöglicht. Eine theoriebasierte Diskussion, die Kontinuität und Wandel der Institutionalisierung nicht-familialer Betreuung und ihre differenziellen Wohlfahrtskontexte im Horizont sozialen Wandels systematisch berücksichtigt, steckt – zumindest in Deutschland – erst in den Anfängen. Anders als die Schule oder gar die Familie genießt die institutionelle Kleinkinderziehung in den Sozialwissenschaften nicht die Dignität eines theoretisch relevanten Sachverhalts.

Stattdessen bewegt sich der wissenschaftliche Diskurs zur öffentlichen Kinderbetreuung zwischen einem sozialadministrativen und einem frühpädagogischen Gegenstandsverständnis. Dabei werden *hardware* und *software*, „Gehäuse" und „Geschehen" als Kehrseiten derselben Medaille behandelt. Die Rezeption der Fröbelschen Idee eines „Kindergarten" ist dafür exemplarisch: Sie identifiziert eine pädagogische Aufgabe mit einer organisationellen Form. Ähnlich verhält es sich mit dem ubiquitär verwendeten Begriff (Kleinkind-)„Betreuung". Er legt die Vorstellung eines pädagogischen *Geschehens* nahe, verdeckt damit aber seine Multireferenzialität und Multiperspektivität als eine institutionelle Praxis. Von der Position pädagogischer Fachkräfte her betrachtet, sind Settings der Betreuung, Bildung und Erziehung didaktische Arrangements; von der Position der Kinder her betrachtet, sind sie gleichsam Knoten in einem Netzwerk von sozialen Orten, die den Tages- und Wochenverlauf von Kindern strukturieren. Kinder machen im öffentlichen Raum einer Kindertagesstätte spezifisch andere Erfahrungen als in ihren Familien. In einem Betreuungskonzept, dass diese Implikationen nicht berücksichtigt, verbirgt sich eine Normierung bzw. Regulierung der Positionen von Eltern, Fachkräften und Kindern. Die übliche Polarisierung von „Gehäuse" und „Geschehen" verfehlt die Problematik der sozialen Organisation nicht-familialer Betreuung ebenso wie die Herausforderungen, denen sich die Praxis von Betreuung und Bildung gegenübersieht. Hier liegen Aufgaben einer Theorie nicht-familialer Kinderbetreuung.

Zwar ist eine Theorie nicht-familialer Bildung und Betreuung ebenso Desiderat wie eine Theorie betreuter Kindheit, trotzdem existiert eine produktive frühpädagogische Bildungsforschung (einen aktuellen Überblick bieten Stamm/Edelmann 2013). Sie lässt sich paradigmatischen Herangehensweisen zuordnen, von denen im Folgenden zwei umrissen werden sollen.

Sozialisationstheoretische Zugänge: Kindertageseinrichtungen als Lernorte

Bis in die 1970er Jahre hinein wurde der Blick auf die nicht-familiale Kinderbetreuung von den Risiken früher Mutterentbehrung dominiert. Im Horizont des bürgerlichen Familienideals galt die Kindertagesbetreuung als eine „Fremdbetreuung". Sie musste sorgfältig unter dem Gesichtspunkt beobachtet werden, die Gefährdung der kindlichen Entwicklung möglichst gering zu halten. Die Hospitalismusforschung (Spitz) und die frühe Bindungstheorie (Bowlby, Ainsworth) bestimmten die fachliche und die betreuungspolitische Diskussion. In den 1970er Jahren, zu Zeiten der ersten Reform vorschulischer Erziehung, änderte sich dieser Blick auf das „fremdbetreute" Kind: Seine Erfahrungs- und Lernmöglichkeiten und ihre bewusste, professionelle Gestaltung rückten in den Mittelpunkt. Kindertageseinrichtungen wurden zum Thema einer breit gefächerten interdisziplinären Sozialisationsforschung.

Nimmt man die einschlägigen Artikel in den sieben Auflagen des Handbuchs der Sozialisationsforschung als verlässliche Belege, dann hat sich die sozialisationstheoretische Perspektive auf Kindertageseinrichtungen seither in einer charakteristischen Weise verändert:

–   In der Erstauflage von 1980 nimmt die Autorin Kossolapow (vgl. Kossolapow 1980) schon gar keinen Bezug mehr auf den bindungstheoretischen Diskurs und seinen familialen Kontext, sondern geht von der Strukturierung der Alltagserfahrung von Kindern im Kindergarten aus. Sie betont den gesellschaftlichen Bezug des Lernens im Kindergarten und diskutiert funktionale Einflüsse der Institution Kindergarten, unter denen Kinder zu sozialen Wesen werden – beispielsweise eine Geschlechtsrollenidentität oder auch Vorläuferdispositionen zu einer Lernorientierung in der Leistungsgesellschaft ausbilden. Das Hauptaugenmerk der Autorin liegt auf dem Verhältnis von Sozialisation und Erziehung, also auf den Möglichkeiten und Grenzen professioneller Gestaltung kindlicher Lern- und Bildungsprozesse. Dieser Ansatz fokussiert auf soziale Bedingungen der Möglichkeit von Identitätsentwicklung.

–   Den Gedanken einer Sozialisation durch den Kindergarten als Institution hatte etwa zur gleichen Zeit Jürgen Reyer unter einer bildungshistorischen Perspektive entfaltet. Er analysierte die Kinderbetreuung als ein geteiltes Sozialisationsfeld, in dem die privat-familial-lebensweltliche und die öffentlich-anstaltsförmig-veranstaltete Erziehung und Sozialisation sich gegenseitig definieren (vgl. Reyer 1981). Geteilt ist das Sozialisationsfeld nicht nur durch die Trennung von familialer und institutioneller Kleinkinderziehung; es war auch eine schichtenspezifische und eine geschlechtstypisierende Trennung. Daher wird vom fast ausschließlich weiblichen Personal eine habituelle Mütterlichkeit erwartet, die sich nur allmählich professionalisiert. Basil Bernstein hatte – ebenfalls zu dieser Zeit – in seiner Theorie des pädagogischen Prozesses (vgl. Bernstein 1977) diese Strukturierungen sozialisatorischer Interaktion im Hinblick auf die Reproduktion sozialer Ungleichheit untersucht. Bernstein analysierte u. a. den rituellen Charakter der schulischen Interaktion und die sprachliche Codierung pädagogischer Botschaften. Michael Parmentier (1979) hat Bernsteins strukturtheoretischen Ansatz für eine Analyse der Interaktion unter Kindern im Kindergarten adaptiert.

–   Die Autoren des Neuen Handbuchs der Sozialisationsforschung von 1991 geben diesen strukturalistischen Ansatz auf und nehmen stattdessen eine professionspraktische Perspektive ein (vgl. Colberg-Schrader/von Derschau 1991). Sozialisation wird als soziales Lernen begriffen; in den Mittelpunkt rückt das Interesse an seiner Gestaltung durch Fachkräfte und die Entfaltung ihrer Professionalität. Der Kindergarten wird zum Lernort; diskutiert werden die Bedingungen und Möglichkeiten, die er bietet. Von Krippen ist indes so wenig die Rede wie in dem Beitrag von 1980. Die Autoren betonen den Funktionswandel des Lernorts Kindergarten im Wandel der Lebensverhältnisse von Kindern, also seine Bedeutung als ein sozialer Ort der Kindheit und seine gesellschaftlichen Funktionen als Infrastruktur des Kinderlebens.

–   Lars Dencik (1989) rückt diese Lebenswelt in eine zivilisationstheoretische Perspektive und kann so die Erweiterung der Erfahrungsmöglichkeiten verdeutlichen, die sie Kindern bietet. Im Horizont einer epochalen Informalisierung der Eltern-Kind-Beziehungen prägt sich die funktionale Differenzierung zwischen dem Familienleben und der öffentlichen Kinderbetreuung als Differenzierung zwischen sozialen Räumen der Erfahrung von Besonderheit und Intimität einerseits und sozialen Räumen öffentlicher Tugenden der Selbstkontrolle und des Respekts vor dem Fremden andererseits aus. Für Dencik stehen private und öffentliche Erziehung nicht mehr in einem Ergänzungsverhältnis; Familie und Kindergarten sind vielmehr Orte einer dualen Sozialisation in (post-)modernen Gesellschaften.

– Der Beitrag in der vollständig überarbeiteten 7. Auflage des Handbuchs von 2008 bezieht auch die Krippe in seine sozialisationstheoretische Perspektive ein. Vor allem aber transformiert er diese Perspektive selbst in ein Interesse an den Bedingungen effektiver Entwicklungsförderung (vgl. Tietze 2008). Seine Rekapitulation von Theorie und Forschung zu Kindergarten und Krippe geht auf die soziologischen und sozialpädagogischen Beiträge gar nicht erst ein und rekonstruiert eine pädagogisch-psychologische Diskussionstradition. Eine erneuerte, von familienideologischem Ballast befreite Bindungstheorie erlebt eine Renaissance (vgl. Ahnert 2008). Der Beitrag behandelt familiale und nicht-familiale Betreuung, Bildung und Erziehung in ihrer Wechselbeziehung. Die Bilanzierung des Forschungsstands fokussiert auf Effekte, die Kindertageseinrichtungen auf die psychosoziale und kognitive Entwicklung haben. und weist bei aller Bedeutung von Kindertageseinrichtungen auf die „dominierende Rolle der Familie als Sozialisationsinstanz" hin (Tietze 2008: 282), das gilt sowohl für die Bindungssicherheit als auch für die sozialen Chancen der Kinder.

Zusammenfassend lässt sich eine charakteristische Verschiebung der gegenstandstheoretischen Perspektive von einer Sozialisation *durch*, über eine Sozialisation *in* Kindertageseinrichtungen zu einer Technologie effektiver Entwicklungsförderung *vor der Schule* feststellen. Darin mag sich ein Strukturwandel des Betreuungssystems manifestieren, gewiss aber spiegeln sich darin Konjunkturen und Problemstellungen einer Betreuungspolitik, welche die Dienstleistungsfunktion nicht-familialer Kinderbetreuung für die Eltern und ihre Bildungsfunktion für die Kinder nicht mehr in einer familienergänzenden Strategie verwirklichen kann. Relevanz- und Geltungskriterien wissenschaftlichen Wissens gehen dabei tendenziell ineinander über; sozialisations*theoretische* Konzepte werden durch Konstrukte einer Sozialisations*forschung* ersetzt. Andere Fragestellungen als die nach Möglichkeiten einer effektiven Entwicklungsförderung haben sich mehr und mehr verloren.

Wohlfahrtstheoretische Perspektiven: Crisis of Care

Mitte der 1970er Jahre, während der damaligen, sozialisationstheoretisch informierten frühpädagogischen Reformbewegung, problematisieren Gunnar Heinsohn und Barbara M. C. Knieper den pädagogischen Optimismus der Entwicklungsförderung und fragen nach den nicht-pädagogischen Voraussetzungen ihrer Effekte. In diesem Zusammenhang erinnern sie an die Ursprünge nicht-familialer Kleinkinderziehung und halten fest, dass sie nicht aus pädagogischen Motiven entstand. Nicht-familiale Betreuung wird nicht veranstaltet, weil sie der familialen Erziehung überlegen ist, sondern weil familiale Erziehung nicht in ausreichendem Umfang und Qualität vorhanden ist (Heinsohn/Knieper 1977: 18). Mit der Dissoziation von Lebensform und Wirtschaftsweise entfällt aber auch die Grundlage für ein existenzielles Interesse von Eltern an eigenen Kindern. Die „Abtrennung der Kinder von den existenziellen wirtschaftlichen Verrichtungen der Erwachsenen und von der persönlichen Zukunftsbewältigung ihrer Eltern und Erzieher [...] macht die Erziehung des Nachwuchses zu einem pädagogischen Problem" (Heinsohn/Knieper 1977: 28). Es besteht zum einen in der Labilität einer rein emotionalen Eltern-Kind-Bindung, zum anderen in der Schwierigkeit, die

Frage zu beantworten, was das Interesse von Berufserziehern an den Kindern fremder Leute konstituiert. Institutionelle Kleinkinderziehung befindet sich daher in einem Dilemma, das sie nicht auflösen kann: Die Gründe für ihre Notwendigkeit begrenzen zugleich die Möglichkeiten zu bewirken, was sie intendiert.

Anders als Heinsohn und Knieper, die ihre These eines strukturellen Betreuungsdefizits der modernen Familienform auf der Ebene der Eltern-Kind-Beziehungen formulieren, gehen Mary Daly und Jane Lewis (vgl. Daly/Lewis 2000) vom familialen Geschlechterarrangement aus. Ihre These lautet, dass der in den 1970er Jahren einsetzende Niedergang der *male-breadwinner-* (bzw. *female-housekeeper-*) *model's* mit der Position des männlichen Ernährers auch die komplementäre weibliche Zuständigkeit für die Sorge um Kinder und Alte unterminiert, denn sie lässt die existenzielle Abhängigkeit der Hausfrauen-Mütter vom Ernährer-Ehemann deutlich werden. Wenn der Glaube an den Geschlechtscharakter der Frau zerfällt, stellt sich die Frage: Wer kümmert sich um die Kinder (und die Alten)?

Während Heinsohn und Knieper das familiale Betreuungsdefizit sozialisationstheoretisch beschreiben, formulieren es Daly und Lewis aus der Perspektive des familialen Geschlechterarrangements als eine wohlfahrtspolitische Herausforderung: Das strukturelle Betreuungsdefizit familialer Lebensformen verlangt nach einer Umstrukturierung der Verantwortlichkeiten zwischen den Wohlfahrtsproduzenten Familie, Markt und Staat. Dabei hat sie mindestens drei Probleme gleichzeitig zu lösen: Sie soll Erwerbspotenzial mobilisieren und damit zur Armutsbekämpfung beitragen sowie die Folgen des demografischen Wandels mildern; sie soll Frauen mehr Teilhabechancen eröffnen bzw. eine größere Optionalität ihrer Lebensführung ermöglichen und damit die Geschlechtergerechtigkeit fördern; nicht zuletzt soll sie eine qualifizierte Entwicklungsförderung der Kinder ermöglichen und damit Voraussetzungen für lebenslanges Lernen, das heißt: für die Bildung von Humanvermögen und individueller Lebenschancen schaffen. Der Ausbau einer qualifizierten nicht-familialen Kinderbetreuung soll der Schlüssel zur Lösung aller drei Probleme sein.

Der Begriff „Betreuung" lässt sich in diesem wohlfahrtstheoretischen Kontext aus seiner Begrenzung auf ein Beziehungsgeschehen befreien und als ein Moment der Verteilung von Verantwortlichkeiten zwischen den Akteuren des Wohlfahrtsdreiecks Familie, Markt und Staat begreifen (vgl. Ostner 2011; Honig/Ostner i. Ersch.). Die Organisation nicht-familialer Betreuung und Bildung kann sehr unterschiedlich ausgestaltet sein, je nachdem wie die jeweiligen wohlfahrtspolitischen Strategien die Kriterien der Verfügbarkeit von Betreuungsangeboten, ihrer pädagogische Qualität und der Unvoreingenommenheit gegenüber unterschiedlichen Formen eines Lebens mit Kindern ausbalancieren. Lösungen des einen Problems konvergieren indes nicht notwendigerweise mit Lösungen der beiden anderen (*dilemmas of child care*, vgl. Michel 2002).

Eine politische Ökonomie der Kinderbetreuung behandelt diese Herausforderung steuerungstheoretisch. Sie fragt vor dem Hintergrund einer Theorie des Marktversagens nach den Chancen staatlicher Intervention und entwickelt sozialpolitische Instrumente, die eine pädagogische Qualität des Betreuungs- und Bildungsangebots als Investition in das Humanvermögen gewährleisten sollen (vgl. Deutsches Institut für Wirtschaftsforschung 2010; Spieß 1998). Dieser Ansatz kann indes nur eine pragmatische, annäherungsweise Lösung der *dilemmas of care policies* versprechen. Denn als Anspruch an die professionelle Befriedigung der Entwicklungsbedürfnisse von Kindern bricht sich „pädagogische Qualität" an weiteren funktionalen Leistungserwartungen, denen das System frühkindlicher Betreuung und Bildung gerecht werden muss. Dies lässt sich exemplarisch als Spannungsverhältnis von Dienstleistungsfunktion und Bildungsfunktion der Kindertagesbetreuung, von Betreuungsbedarf der Eltern und Belastbarkeit von Kindern (vgl. Deutsches Jugendinstitut 2013) erkennen. Aus der Crisis-of-care-These sind daher empirische Analysen wohlfahrtspolitischer Strategien (*care policies*) der Gestaltung von organisierten Sorgeverhältnissen hervorgegangen, die diese Dilemmata unter bestimmten Prämissen auszubalancieren suchen. „Betreuung" verweist auf ein soziales Feld, das es näher zu bestimmen gilt.

John Hood-Williams und John Fitz (1985) haben bereits in den 1980er Jahren *care policies* (am Beispiel des Vereinigten Königreichs) als ein Feld sozialer Kräfte analysiert. In diesem Zusammenhang sind Formen familialer und nicht-familialer Betreuung als Ensembles generationaler und geschlechtsdifferenzierter Sozialbeziehungen aufzufassen. Während Michel/Mahon nach den Folgen wohlfahrtspolitischer Balancen für Frauen und Mütter fragen, lenken Hood-Williams und Fitz die Aufmerksamkeit auf ihre Konsequenzen für die wohlfahrtspolitische Positionierung von Kindern in einem Status „betreuter Kindheit" als einen Modus von Minderjährigkeit. Dabei erweist sich, wie eng die sozialen Positionen von Frauen/Müttern und Kindern relationiert sind; so setzt der Ausbau der Kindertagesbetreuung beispielsweise nicht nur weibliches Arbeitskräftepotenzial frei, sondern schafft auch ein überwiegend weibliches Segment des Arbeitsmarkts: (Potenzielle) Mütter werden zu Berufserzieherinnen.

2.1.4 Die Multireferenzialität öffentlich veranstalteter Kinderbetreuung – Resümee und Ausblick

Die leitende Frage dieses Kapitels lautete, ob sich die raschen und umfassenden Veränderungen („Revolution") nicht-familialer Betreuung im Kontext der These von der funktionalen Differenzierung als *Strukturwandel* im Verhältnis von Familie und öffentlicher Kinderbetreuung auffassen lassen oder ob womöglich ein *Funktionswandel* öffentlicher Kleinkindbetreuung zu konstatieren ist.

Die Argumentation dieses Kapitels führt zu dem Ergebnis, dass die öffentlich veranstaltete Kinderbetreuung mehr leisten muss als Betreuung, Bildung und Erziehung. Diese Feststellung ist allerdings nicht wirklich neu: Schon Fröbels Idee eines Kindergartens war eine sozialreformerische Vision. Die Sozialisationsfunktion nicht-familialer Kinderbetreuung ist eine sozialpolitische Aufgabe – allerdings nicht allein im Sinne einer Politik für Kinder (vgl. Lüscher 1977). Heute ist der Besuch von Krippe und Kindergarten nicht nur eine Etappe im Prozess lebenslangen Lernens, sondern hat eine Schlüsselbedeutung für die Bildung von Humanvermögen, die Geschlechtergleichheit und die soziale Kohäsion. Wenn man die Ausgangsfrage beantworten will, muss man daher davon ausgehen, dass die Sorge um Kinder in einem multifunktionalen Zusammenhang steht.

Die öffentliche Kinderbetreuung reagiert seit jeher nicht allein auf die Armutsgefährdung von Familien mit einem sozialpädagogischen Doppelmotiv, sondern folgt auch einem Familienmodell, anders gesagt: Die Struktur der öffentlich veranstalteten Kinderbetreuung setzt immer eine Familienstruktur voraus, die sie in Anspruch nimmt und stabilisiert. Im Kontext nicht-familialer Betreuung ist Familie nie lediglich eine private Lebensform, sondern immer auch ein politisches Ordnungsmodell. Der deutsche Institutionalisierungspfad nicht-familialer Betreuung ist traditionell familienergänzend. Die Frage, ob man von einem Funktionswandel öffentlicher Kinderbetreuung reden kann, muss daher berücksichtigen, wie die

Familie gedacht wird, die hier „ergänzt" werden soll bzw. ob die Ergänzungsfunktion nicht-familialer Bildung und Betreuung noch zutrifft. Die Pluralisierung familialer Lebensformen macht es schwer, ein bestimmtes Familienmodell betreuungspolitisch zu privilegieren, eher gilt umgekehrt: Die öffentliche Kleinkindbetreuung steht unter Druck, der Vielfalt familialen Lebens gerecht zu werden, oder anders gesagt: Der Verlust eines verbindlichen Familienmodells zwingt sie dazu, ihre Aufgabe zu klären.

In diesem Zusammenhang ist der Wandel der familialen Geschlechterordnung ein breit und differenziert diskutiertes Thema. Der Wandel der Generationenordnung indes, welche die Beziehungen zwischen Eltern und Kindern reguliert, wird weit weniger intensiv diskutiert; dabei geht es hier um die Position des Kindes zu Eltern und Staat. Seit den 1970er Jahren hat sich der Status des Kindes als Rechtssubjekt in Deutschland auf verschiedenen Rechtsgebieten kontinuierlich verändert. Wer hätte vor 1992, als die UN-Kinderrechtskonvention von Deutschland ratifiziert wurde, daran gedacht, dass Partizipation als ein universelles Menschenrecht für Kinder anerkannt wird? Diese Entwicklung lässt sich als Individualisierung des Status Kind bezeichnen.

Damit eng verknüpft ist ein verändertes Verständnis von der Sorge um Kinder (vgl. Honig/Ostner i. Ersch.). Der *social investment state* gesteht Kindern als zukünftigem Humanvermögen einen Anspruch auf bestmögliche Förderung zu (vgl. Ostner 2009) und investiert nicht nur in „frühe Bildung" für Kinder, sondern auch in „frühe Hilfen", um die Erziehungskompetenz der Eltern zu stärken und die Förderung sozialer und kognitiver Kompetenzen mit der präventiven Herstellung „normaler" Entwicklung zu verknüpfen (vgl. Bollig 2013). Es wäre jedoch irreführend, von einer Defamilisierung der Kindheit zu sprechen. Wie selbstverständlich lautet die betreuungspolitische Leitfrage heute nicht mehr, ob eine Betreuung durch „Fremde" jemals so gut sein kann wie durch die eigenen Eltern, sondern ob das Kind die kompetenten Eltern hat, die es für eine bestmögliche Wahrung seines Wohlergehen und seiner Lebenschancen braucht.

Der Wandel der Kinderbetreuung und der Wandel von Familie sind mithin als interdependente Momente eines Wandels generationaler Ordnungen aufzufassen. Die Kindertagesbetreuung differenziert sich als eine sozialstaatliche Leistung im Schnittpunkt von Bildungs-, Sozial- und Gesundheitssystem aus und ist eine treibende Kraft bei der Re-Institutionalisierung des Status Kind (vgl. Haag 2012). Sie ist ein konstituierendes Moment der Lebensphase Kindheit („Betreute Kindheit", vgl. Honig 2011). Die Rede von der Sozialisationsfunktion der Familie gewinnt einen anderen Sinn, wenn Eltern als Leistungserbringer und ihre Kinder kategorial als förderungsbedürftige Bevölkerungsgruppe, als *children at risk* angesprochen werden (vgl. Bollig/Kelle 2013). In diesem Sinne ist es gerechtfertigt, wenn schon nicht von einem Funktionswandel, so doch von einer Erweiterung der gesellschaftlichen Funktion nicht-familialer Betreuung und Bildung, insbesondere im vorschulischen Alter, zu sprechen.

Hinweise auf weiterführende Literatur

James, A. und James, A. L. (Hrsg.), European Childhoods.Cultures, Politics and Childhoods in Europe, Houndmill 2008.
Esping-Andersen, G., A child-centered social-investment strategy, in: Why we need a new welfare state, hrsg. v. Esping-Andersen, G., Gallie, D., Hemerijek, A. und Myles, J., Oxford 2002, S. 26–67.
Lüscher, K. und Liegle, L., Generationenbeziehungen in Familie und Gesellschaft, Konstanz 2003.

Wiederholungsfragen / Übungsaufgaben
1. Ist es gerechtfertigt, von einer „Revolution" im Verhältnis von Familie und öffentlicher Kinderbetreuung in Deutschland zu sprechen?
2. Diskutieren Sie den Stellenwert der Vereinbarkeit von Familie und Beruf für die Reform der nichtfamilialen Betreuung und Bildung.
3. Setzen Sie sich vor dem Hintergrund der Multireferenzialität nichtfamilialer Betreuung mit dem Konzept der „pädagogischen Qualität" von Kindertageseinrichtungen auseinander.
4. Was ist gemeint, wenn Bildung und Betreuung in Kindertageseinrichtungen als eine „institutionelle Praxis" bezeichnet wird?

2.1.5   Literatur

Ahnert, L., Frühe Bindung. Entstehung und Entwicklung, München/Basel 2008.

Bäumer, G., Die historischen und sozialen Voraussetzungen der Sozialpädagogik und die Entwicklung ihrer Theorie, in: Handbuch der Pädagogik, Bd. 5, hrsg. v. H. Nohl und L. Pallat, Langensalza 1929, S. 3–26.

Bahle, Th., Public Child Care in Europe: Historical Trajectories and New Directions, in: Child Care and Preschool Development in Europe. Institutional Perspectives, hrsg. v. K. Scheiwe und H. Willekens, Houndmills 2009, S. 23–42.

Bernstein, B., Beiträge zu einer Theorie des pädagogischen Prozesses, Frankfurt am Main 1977.

Bock-Famulla, K. und Lange, J., Länderreport Frühkindliche Bildungssysteme 2013, Gütersloh 2013.

Böhm, R., Die dunkle Seite der Kindheit, in: Frankfurter Allgemeine Zeitung vom 4. April 2012, S. 7.

Bollig, S., Entwicklungskindheit als Beobachtungsprojekt. Ethnografische Studien zu den Praktiken der Entwicklungsbeobachtung in kindermedizinischen Früherkennungsuntersuchungen, Diss., Bielefeld 2013.

Bollig, S. und Kelle, H., The implicit construction of ‚children at risk'. On the dynamics of practice and program in development screenings in early childhood, in: Journal of Early Childhood Research. Online First. DOI: 10.1177/1476718X13482273.

Cloos, P. und Karner, B. (Hrsg.)., Erziehung und Bildung von Kindern als gemeinsames Projekt. Zum Verhältnis familialer Erziehung und öffentlicher Kinderbetreuung, Hohengehren 2010.

Colberg-Schrader, H. und von Derschau, D., Sozialisationsfeld Kindergarten, in: Neues Handbuch der Sozialisationsforschung, hrsg. v., K. Hurrelmann und D. Ulich, Weinheim 1991, S. 335–353.

Daly, M. und Lewis, J., The Concept of Social Care and the Analysis of Contemporary Welfare States, in: British Journal of Sociology 51, 2000, S. 281–298.

Dencik, L., Growing up in the post-modern age. On the child's situation in the modern family, and on the position of the family in the modern welfare state, in: Acta Sociologica 32, 1989, S. 155–180.

Deutscher Bundestag (Hrsg.), Achter Jugendbericht. Bericht über Bestrebungen und Leistungen der Jugendhilfe. Drucksache 11/6576, Bonn 1990.

Deutsches Institut für Wirtschaftsforschung (DIW), Frühkindliche Bildung und Betreuung: Hintergründe und Bewertungen aus ökonomischer Sicht, Vierteljahrshefte zur Wirtschaftsforschung 79, 2010.

Deutsches Jugendinstitut, DJI Online Thema 2013/08. Verfügbar unter: www.dji.de (20.08.2013).

Ecarius, J., Groppe, C. und Malmede, H. (Hrsg.), Familie und öffentliche Erziehung. Theoretische Konzeptionen, historische und aktuelle Analysen, Wiesbaden 2009.

Fried, L., Familie und Elementarerziehung, in: Handbuch Familie, hrsg. v. J. Ecarius, Wiesbaden 2007, S. 285–299.

Haag, C., Wandel und Differenzierung von Kindheit als Re-Institutionalisierung. Eine Analyse der Reformpolitik zur Kleinkindbetreuung in Luxemburg, Diss., Luxemburg 2012 (http://hdl.handle.net/10993/572).

Hausen, K., Die Polarisierung der „Geschlechtscharaktere" – Eine Spiegelung der Dissoziation von Erwerbs- und Familienarbeit, in: Sozialgeschichte der Familie in der Neuzeit Europas, hrsg. v. W. Conze, Stuttgart 1976, S. 363–394.

Heinsohn, G. und Knieper, B. M. C., Theorie des Kindergartens und der Spielpädagogik, Frankfurt am Main 1977.

Honig, M.-S., Auf dem Weg zu einer Theorie betreuter Kindheit, in: Kinder in Deutschland. Eine Bilanz empirischer Studien, hrsg. v. S. Wittmann, T. Rauschenbach und H.R. Leu, Weinheim/München 2011, S. 181–197.

Honig, M.-S. und Ostner, I., Die „familialisierte" Kindheit, in: Kindheiten in der Moderne. Eine Geschichte der Sorge, hrsg. v. M. S. Baader, F. Eßer und W. Schröer, Frankfurt am Main/New York i. E.

Hood-Williams, J. und Fitz, J., Minderjährig in Großbritannien, in: Kindheit in Europa. Zwischen Spielplatz und Computer, hrsg. v. H. Hengst, Frankfurt am Main 1985, S. 89–137.

Kommentierte Daten der Kinder- und Jugendhilfe (KOMDat) 16, April 2013.

Kossolapow, L., Sozialisation im Kindergarten, in: Handbuch der Sozialisationsforschung, hrsg. v. K. Hurrelmann und D. Ulich, Weinheim 1980, S. 423–442.

Levy, D. U. und Mahon, R., More Can be Less: Child Care and Welfare Reform in the United States, in: Child Care Policy at the Crossroads, hrsg. v. S. Michel und R. Mahon, New York/London 2002, S. 239–263

Liegle, L., Der Streit um das Projekt „Tagesmütter", in: Zeitschrift für Pädagogik 20, 1974, S. 427–445.

Liegle, L., Welten der Kindheit und Familie. Beiträge zu einer pädagogischen und kulturvergleichenden Sozialisationsforschung, Weinheim/München 1987.

Liegle, L., Familienpolitik im vereinten Deutschland. Am Beispiel der familienergänzenden Kinderbetreuung, in: neue praxis 20,1990, S. 385–393.

Lloyd, E. und Penn, H., Childcare Markets. Can they deliver an equitable service? Bristol 2013.

Lüscher, K., Sozialpolitik für das Kind, in: Soziologie und Sozialpolitik, hrsg. v. Ch. von Ferber und F.-X. Kaufmann, Sonderheft 19 der Kölner Zeitschrift für Soziologie und Sozialpsychologie, Opladen 1977, S. 591–628.

Michel, S., Dilemmas of Child Care, in: Child Care Policy at the Crossroads. Gender and Welfare State Restructuring, hrsg.v. S. Michel and R. Mahon, New York/London 2002, S. 333–338.

Michel, S. und Mahon, R. (Hrsg.), Child Care Policy at the Crossroads. Gender and Welfare State Restructuring, New York/London 2002.

Nave-Herz, R., Eine sozialhistorische Betrachtung der Entstehung und Verbreitung des Bürgerlichen Familienideals in Deutschland, in: Familie(n) heute. Entwicklungen, Kontroversen, Prognosen, hrsg. v. D. Ch. Krüger, H. Hemma und A. Schierbaum, Weinheim 2013, S. 18–35.

Nawrotzki, K. D., „A strategic position in American education": Diskursive und politische Strategien für die Erweiterung der öffentlichen Kindergärten (1850–1950), in: Familie und öffentliche Erziehung.

Theoretische Konzeptionen, historische und aktuelle Analysen, hrsg. v. J. Ecarius, C. Groppe und H. Malmede, Wiesbaden 2009, S. 119–137.

Ostner, I., Care – ein Schlüsselbegriff im Bereich sozialer Dienste? in: Handbuch Soziale Dienste, hrsg. v. A. Evers, R.G. Heinze und Th. Olk, Wiesbaden 2011, S. 461–481.

Ostner, I., „Auf den Anfang kommt es an" – Anmerkungen zur „Europäisierung" des Aufwachsens kleiner Kinder, in: Recht der Jugend und des Bildungswesens 57, 2009, S. 44–62.

Parmentier, M., Frühe Bildungsprozesse. Zur Struktur der kindlichen Interaktion, München 1979.

Paterak, H., Institutionelle Früherziehung im Spannungsfeld normativer Familienmodelle und gesellschaftlicher Realität, Münster u.a. 1999.

Penn, H., Public and Private: The History of Early Education and Care Institutions in the United Kingdom, in: Child Care and Preschool Development in Europe. Institutional Perspectives, hrsg. v. K. Scheiwe und H. Willekens, Houndmills 2009, S. 105–125.

Rauschenbach, Th., Betreute Kindheit. Zur Entgrenzung öffentlicher Erziehung, in: Kinder in Deutschland. Eine Bilanz empirischer Studien, hrsg. v. S. Wittmann, Th. Rauschenbach und H.R. Leu, München/Weinheim 2011, S. 160–172.

Reyer, J., Familie, Kindheit und öffentliche Kleinkinderziehung. Zur Entstehung „geteilter Sozialisationsfelder" im 19. Jahrhundert in Deutschland, in: Jahrbuch der Sozialarbeit 4, Geschichte und Geschichten, hrsg. v. Ch. Sachße und F. Tennstedt, Reinbek 1981, S. 299–343.

Reyer, J., Kindergarten, in: Historisches Wörterbuch der Pädagogik, hrsg. v. D. Benner und J. Oelkers, Weinheim/Basel 2004, S. 518–526.

Reyer, J., Einführung in die Geschichte des Kindergartens und der Grundschule, Bad Heilbrunn 2006.

Reyer, J. und Kleine, H., Die Kinderkrippe in Deutschland. Sozialgeschichte einer umstrittenen Einrichtung, Freiburg i. Brsg. 1997.

Sachße, Ch., Mütterlichkeit als Beruf. Sozialarbeit, Sozialreform und Frauenbewegung 1871–1929, Frankfurt am Main 1986.

Scheiwe, K., Rechtliche Rahmenbedingungen von Kindertageseinrichtungen für Kinder ab drei Jahren bis zum Schuleintritt. Das deutsche Modell in vergleichender Perspektive, in: Wem gehört die Familie der Zukunft? Expertisen zum 7. Familienbericht der Bundesregierung, hrsg. v. H. Bertram, H. Krüger und C.K. Spieß, Opladen 2006.

Scheiwe, K., Bildung und Betreuung in Kindertageseinrichtungen und Vorschulen in Europa, in: Recht der Jugend und des Bildungswesens 57, 2009, S. 63–77.

Scheiwe, K.und Willekens, H. (Hrsg.), Child Care and Preschool Development in Europe.Institutional Perspectives, Houndmills 2009.

Spieß, C. K., Staatliche Eingriffe in Märkte für Kinderbetreuung. Theorie und Empirie im deutsch-amerikanischen Vergleich, Frankfurt/New York 1998.

Stamm, M. und Edelmann, D. (Hrsg.), Handbuch frühkindliche Bildungsforschung, Wiesbaden 2013.

Tietze, W., Sozialisation in Krippe und Kindergarten, in: Handbuch Sozialisationsforschung, 7. Aufl., hrsg. v. K. Hurrelmann, M. Grundmann und S. Walper., Weinheim/Basel 2008, S. 274–289.

Wieners, T., Familientypen und Formen außerfamilialer Kinderbetreuung heute. Vielfalt als Notwendigkeit und Chance, Opladen 1999.

2.2   Familie und Schule: Interdependenzen, Abhängigkeiten und mögliche Spannungen

Wolfgang Lauterbach

2.2.1   Einleitung

Bildung ist im 21. Jahrhundert zur Schlüsselfrage gesellschaftlicher Entwicklung geworden. Dies betrifft den internationalen schulischen Wettbewerb (PISA), den Wettbewerb um die „besten Köpfe" eines Landes und ebenso Aspekte der Bildungsgerechtigkeit und Teilhabe in Gesellschaften (vgl. PISA 2009; Heinrich Böll Stiftung 2008; Van den Werfhorst, Mijs und Jonathan 2010; Becker 2011). Familien kommt bei diesen Themen eine besondere Bedeutung zu: Sie sind diejenigen, die Kinder fördern, sie unterstützen oder ggf. auch vernachlässigen. Eltern treffen Entscheidungen für ihre Kinder und sie investieren in außerschulische Unterstützungssysteme. Allerdings sind Familien nicht die einzigen Akteure, die am Bildungsprozess von Kindern beteiligt sind: Moderne Gesellschaften haben Bildungssysteme installiert, die an der „Seele des Kindes" (Fend 2008: 29) arbeiten und Kinder bilden. Beide Institutionen sind für das Fortschreiten des individuellen Bildungsprozesses und für die zu erwerbenden Zertifikate im Bildungssystem maßgeblich verantwortlich. Daher kommt der Frage nach der Relevanz von Familie und Schule im Bildungsprozess von Kindern eine besondere Rolle zu. Sie sind wichtige Akteure, im ersten Lebensjahrzehnt sogar die wichtigsten. Ab dem frühen Jugendalter gewinnen dann Jugendliche selbst und Peers an Bedeutung für Bildungsentscheidungen (vgl. Fend 1998, 2000; Hurrelmann 2012). Familie und Schule fördern, unterstützen dauerhaft und organisieren den Bildungsprozess: die Schule bis zum Ende der Sekundarstufe I oder II und die Familie bis zum Ende der beruflichen oder tertiären Ausbildung. Spannungen können insbesondere dann auftreten, wenn die Jugendlichen selbst innerhalb der Familie als Gestalter ihres Bildungsverlaufs und ihrer abschließenden Qualifikation mitentscheiden und sich aufgrund ihrer Autonomiebestrebungen von den Eltern abgrenzen.

Wie das Zusammenwirken zwischen Elternhaus und Schule hinsichtlich des Kompetenz- und Leistungserwerbs sowie der zu erwartenden Bildungsqualifikation ist, wird in der pädagogischen und bildungssoziologischen Literatur häufig thematisiert[2], allerdings lässt sich nur sehr schwer sagen, ob der Einfluss des Elternhauses größer ist oder derjenige des Schulsystems. Daher widmet sich der folgende Beitrag der Frage, wie dieser Zusammenhang zu verstehen ist und welche Befunde sich aus den jüngeren Studien erkennen lassen. Im Mittelpunkt steht also die Frage, wie die Aufgabenteilung zwischen Familie und Schule ist und wer die Bildungsqualifikation der Kinder an welchen Stellen beeinflusst.

---

[2]   Die jüngsten Entwicklungen in Bezug auf die Forschungs- und Publikationstätigkeit hinsichtlich des Kompetenzerwerbes von Kindern seit den ersten Publikationen zu den PISA-Ergebnissen im Jahre 2000 sind ein Beleg für die sprunghaft angestiegene Bedeutung dieser Debatte und die damit verbundene Einsicht in die Notwendigkeit eines hohen Kompetenzniveaus von Jugendlichen.

2.2.2 Schule ist der Ort formaler Bildungsprozesse

Historisch gesehen vollzog sich innerhalb Europas eine starke Formalisierung von Wissensbeständen aus dem Erfahrungsraum von Menschen und eine über die Jahrhunderte sich ereignende Kanonisierung dieses Wissens. Parallel dazu fand eine Methodisierung des Lernens in institutionellen Kontexten statt, sodass hinsichtlich des Aufwachsens von Kindern formuliert werden kann, dass ein immer größer werdender Anteil an formalem Wissen in Organisationen an Kinder weitergegeben wird. Intentional wird Wissen an Kinder vermittelt (Fend 2008: 23), sodass von gezielter Bildung und Erziehung gesprochen werden kann.

In dem Maße wie formale Bildungsprozesse an Bedeutung für die gesellschaftliche Platzierung gewannen, trat die Familie hinsichtlich der Vermittlung von Wissen in den Hintergrund. Gleichzeitig aber gewann sie an Bedeutung hinsichtlich der Ressourcen für den Bildungserwerb ihrer Kinder. Je bedeutsamer die Schule und die anschließenden beruflichen Ausbildungen wurden, umso deutlicher wurde, welche Relevanz die soziale Herkunft, also die Eltern für den Bildungsprozess ihrer Kinder haben.

Beide, Eltern und Schule, sind für die Erziehung, den Erwerb von Kompetenzen und das Erreichen von Bildungsabschlüssen zuständig und sie strukturieren den Bildungsverlauf, und damit den Lebenslauf von Kindern und Jugendlichen über Jahre. Kinder werden durch Eltern und Schule vergesellschaftet, wie es bereits Durkheim (1956) im Rahmen einer allgemeinen Sozialisationstheorie formulierte. Das Bildungssystem hat allerdings durch die Zielvorgabe des Bildungsauftrags eine funktionale Bestimmtheit: Die Vermittlung kanonisierten Wissens. Im Rahmen einer solchen Theorie sind Bildungsorganisationen für formal organisierte Bildungsprozesse zuständig, Familien hingegen für die Erziehung, die Vermittlung von Tugenden und die Regeneration der Kinder. In Bildungsorganisationen − vom vorschulischen Bereich über die schulische Primar- und Sekundarstufe, die Berufsschule und die Universität − findet ergo die Vermittlung und Aneignung formaler Wissensbestände statt.

Schüler haben bis zum Ende ihrer Schulzeit durchschnittlich 13.000 bis 15.000 Stunden Unterricht erfahren, was auf einen sehr großen Einfluss des Schulsystems hinweist! Bis zum Verlassen des Elternhauses leben junge Erwachsene durchschnittlich 23 Jahre im Elternhaus, Frauen im Mittel 22 und junge Männer im Mittel 24 Jahre (Statistisches Bundesamt 2011: 47). Ab dem Alter von 6 Jahren besuchen Kinder in der Regel für mindestens 10 Jahre bis zum Ende der Sekundarstufe I die Schule. Rechnet man die Besuchsdauer der vorschulischen Institutionen hinzu, so befinden sich Kinder gegenwärtig mindestens für 13 Jahre in formal organisierten vorschulischen und schulischen Bildungsinstitutionen. Betrachtet man den Besuch der Institution Schule bis zur Sekundarstufe II, so verlängert sich die Zeit, die Jugendliche in Bildungsinstitutionen mindestens verbringen, abermals um 2 oder 3 Jahre auf 15 oder 16 Jahre. Da der Anteil derjenigen, die die Sekundarstufe II mit dem Abitur abschließen, immer größer wird, verlängert sich das Verweilen für immer mehr Jugendliche in der Institution Schule. Betrachtet man Abgangsquoten für Fachhochschüler und Gymnasiasten zusammen, so wird deutlich, dass der Anteil derjenigen, die ein Abitur erwarben, im Jahre 2010 auf 55,1 Prozent eines Jahrgangsanwuchs (Konsortium Bildungsberichterstattung 2010: 95). Im Jahre 1970 waren es hingegen nur ca. 23 Prozent und in den 1950er Jahren waren es sogar nur 13 Prozent (vgl. BMBF 2012). Bildungsinstitutionen werden ergo im Lebenslauf von Kindern und Jugendlichen seit Einführung der Schulpflicht immer bedeutsamer (vgl. Konietzka 2010; Klemm 2013). Addiert man zusätzlich auf die Dauer von 16 Jahren eine mindestens zweijährige Ausbildung, so ist ein Abiturient mit einer Lehrausbildung 18 Jahre

Mitglied in Bildungsinstitutionen; er verbleibt durchschnittlich 24 Jahre im Elternhaus, d. h. 6 Jahre länger. Die Zeit, die Kinder mit ihren Eltern zusammenleben, ist zu einem wesentlichen Teil Bildungszeit.

Die strukturfunktionalistische Theorie ermöglicht gerade ein tieferes Verständnis der Funktion eines Bildungssystems in modernen Gesellschaften (vgl. Davis/Moore 1994; Hadjar 2008). Bildungssysteme haben in derartigen Gesellschaftsformen, die nach rationalen, auf wissenschaftlichen Erkenntnissen basierenden Entscheidungen in Bürokratien funktionieren, die Aufgabe, Kinder gezielt zu bilden. Hierzu gehören die Funktionen der Enkulturation, der Integration, der Allokation und Qualifizierung (Fend 2006:32 f.). In Tabelle 2.2.1 sind die Funktionen für die Gesellschaft und die Schüler dargestellt.

Tab. 2.1:   Die Funktionen des Bildungssystems

... die Gesellschaft	Funktionen des Bildungssystems für ...	... das Individuum
Kultur und Sinnsysteme	**Enkulturation** (Schule)	**Kulturelle Initiation und Basiskompetenzen**
Ökonomisches System	**Qualifikation** (Schule, Lehre, Unterricht)	**Berufsrelevante Möglichkeiten**
Sozialstruktur (berufliches Positionssystem)	**Allokation** (Stellung in der Leistungshierarchie)	**Prüfungen und Berechtigungen**
Politisches System (Herrschaftsform)	**Integration** (Soziale Identität und politische Teilhabe)	**Politische Bildung (Institutionelles Regelsystem)**

(Quelle: eigene Darstellung in Anlehnung an Fend 2008: 51)

Schüler lernen grundlegende Basiskompetenzen (Enkulturation) sowie wesentliche Wertbezüge der Gesellschaft kennen (Integration) und sie werden qualifiziert. Zusätzlich hat das Bildungssystem die Funktion zu selektieren, also Bildungswege bereitzuhalten, innerhalb derer Schüler in die für sie angemessenen Qualifikationen und Spezialisierungen münden. Das Bildungssystem bildet auf der einen Seite, aber auf der anderen stellt es auch den Mechanismus zur Verfügung, nach dem Schüler geleitet werden sollen[3]. Sie werden nach ihren je unterschiedlichen Fähigkeiten in bestimmte Abschlüsse und spezifische Schwerpunkte selektiert. In der Theorie wird dieser Mechanismus Allokation genannt (vgl. Davis/Moore

---

[3]   Der Begriff der „Selektion" wird hier durch „geleitet werden" ersetzt. Dass es hierbei zu nicht intendierten Folgen absichtsvollen Handelns im unteren Bildungsbereich kommen kann, zeigten die Ergebnisse der letzten Jahre. Sie machten deutlich, dass neben der geringen schulischen Qualifikation auch eine sozial selektive Schülerschaft, gerade in Hauptschulen und migrationsspezifisch segregierten Schulen, kommt (vgl. Solga/ Wagner 2004).

1994; Fend 2008: 26). Das Bildungssystem stellt also Bildungswege zur Verfügung, die Kinder einschlagen können, sodass sie differenzierende Lebenswege planen und gehen können (vgl. Hillmert 2009). Das Bildungssystem steht ergo in einem Austauschverhältnis mit dem Wirtschaftssystem und politischen System und es stattet Jugendliche mit Bildungszertifikaten aus, die auf dem Arbeitsmarkt „konvertiert" werden können in Einkommen, gesellschaftlichen Status (Prestige) und berufliche Zufriedenheit (vgl. Müller 2002). Die im Bildungssystem erworbenen Qualifikationen werden zum zentralen Mechanismus der Chancenzuteilung in späteren Lebensabschnitten, bspw. auf dem Arbeitsmarkt (vgl. Solga 2005).

In Artikel 7 GG steht geschrieben: „Das gesamte Schulwesen steht unter Aufsicht des Staates" und für die Schule ist der Bildungsauftrag in allen vier Bereichen zu sehen (Fend, 2008). Bspw. soll die Grundschule „*durch die Vermittlung einer grundlegenden Bildung die Voraussetzungen für jede weitere schulische Bildung schaffen*" (Bay. EUG, Art.7, Abs. 4). Ganz ähnlich heißt es auch in der Vereinbarung der *Kultusministerkonferenz* (KMK) zu den 2003 verabschiedeten Bildungsstandards für die Primarstufe: „*Auftrag der Grundschule ist die Entfaltung grundlegender Bildung. Sie ist Basis für weiterführendes Lernen und für die Fähigkeit zur selbständigen Kulturaneignung*" (vgl. Bildungsstandards Deutsch, KMK, 2004). Für das Bildungssystem gilt, dass die Schule der wesentliche Akteur für die Durchführung der formalen Bildung ist.

Zwar formuliert die Kultusministerkonferenz, dass die Erziehung und Bildung der Kinder als „Auftrag von Elternhaus und Schule" (vgl. KMK 2003) zu sehen ist, dass das Schulwesen und die Familien miteinander arbeiten sollen und durch informelle Zusammenarbeit die Erziehung und Bildung der Kinder gewährleisten sollen. Und im Grundgesetz (GG) sind sogar die Rechte und Pflichten der Eltern in Artikel 6, Absatz 2 festgelegt: „Pflege und Erziehung der Kinder sind das natürliche Recht der Eltern und die zuvörderst ihnen obliegende Pflicht. Über ihre Betätigung wacht die staatliche Gemeinschaft." Jedoch ist das faktische Zusammenwirken von Familie und Bildungsinstitution nur auf formale Aspekte bezogen! So formuliert bspw. das Bundesland Thüringen als Auftrag für Eltern und Schule, dass „bei der Gestaltung des Erziehungs- und Schulwesens das Land, die kommunalen Gebietskörperschaften und die freien Träger mit den Eltern, den Lehrern, den Erziehern, den sonderpädagogischen Fachkräften, den Schülern sowie weiteren Vertretern von Einrichtungen, die an der schulischen oder außerschulischen Bildung und Erziehung beteiligt sind, zusammenwirken" (KMK 2003: 66). In der Praxis geschieht dies dann durch Elternabende, -sprechtage, -besuche, Mitarbeit in den Mitwirkungsgremien – hier vor allem in der Schulkonferenz als höchstem Entscheidungsgremium der Schule – sowie den Elternvertretungen auf Schul-, Schulamts- sowie Landesebene. Eltern haben ergo Mitwirkungsrechte, die aber wesentlich auf Informations- und Vorschlagsrechte zur Unterstützung pädagogischer Prozesse beschränkt bleiben.

Auf die Organisation Schule, auf Formen und Inhalte des Unterrichts, auf die Ausbildung und Einstellung der Lehrer haben Sie jedoch keinen Einfluss! Eine gewisse Ausnahme bilden die Schulen in freier Trägerschaft, in denen es aufgrund der gezielten Schulwahl der Eltern stärkere „Passungsverhältnisse" zwischen den Bildungsvorstellungen der Familie für ihre Kinder und der Organisation und des inhaltlichen Profils der Schule gibt.[4] Historisch gesehen

---

[4]   Die Passungsverhältnisse werden derzeit auch innerhalb des staatlichen Bildungssystems immer bedeutsamer. Der Weg zur Zweigliedrigkeit bewirkt, dass es zu einer stärkeren Betonung der Einzelschule kommt, gerade auch in dicht besiedelten Gebieten (vgl. Jurczok/Lauterbach 2013).

ist damit die Schule der Ort, der im 20. Jahrhundert zu einer Institution wurde, in der Kinder formal organisiertes und standardisiertes Wissen vermittelt bekommen und Kompetenzen erwerben (vgl. Busse/Helsper 2008). Das Bildungssystem ist der „Ort der Methodisierung von Lehren und Lernen", es ist der Ort des formalen Lernens und der Wissensvermittlung und Aneignung (Fend 2008: 31).

2.2.3   Familien entschieden nach vorhandenen Ressourcen und Abwägungsprozessen

Die Familie hingegen ist der „Ort der Ganzheitlichkeit", in dem Kinder nicht auf den formal Lernenden reduziert werden. Sie werden in ihrem Wesen, in ihrer Persönlichkeit, als ‚Ganzes" akzeptiert, unabhängig von der Erbringung einer Leistung. „Das Familienmitglied ist Teil der Familie als Ganzes und nicht als jemand, der eine Funktion innehat" (Coleman 1986: 41), bspw. die des Lernenden. Vertrauen und „gebraucht werden" sind die wesentlichen Merkmale zur Beschreibung von Familienleben. Eltern üben aber durch Erziehung Einfluss auf die Bildung ihrer Kinder aus. Erziehung ist eine spezifische Form sozialisatorischer Praxis, in der Eltern ihre Kinder mit Erziehungsvorstellungen konfrontieren, die auf ein Ziel gerichtet sind und durch institutionelle Rahmenbedingungen und Werte bestimmt wird (Grundmann 2009: 65 f.). Zusätzlich findet die Förderung der Kinder in den ersten Lebensjahren und die Unterstützung bei Bildungsprozessen in späteren Lebensphasen nach den zur Verfügung stehenden Ressourcen statt (vgl. Baumert/Schümer 2001). So ereignet sich nonformales und informelles Lernen in Familien und die Schule ist sekundär daran beteiligt. Der große Einfluss der Familie wird bereits bei Beginn der Primarschule sichtbar: Kinder sind hinsichtlich ihrer Lernausgangslagen äußerst heterogen, sie kommen mit unterschiedlichen Voraussetzungen zur Einschulung, woraus erkennbar ist, dass neben den unterschiedlich mit Fähigkeiten ausgestatteten Kindern die soziale Herkunftsfamilie die Bildungslaufbahn bereits vor dem Schuleintritt stark beeinflusst (Stern 2013:73; Hille/Arnold/Schupp 2013:20). Daher ist es nicht verwunderlich, wenn Ditton (2009:253) formuliert, dass „[...] Schule [...] [natürlich] Effekte hat, aber die Effektivität von Schule hängt nicht alleine von ihr selbst ab. Nach wie vor sollte man vor allzu großen Hoffnungen warnen, Schulen relativ einfach in die gewünschte Richtung verändern oder durch Schule die Gesellschaft besser oder gleicher machen zu können", da der Einfluss der Eltern eben sehr groß ist.

So zeigen Befunde nationaler sowie internationaler bildungssoziologischer Studien, dass der Bildungserfolg von Kindern durch die soziale Herkunft wesentlich bestimmt wird (vgl. Boudon/Passeron 1974; PISA 2001, 2004, 2009; Ehmke/Jude 2010; Blossfeld 2012). Denn Familien sind Bildungs- und Lernorte und damit bildungsmächtig bis in die Lebensphase des jungen Erwachsenen (Lange/Xyländer 2010: 23). Sie stellen Ressourcen zur Verfügung und sie sind Orte, an denen mehrmalig Bildungsentscheidungen für Kinder getroffen werden. Aufbauend auf den Ansätzen Boudons und Bourdieus (1983) wurde mittlerweile ein breit akzeptiertes theoretisches Handlungsmodell entwickelt, in dem der Einfluss der Eltern auf den Bildungsverlauf der Kinder am besten durch die Kombination eines Ressourcen- und Entscheidungsansatzes modelliert wird. Die Grundlage für diese Betrachtung legte Boudon mit seinem Buch *Education, Opportunity and Social Inequality* im Jahre 1974. Obwohl er überwiegend an der Erklärung des Bestehens dauerhafter, generationenübergreifender Ungleichheiten interessiert war, wurde mit diesem Ansatz die derzeit breit akzeptierte und derzeit weiterentwickelte Unterscheidung zwischen Ressourcen des Elternhauses (Primärer

Effekt) und den Entscheidungen, die im Elternhaus während des Bildungsverlaufs des Kindes nach bestimmten Kontexten getroffen werden (Sekundärer Effekt) eingeführt (vgl. Esser 2000; Baumert, Maaz/Trautwein 2009).

Die Position des Kindes innerhalb des Bildungssystems – vor allem aber innerhalb des Schulsystems – hängt danach wesentlich von den gerade genannten zwei Aspekten des Elternhauses ab. Erstens von den Ressourcen, die den Eltern zur Verfügung stehen und die sie zur Förderung und Unterstützung ihrer Kinder verwenden können (Primärer Effekt). Zweitens wird die Qualität des Schulabschlusses oder weiterführend des beruflichen oder tertiären Abschlusses durch Entscheidungen der Eltern für ihre Kinder während des Bildungsverlaufs getroffen (Sekundärer Effekt). Entscheidungen werden wiederholt, je nach Schulsystem differenziert mit Beginn des Eintritts in die Primarschule bis zum Verlassen der Schule und dem Übertritt in den Arbeitsmarkt getroffen. In Abb. 2.1 ist ein derartiges Modell dargestellt, in dem die Idee primärer und sekundärer Herkunftseffekte sichtbar wird (vgl. Becker/Lauterbach 2008; Baumert, Maaz/Trautwein 2009) und der Einfluss der Eltern während der Schulzeit in den Mittelpunkt rückt.

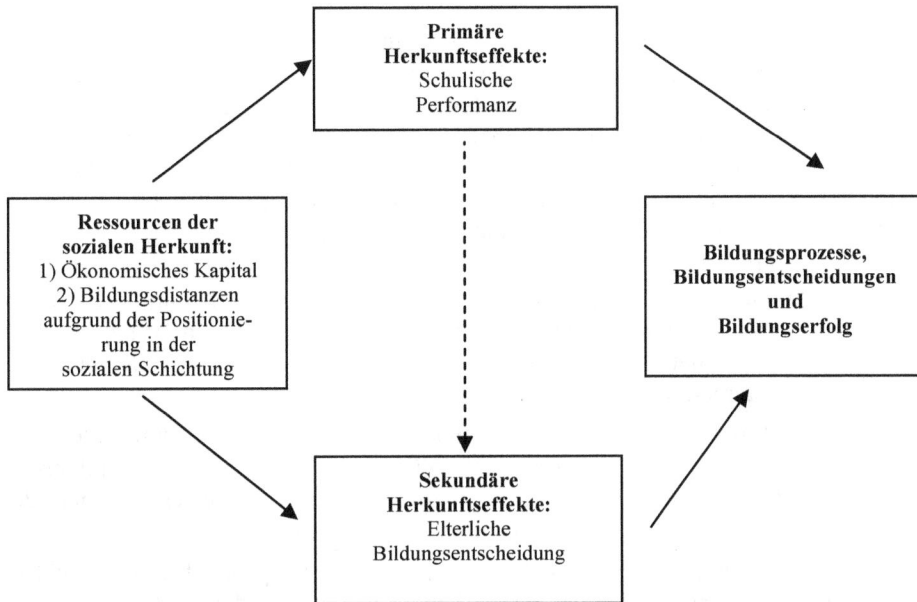

Abb. 2.1:   Primäre und sekundäre Effekte der sozialen Herkunft auf Bildungschancen und Bildungserfolge (Quelle: Becker/Lauterbach 2008:13)

Primäre Effekte (kognitive Förderung des Kindes) des Elternhauses wirken wesentlich als Ressource auf die Kompetenz- und Leistungsentwicklung der Kinder. Kinder sind von Geburt an den Lebenswelten und damit den Lebensumständen der Familie, in die sie hineingeboren werden, ausgesetzt. Die Angebote, die Familien machen und machen können, unterscheiden sich substanziell, wodurch Kindern vollkommen verschiedene Anregungspotenziale zur Verfügung stehen. Mit dem primären Effekt werden vor allem schichtspezifisch variierende Schulausgangslagen und frühe Schulleistungen erklärt. Als Ressource des Elternhauses werden erstens der sozioökonomische Hintergrund, also die ökonomische Ausstattung der

Familie mit Einkommen und Vermögen, sowie zweitens die soziale Struktur der Familie und die sozialen Netzwerke, in denen Familien leben, gesehen. Drittens werden kulturelle Kenntnisse und Gepflogenheiten in der Familie sowie viertens die damit einhergehenden Unterstützungsmaßnahmen und -praxen, die Familien gewähren, angesehen. Kinder aus oberen Sozialschichten erlangen eher für die Anforderungen in der Schule vorteilhafte Fähigkeiten. Kinder aus unteren Schichten müssen kognitive, teils auch nicht-kognitive Nachteile hinnehmen, was Ergebnis unterschiedlicher Erziehungsstile und der unterschiedlichen Ausstattung der Elternhäuser mit Humankapital, sachlichen und ökonomischen Ressourcen ist, welche eine gezielte frühe Förderung der Kinder erst ermöglichen (vgl. Ditton 2009). Diese Unterschiede wirken sich bereits vor der Einschulung aus, sodass Kinder nicht erst in der Schule unterschiedlichen Sozialisationsumwelten ausgesetzt sind, sondern bereits weit vorher. Studien zeigen immer wieder, dass Kinder mit sehr unterschiedlichen Voraussetzungen in die Schule kommen (vgl. Behörde für Schule und Berufsbildung 2011).

Sekundäre Effekte wiederum sind das Ergebnis von Abwägungsprozessen, die sich auf Bildungsinvestitionen beziehen und denen bestimmte Bildungspräferenzen auf Seiten der Eltern zugrunde liegen. Nach der theoretischen Vorstellung wird in Abhängigkeit von ökonomischen Ressourcen und Bildungspräferenzen in die Bildung des Kindes so lange investiert, bis mindestens der gesellschaftliche Status der Familie erhalten wird oder sogar verbessert werden kann (*Statuserhaltungsmotiv*). Kinder sollen somit keinen geringeren schulischen oder beruflichen Abschluss als die Eltern erwerben (vgl. Esser 2000; Breen/ Goldthorpe 1997; Paulus/Blossfeld 2007). Kinder sollen es einmal besser haben, mindestens aber genauso – dies ist das Handlungsmotiv vieler Eltern. Die Entscheidungen für eine Bildungslaufbahn werden dann über das Statuserhaltungsmotiv und die Erfolgswahrscheinlichkeit des Kindes in der Schule getroffen (Becker/Lauterbach 2008: 17). Eltern schätzen ergo die Wahrscheinlichkeit des Bildungserfolgs ein, der stark von der Leistung des Kindes in der Schule abhängt. Deutlich wird diese Überlegung daran sichtbar, dass Eltern bspw. bei mittleren Schulleistungen unsicher sind in ihren Entscheidungen ihr Kind bspw. auf ein Gymnasium zu senden, da das „Risiko" in der Schulform zu scheitern eben höher ist, als bei Kindern, die sehr gute Leistungen während der Schulzeit erbringen.

Zusätzlich wird die Wirkung des sekundären Effekts durch das „entscheidungsintensive" deutsche Bildungssystem verstärkt (Müller/Pollak 2008: 311). Die Wirkung kommt insbesondere dann zum Tragen, wenn Kinder und Jugendliche an den Übergängen innerhalb des Bildungssystems in neue weiterführende Schulstufen wechseln (vgl. Lauterbach 2012).

An diesen Stellen müssen Eltern für ihre Kinder Entscheidungen über den weiteren Bildungsverlauf treffen. Die Entscheidungen für die Kinder werden auf der Basis von drei unterschiedlichen Abwägungsprozessen getroffen. Erstens sind die Kosten für die Bildung wesentlich. Zu unterscheiden sind hierbei direkte und indirekte Kosten. Als direkte Kosten werden all diejenigen bezeichnet, die im unmittelbaren Zusammenhang mit Bildungsbeteiligung anfallen (Schulbücher, Unterstützung bei Nachhilfe, Klassenfahrten etc.). Als indirekte Kosten wird das entgangene Einkommen auf dem Arbeitsmarkt durch die längere Bildungsqualifikation bezeichnet (vgl. Breen/Goldthorpe 1997).

Zweitens ist die Einschätzung der Wahrscheinlichkeit, dass das Kind die Leistungserwartungen in der Schule auch tatsächlich erfüllen kann, von großer Bedeutung. Als Indikator zur Einschätzung der Leistungen des Kindes werden in Familien vor allem die Noten am Ende eines Schul(halb)jahres herangezogen.

Schließlich wird drittens davon ausgegangen, dass Eltern „das Beste für ihr Kind" wollen. Insbesondere mit Blick auf den Übergang von der Grundschule in die Sekundarstufe I wurde der beschriebene Ansatz zur Erklärung von Bildungsentscheidungen für eine Schulform verwendet (vgl. Becker/Lauterbach 2008; Baumert/Maaz/Trautwein 2009). Für Kinder aus Familien mit einem niedrigen sozioökonomischen Status werden im Vergleich zu solchen aus höheren Statusgruppen auch bei gleichen Leistungen meist niedrigere Schulformen gewählt (vgl. Ditton/Krüsken/Schauenberg 2005). Selbst bei gleichen schulischen Leistungen ist die Wahrscheinlichkeit für Kinder, die nicht aus bildungsfernen Familien stammen, auf ein Gymnasium zu wechseln und eine derartige Laufbahn einzuschlagen, ca. fünfmal höher als bei Kindern aus Arbeiterfamilien (vgl. Köller/Knigge/Tesch 2010) Allerdings ist die Tendenz im historischen Vergleich deutlich abnehmend. In den 1970er Jahren war die Wahrscheinlichkeit für ein Kind aus einer Arbeiterfamilie, nicht auf ein Gymnasium zu wechseln, ca. zwölfmal so groß (vgl. Müller 1994)[5]. Eine gute grafische Darstellung des Zusammenwirkens schulischer und elterlicher Bildungsentscheidungen veranschaulicht das folgende Modell (Abb. 2.2).

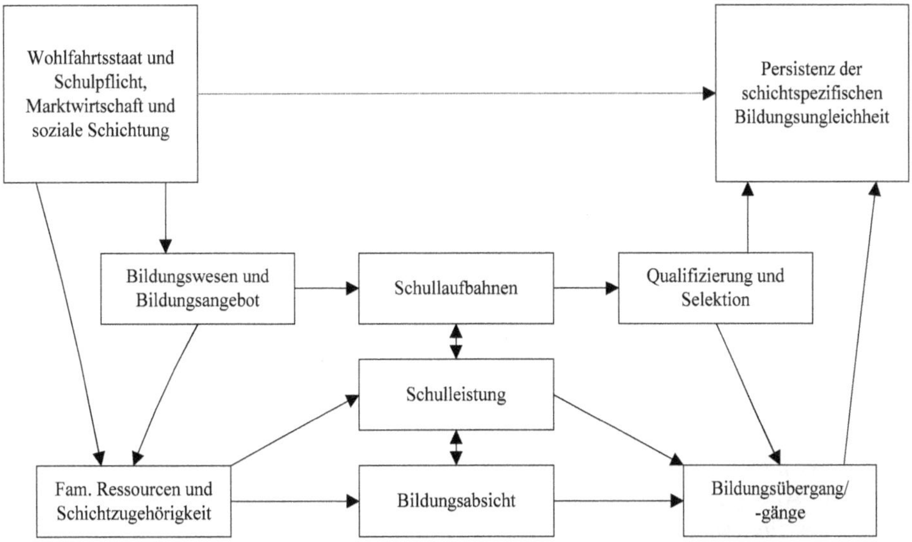

Abb. 2.2:   Heuristisches Modell für Genese von Bildungschancen (Quelle: Becker/Lauterbach 2010:26)

Im Unterschied zu Abb. 2.1 ist in diesem Modell noch die Schule mitberücksichtigt. Elternentscheidungen werden immer in Abhängigkeit von dem zur Verfügung stehenden Bildungssystem und seiner internen Strukturierung getroffen. Die Schule fungiert als Kontext für die elterliche Entscheidungsfindung und die interne Strukturierung des Schulsystems durch den

---

[5]   Eine besondere Rolle bei den Übergangsentscheidungen der Eltern spielen die Gymnasialempfehlungen der Lehrer und die bundeslandspezifischen Übergangsregelungen. Gerade in den Fällen, in denen die Übergangsempfehlung nicht verbindlich ist, sondern die Eltern mitsprechen können, greifen sie in die Entscheidungsfindung der Schulen ein und bestimmen die Übergänge mit. „Freier Elternwille" fördert und es drückt sich aus pädagogischer Sicht die Motivation der Eltern aus, ihre Kinder zu fördern. Allerdings zeigt sich auch, dass gerade Eltern, die unsicher in ihrem Entscheidungsverhalten sind, stark auf die Empfehlung der Lehrer angewiesen sind (vgl. Dollmann 2011; Gresch 2012).

Begriff der „Schullaufbahn" zeigt auf, an welchen Stellen Eltern Einfluss nehmen können auf die Bildungswege der Kinder und damit auf die Qualifikation der Kinder.

Auch wenn sich die Theorien über das Verhältnis Eltern – Schule und ihre Bedeutung für den Bildungsprozess der Kinder vorwiegend auf die Schullaufbahn konzentrieren, so sind mit dem Verlassen der Schule weiterhin Bildungsentscheidungen zu treffen. Es gilt, nach dem Abschluss der Schule die Wahl der weiterführenden tertiären Bildung und der beruflichen Ausbildung als wegweisend für den späteren Eintritt in den Arbeitsmarkt zu treffen (vgl. Gaupp u.a. 2008). Selbst bis in das junge Erwachsenenalter wird der Übergang in das berufliche Ausbildungssystem durch die familiäre Herkunft mitgeprägt (vgl. Hovestedt/Eggers 2007).

So ist die familiäre Herkunft, wenngleich schwach, bis zur Aufnahme einer Hochschulausbildung nachweisbar (vgl. Becker 2008; Hillmert 2008; Schindler/Reimer 2010; Maaz 2006). Kinder aus Arbeiterfamilien mit Schulabschlüssen, die zu einem Hochschulzugang berechtigen, wählen zum Beispiel häufiger nichttertiäre Berufsausbildungen oder aber gehen für ein Studium eher an die Fachhochschule als an die Universität (vgl. Watermann/Maaz 2006).

2.2.4   Jugendliche entscheiden mit! Autonomiebestrebungen Jugendlicher und eigene Bildungsvorstellungen

Allerdings ist davon auszugehen, dass mit dem Beginn der Lebensphase der Adoleszenz Eltern weiterhin mitbestimmen, jedoch die Bildungsentscheidungen an den Gelenkstellen des Bildungssystems auch von den Jugendlichen selbst mitbestimmt werden!

Der Einfluss der Eltern nimmt mit den zunehmenden Autonomiebestrebungen des Jugendlichen gegenüber dem Elternhaus ab und die Entscheidungen der Jugendlichen werden bedeutender für die schulische und berufliche Qualifikation (vgl. Fend 2005; Hurrelmann 2010; Havighurst 1972; Hofer 2003; Steinberg/Silverberg 1986). Ausschlaggebend für die Zunahme der Bedeutung der Entscheidungen der Jugendlichen ist, dass sich die Beziehung der Adoleszenten zu den Eltern wandelt: so bleiben die Eltern bei problem- und themenspezifischen Anliegen wichtige Ratgeber (vgl. Hofer/Pikowsky 2002; Fend 1998; Hurrelmann/Quenzel 2012), gleichzeitig sind Jugendliche und selbstverständlich junge Erwachsene mit zunehmendem Alter immer eigenständiger entscheidende „Konstrukteure" ihrer Persönlichkeit mit „einer sich schrittweise erweiternden Kompetenz zur selbstverantwortlichen Lebensführung" (Hurrelmann 2012:94; Papastefanou/Buhl 2002). „Die Erwartung elterlicher Hilfe umfasst deren Einstellungen und Verhaltensweisen, sowie von den Eltern ausgehende motivationale und emotionale Unterstützung bis hin zur Forderung der Rücknahme von Aktivität und Kontrolle, um selbstständig etwas ausrichten zu können" (Dreher/Dreher 1985: 51). Den Eltern von Jugendlichen obliegt in dieser Phase die „Regulation von Aufsicht und Autonomiestreben" (Berger 2008: 31). Damit entscheiden Jugendliche immer stärker auch selbstständig über eigene berufliche Karriere und Qualifikation.

Jugendliche selbst bewerten in der Beziehung zu ihren Eltern die Vorbereitung des schulischen Abschlusses und die Planung der Ausbildungsphase sowie die berufliche Karriere, neben dem Aufbau der Beziehung zu Gleichaltrigen, als für sie wichtigste Entwicklungsaufgabe, die sie weitgehend selbstständig vollziehen müssen (vgl. Kracke 2002; Fend 1998; Gaupp et al. 2008). Eltern beraten nur noch (Brand/Schuster 2002: 188). Neben ihrer Beratungsfunktion sind Eltern weiterhin Teil des Prozesses der ökonomischen Verselbstständigung. Bildungs- und Ausbildungskosten werden vielfach von Familien mitgetragen, sodass das „Auseinanderklaffen von psychischer und ökonomischer Unabhängigkeit" (Papastefanou/Buhl 2002: 266) für die späte Adoleszenz und das frühe Erwachsenenalter charakteristisch ist.

Nun ereignen sich weiter differenzierende Bildungsübergänge nach der Sekundarstufe I in einem Alter, welches maßgeblich durch die beschriebenen Autonomiebestrebungen der Jugendlichen gekennzeichnet ist. Jugendliche sind in der Regel 16 Jahre alt oder älter. Folgt man den Annahmen zur Autonomieentwicklung im Jugend- und im frühen Erwachsenenalter, dürfte dem Willen des Kindes für die eigene Bildungslaufbahn eine mit dem Alter wachsende Bedeutung zukommen und die alleinige Entscheidungsgewalt der Eltern müsste mit zunehmendem Alter an Bedeutung verlieren (vgl. Abb. 2.3).

Da sich der Eintritt in ökonomische Selbstständigkeit häufig erst in der dritten Lebensdekade vollzieht, gibt es eine Phase im Leben der Jugendlichen, in der Eltern und ihre Kinder gemeinsam bildungsbezogene Entscheidungen treffen (vgl. Fend 2005; Hurrelmann 2010; Hofer, 2003; Hofer/Pikowsky 2002; Collins 1995). Der angestrebte letztendlich höchste Schulabschluss, die Wahl einer Ausbildung oder eines Berufs ist somit ein ko-konstruktiver Prozess. Eltern sind die Ko-Konstrukteure der Bildungs- und Ausbildungsbiografie der Jugendlichen, sie selbst die Konstrukteure. Es geht um die Entwicklung von Präferenzen, von Vorstellungen darüber, was „man" will (vgl. Fend 2005; Nissen, Keddi/Pfeil 2001).

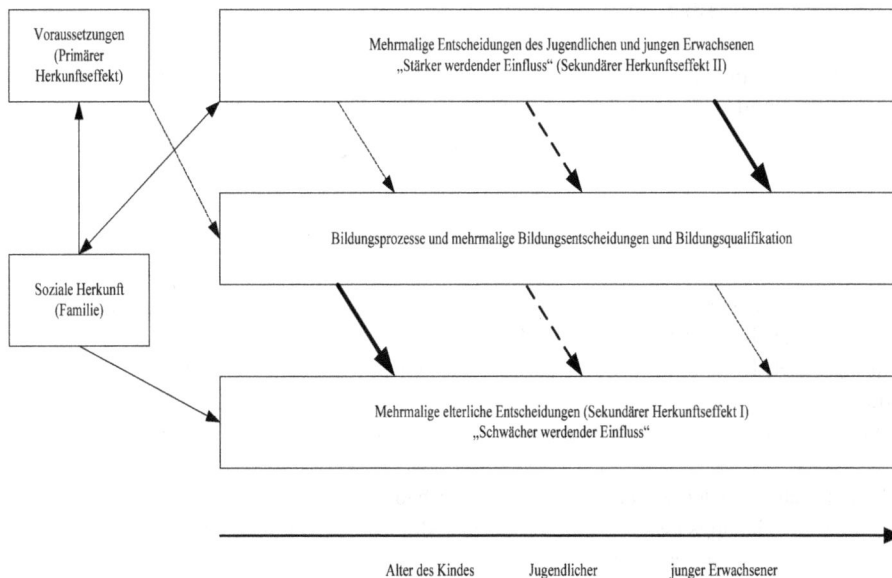

Voraussetzungen (Primärer Herkunftseffekt)

Mehrmalige Entscheidungen des Jugendlichen und jungen Erwachsenen „Stärker werdender Einfluss" (Sekundärer Herkunftseffekt II)

Bildungsprozesse und mehrmalige Bildungsentscheidungen und Bildungsqualifikation

Soziale Herkunft (Familie)

Mehrmalige elterliche Entscheidungen (Sekundärer Herkunftseffekt I) „Schwächer werdender Einfluss"

Alter des Kindes   Jugendlicher   junger Erwachsener

Abb. 2.3:   Primäre und sekundäre Effekte der Eltern und der Jugendlichen auf Bildungschancen und Bildungserfolge (Quelle: eigene Darstellung)

In dem geschilderten bildungssoziologischen Standardmodell zur Erklärung von Bildungsentscheidungen werden der Akteur Familie und das Bildungswesen mit seiner institutionellen Struktur in den Mittelpunkt gestellt. Eine Sichtweise, die ich vor der breiten Befundlage nicht infrage stelle, jedoch als zu kurz betrachtet verstehe. Aus einer jugendsoziologischen

Perspektive ist der Blickwinkel zu erweitern: um den Jugendlichen als Konstrukteur seiner Bildungsbiografie selbst.

2.2.5   Zusammenfassung

Schule und Eltern haben, was die Bildung von Kindern und Jugendlichen betrifft, klare Aufgabenteilungen: Schule ist für formale Bildungsprozesse zuständig und Eltern haben keinen direkten Einfluss auf die Organisation von Bildungsprozessen in Schulen. Eltern beeinflussen aber die Bildungsqualifikation und den Bildungserwerb ihrer Kinder durch ihre eigenen Präferenzen über den Bildungsabschluss ihrer Kinder! Zum einen dadurch, dass ihnen bestimmte Ressourcen zur Verfügung stehen, zum anderen dadurch, dass sie während des Bildungsverlaufs der Kinder mehrmals Entscheidungen über den Weg „durch das Bildungssystem" treffen. Die Entscheidungen werden vor dem Hintergrund der Präferenzen und der Leistungen der Kinder getroffen. Hier ist vor allem erkennbar, dass Eltern, die unsicher in den Erwartungen über den Bildungserfolg der Kinder sind, eher zögerlich und restriktiv entscheiden! Sie sind nicht entscheidungsfreudig und handeln risikoavers (vgl. Esser 2000; Becker/Lauterbach 2009).

Mit zunehmendem Alter der Kinder treten diese stark als eigene Konstrukteure ihrer Bildungsbiografie auf. Bildungsentscheidungen ab der Sekundarstufe I, ca. im Alter von 16 Jahren, werden entsprechend den theoretischen Ausführungen auch durch die Jugendlichen und jungen Erwachsenen selbst (mit)getroffen, da diese im Sinne der eigenen Autonomieentwicklung zunehmend die Konsequenzen ihrer Handlungen erkennen und möglicherweise Bildungsvorstellungen und -realitäten der Eltern hinter sich lassen und in Bezug auf ihre berufliche Karriere eigene Vorstellungen entwickeln. Durch diese Perspektive kann es zu Spannungen zwischen den Bildungserwartungen der Eltern, der Organisation der Bildungsqualifikation in der Schule und den Vorstellungen der Jugendlichen selbst kommen. Die Sicht auf die in den letzten Jahren entwickelten Entscheidungsmodelle muss also um die Sicht der Jugendlichen selbst erweitert werden.

Hinweise auf weiterführende Literatur
Becker, R. und Lauterbach, W., Bildung als Privileg?, Wiesbaden 2010.
Bauer, U.,Bittlingmayer, U. H. und Scherr. A. (Hrsg.), Handbuch Bildungs- und Erziehungssoziologie, Wiesbaden 2012.
Fend, H., Neue Theorie der Schule. Einführung in das Verstehen von Bildungssystemen, Wiesbaden 2006.
Becker, R. (Hrsg.), Lehrbuch der Bildungssoziologie, Wiesbaden 2009.
Merkens, H. (Hrsg.), Erziehungswissenschaft und Bildungsforschung, Wiesbaden 2006.

Wiederholungsfragen / Übungsaufgaben
1. Erläutern Sie vor dem Hintergrund des Wandels der Struktur des Bildungssystems den Einfluss der Eltern auf die Bildungsqualifikation der Kinder.
2. Was bezeichnet man in der sozialwissenschaftlichen Bildungsforschung als primären und was als sekundären Effekt?
3. Diskutieren Sie die Stärke des Einflusses der Eltern auf die Bildungsqualifikation der Kinder in Abhängigkeit von unterschiedlich organisierten Bildungssystemen.

2.2.6 Literatur

Baumert, J., Maaz, K. und Trautwein, U., Bildungsentscheidungen, Wiesbaden 2009.

Baumert, J. und Schümer, G., Familiäre Lebensverhältnisse, Bildungsbeteiligung und Kompetenzerwerb. PISA 2000. Basiskompetenzen von Schülerinnen und Schülern im internationalen Vergleich. D. PISA-Konsortium, Opladen 2001, S. 323–410.

Becker, R., und Lauterbach, W., Bildung als Privileg – Ursachen, Mechanismen, Prozesse und Wirkungen, in: Bildung als Privileg? Erklärungen und Befunde zu den Ursachen der Bildungsungleichheit, 4.Aufl., hrsg. v. R. Becker und W. Lauterbach, Wiesbaden 2011, S. 11–47.

Becker, R., Soziale Ungleichheit von Bildungschancen und Chancengerechtigkeit, in: Bildung als Privileg. Erklärungen und Befunde zu den Ursachen der Bildungsungleichheit, hrsg. v. R. Becker und W. Lauterbach, Wiesbaden 2008, S. 161–189.

Berufsbildung, B. f. S. u., LAU – Aspekte der Lernausgangslage und Lernentwicklung. Klassenstufe 5,7 und 9, Münster 2011.

Berger, F. (Hrsg.), Kontinuität und Wandel intergenerationaler Beziehungen vom Jugend- ins Erwachsenenalter, Zürich 2008.

Boudon, R. (Hrsg.), Education, Opportunity and Social Inequality: Changing Prospects in Western Society, New York 1974.

Bourdieu, P., Ökonomisches Kapital, kulturelles Kapital, soziales Kapital, in: Soziale Ungleichheiten, hrsg. v. R. Kreckel, Göttingen 1983, S. 163–198.

Blossfeld, H.-P., Kompetenzentwicklung, Bildungsentscheidungen und Chancenungleichheit in Vorschule und Schule – Neue Ergebnisse aus der Forschung zur Bedeutung von Familien im Bildungsprozess, in: Chancen bilden. Wege zu einer gerechten Bildung – ein internationaler Erfahrungsaustausch, hrsg. v. D. Deißner, Berlin 2012, S. 37–56.

Boudon, R., Education, Opportunity and Social Inequality, New York 1974.

Brand, D. und Schuster, H.-J., Ergebnisse einer empirischen Untersuchung in Thüringen, in: Familie und Berufswahl. Schriften zum Bildungswesen, hrsg. v. L. Beinke, Bad Honnef 2002, S. 162–190.

Breen, R. und Goldthorpe, J., Explaining Educational Differentials. Towards a Formal Rational Choice Theory, in: Rationality and Society 9, 1997, S. 275–305.

Bundesministerium für Bildung und Forschung, Bildung und Forschung in Zahlen. Ausgewählte Fakten aus dem Datenportal aus dem BMBF, Berlin 2012.

Busse, S. und Helsper W., Schule und Familie, in: Handbuch der Schulforschung, hrsg. v. W. Helsper und J. Böhme, Wiesbaden 2008, S. 469–495.

Coleman, J., Die asymmetrische Gesellschaft. Vom Aufwachsen mit unpersönlichen Systemen, Weinheim/Basel 1986.

Collins, A., Relationships and Developments: Family adaptations to individual change, in: Close relationships and socioemotional development, hrsg. v. S. Shulman, New Jersey 1995, S. 128–154.

Davis, K., und Moore, W. E., Some principles of stratification, in: Social Stratification. Class, Race and Gender in Sociological Perspective, hrsg. v. D. B. Grusky, San Francisco/Oxford 1994, S. 39–46.

Ditton, H., Familie und Schule – eine Bestandsaufnahme der bildungssoziologischen Schuleffektforschung von James S. Coleman bis heute, in: Lehrbuch der Bildungssoziologie, hrsg. v. R. Becker, Wiesbaden 2009, S.239–259.

Ditton, H., Krüsken, J. und Schauenberg, M., Bildungsungleichheit – der Beitrag von Familie und Schule, in: Zeitschrift für Erziehungswissenschaft 8, 2005, S. 285–304.

Dollmann, J., Verbindliche und unverbindliche Grundschulempfehlungen und soziale Ungleichheiten am ersten Bildungsübergang, in: Kölner Zeitschrift für Soziologie und Sozialpsychologie 63 (4), 2011, S. 595–622.

Dreher, E. und Dreher, M., Wahrnehmung und Bewältigung von Entwicklungsaufgaben im Jugendalter: Fragen, Ergebnisse und Hypothesen zum Konzept einer Entwicklungs- und Pädagogischen Psychologie des Jugendalters, in: Lebensbewältigung im Jugendalter, hrsg. v. R. Oerter, Weinheim 1985, S. 30–61.

Durkheim, É., Education and sociology, New York 1956.

Ehmke, T. und Jude, N., Soziale Herkunft und Kompetenzerwerb, in: PISA 2009. Bilanz nach einem Jahrzehnt, hrsg. v. E. Klieme, C. Artelt, J. Hatig, N. Jude, O. Köller, M. Prenzel, W. Schneider und P. Stanat, Münster 2010, S. 231–254.

Esser, H., Soziologie. Spezielle Grundlagen1, Situationslogik und Handeln, Frankfurt am Main 1999.

Esser, H., Soziologie. Spezielle Grundlagen, Bd. 2, Die Konstruktion der Gesellschaft, Frankfurt am Main2000.

Fend, H., Eltern und Freunde. Soziale Entwicklung im Jugendalter. Entwicklungspsychologie der Adoleszenz in der Moderne, Bern 1998.

Fend, H., Entwicklungspsychologie des Jugendalters, Opladen 2000.

Fend, H. (Hrsg.)., Entwicklungspsychologie des Jugendalters. Ein Lehrbuch für pädagogische und psychologische Berufe, 3. Aufl., Opladen 2005.

Fend, H., Neue Theorie der Schule. Einführung in das Verstehen von Bildungssystemen, Wiesbaden 2008.

Gaupp, N., Lex, T., Reißig, B. und Braun, F., Von der Hauptschule in Ausbildung und Erwerbsarbeit: Ergebnisse des DJI-Übergangspanels, Berlin 2008.

Gresch, C., Der Übergang in die Sekundarstufe I: Leistungsbeurteilung, Bildungsaspirationen und rechtlicher Kontext bei Kindern mit Migrationshintergrund, Wiesbaden 2012.

Grundmann, M., Sozialisation − Erziehung − Bildung. Eine kritische Begriffsbestimmung, in: Lehrbuch der Bildungssoziologie, hrsg. v. R. Becker, Wiesbaden 2009, S. 61–85.

Hadjar, A., Meritokratie als Legitimationsprinzip. Die Entwicklung der Akzeptanz sozialer Ungleichheit im Zuge der Bildungsexpansion, Wiesbaden 2008.

Havighurst, R. J. (Hrsg.), Human Development and Education, London1972.

Stiftung, H.-B., Bildungsgerechtigkeit im Lebenslauf, Berlin 2008.

Hille, A., Arnold, A. und Schupp, J., Freizeitverhalten Jugendlicher: Bildungsorientierte Aktivitäten spielen eine immer größere Rolle, DIW Wochenbericht 80, Berlin 2013, S. 15–25.

Hillmert, S., Soziale Ungleichheit im Bildungsverlauf: Zum Verhältnis von Bildungsinstitutionen und Entscheidungen, in: Bildung als Privileg. Erklärungen und Befunde zu den Ursachen der Bildungsungleichheit, 3. Aufl., hrsg. v. R. Becker und W. Lauterbach, Wiesbaden 2008, S. 75–102.

Hillmert, S., Bildung und Lebenslauf − Bildung im Lebenslauf, in: Lehrbuch der Bildungssoziologie, hrsg. v. R. Becker, Wiesbaden 2009, S. 215–235.

Hofer, M. (Hrsg.), Selbstständig werden im Gespräch. Wie Jugendliche und Eltern ihre Beziehung verändern, Bern 2003.

Hofer, M. und Pikowsky, B., Familien mit Jugendlichen, in: Lehrbuch Familienbeziehungen. Eltern und Kinder in der Entwicklung, hrsg. v. M. Hofer, E. Wild und P. Noack, Göttingen 2002, S. 241–264.

Hovestedt, G. und Eggers, N., Soziale Ungleichheiten in der allgemeinbildenden Schule. Ein Überblick über den Stand der Forschung unter Berücksichtigung berufsbildender Wege zur Hochschulreife und der Übergänge zur Hochschule, Düsseldorf 2007.

Hurrelmann, K., Lebensphase Jugend. Eine Einführung in die sozialwissenschaftliche Jugendforschung, 10. Aufl., Weinheim 2010.

Hurrelmann, K., Jugendliche als produktive Realitätsverarbeiter: Zur Neuausgabe des Buches „Lebensphase Jugend", in: Diskurs Kindheits- und Jugendforschung 45, 2012, S. 89–100.

Hurrelmann, K. und Quenzel, G., Lebensphase Jugend: Eine Einführung in die sozialwissenschaftliche Jugendforschung (Grundlagentexte Soziologie), München 2012.

Jurczok, A. und Lauterbach, W., Einbettung sozialräumlicher Konzepte in die sozialwissenschaftliche Bildungsforschung – Einfluss der Lokalität auf Schulwahlprozesse an der Schwelle von der Grundschule auf die weiterführende Schule, in: Urbane Ungleichheiten, hrsg. v. P. Berger, A., C. Keller, A. Klärner und R. Neef, Berlin 2013.

Jurczok, A. und Lauterbach, W., Kommen alle Sekundarschulen für mein Kind in Frage, oder welche ist die richtige? Vortrag Universität Bamberg, NEPS, Nationales Bildungspanel (NEPS) 15.11.2013 „Bildung und Region"

Klemm, K., Demografische Entwicklung und Bildungszeit, in: Empirische Bildungsforschung. Theorie, Methoden, Befunde und Perspektiven, hrsg. v. N. McElveny und H. G. Holtappels, Münster 2013, S. 63–75.

Konietzka, D., Zeiten des Übergangs. Sozialer Wandel des Übergangs in das Erwachsenenalter, Wiesbaden 2010.

Bildungsberichterstattung, K., Bildung in Deutschland. Ein indikatorengestützter Bericht mit einer Analyse zu Perspektiven des Bildungswesens im demografischen Wandel, Berlin 2010.

Kracke, B., The role of personality, parents and peers in adolescents career exploration, in: Journal of Adolescence 25,2002, S. 19–30.

Lange, A. und Xyländer, M., Bildungswelt Familie: Disziplinäre Perspektiven, theoretische Rahmungen und Desiderate der empirischen Forschung, in: Bildungswelt Familie. Theoretische Rahmung, empirische Befunde und disziplinäre Perspektiven, hrsg. v. A. Lange und M. Xyländer, Weinheim 2010, S. 23–94.

Lauterbach, W., Sekundäre Bildung in Deutschland, in: Handbuch Bildungs- und Erziehungssoziologie, hrsg. v. U. Bauer, U. Bittlingmeier und A. Scherr. Wiesbaden 2012, S. 573–595.

Maaz, K., Soziale Herkunft und Hochschulzugang, Wiesbaden 2006.

Müller, W. und Haun, D., Bildungsungleichheit im sozialen Wandel, in: Kölner Zeitschrift für Soziologie und Sozialpsychologie 46 (1), 1994, S. 1–43.

Müller, H.-P., Die drei Welten der sozialen Ungleichheit: Belohnungen, Prestige und Citizenship, in: Berliner Journal für Soziologie 12 (4), 2002, S. 485–503.

Müller, W. und Pollak, R., Warum gibt es so wenige Arbeiterkinder in Deutschlands Universitäten?, in: Bildung als Privileg, hrsg. v. R. Becker und W. Lauterbach, Berlin 2008, S.223–234.

Nissen, U., Keddi, B. und Pfeil, P., Berufsfindungsprozesse von Mädchen und jungen Frauen. Empirische Befunde und theoretische Erklärungsansätze, Berlin 2001.

Paulus, W. und Blossfeld, H.-P., Schichtspezifische Präferenzen oder sozio-ökonomisches Entscheidungskalkül? Zur Rolle elterlicher Bildungsaspirationen im Entscheidungsprozess beim Übergang von der Grundschule in die Sekundarstufe, in: Zeitschrift für Pädagogik 53 (4), 2007, S. 491–508.

Papastefanou, C. und Buhl, H. M., Familien mit Kindern im frühen Erwachsenenalter, in: Lehrbuch Familienbeziehungen. Eltern und Kinder in der Entwicklung, 2. Aufl., hrsg. v. M. v. Hofer, E. Wild und P. Noack, Göttingen 2002, S. 265–289.

PISA-Konsortium, D., PISA 2000. Basiskompetenzen von Schülerinnen und Schülern im internationalen Vergleich, Opladen 2001.

PISA-Konsortium, D., PISA 2009. Bildungsstand der Jugendlichen in Deutschland. Ergebnisse der vierten Erhebung, Münster 2009.

Schindler, S. und Reimer, D., Primäre und sekundäre Effekte der sozialen Herkunft beim Übergang in die Hochschulbildung, in: Kölner Zeitschrift für Soziologie und Sozialpsychologie 62 (4), 2010, S. 623–653.

Solga, H., Meritokratie – die moderne Legitimation ungleicher Bildungschancen. Institutionalisierte Ungleichheiten, in: Wie das Bildungswesen Chancen blockiert, hrsg. v. P. Berger, A. und H. Kahlert, Weinheim/München 2005, S. 19–38.

Solga, H. und Wagner, S., Die Zurückgelassenen – die soziale Verarmung der Lernumwelt von Hauptschülerinnen und Hauptschülern, in: Bildung als Privileg, hrsg. v. R. Becker und W. Lauterbach, Wiesbaden 2004, S. 195–221.

Statistisches Bundesamt, Datenreport 2011. Ein Sozialbericht für die Bundesrepublik Deutschland, Bonn 2011.

Steinberg, L. und Silverberg, S. B., The vicissitudes of autonomy in early adolescence, in: Child Development 57 (4), 1986, S. 81–851.

Stern, E. und Neubauer, A., Intelligenz: große Unterschiede und ihre Folgen, München 2013

Van de Werfhorst, H. G. und Mijs, J. J. B., Achievement Inequality and the Institutional Structure of Educational Systems: A Comparative Perspective, in: Annual Review of Sociology 36 (1), 2010, S. 407–428.

Watermann, R. und Maaz, K., Soziale Herkunft und Studienintention am Ende der gymnasialen Oberstufe. Institutionelle und individuelle Einflussgrößen, in: Soziale Ungleichheit im Bildungssystem, hrsg. v. W. Georg, Konstanz 2006, S. 227–263.

Literatur im Netz:

Kultusministerkonferenz, 2003: Erziehung als Auftrag von Elternhaus und Schule. Informationen der Länder über die Zusammenarbeit von Eltern und Schule. Beschluss der Kultusministerkonferenz vom 04.12.2003.Verfügbar unter:http://www.kmk.org/fileadmin/veroeffentlichungen_beschluesse /2003/2003_12_04-Elternhaus-Schule.pdf (14.08.2013)

Kultusministerkonferenz, 2004: Bildungsstandards für das Fach Deutsch im Primarbereich. Verfügbar unter: http://www.kmk.org/fileadmin/veroeffentlichungen_beschluesse/2004/2004_10_15-Bildungsstandards-Deutsch-Primar.pdf (14.08.2013)

3 Die funktionale Differenzierung zwischen Familie und Erwerbsarbeitssystem

3.1 Ursachen und Konsequenzen der Desynchronisierung von Erwerbsarbeit und Familie in der Beschleunigungsgesellschaft

Andreas Lange

3.1.1 Einleitung und Problemaufriss: Die unsichtbare, aber vielfältige Macht der Zeit für das individuelle und familiale Wohlbefinden

Drei scheinbar unverbundene Phänomene belegen die Brisanz der Thematik für die Gesellschaft und die Relevanz für eine interdisziplinäre Familiensoziologie: Auf der einen Seite wird im August 2013 von den Medien berichtet, ein deutscher Bankpraktikant habe sich in England regelrecht totgearbeitet, weil er acht Tage lang ohne Schlaf in der Bank permanent tätig war. Im selben August tritt der Anspruch auf einen Betreuungsplatz auch für die U3-Kinder in Kraft, zudem wird das umstrittene Betreuungsgeld wirksam. Und es wird eine Untersuchung des DIW (vgl. Peter/Spieß 2013) veröffentlicht, die wiederum zeigt, dass gerade der Verlust des Arbeitsplatzes der Mutter negative Konsequenzen für Kinder sowie Jugendliche haben kann: Die Verbindung zwischen den drei Phänomenen liegt darin, dass es jeweils um die zeitlichen Ressourcen und Restriktionen im Spannungsfeld von Familie und Privatleben auf der einen, dem Wirtschafts- und Erwerbssystem und ihrem möglichen Einfluss auf das Wohlbefinden und die Kompetenzen der Familienmitglieder auf der anderen Seite geht. Dieses Spannungsfeld ist zudem eingebettet in einen ganzen Kranz weiterer zeitliche Ressourcen und Restriktionen vermittelnder gesellschaftlicher Systeme, Institutionen und Organisationen. Familien agieren permanent in einem Netz unterschiedlicher zeitlicher Bezugshorizonte, welches aber dominiert wird von ökonomischen Zeitbezügen (vgl. Herrmann 2009). Diese Zusammenhänge wurden lange nicht erkannt, sind aber in Form des 7. und 8. Familienberichts (vgl. BFFSFJ 2007/2012) auch in das Fadenkreuz der Sozialberichterstattung und der Gesellschafts- sowie Familienpolitik gerückt.

Im Folgenden wird zuerst eine theoretische Folie für die Erklärung der Entstehung dieses mehrpoligen Spannungsfelds ausgebreitet. Danach wird erstens gezeigt, was wir über die Konsequenzen mehr oder weniger guter Ressourcen und Abstimmungsverhältnisse zwischen Familie und Erwerbssystem wissen. Zweitens widmen wir uns den familialen Umgangs- und „Rekrutierungsstrategien" von Zeit. Und es wird deutlich, wie Familien davon profitieren, wenn ihnen die aus ihrer Sicht angemessenen Zeitressourcen zur Verfügung stehen.

Abschließend werden auf der Linie der aktuellen Diskussionen zur „Zeitpolitik" und Lebens-laufpolitik die möglichen Pfade einer familiendienlichen Neujustierung des Spannungsfelds ausgelotet. Diese ist notwendig, ansonsten steuert die Gesellschaft hin zu einer Reprodukti-onslücke: D. h. die familialen Ressourcen werden so überstrapaziert, dass Familie wichtige Leistungen nicht mehr erbringen kann, die aber gerade auch für das dominierende und takt-gebende Wirtschaftssystem von konstitutiver Bedeutung sind (vgl. Jürgens 2010).

3.1.2 Vier Hintergründe für das Spannungsfeld: Primus inter pares oder der Primat der Wirtschaft unter den gesellschaftlichen Teilsystemen

Jenseits der engeren Fragestellung der Vereinbarkeit bzw. der Synchronisierung von Er-werbsarbeit und Familienarbeit hat sich in den letzten Jahren ein intensiver, sehr verästelter Diskurs zur temporalen Verfasstheit, zu den „Zeiten der Gesellschaft" und korrespondierend zum *doing time* der Akteure herauskristallisiert, und neben einer Reihe von „Ursachen" für die neuen Zeitbedingungen deren „Begleitphänomene" bzw. „Konsequenzen" markiert. Die Diskursbeteiligten warten auch mit einer Vielzahl von Vorschlägen zur „Reparatur" der als pathologisch angesehenen Entwicklungen auf, am prominentesten verdichtet im Schlagwort der „Entschleunigung" (vgl. Reheis 2012).

So gehen prominente Zeitdiagnosen (vgl. Schulze 2003) davon aus, dass sich schon die klas-sische Moderne prägenden dynamischen Tendenzen der Entwicklung in Wirtschaft, Politik, Wissenschaft, Kultur und weiteren Teilsystemen nochmals gesteigert haben.

Der damit verbundene Druck auf die Individuen, sich den vielfältigsten neuen Moden, Tech-niken, beruflichen Herausforderungen zu stellen, wird als Überlastung und Überforderung auf den Punkt gebracht: Da ist die Rede vom erschöpften Selbst (vgl. Ehrenberg 2004) und sogar von der „erschöpften Gesellschaft" (vgl. Grünewald 2013) und natürlich von der Zeit-not in Familien und folgerichtig von den erschöpften Familien (vgl. Lutz 2012). Ganz hand-fest scheint sich auch auf der Ebene der individuellen Persönlichkeiten und ihrer psychischen Verfassung durch die Beschleunigung aller Lebensvorgänge eine Tendenz hin zur massiven Überforderung mit mannigfachen Beschwerdebildern bis hin zum Burnout als durchaus ernstzunehmender Trend herauszukristallisieren (vgl. Neckel/Wagner 2013).

Insbesondere Rosa (2013) hat die Grunddiagnose einer dahinter wirkenden Beschleuni-gungsgesellschaft zu einem beeindruckenden Theoriegebäude ausgebaut. Wie andere Auto-ren auch, plausibilisiert er zuerst die Evidenzen für eine Beschleunigung in nahezu allen Lebensumständen und Systemen. Dann fragt er nach den Ursachen und dekonstruiert zuerst eine wichtige „Vulgärtheorie". Dieser zufolge sei die Technik als solche die Ursache sozialer Beschleunigung. Allerdings zeigt er am Beispiel E-Mail: Die Technologie selbst zwingt nie-manden, mehr Informationen zu versenden. Technologien ermöglichen diese Steigerung, aber mehr nicht. Plausibel sei es, dass die technologischen Revolutionen des modernen und spätmodernen Zeitalters selbst durch den „Zeithunger" der modernen Gesellschaft angetrie-ben waren. Also müssen andere Motoren der Beschleunigung gesucht werden. An allererster Stelle sind die grundlegenden Prinzipien und Profitgesetze der kapitalistischen Ökonomie anzuführen. Das kann im Detail wie folgend ausgeführt werden: Da Arbeitszeit ein wesentli-cher Produktionsfaktor ist, stellt die Zeitersparnis erstens ein einfaches und direktes Mittel dar, um Kosten zu sparen und einen Wettbewerbsvorteil zu erlangen. Zweitens zwingen die

Prinzipien von Kredit und Zins Investoren dazu, nach immer schnelleren Gewinnen zu suchen. Das beschleunigt nicht nur die Produktionsabläufe selbst, sondern auch die Zirkulation und den Konsum – man denke an das Beispiel Automobilproduktion. Und um jene zusätzlichen Gewinne zu erwirtschaften, die für die Aufrechterhaltung der Wettbewerbsfähigkeit des Unternehmens notwendig sind, ist ein zeitlicher Vorsprung unabdingbar.

Unterstützt wird diese *zeitsoziologische* Sichtweise auf die notwendige Beschleunigung wirtschaftlicher und damit gesellschaftlicher Abläufe durch eine *systemtheoretische* Argumentation: Man spricht hier vom *Primat der Wirtschaft* unter allen ausdifferenzierten Gesellschaftssystemen (vgl. Schimank 2013). Zwar erfüllt demnach jedes gesellschaftliche Teilsystem für andere Teilsysteme jeweils spezifische, nicht ersetzbare Leistungen und ist daher in gewisser Weise, was diese Leistungsproduktion angeht, autonom. Das gilt auch für die Familie in besonderer Weise (vgl. Burkart 2005; Luhmann 1988; Nave-Herz 2013). Aber dem Wirtschaftssystem kommt insofern eine Sonderstellung zu, als es die gesamte Gesellschaft, vor allem auch über staatliche Umverteilung und Steuern, mit Geld versorgt. Daher sind die anderen Systeme in einer besonderen Weise von den Eigenlogiken des Wirtschaftssystems, inklusive seiner erratischen Konjunktur in Zeiten der Finanzmärkte, abhängig: „Überall sonst in der Gesellschaft muss alles unterlassen werden, was das unternehmerische Gewinnstreben und das daraus sich ergebende Wirtschaftswachstum gefährden könnte, weil sonst die staatlichen Steuereinnahmen, aus denen größere Sektoren vieler gesellschaftlicher Teilsysteme finanziert werden, und die Lohneinkommen der Arbeitnehmer sinken und ein entsprechend intensivierter Kostendruck auf den Budgets von Krankenhäusern, Schulen, Forschungseinrichtungen oder Sozialämtern sowie den Haushaltskassen von Familien und Individuen lastet" (Schimank 2013: 53). D. h. konkret, wenn von den Individuen längere Arbeitszeiten oder ungünstige Arbeitszeiten eingefordert werden, dann erscheint dies als legitim, weil das Wirtschaftssystem quasi die unhinterfragte Basis für die Wohlfahrtsproduktion in allen anderen Leistungssystemen darstellt.

Speziell auf die Situation von Familien mit Schulkindern kann aus der Sicht der *modernen Bildungssoziologie* eine abgeleitete dritte Entwicklung auch mit Blick auf die temporalen Konsequenzen aus der Relevanz dieses Primats der Wirtschaft für die Bildung und Ausbildung der Kinder diagnostiziert werden: Aufgrund der immer höheren Ansprüche an Arbeitnehmer bei gleichzeitig tendenzieller Verknappung „guter Arbeitsplätze" geraten Familien unter Druck, ihre Kinder möglichst früh und umfassend zu qualifizieren (vgl. Henry-Huthmacher u. a. 2013; Tillmann 2013) und Eltern sehen sich einer kritischen Betrachtung ihrer Bildungsanstrengungen gegenüber (vgl. Oelkers/Lange 2012). Dies bedingt in Begriffen zeitlicher Abhängigkeit auch das Angewiesensein auf zusätzliche Bildungsorte neben und parallel zur Schule. Dies wiederum forciert den zeitlichen Druck nochmals.

Zu diesen drei Begründungsmustern, welche die besondere Taktgeberfunktion des Systems Wirtschaft unterstreichen, die Familie bis in die feinsten Vollzüge der alltäglichen Lebensführung beeinflusst (vgl. Heitkötter/Jurczyk/Lange/Meier-Gräwe 2009; Jurczyk u. a. 2009), ist ein viertes, gewissermaßen klassisch *familiensoziologisches* hinzuzufügen: Die familiale Lebensführung wird auch dadurch beeinflusst, dass zumindest ein Großteil anderer gesellschaftlicher Systeme dem Familiensystem gegenüber strukturell rücksichtslos (Kaufmann 1995) oder etwas analytischer formuliert „indifferent" ist. Die „Familienrhetorik" (vgl. Lüscher/Lange/Wehrspaun 1989) von Politik, Kommunen, Institutionen, Gewerkschaften, welche die Familie als „Wert" preisen, muss „geerdet" werden durch die empirischen Hinweise auf die vielfältigen Synchronisierungsschwierigkeiten und den anstrengenden und oftmals mit Widersprüchen durchzogenen (vgl. Lüscher 2012) Alltag von Familie.

Die Stärke dieses Zusammenhangs zwischen ökonomischer Beschleunigung und konkreten familialen Handlungsstrategien wird dabei durch die jeweiligen politischen und wohlfahrt-staatlichen Arrangements moderiert, wie Schulz (2013) anhand eines Vergleichs der Orientie-rungen von amerikanischen und norwegischen Vätern in qualifizierten Jobs arbeitenden Vätern überzeugend nachweisen konnte. Norwegische Väter investieren deutlich mehr Zeit und Energie in ihren privaten Bereich, wohingegen die amerikanischen Väter ihre Rolle, auch in Bezug auf ihre familialen Pflichten, primär in der Arbeitswelt sahen und die hohe Stundenbelastung nicht hinterfragten, sondern als selbstverständlich ansahen. In Amerika hat die Marktlogik absoluten Vorrang, das Geldverdienen als solches verselbständigt sich und das Sichverausgaben in der Arbeit gilt als „heroisch".

Zusammengefasst:

Die temporalen Ressourcen und Restriktionen von Familien in der späten Moderne sind beeinflusst von

a) der allgemeinen Beschleunigungsdynamik der Gesellschaft und ihrer Teilsysteme (Rosa 2013),
b) der spezifischen antreibenden Rolle des Primats der Wirtschaft unter den funktional aus-differenzierten Teilsystemen (vgl. Schimank 2013),
c) dem daraus abgeleiteten speziellen Bedeutungszugewinn von Bildung in der Schule und außerhalb der Schule (vgl. Tillmann 2013)
d) sowie der gewissermaßen schon „traditionellen" Indifferenz anderer gesellschaftlicher Teilsysteme, Organisationen und Institutionen.

Familien sind damit vor der Folie dieses Syndroms gesellschaftlich und insbesondere wirt-schaftlich erzwungener, technologisch forcierter Beschleunigung und damit verbundenen Synchronisierungsproblemen vor die Aufgabe gestellt, permanent ihren Alltag selbst herzu-stellen, wozu vor allem die Synchronisierung der Zeit-Raum-Pfade der einzelnen Familien-mitglieder mit den gesellschaftlichen Teilsystemen und die Koordination der Familienmit-glieder zum Zweck eines gemeinsamen Alltags gehört. Diese konkrete Herstellungsleistung hängt dabei auch ab von der jeweiligen Phase der Familienbiografie (vgl. Lange 2009). Zu Beginn der Familienbiografie kann die Kumulation von Erwerbstätigkeit und Elternschaft die gemeinsame Paarzeit einschränken (vgl. Jurczyk/Heitkötter 2012). In der mittleren Le-bensphase wiederum sind für einen nicht geringen Anteil an Eltern zusätzliche Koordinie-rungs- und Synchronisierungsleistungen zu erbringen, wenn sie sich an der Pflege ihrer eige-nen Eltern, zusätzlich zur Betreuung ihrer Enkel, beteiligen (vgl. Pines u. a. 2011; Schnee-kloth 2012).

3.1.3   Konsequenzen des Spannungsfelds und der daraus resultierenden Asynchronien

Die angedeuteten Spannungsfelder und Beschleunigungspathologien hinterlassen tiefe Abdrücke in den Familien und bei den Familienmitgliedern.

Konsequenzen für die Familiengründung

Der erste markante Einfluss des temporalen Ungleichgewichts gerade hierzulande ist die geschlechter- und berufsspezifische Entscheidung für oder gegen Kinder: Es liegen vielfältige Indizien dafür vor, dass neben den antizipierten Einschränkungen ökonomischer Art auch diejenigen zeitlicher Art mitverantwortlich sind für den im Kohortenvergleich deutlichen Rückgang der Fertilität bzw. das spätere „Timing" der ersten Geburt (vgl. Frick u. a. 2012). Plakativ umschrieben ist dieser Zusammenhang im Konzept der *Rushhour of Family Life* (vgl. Bertram 2012).

Erklärt werden kann der Aufschub mit zwei Argumenten. Zum einen gilt hierzulande in weiten Bereichen der Bevölkerung, dass Elternschaft eine voraussetzungsvolle Angelegenheit ist, zu der man nicht nur den richtigen Partner, sondern vor allem eine stabile berufliche Position und dem entsprechendes Einkommen benötigt. So lautet ein zentrales Ergebnis der Studie zu den Einstellungen und Orientierungen junger Männer zu Familie und Kinderwunsch (vgl. Zerle/Krok 2008). Diese Einstellungen aber brechen sich derzeit zweitens an der Wahrnehmung eines hürdenreicheren Einstiegs in die Arbeitswelt und offensichtlichen Tendenzen der Prekarisierung von Arbeit. D. h., weil man einerseits der Meinung ist, dass stabile Erwerbsverhältnisse die notwendige Grundlage für eine Familiengründung sind und weil man gleichzeitig wahrnimmt bzw. die Verhältnisse so interpretiert, dass diese Stabilität in weiter Ferne liegt, sieht man von einer Familiengründung ab bzw. schiebt diese auf. Diese Unsicherheit des Zugangs zur Erwerbswelt hängt mit den parallel zu den postfordistischen Entgrenzungen des Arbeitsprozesses einsetzenden neuen Tendenzen eines neuen sozialpolitischen Zugriffs auf den *adult worker* zusammen: „Gerade in dem Moment, in dem die Erwerbsarbeit für das eigene Selbstverständnis und die soziale Position des Einzelnen immer zentraler wird, bleibt einer steigenden Zahl von Menschen in unserer Gesellschaft die Möglichkeit eines stabilen und befriedigenden Zugangs zu dieser verwehrt. Die in der Arbeitswelt um sich greifende Prekarisierung erschwert einerseits den Zugang zu Erwerbsarbeit für verschiedene Bevölkerungsgruppen, andererseits wird aber zugleich arbeitsmarktpolitisch deren Arbeitsmarktintegration unter Inkaufnahme des Abbaus sozialer Rechte vehement gefordert. Für die Betroffenen ist es eine ‚Sisyphus-Arbeit' […]: Trotz permanenter ‚Wiedereingliederung' gelingt den meisten der Sprung in ein dauerhaftes, existenzsicherndes Beschäftigungsverhältnis nicht." (Scherschel/Streckeisen/Krenn 2012: 8).

Konsequenzen für die Familienmitglieder: direkte, vermittelte und versteckte

Bevor auf die konkreten Formen der Erwerbstätigkeit und der mit ihnen verbundenen arbeitszeitlichen Belastungen eingegangen wird, muss zur Orientierung kurz die Forschungslage zu den Einflüssen elterlicher Erwerbstätigkeit in Erinnerung gerufen werden: Es wurde lange Zeit primär danach gefragt, ob mütterliche Erwerbstätigkeit auf die Sozialisation der Kinder „wirkt", und zwar meistens im negativen Sinne. Diese Unterstellung entspricht zwar immer noch der überwiegenden öffentlichen Meinung hierzulande, wird aber mittlerweile in der Sozialwissenschaft nicht mehr in dieser strikten Form vertreten. Vielmehr gehen sorgfältige Studien und Metaanalysen davon aus, dass mütterliche Erwerbstätigkeit per se nicht negativ wirkt, sondern es von einer Reihe von Moderatoren abhängt, ob es zu Einflüssen kommt (vgl. Goldberg et al. 2008). Einige Studien aus neuerer Zeit finden sogar leicht positive Effekte. Und umgekehrt liegen wichtige Fingerzeige dafür vor, dass der Verlust des Arbeitsplatzes der Mütter sich negativ auf die Entwicklung der Kinder niederschlagen kann (vgl. Peter/Spieß 2013). Eine wichtige Rolle für die Auswirkung der mütterlichen Erwerbstätigkeit spielt schließlich die Verfügbarkeit und die Qualität der Betreuungsmöglichkeiten (vgl. Anders 2013).

Es liegt auf der Hand: Zuerst einmal sind die erwerbstätigen Familienmitglieder von den Arbeitszeiten als Individuen betroffen, und die Befunde zur gefühlten Zeitnot von erwerbstätigen Vätern und Müttern werden immer wieder in Erhebungen bestätigt (vgl. Jurczyk 2009; Keddi/Zerle-Elsäßer 2012). Für unseren Zusammenhang ist überdies von Interesse, dass Mütter und Väter als Familienmitglieder diese gefühlten Belastungen dann in mehr oder weniger starker Form in das gesamte System Familie hineintragen. Augenfällig sind dabei erstens die Effekte langer Arbeitszeiten. So zeigt Wirtz (2010) anhand einer Sekundäranalyse von zwei deutschen und zwei europäischen Befragungen: Mit zunehmender Dauer der wöchentlichen Arbeitszeit steigt das Risiko für gesundheitliche und soziale Beeinträchtigungen deutlich an, was für unterschiedliche Stichproben gilt. Ungünstige Arbeitsbedingungen, wie eine hohe körperliche und psychische Belastung, ein geringer Handlungsspielraum und in der Lage versetzte oder unregelmäßige Arbeitszeiten wirken sich negativ auf den Gesundheitszustand der Beschäftigten aus und werden durch lange Arbeitszeiten weiter verstärkt.

Diese langen Arbeitszeiten wiederum betreffen vor allem die Väter: Sie arbeiten durchschnittlich mehr als die Mütter und sie würden gleichzeitig gerne weniger arbeiten, wenn sie das könnten (vgl. Possinger 2013). Scheinbar paradoxerweise erhöhen sie aber nach der Geburt der Kinder ihre Arbeitszeiten (vgl. Pollman-Schult 2009; Schiefer/Bujard 2012) – die Paradoxie löst sich schnell auf, wenn man sich vor Augen hält, dass männliche Erwerbstätige immer noch wesentlich mehr selbst in den gleichen Berufsfeldern verdienen als Frauen (vgl. Anger/Jörg 2008). So gesehen entspricht diese „Allokation der Zeit" (Aufteilung), wie es in der ökonomischen Fachsprache heißt, durchaus einem für unsere gegenwärtige Gesellschaft vernünftigen Vorgehen. Festzuhalten bleibt aber auch, dass überlange Arbeitszeiten von Vätern sich laut einer australischen Längsschnittstudie insbesondere auf Söhne dahingehend auswirken, dass diese aggressiver und insgesamt verhaltensauffälliger sind als solche, die nicht so langen Arbeitszeiten ihrer Väter ausgesetzt waren (vgl. Johnson et al. 2013).

Neben der Länge der Arbeitszeit rufen auch bestimmte ungünstige Lagen im Tages- und Wochenverlauf sowie atypische Arbeitszeiten vielfache Konsequenzen für die Beteiligten hervor. Diese Effekte beruhen zu einem großen Teil darauf, dass Familien ein gewisses Maß an zeitlicher Verlässlichkeit und Stabilität brauchen, um die Leistungen für sich selbst und die Gesellschaft zu erbringen. Familienmitglieder sehen solche zeitlichen Ressourcen als unabdingbar für ihr familiales „Glück" an (vgl. Perrig-Chiello/Hutchinson 2012; Wulf et al. 2011) und Eltern schätzen dabei insbesondere die Zeit, die sie mit ihren Kindern aktiv verbringen können. Das gilt für Mütter wie für Väter (vgl. Connely/Kimmel 2013). Über diese generellen Bedingungen eines von den zeitlichen Rahmenbedingungen her gelingenden Familienlebens hinaus scheint es besonders sensible Familienzeiten zu geben, wie beispielsweise Rituale und das gemeinsame Abendessen, die besonders empfindlich auf „Störungen" und Unterbrechungen reagieren (vgl. den Beitrag Feldhaus/Logemann in diesem Band).

So konnten Jacobs u. a. (2008) zeigen, dass die negativsten Konsequenzen unregelmäßiger Arbeitszeiten dann registriert werden können, wenn diese systematisch in die üblichen Abendessenszeiten hineinreichen. Ferner liegen Befunde dafür vor, dass es heute in der westlichen Welt aus Sicht erwerbstätiger Eltern Normen für ein Quantum an erstrebenswerter qualitativ hochwertiger Zeit mit den Kindern im Sinne gemeinsam geteilter Aktivitäten und gemeinsamer Erlebnisse gibt. Wird dieses unterschritten, fällt die Einschätzung der persönlichen Work-Life-Balance gering aus (vgl. Milkie et al. 2010). Umgekehrt aus Sicht jugendlicher Kinder betrachtet, steigert die gemeinsame Freizeit und die gemeinsame Zeit bei Mahlzeiten das Wohlbefinden (vgl. Offer u. a. 2013). Zusätzlich geht von Routinen wie diesen ein protektiver Effekt aus; Kinder und Jugendliche zeigen dann weniger Problemverhaltensweisen als vergleichbare Heranwachsende, denen ihre Familien diese Routinen nicht bieten können (vgl. Roche/Ghazarin 2011).

Verschiedenste Studien konnten im Einklang mit diesen Modellvorstellungen vielfältigste Effekte ungünstiger Arbeitszeiten vor allem auf kleinere Kinder nachweisen. *Mütterliche Nachtarbeit* steht so beispielsweise in einem signifikanten Zusammenhang mit kindlicher Aggressivität und Depressionsneigung (vgl. Dunifon u. a. 2013). Zusätzlich zu dem generellen Argument, dass es stabile Familienzeiten und bestimmte Rituale braucht, damit Familien ihre Leistungen erbringen können, von denen die Familienmitglieder selbst, aber auch die gesamte Gesellschaft profitieren, sind dabei spezifische sozialisationstheoretische und entwicklungspsychologische Argumente für die Vermittlung der Effekte, also für die möglichen Wirkmechanismen vorgeschlagen worden: Grzywacz et al. (2011) postulieren, dass insbesondere das förderliche elterliche Verhalten, die „generative Elternschaft", wie sie es nennen, negativ durch die „toxischen" Arbeitszeiten beeinflusst werden. Eine konzeptionelle Klammer zwischen Arbeitsbedingungen auf der einen Seite und Elternverhalten auf der anderen Seite sind die möglichen temporalen Barrieren für gute elterliche Praktiken. Diese können unter Umständen aus der ungünstigen Lage der Erwerbstätigkeit erwachsen – tangiert sind dann beispielsweise familiale Rituale und Muster der Eltern-Kind-Interaktion. Dazu kommt gleichsam der energetische Aspekt – *nonstandard work schedules*, atypische Arbeitszeiten laugen aus und „saugen" Energie ab, die dann nicht mehr zur Verfügung steht, um dem Kind eine entwicklungsförderliche Umwelt zu bieten. Das alles wiederum könnte die Fähigkeit von Vätern und Müttern negativ beeinflussen, feinfühlig auf die Signale des Kindes zu reagieren. In einer aufwendigen Längsschnittstudie konnten diese Überlegungen teilweise erhärtet werden: Erstens stört die atypische Vollerwerbstätigkeit die mütterliche Feinfühligkeit. Zweitens leidet der Aufbau einer stabilen, entwicklungsförderlichen Umwelt für das Kind unter den atypischen Arbeitszeiten.

Ein ergänzendes Modell stellen Vincent/Neis (2011) für die Auswirkungen auf die schulischen Leistungen der Kinder zur Diskussion. Hier wird davon ausgegangen, dass die elterlichen Arbeitsbedingungen sich auf die physische sowie die emotionale Zugänglichkeit der Eltern auswirken. Diese wiederum sind hochgradig relevant erstens für die elterlichen Aktivitäten im Bereich „Bildung" und zweitens im Bereich „Bindung und Betreuung". Beide Faktorenbündel zusammen schlagen sich dann in der tatsächlichen Leistungsfähigkeit der Kinder, gemessen an Schulnoten oder Leistungsscores, in Tests nieder.

Zusammenfassend lässt sich also sagen, dass lange und „asoziale" Arbeitszeiten erstens nicht nur das Wohlbefinden von Vätern und insbesondere Müttern negativ eintrüben und zweitens die Alltagsorganisation verkomplizieren, sondern drittens sich über die negative Beeinflussung fürsorglichen und fördernden Elternverhaltens auch auf die Kinder auswirken können.

3.1.4   Familien als temporale „Freischärler"?
Widerstand gegen die zeitlichen Zumutungen

Die geballte Wucht dieser Ergebnisse soll nicht suggerieren, Familien seien bloße Spielbälle der in Abschnitt 3.1.1 skizzierten temporalen Trends. Aufgrund ihres eigensinnigen Charakters gehen sie teilweise widerständig mit den Anforderungen um, was auch von den jeweiligen Rahmenbedingungen geprägt ist. Darauf verweist insbesondere Hildenbrand (2009) aufgrund eigener Forschungen. Auch in beschleunigten Gesellschaften schaffen sich Familien demnach Reservate, um gegen die Zumutungen der Geschwindigkeit ihre eigene Zeitstruktur zu behaupten. Diese Reservate müssen kontinuierlich erkämpft und verteidigt werden. Dazu gehören Feste ebenso wie exzessiver Medienkonsum: Bell (2011) hat in einer originellen Studie aufgewiesen, dass Kinder in ihren Familien aufgrund des erlebten eigenen und elterlichen Stresses regelrecht Strategien ersinnen, um sich von den Zeiten der Gesellschaft abzukoppeln. Dazu dient dann beispielsweise das Fernsehen: *„The generalised view that television ‚stops you from doing anything' is voiced with some ambivalence by both children and parents."* (Bell 2011: 393). Einerseits sieht man den negativen Effekt auf die eigene Bewegung und Aktivität, auf der anderen Seite benutzt man den Fernseher ausdrücklich, um der Geschwindigkeit des Alltagslebens etwas entgegen zu setzen. *„The need for a rest and personal time was raised so frequently that it suggests a mental health need."* (Bell 2011: 393). Die Pre-teens nutzen das Fernsehen auch als Mittel, um den Streit mit den Eltern zu bewältigen, um „cool" zu werden: *„Further in-depth empirical investigation is needed to explore how children use the feel of being able to stop a situation as a strategic, embodied resistance to faster living."* (vgl. Bell 2011: 394). Kinder waren sich dieser „Stopfunktion" auch hinsichtlich ihrer Eltern, z.B. nach einem langen stressreichen Arbeitstag bewusst. Auf einer allgemeineren Ebene beobachtet Hochschild (2013), dass sich zusehends reflexive Strategien entwickeln, mit denen Personen und Familien versuchen, die Eigenlogik des Privaten gegenüber den Zeit- und Sachlogiken des Marktes zu verteidigen.

3.1.5   Familiale Zeitpolitik und ihre Grenzen

Resümiert man die Argumentation bis zu diesem Punkt, dann lässt sich sagen: Die typisch spätmoderne Form des Arbeitens und Wirtschaftens sowie die Eigenlogik der weiteren für Familien relevanten Teilsysteme führen zu einer Reihe von Herausforderungen und Belastungen, die sich nicht zuletzt in zeitlichen Aspekten darstellen lassen und von den Betroffenen wie beispielsweise auch Fachkräften in Kindertageseinrichtungen und Schulen bestätigt werden (vgl. Bird/Meinunger 2012), die hautnah die familialen Synchronisierungsbemühungen und deren partielles Scheitern mitbekommen: Zuviel Erwerbstätigkeit der Eltern, ungünstig gelagerte Erwerbstätigkeit der Eltern, dazu die Indifferenz von Öffnungs- und Schließungszeiten von vielen gesellschaftlichen Einrichtungen fungieren als Sand im Getriebe der familialen Lebensführung. Zwar entwickeln Familien, vor allem die Mütter in ihrer Rolle als die Transport- und Logistikexpertinnen (vgl. Kramer 2009) selbst vielfältigste Strategien, damit umzugehen; teilweise beweisen sie sich gar als „Freischärler" (vgl. Hildenbrand 2009) ihrer eigenen Zeit. Aber sie können nicht alle Elemente abpuffern. Dementsprechend verwundert es nicht, dass sie sich neben Geld und Infrastruktur auch zeitpolitische Unterstützung vom Staat erhoffen und damit den „‚temporal turn' der Familienpolitik" (vgl. Heitkötter 2009) unterstützen. Dazu konnten im „Ravensburger Elternsurvey" (vgl. Bertram/Spieß 2011) aufschlussreiche Ergebnisse präsentiert werden Hier wurde ausdrücklich auf alle drei Segmente der Familienpolitik – Zeit, Geld, Infrastruktur – eingegangen. In dieser Studie wurden den Befragten unterschiedliche Maßnahmen zur Bewertung aufgelistet. Hier zeigte sich, dass Maßnahmen im Bereich „Zeit" die größte Zustimmung erhalten, was sowohl für Mütter als auch Väter gilt (vgl. Muschalik u. a. 2011). Daher sollen abschließend ausgewählte wichtige Baustellen einer solchen Zeitpolitik besichtigt werden:

Familienfreundliche Arbeitszeitpolitik

Außer Frage steht, insbesondere auch vor dem Hintergrund der bislang präsentierten Ergebnisse, dass eine familienbezogene Arbeitszeitpolitik einen großen Einfluss auf das Wohlbefinden der Familien hat. Überlange und atypische Arbeitszeiten sind rechtlich regulierend einzudämmen und zu regulieren. Vor allem aber muss die „Flexibilität" der Arbeitszeiten eine sein, die den familialen Bedürfnissen weitestgehend entspricht (vgl. Jurczyk 2009). Hier sind zwar in den letzten Jahren auch auf betrieblicher Ebene und unterstützt durch das Familienministerium eine Reihe von vorbildlichen Angeboten geschaffen worden. Aber die kulturellen Barrieren für die Inanspruchnahme sind noch sehr stark, wie Possinger (2013) in ihrer Auswertung entsprechender Interviews plastisch rekonstruieren konnte: Dahinter steht vor allem die Furcht vor Sanktionen, z. B. beim Einklagen des früheren Dienstschlusses nicht mehr bei Beförderungen oder attraktiven Projekten berücksichtigt zu werden. Dazu kommen Leistungsdruck, die Anwesenheitskultur und der nicht hinterfragte Imperativ von Verfügbarkeit für den Betrieb. Forciert wird dies durch Neu- und permanente Umstrukturierungen und bestimmte Unternehmenskulturen. Es dominiert demnach immer noch ein Bild des Mannes, der, weil er für die Firma da ist, für seine Familie da ist. In diesem Feld gilt es also, nicht weiter an den arbeitszeitpolitischen Instrumenten Justierungs- und Feinarbeit zu leisten, sondern auch einen Leitbildwandel weiter voranzutreiben.

Temporale Aspekte von Betreuung und Bildung

Nicht nur im Dienste einer Gewährleistung einer möglichst wenig durch „Betreuungsstress" strapazierenden Erwerbstätigkeit kommt der zeitlichen und inhaltlich-qualitativen Gestaltung von Betreuungs- und Bildungsinstitutionen eine tragende Rolle für den Zeitwohlstand von Familien zu, u. a. weil das Wohlbefinden der Eltern durch die Zufriedenheit mit der Betreuung deren Wohlbefinden erhöht (vgl. Schreyer 2013). Der Ausbau der Kindertageseinrichtung und die flächendeckende Einführung von Ganztagsschulen leisten bei entsprechender Ausstattung, Qualität und flexiblen Öffnungszeiten einen nicht zu unterschätzenden Anteil an der Entlastung des Familienalltags. Dadurch werden zeitliche Potenziale freigesetzt, die Familien für ihre Zwecke nutzen können, wie die Forschungen zur Entwicklung von Ganztagsschulen andeuten (vgl. Zücher 2012).

Lebenslaufpolitik

Ein weiteres spezielles Politikfeld, das in jüngster Zeit systematisch entfaltet wird, befasst sich mit den Chancen, die sich aus der längeren Lebenserwartung ergeben. Gefordert wird u. a., die Zeiten für Fürsorge, Familie, Erwerbsarbeit insgesamt mehr und variabler über den Lebensverlauf zu verteilen, damit insbesondere stressinduzierende Verdichtungen und Einseitigkeiten aufgelöst werden können. In der Diskussion sind also sabbatanaloge Mechanismen der Freistellung von Erwerbsarbeit für Betreuung, Pflege und Bildung etc. (vgl. Bertram 2012; Klammer 2012).

Kommunale Zeitpolitik

Auch im kommunalen Nahbereich sind noch viele Stellschrauben nicht familienfreundlich justiert, sondern folgen noch der Logik des industriellen Regimes (vgl. Jurczyk 2010). Behörden, Einrichtungen, Zustellungsbetriebe und Märkte setzen immer noch voraus, dass irgendein Familienmitglied immer, gerade auch am Vor- und Nachmittag verfügbar ist und haben sich noch nicht an die Differenzierung der Zeittakte angepasst. Dazu bedarf es eines intelligenten Abstimmungs- und Managementprozesses, für den immerhin wegweisende Modellprojekte vorliegen (vgl. Mückenberger 2010). Aber auch hier muss noch Leitbildarbeit geleistet werden, weil vielen Kommunalpolitikern und Betriebsleitern u. v. a. m. die Brisanz des Themas nicht präsent ist. Ein wichtiges Element in diesem Zusammenhang könnten kommunale Familienberichte sein, die die familialen Zeitressourcen in den Kommunen in ihre Analysen und Handlungsempfehlungen integrieren. Nicht zu vergessen sind in diesem Zusammenhang sich neu konfigurierende kinderfördernde und elternunterstützende Einrichtungen wie Familienzentren und Mehrgenerationenhäuser (vgl. Diller et al. 2008). Sie können, bei passenden Öffnungszeiten, einen großen Beitrag durch ihre familiennahen Dienstleistungen erbringen, die von eltern- und kindbezogenen hin zu haushaltsnahen und arbeitsweltbezogenen Dienstleistungen reichen (Rauschenbach 2008: 153). Überdies machen diese Angebote einen entscheidenden Punkt für die Gesamtkonzeption einer temporalen Entlastung von Familie deutlich: Familien profitieren dann, wenn andere Akteure die Verantwortung für Bildung, Betreuung, Erziehung und Lebensführung mit übernehmen und so eine „positive Entgrenzung" von Familie und Gesellschaft bewirken. Damit aber kann die drohende Reproduktionslücke (vgl. Jürgens 2010) abgewendet werden: Derzeit deuten viele Anzeichen noch darauf hin, dass ein ungünstiges temporales Passungsverhältnis zwischen Familien und Erwerbsarbeit die Selbstsorge von erwerbstätigen Müttern und Vätern so stark einschränken, dass sie auch kaum mehr in der Lage sind, Fürsorge für ihre Kinder, aber auch für ihre erwachsenen Eltern zu leisten (vgl. Jurczyk 2010).

Hinweise auf weiterführende Literatur

Burkart, G., Konsequenzen gesellschaftlicher Entwicklungstrends für Familie und private Lebensformen der Zukunft, in: Familie(n) heute. Entwicklungen, Kontroversen, Prognosen, hrsg. v. D. C. Krüger, H. Herma und A. Schierbaum, Weinheim 2013, S. 392–411.

Rolf H., Hausinger, B., Günter, G und Voß, G. (Hrsg.), Riskante Arbeitswelten. Zu den Auswirkungen moderner Beschäftigungsverhältnisse auf die psychische Gesundheit und Arbeitsqualität, Frankfurt am Main 2013.

Becker-Stoll, F., Klös, H.-P., Rainer, H. und Thüsing, G. (Hrsg.), Expertisen zum Achten Familienbericht „Zeit für Familie", München 2012.

Wiederholungsfragen / Übungsaufgaben

1. Welche gesellschaftlichen Faktoren führen dazu, dass Familien heute schwierige zeitliche Bedingungen für die Herstellung eines gemeinsamen Familienalltags vorfinden?
2. Wofür brauchen Familien gemeinsame Zeiten?
3. Wie kann der negative Effekt atypischer Arbeitszeiten der Eltern auf die Entwicklung und Sozialisation der Kinder erklärt werden?
4. Welche Möglichkeiten bestehen auf den verschiedenen Ebenen und Ressorts der Politik, Familien mit Zeitautonomie zu versorgen?

5. Warum werden sozial- und familienpolitische Angebote zur speziellen zeitlichen Entlastung des Familienalltags noch nicht im vollen Umfang von den Familienmitgliedern genutzt?
6. Welche Kompetenzen brauchen Familienmitglieder heute, um ein gelingendes Familienleben bewerkstelligen zu können?
7. In welchen Berufsfeldern finden sich schon seit jeher die skizzierten temporalen Überforderungen? In welchen neuen Berufsfeldern forcieren sich diese klassischen „Vereinbarkeitsprobleme?"

3.1.6 Literatur

Anders, Y., Stichwort: Auswirkungen frühkindlicher institutioneller Betreuung und Bildung, in: Zeitschrift für Erziehungswissenschaft 16 (2), 2003, S. 237–275.

Anger, C. und G. Jörg, Gender Wage Gap und Familienpolitik, in: IW-Trends Vierteljahresschrift zur empirischen Wirtschaftsforschung 35 (2), 2008, S. 55–68.

Bell, M., The feel of mobility: how children use sedentary lifestyles as a site of resistance, in: Sport, Education and Society 16 (3), 2011, S. 385–397.

Bertram, H. und Spieß, C. K. (Hrsg.), Fragt die Eltern. Ravensburger Elternsurvey. Elterliches Wohlbefinden in Deutschland, Baden-Baden 2011.

Bertram, H., Keine Zeit für Liebe – oder: Die Rushhour des Lebens als Überforderung der nachwachsenden Generation?, in: Zeit, Geld, Infrastruktur – zur Zukunft der Familienpolitik, hrsg. v. H. Bertram und M. Bujard, Baden-Baden 2012, S. 25–45.

Bird, K. und L. Meinunger, Familienzeit und Schulzeit. Ergebnisse einer Befragung der Mitglieder des Bundesforums Familie zu ihren Angeboten für Grundschulkinder außerhalb ihrer Unterrichtszeit, Berlin 2012.

BMFSFJ (Bundesministerium für Familie, Senioren, Frauen und Jugend), Siebter Familienbericht, Berlin 2007.

BMFSFJ (Bundesministerium für Familie, Senioren, Frauen und Jugend), Achter Familienbericht, Berlin 2012.

Burkart, G., Die Familie in der Systemtheorie, in: Funktionssysteme der Gesellschaft. Beiträge zur Systemtheorie von Niklas Luhmann, hrsg. v. G. Runkel und G. Burkart, Wiesbaden 2005, S. 101–127.

Connelly, R. und J. Kimmel, If You're Happy and You Know it, Clap Your Hands: How Do Mothers and Fathers Feel about Child Caregiving, Bonn 2013, IZA No 7531.

Diller, A., Heitkötter, M., und T. Rauschenbach (Hrsg.), Familie im Zentrum. Kinderfördernde und elternunterstützende Einrichtungen – aktuelle Entwicklungslinien und Herausforderungen, München 2008.

Dunifon, R., Kalil, A., Crosby, D. A., und Su., J.H., Mothers' Night Work and Children's Behavior Problem, in: Developmental Psychology, Advance online publication doi: 10.1037/a0031241. 2013

Ehrenberg, A., Das erschöpfte Selbst. Depression und Gesellschaft in der Gegenwart, Frankfurt 2004.

Goldberg, W., Prause, J., Lucas-Thompson, R. und Himsel, A., Maternal Employment and Children's Achievement in Context: A Meta-Analysis of Four Decades of Research, in: Developmental Psychology, 134 (1), 2008, S. 77–108.

Grünewald, S., Die erschöpfte Gesellschaft. Warum Deutschland neu träumen muss, Frankfurt am Main 2013.

Grzywacz, J. G., Daniel, S., Tucker, J., Walls, J. und Leerkes, J., Nonstandard Work Schedules and Developmentally Generative Parenting Practices: An Application of Propensity Score Techniques, in: Family Relations 60 (1), 2011, S. 45–59.

Heitkötter, M., Der „temporal turn" in der Familienpolitik – zeitpolitische Gestaltungsansätze vor Ort für mehr Zeitwohlstand in Familien, in: Zeit für Beziehungen? Zeit und Zeitpolitik für Familien, hrsg. v. M. Heitkötter, k. Jurczyk, A. Lange und U. Meier-Gräwe, Opladen 2009, S. 401–428.

Henry-Huthmacher, C, und Hoffmann, E., Kernaussagen der Studie im gesellschafts- und bildungspolitischen Kontext, in: Eltern – Lehrer – Schulerfolg, Wahrnehmungen und Erfahrungen im Schulalltag von Eltern und Lehrern, hrsg. v. C. Henry-Huthmacher und E. Hoffmann, Stuttgart 2013, S. 1–27.

Herrmann, A., Geordnete Zeiten? Grundlagen einer integrativen Zeittheorie, Münster 2009.

Hildenbrand, B., Familie und Beschleunigung, in: Sozialer Sinn 10 (2), 2009, S. 265–281.

Hochschild, A., Empathy Maps,in:Pathways to Empathy. New Studies on Commodification, Emotional Labor, and Time Binds, hrsg. v. G. Koch und E. Buchanan, Frankfurt am Main2013, S. 17–32.

Jacob, J.I., Allen, S., Hill, J.E., Mead, N.L. und Ferris, M., Work Interference with with Dinnertime as a Mediator and Moderator Between Work Hours and Family Outcomes, in: Family and Consumer Sciences Research Journal 36 (4), S. 310–327.

Johnson, S.,Li, J. Kendall, G., Strazdins, L. und Jacoby, P., Mothers' and Fathers' Work Hours, Child Gender and Behavior in Middle Childhood,in: Journal of Marriage and Family 75 (1), 2013, S. 56–74.

Jürgens, K., Deutschland in der Reproduktionskrise, in: Leviathan 38 (4), 2010, S. 559–587.

Jurczyk, K., Familienzeit – knappe Zeit? Rhetorik und Realitäten, in: Zeit für Beziehungen? Zeit und Zeitpolitik für Familien, hrsg. v. M. Heitkötter, K. Jurczyk, A. Lange und U. Meier-Gräwe, Opladen 2009, S. 37–66.

Jurczyk, K., Entgrenzte Arbeit – entgrenzte Familie, in: Zeitkonflikte. Renaissance der Arbeitszeitpolitik, hrsg. v. H. Groß und H. Seifert, Berlin 2010, S. 239–261.

Jurczyk, K. und M. Heitkötter, Keine Zeit zu zweit. Der Übergang in Elternschaft strapaziert die Paarbeziehung, in: DJI-Impulse (1), 2012, S. 31–33.

Kaufmann, F-X., Zukunft der Familie im vereinten Deutschland. Gesellschaftliche und politische Rahmenbedingungen, München 1995.

Keddi, B. und C. Zerle-Elsäßer, Erwerbskonstellationen von Paaren. Rahmung der familialen Lebensführung, in: Aufwachsen in Deutschland. AID:A – Der neue DJI-Survey, hrsg. v. T. Rauschenbach und W. Bien, Weinheim 2012, S. 216–232.

Klammer, U., Die Lebenslaufperspektive als Referenzrahmen und Gestaltungsaufgabe – Herausforderungen an Politik und Betriebe, in: Zeit, Geld, Infrastruktur – zur Zukunft der Familienpolitik, hrsg. v. H. Bertram und M. Bujard, Baden-Baden 2012, S. 45–66.

Kramer, C., „Taxi Mama" und noch mehr: Wegezeiten für Haushalt und Kinderbetreuung, in: Zeit für Beziehungen? Zeit und Zeitpolitik für Familien, hrsg. v. M. Heitkötter, K. Jurczyk, A. Lange und U. Meier-Gräwe, Opladen 2009, S. 319–347.

Lange, A., Gestaltungsaufgaben in der Familienbiographie, in: Handbuch der Erziehungswissenschaft. Band III/1. Familie – Kindheit – Jugend – Gender, hrsg. v. H. Macha und M. Witzke, Paderborn 2009, S. 437–455.

Lüscher, K., Familie heute: Mannigfaltige Praxis und Ambivalenz,. in: Familiendynamik 37 (3), 2012, S. 212–223.

Lüscher, K., Wehrspaun, M., und Lange, A., Familienrhetorik – über die Schwierigkeit, „Familie" zu definieren, in: Zeitschrift für Familienforschung 2 (1), 1989, S. 61–76.

Luhmann, N., Sozialsystem Familie, in: System Familie 1 (1), 1988, S. 75–91.

Lutz, R., Soziale Erschöpfung – Erschöpfte Familien, in: Erschöpfte Familien, hrsg. v. R. Lutz, Wiesbaden 2012, S. 11–67.

Milkie, M. E., Kendig, Nomaguchi, S. und Denny, K., Time with Children, Children's Well-Being, and Work-Family Balance Among Employed Parents, in: Journal of Marriage and Family 72 (4), 2010, S. 1329–1343.

Mückenberger, U., Zeitpolitische Regulierung in der Dienstleistungsgesellschaft, in: Zeitkonflikte. Renaissance der Arbeitszeitpolitik, hrsg. v. H. Groß und H. Seifert, Berlin 2010, S. 263–287.

Muschalik, E., Peter, F.H. und Spieß C. K., Familienpolitisches Wohlbefinden, in: Fragt die Eltern. Ravensburger Elternsurvey. Elterliches Wohlbefinden in Deutschland, hrsg. v. H. Bertram und Spieß, K. C., Baden-Baden 2011.

Nave-Herz, R., Ehe- und Familiensoziologie. Eine Einführung in Geschichte, theoretische Ansätze und empirische Befunde, 3. Aufl., Weinheim 2013.

Neckel, S., und Wagner, G., Einleitung: Leistung und Erschöpfung, in: Leistung und Erschöpfung. Burnout in der Wettbewerbsgesellschaft, hrsg. v. S. Neckel und G. Wagner, Frankfurt am Main 2013, S. 7–25.

Oelkers, N., und Lange, A., Eltern in der Verantwortungsfalle. Ein Problemaufriss, in: Kinder- und Jugendschutz in Wissenschaft und Praxis 57 (3), 2012, S. 71–75.

Offer, S., Family Time Activities and Adolescents' Emotional Well-Being, in: Journal of Marriage and Family 75 (1), 2013, S. 26–41.

Perrig-Chiello, P., und Hutchison, S., „Wenn man sich geborgen und sicher fühlen kann." 2029 Antworten auf die Frage: Was bedeutet für Sie Familienglück?, in: Familienglück – was ist das?, hrsg. v. P. Perrig-Chiello und F. Höpflinger, Zürich 2012, S. 77–104.

Peter, F. H. und Spieß, K.C., Arbeitsplatzverlust der Mutter kann die Entwicklung ihrer Kinder beeinträchtigen, in: DIW-Wochenbericht 80 (33), 2013, S. 3–8.

Pines, A. M., Neal, M.B. Hammer, L.B. und Ickeson, T. „Job Bornout and Couple Burnout in Dualearner Couples in the Sandwiched Generation, in: Social Psychology Quarterly 74 (4), 2011, S. 361–386.

Pollmann-Schult, M., Arbeitszeitwunsch und -wirklichkeit im Familienkontext. Eine Analyse der Diskrepanzen zwischen präferierter und tatsächlicher Arbeitszeit, in: Soziale Welt 60 (2), 2009, S. 163–178.

Possinger, J., Hürden fürsorglicher Vaterschaft – Väter im Spannungsfeld von Erwerbs- und Familienzeiten, in: Familienpolitik neu denken – faire Bildungschancen für alle Kinder schaffen. Tagungsband zur interdisziplinären Nachwuchswissenschaftlertagung am 14. und 15. November 2012 in Berlin, hrsg. v. Bertelsmann Stiftung, Gütersloh 2013, S. 8–29.

Rauschenbach, T., Neue Orte für Familien. Institutionelle Entwicklungslinien eltern- und kinderförderlicher Angebote, in: Familie im Zentrum. Kinderfördernde und elternunterstützende Einrichtungen – aktuelle Entwicklungslinien und Herausforderungen, hrsg. v A. Diller, M. Heitkötter und T. Rauschenbach, München 2008, S. 133–155.

Reheis, F., Entschleunigung, in: Dimensionen der Zeit. Die Entschleunigung unseres Lebens, hrsg. v. E.P. Fischer und K. Wiegandt, Frankfurt 2012, S. 213–226.

Roche, K. M., und Ghazarin, S., The Value of Family Routines for the Academic Success of Vulnerable Adolescents, in: Journal of Family Issues 33 (7), 2012, S. 874–897.

Rosa, H., Beschleunigung und Entfremdung. Entwurf einer Kritischen Theorie spätmoderner Zeitlichkeit, Frankfurt am Main 2013.

Scherschel, K., Streckeisen, P., und Krenn, M., Einleitung, in: Neue Prekarität. Die Folgen aktivieren-der Arbeitsmarktpolitik – europäische Länder im Vergleich, hrsg. v. K. Scherschel, P. Streckeisen und M. Krenn, Frankfurt am Main 2012, S. 7–12.

Schimank, U., Gesellschaft, Wiesbaden 2013.

Schreyer, J., Zusammenhang zwischen Erwerbstätigkeit bzw. institutioneller Betreuung und der Ent-wicklung von Mutter und Kind. Empirische Analysen mit den Daten der Studie „Familien in Deutsch-land", in: Berufsrückkehr von Müttern. Lebensgestaltung im Kontext des neuen Elterngelds, hrsg. v. T. Mühling, H. Rost und M. Rupp, Opladen 2013, S. 297–333.

Schiefer, K. und Bujard, M., „Papa arbeitet viel": Lange Arbeitszeiten von deutschen Vätern und mög-liche Ursachen, in: Bevölkerungsforschung aktuell 33 (6), 2012, S. 10–16.

Schneekloth, U., Sandwich Generation: Status Quo und zukünftige Entwicklung, in: Expertisen zum Achten Familienbericht „Zeit für Familie", hrsg. v. F. Becker-Stoll, H.P. Klös, H. Rainer und G. Thü-sing, München2012, S. 263–282.

Schulz, J., Channeling Time and Energy into Work and Home: The Rationales of Americans and Nor-wegians, in: Pathways to Empathy. New Studies on Commodification, Emotional Labor, and Time Binds, hrsg. v. G. Koch und S. E. Buchanan, Frankfurt am Main2013, S. 49–64.

Schulze, G., Die Beste aller Welten. Wohin bewegt sich die Gesellschaft im 21. Jahrhundert, München 2003.

Tillmann, K.J., Stabilität und Veränderung – die Meinungen der Eltern zur Bildungspolitik, in: Eltern ziehen Bilanz. Die 2. JAKO-O Bildungsstudie, hrsg. V.D. Killus und K.J. Tillmann in Kooperation mit TNS Emnid, Münster 2013, S. 25–48.

Vincent, C.D. und Neis, B.L., Work and family life: parental work schedules and child academic achievement, in: Community, Work and Family 14 (4), 2011, S. 449–468.

Wirtz, A., Gesundheitliche und soziale Auswirkungen langer Arbeitszeiten, Dortmund 2010.

Wulf, C., Suzuki, S., Zirfas, J., Kellermann, I., Inone, Y., Ono, F. und Takenake, N., Das Glück der Familie. Wiesbaden 2011.

Zerle, C., und Krok, I., Null Bock auf Familie? Der schwierige Weg junger Männer in die Vaterschaft, Gütersloh 2008.

Zücher, I., Ausbau der Ganztagsschulen in Deutschland, in: Expertisen zum Achten Familienbericht „Zeit für Familie", hrsg. v. F. Becker-Stoll, H.P. Klös, H. Rainer und G. Thüsing, München 2012, S. 145–183.

3.2 Digitale Medien im Spannungsfeld zwischen Familie und Erwerbsarbeit

Michael Feldhaus und Niels Logemann

3.2.1 Problemaufriss

Vor 30 Jahren begann das Mobiltelefon seinen Siegeszug anzutreten und so wurde in relativ kurzer Zeit die weltweite Vernetzung durch technisch vermittelte Kommunikation zu einer Selbstverständlichkeit. Noch vor wenigen Jahren war kaum abzusehen, wie schnell sich gerade die digitalen Medien wie Internet, Handys, Laptops, Smartphones usw. verbreiten würden (vgl. Logemann/Feldhaus 2002). Diese Erfolgsgeschichte wird mittlerweile durch das Smartphone fortgesetzt, das den Prozess einer zunehmenden Ausdifferenzierung von Medien und Mediendiensten in einem einzigen Gerät zusammenführt. Zwar sind weiterhin das Fernsehen, Radio und das Telefon bedeutsame Medien, aber das Internet und die dazugehörige, in vielerlei Facetten auftretende Hardware (ob als PC-Desktop, Laptop, Tablet, Smartphone usw.) integriert nicht nur die Funktionen bisheriger Medien; es erweitert die Vernetzung und Informationsbeschaffung um ein Vielfaches und ermöglicht als mobiles Gerät eine ubiquitäre Erreichbarkeit und Informationsbeschaffung.

Diese Entwicklung einer „Mediatisierung der Gesellschaft" (vgl. Krotz 2001) betrifft sowohl den Erwerbssektor als auch den privaten, familialen Bereich, sodass eine frühe Behauptung von Giddens mehr und mehr Bestätigung findet: „Die Welt kommt durch die verzögerungsfreie globale Informationsübertragung per Kabel oder Satellit direkt ins Haus, durchdringt alle Lebensbereiche und sorgt – langsam, aber sicher – für eine tiefgreifende Umstrukturierung des Alltagslebens [...] Das Zusammenleben erhält so eine andere Dimension, über scheinbar unüberwindbare Distanzen hinweg. Das Individuum ist angehalten, auf die neuen Einflüsse der Außenwelt zu reagieren und tut dies auch" (Giddens 1997: 55). Hinzu kommt, dass durch die mobilen Endgeräte in Form von Smartphones und Tablets selbst die Restriktionen des Hauses nicht mehr gegeben sind.

Wie Giddens in dem vorangehenden Zitat bereits vorwegnimmt, führt die medial mögliche ubiquitäre Erreichbarkeit, Vernetzbarkeit und Informationsbeschaffung dazu, dass sich die spezifischen sozialen und räumlichen Grenzen unterschiedlicher gesellschaftlicher Teilbereiche immer stärker verflüssigen und wechselseitig stärker durchdringen können. Dies gilt auch für die Bereiche Erwerbsarbeit und familiale Privatsphäre. Insofern stellt sich die Frage, ob sich durch diesen Prozess in der Tat einige tiefgreifende Umstrukturierungen des familialen Alltagslebens ergeben haben. Hierzu werden im Folgenden einige Thesen formuliert und bisherige empirische Ergebnisse angeführt.

3.2.2 Ausstattung familialer Haushalte mit digitalen Medien

Digitale Medien haben in den letzten Jahren eine massive Verbreitung in den privaten Haushalten gefunden und unterstreichen damit den Prozess einer Mediatisierung der Gesellschaft, gerade auch im privaten Bereich (vgl. Abb. 3.1). Dabei werden zwei Dinge deutlich: Die flächendeckende Ausstattung privater Haushalte mit Computern, Internetzugängen und Mobiltelefonen sowie die rasante Zunahme von mobilen Endgeräten. So werden heute 96 % des Mobiltelefonmarktes durch das erst 2007 eingeführte Smartphone bestimmt (vgl. BITKOM 2013a).

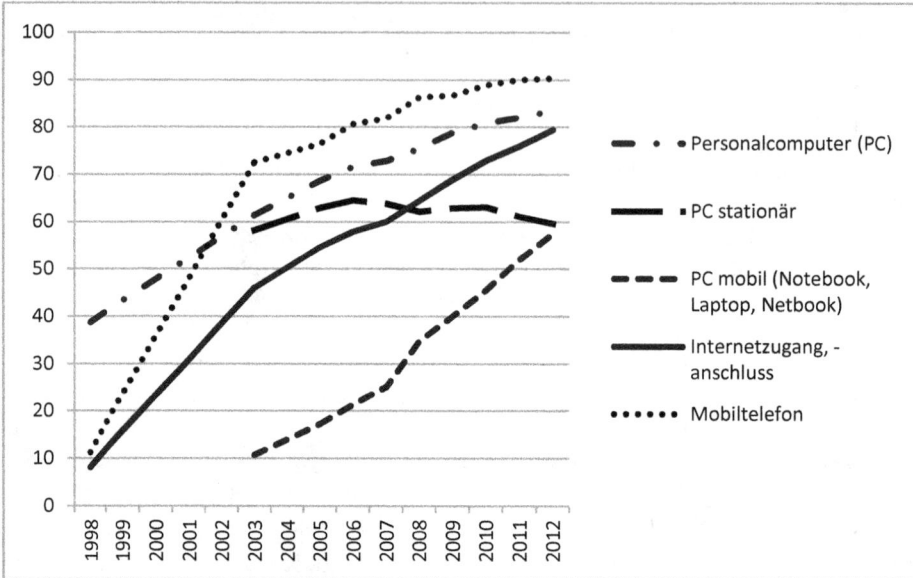

Abb. 3.1:   Ausstattung privater Haushalte mit Informations- und Kommunikationstechnik – Deutschland (in %)
             (Quelle: Statistisches Bundesamt (2013), Zusammenstellung aus LWR und EVS)

Ähnlich hohe Verbreitungszahlen zeigen sich bei der Medienausstattung und Nutzung von Jugendlichen, Kindern und Familien, die der Medienpädagogische Forschungsverbund Südwest in jährlichen Abständen seit 1998 erfasst. Während im Jahr 1999 lediglich 14 % der 12–19-Jährigen ein Mobiltelefon besaßen, waren es im Jahr 2000 bereits 49 %. 2012 besitzen schon 98 % dieser Altersgruppe mindestens ein Handy/Smartphone (viele auch mehrere) und bereits 49 % der Kinder im Alter zwischen 6–13 (vgl. JIM 2000–2012; KIM 2012). Eine ähnlich rasante Entwicklung ist für den PC und das Internet zu verzeichnen. Im Jahr 1999 geben 29 % der 12- bis 19-Jährigen an, das Internet zu nutzen. Im Jahr 2000 waren es bereits 57 % und im Jahr 2012 sind es bereits 85 % der Mädchen und 88 % der Jungen, die einen eigenen Internetzugang besitzen. Betrachtet man die Medienausstattung von Familienhaushalten so zeigt sich, dass familiale Haushalte bestens und sehr umfangreich mit digitalen Medien ausgestattet sind (vgl. auch FIM 2011).

Die Frage, die sich hier im thematischen Kontext von Familie und Erwerbsbereich stellt, bezieht sich nunmehr auf die Integration und die Wechselwirkungen dieser digitalen Medien in diesen beiden zentralen Lebensbereichen (vgl. auch Logemann 2003). Welche Auswirkungen, Vor- und Nachteile gehen mit der zunehmenden Verbreitung und Nutzung für Familien einher?

3.2.3   Zur Wirkung digitaler Medien im Spannungsfeld zwischen Erwerbsbereich und Familie

Durch die starke Verbreitung digitaler Medien sowohl im Erwerbsbereich als auch in der Familie ist heutzutage eine stärkere, wechselseitige Durchdringung beider Bereiche gegeben. Ausgehend von mobilen, internetfähigen Endgeräten (Smartphone, Tablet, Notebook etc.) lassen sich folgende Bedingungen festhalten:

a)   Die Geräte ermöglichen eine allgegenwärtige Erreichbarkeit und informationsbezogene Vernetzung von Familienmitgliedern: nahezu jederzeit an jedem Ort.

b)   Kommunikations- und informationstheoretisch betrachtet, ermöglicht dies eine Aufhebung der räumlichen, kommunikativen Grenzen zwischen Erwerbsarbeit und Familie.

c)   Schließlich erlaubt die technische Vernetzung von Privathaushalt und Erwerbsarbeit die Einrichtung und Nutzung eines mobilen und/oder flexiblen Arbeitsplatzes (Homeoffice).

Diese drei Punkte verdeutlichen, dass mit den medialen Entwicklungen und insbesondere durch die mobilen Endgeräte die räumlichen und sozialen (in Bezug auf Kommunikation und Handlungen) Grenzen zwischen einzelnen gesellschaftlichen Teilbereichen durchlässiger werden. Es hat eine raumzeitliche Auflösung von Kommunikation stattgefunden (vgl. Burkart 2007; Geser 2005; Höflich 2005).

Die folgenden Ausführungen beziehen sich darauf, welche Folgen sich daraus ergeben können, sowohl für den privaten, familialen Bereich als auch für den Erwerbsbereich. Auf die Frage nach Interdependenzen und Auswirkungen medialer Fortschritte zu anderen gesellschaftlichen Teilbereichen oder die Analyse spezifischer Personen- und Problemgruppen (Kinder oder Jugendliche und Mediennutzung; Medienerziehung in der Familie, Folgen spezifischer Mediennutzungen wie Onlinespiele usw.) muss hier aus Platzgründen verzichtet werden.

Digitale Medien unterstützen zentrale familiale Funktionen auch zu Erwerbszeiten

Ein sehr verbreiteter Ansatz im Kontext der Medienwissenschaften hinsichtlich der Anschaffung und Nutzung von Medien ist der Uses-and-Gratification-Approach (vgl. Bonfadelli 2004). Dieser Ansatz analysiert die Nutzungsmotive und die dem jeweiligen Medienhandeln zugrundeliegenden Bedürfnisse und Erwartungen aus der Perspektive der Nutzer. Vor dem Hintergrund der rasanten Verbreitung digitaler Medien auch im privaten, familialen Bereich lässt sich nunmehr die These formulieren, dass eine Ursache für diese Verbreitung – neben anderen – darin liegt, dass digitale Medien instrumentell sind zur Erfüllung zentraler familialer Funktionen – und das gerade auch zu Erwerbszeiten (vgl. Feldhaus 2004, 2007). Dies wird im Folgenden näher erläutert.

So dient das Mobiltelefon den Familienmitgliedern als ein *Sicherheitsmedium* für den Fall, dass etwas passiert ist oder dass sich jemand Sorgen macht und Eltern sich vergewissern können, ob die Sorgen begründet sind: jederzeit, an jedem Ort. Diese Sicherheitsfunktion wird als psychische Entlastung angesehen, insbesondere dann, wenn die jugendlichen Kinder gerade in den psychischen und sozialen Ablösungsprozess vom Elternhaus eingetreten sind, wenn sich die Befragten nach eigener Einschätzung in einer als unsicher oder gar als gefährlich eingestuften Wohngegend (spezielle Stadtviertel, ländliche Gegenden) aufhalten oder auch bei hoher beruflich bedingter Mobilität eines Elternteils (vgl. Feldhaus 2004).

Das Mobiltelefon sowie andere internetbasierte Dienste ermöglichen ebenfalls eine wechselseitige *emotionale Stabilisierung der Familienmitglieder*. Die Aufrechterhaltung von Intimität zwischen den (Ehe)Partnern oder zwischen Eltern und ihren Kindern, wie auch die sofortige Reduktion emotionaler Spannungszustände durch das Mitteilen von „Sorgen und Ängsten" wird durch digitale, interaktive Medien stärker ermöglicht. Die „räumliche Abwesenheit" von Familienmitgliedern, ob für längere Zeit (Schüleraustausch, Studienaufenthalt, Zeltlager, Dienstreise, Zweitwohnung) oder nur stündlich begrenzt (Beruf), wird durch Mobilkommunikation zur ortsungebundenen interaktiven „Anwesenheit", indem allein das Hören der Stimme oder das Sehen via Skype eine beruhigende Wirkung zeigen kann. Gerade Kommunikationsdienste wie Skype, WhatsApp oder Facebook fördern die Aufrechterhaltung familialer Beziehungen auch über größere Entfernungen und für längere Zeit. Untersuchungen zu den Vorteilen des mobilen Internets zeigen, dass hier die Einfachheit der Vernetzung mit Freunden geschätzt wird. Gleiches gilt auch für Familienmitglieder (vgl. Initiative D21). Transnationale Familien und Partnerschaften, die aus beruflichen oder anderen freiwilligen oder unfreiwilligen Gründen weite Distanzen zu überbrücken haben, nutzen internetbasierte Kommunikationsformen, um am alltäglichen Leben des entfernt lebenden Anderen teilzunehmen (vgl. Beck/Beck-Gernsheim 2011).

Auf der anderen Seite können die neuen Kommunikationsmedien aber auch psychische Belastungen und ein Gefühl der Hilflosigkeit und Ohnmacht bei Eltern hervorrufen, denn Kinder können über größere Entfernungen hinweg über Konflikte, Probleme, Enttäuschungen, Stress usw. berichten, ohne dass Eltern in der Lage sind, direkt vor Ort zu helfen. Ferner könnte es bei Kindern auch dazu führen, dass zwar der verbale und visuelle Kontakt hergestellt werden kann, wodurch sich jedoch das Bedürfnis nach körperlicher Nähe erhöht (Heimweh), was sich aber unter Umständen nicht so leicht befriedigen lässt.

Dem Mobiltelefon wird ferner eine *Organisationsfunktion* zugeschrieben. Die Familie bekommt durch die Erweiterung der Kommunikationsmöglichkeiten Unterstützung. Insbesondere wenn aufgrund beruflicher Verpflichtungen hohe Organisationsanforderungen vorliegen, können mobile Medien zur gezielteren und zeitsparenderen Organisation des familialen Alltags eingesetzt werden (vgl. Logemann/Feldhaus 2002; Initiative D21 2013). Ferner dient das Mobiltelefon der Unterstützung der *Erziehungs- und elterlichen Kontrollfunktion* (vgl. Feldhaus 2004). Neben der Möglichkeit, neue Absprachen zwischen Eltern und Kindern zu treffen, kann das Mobiltelefon auch für das elterliche Monitoring eingesetzt werden. Diese Erziehungsfunktion wird gerade dann relevant, wenn Eltern berufstätig sind. Sie können dadurch ein Stück weit berufliche und familiale Ziele und Pflichten besser vereinbaren. Dies kann entsprechend den beruflichen, elterlichen Handlungsspielraum erhöhen, wie es gerade von alleinerziehenden Müttern berichtet wird. Diese Erweiterung des Handlungsspielraums für die Eltern kann jedoch mit einer zunehmenden Kontrolle bzw. Verfügbarkeit der Eltern *durch die Kinder* einhergehen. Eltern sind nunmehr stärker während der Erwerbstätigkeit erreichbar (vgl. Feldhaus 2004).

Möglichkeiten der mediengestützten Telearbeit bieten mehr Flexibilität und Zeitsouveränität der Familienmitglieder

Die neuen Kommunikations- und Informationsmedien bieten ferner verstärkt die Möglichkeit von Telearbeit. Studien unter Erwerbstätigen, durchgeführt vom Bundesverband für Informationswirtschaft, Telekommunikation und neue Medien (BITKOM), belegen eine Zunahme des Home-Office-Arbeitsplatzes. So arbeiten mittlerweile 21 % täglich und 10 % an mehreren Tagen von zu Hause aus (vgl. BITKOM 2013b). Bei Männern und Frauen mit Kindern liegen die Anteile etwas höher. Frauen arbeiten zwar häufiger regelmäßig von zu Hause aus, Männer können diese Möglichkeit aber häufiger kurzfristig nutzen (vgl. BMFSFJ 2012). Aus dem Unternehmensmonitor Familienfreundlichkeit 2013 (vgl. BMFSFJ 2013) geht hervor, dass 21,1 % der befragten 854 Unternehmen Möglichkeiten zur Telearbeit als eine Form der besseren Vereinbarkeit von Familie und Beruf anbieten. Das Modell alternierender Telearbeit wird innerhalb der Familienpolitik und im Kontext familienfreundlicher Unternehmen als eine Möglichkeit angesehen, den Familien mehr Zeitsouveränität im Alltag zu geben, solange „Vorkehrungen gegen die Gefahren der Überlastung geschaffen werden" (BMFSJF 2012: 138). Empirische Studien stützen diese Argumentation (vgl. Maus/Winker 2001). Insbesondere mobile Arbeitsgeräte fördern den Prozess einer sich auflösenden Präsenzkultur im Erwerbsbereich. Aktuelle Untersuchungen zeigen, dass knapp 80 % der befragten Unternehmer der Ansicht sind, moderne Telearbeitsplätze verbesserten die Vereinbarkeit von Familie und Beruf (vgl. BITKOM 2013b). Ferner geben Arbeitnehmer, die Telearbeit nutzen, an, dadurch beide Lebensbereiche besser miteinander synchronisieren zu können und dass sich weniger Abstimmungskonflikte ergeben (vgl. Büssing et al. 2003; Maus/Winker 2001). Dies ermöglicht auch ein stärkeres familiales Engagement von Vätern.

Andererseits wird jedoch darauf hingewiesen, dass der Gewinn an Zeitsouveränität auch negative Konsequenzen nach sich ziehen kann. So kann die höhere individuelle Zeitsouveränität auch mit einer größeren zeitlichen Selbstausbeutung einhergehen und über die Hälfte der Arbeitgeber erwarten, dass ihre Mitarbeiter auch außerhalb der Dienstzeit erreichbar sind. Hier müssen entsprechende Regeln für Unternehmen und Berufstätige erarbeitet werden, um den negativen Folgen rechtzeitig entgegenzuwirken.

Die Grenzen zwischen Familienbereich und Erwerbsbereich verwischen sich durch neue Kommunikations- und Informationsmedien

Die raumzeitliche Auflösung von interaktiver Kommunikation und Datentransfer führt dazu, dass sich der Familien- und Erwerbsbereich in raumzeitlicher Hinsicht stärker überschneiden und durchdringen. Nunmehr ist es leicht möglich, dass private Gespräche mehr und mehr auch während der Erwerbsarbeit getätigt werden, während umgekehrt der Erwerbsbereich stärker durch eine ständige Erreichbarkeit oder durch Homeoffice-Lösungen auch in den Familienbereich eindringt. Die klare Grenze beider Bereiche, die sich im Zuge gesellschaftlicher Ausdifferenzierungsprozesse nach und nach durchgesetzt hatte, beginnt mehr und mehr zu verwischen – mit unterschiedlichen Folgen.

Diese Überschneidungen kommunikativer Grenzen können zu Konflikten und neuen Aushandlungsprozessen mit neuen kulturellen Regeln führen (vgl. Burkart 2007; Geser 2005, Höflich 2005). Wenn Luhmann (1975) betont, dass bei Interaktionen immer die Anwesenden „eine bevorzugte Beachtlichkeit genießen" und dass die Rücksicht auf Nichtanwesende, also nicht an der Interaktion beteiligte Personen, zurücktritt, dann gilt dieser Sachverhalt auch für digitale, mobile Medien, nur dass die physisch abwesenden Personen nunmehr gegenüber den räumlich Anwesenden „bevorzugt" werden, indem z. B. eine Gesprächsunterbrechung stattfindet. Die parallele Nutzung von Smartphones oder Tablet-PCs wird auch als *second screen* bezeichnet, was ausdrücken soll, dass im kommunikativen Miteinander dem jeweiligen Gerät die bevorzugte Aufmerksamkeit geschenkt wird (vgl. Eimeren/Frees 2012). Damit scheint sich die parallele Nutzung von interaktiven Medien auch im häuslichen Bereich immer stärker durchzusetzen.

Dieser Sachverhalt gilt gerade auch für das familiale Interaktionssystem. So können durch digitale, mobile Medien familienfremde Personen verstärkt zu „bevorzugten" Gesprächspartnern innerhalb der Familie werden, trotz räumlicher Abwesenheit. Das Mobiltelefon – wie auch schon das herkömmliche Telefon – hält sich entsprechend nicht an die räumlichen Grenzen der Privatheit.

Diese Möglichkeit, durch neue Medien „von außen" im familialen Wohnbereich für familienfremde Personen immer erreichbar zu sein, so betonten sowohl Eltern als auch Jugendliche in einer empirischen Studie (vgl. Feldhaus 2004), wird häufig als störend empfunden und führt zuweilen zu Spannungen und Konflikten zwischen den Familienmitgliedern, vor allem in Bezug auf die Mediennutzung von Kindern. Deshalb gelten in einigen Familien inzwischen Regeln in Bezug auf die Mediennutzung, um vor weiteren Störungen zu schützen: So wird es in vielen Fällen nicht erlaubt, dass Kinder ihr Mobiltelefon während familienbetonter Zeiten (z. B. Mittag- und Abendessen) mit sich führen bzw. nutzen dürfen. Die berufsbedingte Erreichbarkeit von Elternteilen hingegen, auch dann, wenn sie zu Hause sind, wird jedoch nicht durchweg negativ gesehen, sondern in Teilen sehr positiv. Die mobile Erreichbarkeit macht für den Berufssektor eine Anwesenheit im Büro eventuell nicht mehr oder nur bedingt erforderlich und ermöglicht dadurch, mehr Zeit mit der Familie und dem Partner zu verbringen (vgl. Feldhaus 2004).

Dieses Eindringen „systemfremder" Kommunikation gilt auch für den Erwerbsbereich: Interessanterweise benutzen Jugendliche digitale Medien auch, um ihren Eltern, vor allem der Mutter, spontane Empfindungen, Schulprobleme, unerwartete Ereignisse, schöne Erlebnisse in Form von Anrufen, Bildern, Kurznachrichten u. a. m. sofort mitzuteilen, auch dann, wenn sie zur Zeit erwerbstätig sind. Kinder „entgrenzen" also mittels Handy die räumliche Trennung zwischen Familien- und Berufsbereich und werden für einen Moment zum „bevorzugten Kommunikationspartner" während der Arbeitszeit der Eltern. In den allermeisten Fällen entstehen dadurch keine Konflikte. Damit dient das Mobiltelefon nicht nur der emotionalen Stabilisierung der Familienmitglieder, sondern unterstützt auch noch ein Stück weit die Vereinbarkeit von familialen und beruflichen Ansprüchen, vor allem wenn der Beruf mit einer hohen Mobilität verbunden ist. Damit kann allerdings ein weiterer nicht-intendierter Effekt einhergehen: Die ständige Verfügbarkeit der Eltern durch ihre Kinder, vor allem der Mütter, kann auch zu einer stärkeren Festschreibung traditioneller Rollenaufteilungen führen. Es sind nunmehr wiederum verstärkt die Mütter, die jederzeit – auch während der Erwerbsarbeit – für ihre Kinder als Ansprechpartner zur Verfügung stehen müssen (vgl. Nave-Herz 2001).

Andererseits ermöglicht das Mobiltelefon den Eltern auch außerhalb des familialen Haushalts eine ubiquitäre Erreichbarkeit ihrer Kinder. Dem könnte man entgegenhalten, dass man sich durch ein Abschalten bzw. eine Nichtmitnahme des Geräts der Erreichbarkeit durch andere Familienmitglieder entziehen könnte, doch dies bedarf, wie Ergebnisse einer qualitativen Studie bestätigen, einer Rechtfertigung gegenüber den Eltern (vgl. Logemann/Feldhaus 2002).

3.2.4   Schlussbemerkung

Wir fassen zusammen: Die Entwicklungen der neuen Kommunikationsmedien brachten für das familiale System sowohl Vor- als auch Nachteile.

Bisherige empirische Daten zeigen, dass digitale Medien in hohem Maße dazu eingesetzt werden, familiale Funktionen auch über die Haushaltsgrenzen hinweg ein Stück weit sicherzustellen. Dies insbesondere auch dann, wenn Eltern gerade berufstätig sind. Es zeigt sich ferner, dass sich durch die neuen Medien die Möglichkeiten von Telearbeit verbessert haben. Die relative Unabhängigkeit durch mobiles Internet, schnellen Datentransfer sowie das zeitgleiche Reagieren auf Informationen, Anfragen privater und beruflicher Art, erweitern die Flexibilität der Familienmitglieder. Dies kann mit einer Verbesserung der Vereinbarkeit von Familie und Beruf einhergehen, kann aber auch den negativen Effekt haben, dass dadurch der Erwerbsbereich noch deutlicher in die familiale Lebenswelt eindringt. Schließlich lässt sich bestätigen, dass sich durch den Einsatz des mobilen Internets und mobiler Endgeräte die räumlichen, zeitlichen und kommunikativen Grenzen sowie die spezifischen Interaktionsordnungen zwischen Familie und Erwerbsbereich mehr und mehr verflüssigen. Systemspezifische Kommunikation ist deshalb nicht länger ortsgebunden. Durch dieses Auflösen räumlicher Interaktionsordnungen ergeben sich neue Möglichkeiten, aber auch Einschränkungen und Konflikte für den familialen Bereich.

Hinweise auf weiterführende Literatur
Feldhaus, M., Mobile Kommunikation im Familiensystem, Würzburg 2004.
Glotz, P., Bertschi, St. und Locke, Ch., Daumenkultur, Bielefeld 2006.
Höflich, J.R. und Gebhardt, J., Mobile Kommunikation, Frankfurt am Main 2005.
Röser, J., Medien Alltag, Wiesbaden 2007.

Wiederholungsfragen / Übungsaufgaben
1. Welche familialen Funktionen können durch digitale Medien unterstützt werden?
2. Welche Vor- und Nachteile können durch die raumzeitliche Auflösung von Kommunikation und digitaler Vernetzung für den familialen und Erwerbsbereich auftreten?
3. Erläutern Sie, inwieweit sich die raumzeitlichen und sozialen Grenzen der gesellschaftlichen Teilbereiche Arbeit und Familie aufgelöst haben. Nennen Sie Beispiele dafür.
4. Schalten Sie für einen Tag alle digitalen Medien aus. Was fehlt Ihnen am meisten und warum? Wie reagiert Ihr soziales Umfeld darauf?
5. Sie möchten die Möglichkeit auf Telearbeit beantragen. Versetzen Sie sich in die Lage eines Vorgesetzten. Welche Argumente könnte er oder sie gegen Ihren Wunsch, ein Stück weit von zu Hause arbeiten zu können, anbringen? Welche Argumente würden Sie erwidern?
6. Mobile Kommunikation nimmt immer mehr zu und damit auch die Entscheidung des Individuums, mit dieser Veränderung umzugehen. Sie wollen nun etwas über die Einstellungen und den Umgang der Menschen mit digitalen Medien herauszufinden. Wie gehen Sie vor? Welche Daten müssen Sie wie erheben, welche liegen ggf. schon zur Auswertung vor? Entwickeln Sie ein Forschungsdesign für ein solches Projekt.

3.2.5   Literatur

Beck, U. und Beck-Gernsheim, E., Fernliebe, Frankfurt am Main 2011.

BITKOM, Das Handy wird dreißig 2013a (www.bitkom.org)

BITKOM, Arbeit 3.0. Arbeiten in der digitalen Welt, 2013b. (www.bitkom.org)

Bonfadelli, H., Medienwirkungsforschung I., Konstanz 2004.

Büssing, A., Drodofsky, A., und Hegendörfer, K., Telearbeit und Qualität des Arbeitslebens. Ein Leitfaden zur Analyse, Bewertung und Gestaltung, Göttingen 2003.

Bundesministerium für Familie, Senioren, Frauen und Jugend (BMFSFJ), Achter Familienbericht, Berlin 2012.

Bundesministerium für Familie, Senioren, Frauen und Jugend (BMFSFJ), Unternehmensmonitor Familienfreundlichkeit 2013, Berlin 2013.

Burkart, G., Handymania, Frankfurt am Main 2007.

Eimeren van, B. und Frees, B., ARD/ZDF-Onlinestudie 2012, in: Mediaperspektiven 7–8, 2012, S. 362–379.

Feldhaus, M., Mobilkommunikation im Familienalltag, in: Medien Alltag, hrsg. v. J. Röser, Wiesbaden 2007, S. 199–211.

Familie, Interaktion, Medien (FIM), hrsg. v. Medienpädagogischer Forschungsverbund Südwest, 2011 (www.mpfs.de).

Jugend, Information, Medien (JIM), hrsg. v. Medienpädagogischer Forschungsverbund Südwest, 2000, 2011 (www.mpfs.de).

Kinder, Information, Medien (KIM), hrsg. v. Medienpädagogischer Forschungsverbund Südwest, 2012 (www.mpfs.de).

Geser, H., Soziologische Aspekte mobiler Kommunikation: Über den Niedergang orts- und raumbezogener Sozialstrukturen, in: Mobile Kommunikation, hrsg. v. J.R. Höflich und J. Gebhardt, Frankfurt am Main u.a. 2005, S. 43–61.

Giddens, A., Die Moderne als weltweites Experiment, in: Diskurs 2, 1997, S. 55–57.

Höflich, J.R., An mehreren Orten zugleich: Mobile Kommunikation und soziale Ausgrenzung, in: Mobile Kommunikation, hrsg. v. J.R. Höflich und J. Gebhardt, Frankfurt am Main u.a. 2005, S. 19–43.

Initiative D21 e.V. und Huawei Technologies Deutschland GmbH, Mobile Internetnutzung Entwicklungsschub für die digitale Gesellschaft!, 2013, www.initiatived21.de

Krotz, F., Die Mediatisierung kommunikativen Handelns: der Wandel von Alltag und sozialen Beziehungen, Kultur und Gesellschaft durch die Medien, Wiesbaden 2001.

Logemann, N., Wissenskluft trotz Wissensmedium? Zum familialen Umgang mit dem Internet und der Frage nach der Medienkompetenz der Familienmitglieder, in: Zeitschrift für Soziologie der Erziehung und Sozialisation 23 (2), 2003, S. 165–183.

Logemann, N. und Feldhaus, M., Die Bedeutung von Internet und Mobiltelefon im familialen Alltag, in: Kontinuität und Wandel der Familie in Deutschland, hrsg. v. R. Nave-Herz, Stuttgart 2002, S. 207–227.

Luhmann, N., Interaktion, Organisation, Gesellschaft, in: Soziologische Aufklärung 2, hrsg. v. N. Luhmann, Wiesbaden 1975, S. 9–20.

Maus, B. und Winker, G., Individuelle Ortssouveränität als Perspektive, in: Telearbeit und Lebensqualität, hrsg. v. G. Winker, Frankfurt/New York 2001, S. 209–226.

Nave-Herz, R., Chancen und Risiken der neuen Informations- und Kommunikationstechnologien für den privaten Bereich. Fortsetzungsantrag. Hektographiertes Manuskript, Oldenburg 2001.

Statistisches Bundesamt, Einkommens- und Verbraucherstichprobe (EVS) und Laufende Wirtschaftsrechnungen (LWR) 2013.

Literatur im Netz:

https://www.destatis.de/DE/ZahlenFakten/GesellschaftStaat/EinkommenKonsumLebensbedingungen/AusstattungGebrauchsguetern/Tabellen/Infotechnik_D.html

3.3   Familien in Zeiten veränderter beruflicher Mobilitätsanforderungen

Norbert F. Schneider und Silvia Ruppenthal

3.3.1   Einleitung

Vielfach gilt eine hohe räumliche Mobilitätsdynamik als besonderes Kennzeichen moderner Gesellschaften. So spricht etwa Rammler (2001) von der „Wahlverwandtschaft" von Mobilität und Moderne. Mobilität und Flexibilität wurden und werden dabei oftmals als Inbegriff einer fortschrittlichen und freizügigen Gesellschaft gefeiert und in enger Verbindung mit Kreativität und Innovationsfähigkeit gesehen. Mobilität wird eine hohe Bedeutung für das Zusammenwachsen Europas zugeschrieben und nicht zuletzt wird die Mobilität von Erwerbstätigen als unverzichtbar für einen funktionierenden Arbeitsmarkt und ein prosperierendes Wirtschaftssystem erachtet. Mittlerweile nimmt jedoch das gesellschaftliche Bewusstsein für die durch erhöhte Mobilität entstehenden Probleme zu: steigende Umweltbelastungen, wachsende Stau- und Störanfälligkeit der Verkehrssysteme, hoher Ressourcenverbrauch und hohe gesellschaftliche Mobilitätsbarrieren innerhalb Europas (z. B. Sprachbarrieren, nicht harmonisierte Berufsabschlüsse, unterschiedliche soziale Sicherungssysteme), die infolge der Freizügigkeitsregeln immer sichtbarer werden.

Auch für die Beschäftigten ist berufsbedingte räumliche Mobilität, etwa in Form von Fernpendeln, häufigen Dienstreisen oder Fernumzügen, mit Ambivalenzen verbunden. Räumliche Mobilität kann Erwerbstätigkeit überhaupt erst ermöglichen, beruflichen Erfolg befördern und ist auch für viele mit neuen Erfahrungen, Abwechslung und dem Reiz des Neuen verbunden. Andererseits zeigen sich negative Konsequenzen für das Individuum. Mobilität kann mit Erfahrungen von sozialer Desintegration, erhöhter Stressbelastung und gesundheitlichen Beeinträchtigungen einhergehen.

Die durch das Erwerbssystem induzierte Mobilität bringt somit zahlreiche Chancen, aber auch Risiken mit sich. Dies gilt auch mit Blick auf die Familie. Eine Gesellschaft mit einer hohen Mobilitätsdynamik stellt Familien und ihre Mitglieder vor spezifische Herausforderungen, die es zu bewältigen gilt. Zielsetzung des Beitrags ist es, diese Herausforderungen und ihre Auswirkungen auf Familie zu diskutieren. Hierzu werden zunächst die Kennzeichen des derzeitigen Mobilitätsgeschehens und die Ursachen der heutigen Mobilitätsdynamik kurz reflektiert. Wir geben zudem einen Überblick darüber, wie verbreitet berufsbedingte Mobilität tatsächlich ist und welche Erwerbstätigen im Besonderen mobil sind. Im Anschluss daran wird die Frage aufgeworfen, was dies für Familie bedeutet. Welche Anforderungen werden durch Mobilität an Familie gestellt? Welche Auswirkungen hat Mobilität auf Familienentwicklung, die Familienbeziehungen und den familialen Alltag?

Unter Bezug zur strukturell-funktionalen Theorie wurde in der Familiensoziologie lange die Auffassung vertreten, dass Familie bestimmte Funktionen hat, durch deren Erfüllung sie einen Beitrag zum Fortbestand der Gesamtgesellschaft erbringt und so ihre eigene Existenz sichert (vgl. Parsons 1955; Goode 1966; Tyrell 1979). Zudem wurde argumentiert, dass Veränderungen in anderen Teilsystemen der Gesellschaft Anpassungsleistungen der Familie und ihrer Funktionen nach sich ziehen. Die Thesen über den Funktionswandel der Familie sollen in diesem Beitrag nicht nachvollzogen werden. Sie dienen vielmehr als gedankliches Gerüst zur Annäherung und Strukturierung der Diskussion über die Auswirkungen der durch das Wirtschafts- und Erwerbssystem induzierten Mobilität auf Familie. Vor welche Aufgaben ist Familie in Zeiten veränderter Mobilitätsanforderungen gestellt? Was bedeutet dies für die Herstellung und Aufrechterhaltung von Familie?

3.3.2 Kennzeichen des derzeitigen Mobilitätsgeschehens

Betrachtet man Mobilität in historischer Perspektive, ist zunächst festzustellen, dass es räumliche Mobilität zu allen Zeiten und in verschiedenen Gesellschaftsformationen gegeben hat. Mobilität ist nicht nur ein Phänomen der Moderne. Allerdings lassen sich Variationen im jeweiligen berufsbedingten Mobilitätsgeschehen hinsichtlich des Ausmaßes (1), der Formen (2) und der gesellschaftlichen Bewertung (3) der Mobilität feststellen.

(1) Für das derzeitige Mobilitätsgeschehen kann mit großer Plausibilität, und auch zunehmend durch empirische Befunde gestützt, eine Phase intensivierter Mobilität angenommen werden, allerdings nicht auf historisch einmalig hohem Niveau. Die Vorstellung, Mobilität habe im Laufe der Zeit linear und kontinuierlich zugenommen und die moderne Gesellschaft weise damit ein vorläufiges Maximum an Mobilitätsanforderungen auf, ist nicht zutreffend. Für die Entwicklung des Ausmaßes an Mobilität, gemessen am Anteil mobiler Menschen, muss eher von einem wellenförmigen Verlauf ausgegangen werden: Auf Phasen hoher Mobilität folgten Phasen geringerer Mobilität. So können etwa die zweite Hälfte des 19. Jahrhunderts, als Menschen massenhaft vom Land in die Städte migrierten oder der Beginn des 20. Jahrhunderts, als unzählige Menschen Stunden zu Fuß zu den Fabriken zurücklegten, ebenso als Phasen intensivierter berufsbedingter Mobilität begriffen werden wie der Zeitraum von den 1990er Jahren bis heute. Sowohl die von den Menschen insgesamt aus beruflichen Gründen überbrückte Distanz als auch die Verbreitung von Mobilität unter den Beschäftigten hat seither wieder bemerkenswert zugenommen. War Mobilität zuvor auf bestimmte Personen und Berufsgruppen beschränkt, diffundieren Mobilitätserfordernisse bis heute horizontal über die verschiedenen Berufsgruppen und vertikal über betriebliche Hierarchieebenen hinweg.

(2) Das heutige Mobilitätsgeschehen ist durch eine große Vielfalt der Mobilitätsformen gekennzeichnet. Die bisher existierenden Formen der Mobilität differenzieren sich aus und werden fluider. Ein Beispiel hierfür ist die Migration. Wird darunter traditionell meist die dauerhafte Verlagerung des Lebensmittelpunkts von einem Land in ein anderes verstanden, so zeigen sich heute vielfältigere Muster. Menschen „pendeln" zwischen dem Herkunfts- und Zielland und halten sich im Laufe eines Jahres gleichermaßen in beiden Ländern auf; oder mehrfache Umzüge in verschiedene Länder münden in lange Wanderungsbiografien. Die Formen von Umzugsmobilität werden zudem zunehmend durch zirkuläre Mobilitätsformen ergänzt oder substituiert. Hierunter fallen Formen des Pendelns, wie etwa Fern- und Wochenendpendeln, aber auch längere Dienstreisen oder Fernbeziehungen.

(3) Ebenso wie das Ausmaß der Mobilität verändert sich ihre gesellschaftliche Bewertung im Zeitverlauf. Es gab Phasen mit ausgeprägten negativen Stigmatisierungen räumlicher Mobilität, wie etwa in der frühen Neuzeit. Mobilität war hier angstbesetzt und alles Fremde und Ferne eher negativ konnotiert. Demgegenüber erfuhr Mobilität aufgrund der ihr zugeschriebenen positiven wirtschaftlichen und gesellschaftlichen Impulse im 20. Jahrhundert eine besondere Wertschätzung. Mobilität wird zunehmend mit Freiheit, Fortschritt und Auf-

bruchsstimmung in Verbindung gebracht und immer enger mit persönlichem Erfolg und individueller Leistungsbereitschaft konnotiert. Allerdings deutet sich hier in jüngster Zeit erneut eine Veränderung dieser Zuschreibungen an. Sie wird durch die schon thematisierten und immer stärker ins Bewusstsein rückenden Ambivalenzen von Mobilität ausgelöst. Weiter forciert wird der Wandel dadurch, dass Mobilität zum festen Bestandteil vieler Erwerbskarrieren wurde, wodurch eine gewisse „Zwangsmobilisierung" vieler Menschen stattfindet, die gegen ihren Willen mobil sein und werden müssen, um ihren Lebensunterhalt zu sichern.

3.3.3   Ursachen der veränderten Mobilitätsdynamik

Die Ursachen der gegenwärtig intensivierten Mobilitätsdynamik liegen in unterschiedlichen gesellschaftlichen Entwicklungen begründet. So haben die Verbesserung der Verkehrsinfrastruktur und die Fortschritte bei den Transport- und Kommunikationstechnologien Mobilität in der jetzigen Form erst ermöglicht. Sie haben Menschen in die Lage versetzt, immer längere Strecken in immer kürzerer Zeit zu überwinden und stellen gleichsam Rahmenbedingungen dar, um Mobilität zu organisieren und zu bewältigen.

In engem, interdependentem Verhältnis zum Wandel der Infrastruktur und der Technologie steht der Wandel der Märkte bzw. der Arbeitswelt. Dieser ist zunächst auf die immense Zunahme der globalen Handels- und Wirtschaftsbeziehungen zurückzuführen. Dies erzeugt einen erhöhten Bedarf an mobilen Arbeitskräften, die im Rahmen von Dienstreisen, projektbezogen oder für längere Entsendungen mobil werden müssen.

Zur globalen Vernetzung und Internationalisierung treten weitere arbeitsmarktinduzierte Ursachen steigender Mobilität hinzu. Standortverlagerungen können für Beschäftigte eine Entscheidung für oder gegen einen Arbeitgeber erforderlich machen bzw. zu einer Wahl zwischen Fernpendeln und Umzug führen. Auch die zunehmende Befristung von Arbeitsstellen im Rahmen von Zeitverträgen und Leiharbeit kann Erwerbstätige wiederholt vor Mobilitätsentscheidungen stellen.

Ferner schreitet die Spezialisierung innerhalb von Branchen, Berufs- sowie Tätigkeitsfeldern voran. Dies führt zur regionalen Konzentration von Arbeitsplätzen für spezialisierte Fachkräfte, wie es etwa für die Medienbranche in Deutschland zutrifft. Spezialisierte Fachkräfte müssen damit mobil werden, da sich dem Qualifikationsprofil entsprechende Stellen meist nicht in genügend großer Zahl überall finden lassen. Zum anderen führt die Nachfrage nach hoch spezialisierten Fachkräften in bestimmten Tätigkeitsfeldern zu einer starken regionalen Streuung der Einsatzorte. So sind spezialisierte Consultants über Tage und Wochen vor Ort, betreuen IT- und Sicherheitsspezialisten weit verzweigte Kundennetzwerke und sind Ingenieure und Techniker weltweit im Einsatz, um Anlagen aufzubauen oder Maschinen zu warten.

Dem strukturell-funktionalistischen Paradigma folgend, ist davon auszugehen, dass die bisher skizzierten Veränderungen einen prägenden Einfluss auf die Formen des familialen Zusammenlebens ausüben, denn aus streng „funktionalistischer Perspektive passt sich primär die Familie an die Gesellschaft und deren funktionale Erfordernisse an" (Hill/Kopp 2006: 76) und leistet bzw. wird damit erst in die Lage versetzt, ihren Beitrag zum Funktionieren des Gesamtsystems zu leisten.

Diese Sichtweise greift unserer Auffassung nach mit Blick auf die aktuellen Mobilitätserfordernisse zu kurz. Wir gehen vielmehr davon aus, dass sich mit dem Wandel der Familie selbst Entwicklungen vollzogen haben, die sich signifikant auf das derzeitige Mobilitätsgeschen auswirken. Dabei hat vor allem der Wandel der Rolle der Frau und die gestiegene Erwerbsbeteiligung von Frauen hohe Relevanz (Schneider et al. 2009: 118 f.). Je stärker Frauen in den Arbeitsmarkt integriert sind, desto wahrscheinlicher werden sie auch mit den dort vorherrschenden Mobilitätsanforderungen konfrontiert. Auf Paarebene kann es dann dazu kommen, dass nicht nur für einen Partner, sondern für beide Mobilität, Familie und Beruf vereinbart werden müssen. Je stärker zudem die Berufs- und Karriereorientierung der Frau ist, desto weniger selbstverständlich wird es, dass Frauen, wie verbreitet in der Vergangenheit, den an den Mann adressierten Mobilitätsanforderungen Vorrang einräumen und ganz selbstverständlich „mit umziehen". In der Folge gewinnen wiederum zirkuläre Mobilitätsformen weiter an Bedeutung.

Die für Familie konstitutive Idee von Gemeinsamkeit bedeutet heute nicht primär Ko-Residenz und möglichst viel Zeit zusammen zu verbringen. Immer stärker ist auch wachsende individuelle Autonomie, das „Ich" im „Wir", Grundlage von Partnerschaft und Familie. Dadurch sind Fernbeziehungen heute keine Seltenheit mehr. Sie haben sich als dritte Partnerschaftsform neben der Ehe und der nichtehelichen Lebensgemeinschaft fest etabliert. Für sie ist Multilokalität konstitutiv. Im Fall des *living-apart-together* kann die räumliche Entfernung klein sein, im Fall von *long-distance-relationships* (vgl. Schneider 2009) können „transnationale Familien" (vgl. Beck-Gernsheim 2009) entstehen, die auf verschiedenen Kontinenten leben.

Mobilität entsteht schließlich auch infolge der gestiegenen Trennungs- und Scheidungshäufigkeit. Leibliche Eltern wohnen danach häufiger räumlich weit voneinander entfernt. Wenn Kinder und Eltern sich sehen wollen, müssen sie mobil werden. Familie und Partnerschaft werden so zunehmend multilokal organisiert (vgl. Schier 2013).

3.3.4   Ausmaß und Verbreitung berufsbedingter räumlicher Mobilität in Deutschland

Im Folgenden werden einige empirische Befunde zu berufsbedingter räumlicher Mobilität präsentiert. Wie viele Erwerbstätige sind überhaupt mobil? Welche Erwerbstätige können als besonders mobil gelten und in welchen Formen werden sie bevorzugt mobil?

Eine geeignete Datenbasis zu diesen Fragestellungen bietet die Studie *Job Mobilities and Family Lives in Europe*. Sie wurde daher für die folgenden Analysen verwendet. Im Rahmen der Studie wurde 2007 eine repräsentative standardisierte Befragung der 25- bis 54-jährigen Wohnbevölkerung in Belgien, Deutschland, Frankreich, Polen, Spanien und der Schweiz durchgeführt. Insgesamt wurden 7220 Personen interviewt, davon 1663 in Deutschland.

Die Befunde zeigen, dass verschiedene Mobilitätstypen differenziert werden können: *Fernpendler* sind Personen, die für den einfachen Weg zur Arbeit mindestens eine Stunde benötigen und diesen Weg an mindestens drei Tagen der Woche zurücklegen. *Übernachter* sind Personen, die aus beruflichen Gründen in den letzten zwölf Monaten mindestens 60 Nächte außer Haus verbracht haben. Zu dieser Gruppe zählen sowohl Wochenendpendler als auch Personen, die häufig auf Dienstreise sind oder aus beruflichen Gründen in einer Fernbeziehung leben. Diese Mobilitätstypen gehören zu den Formen zirkulärer Mobilität.

Umzugsmobile sind Personen, die aus beruflichen Gründen in den letzten drei Jahren über eine Distanz von mindestens 50 Kilometern umgezogen sind. Residenzielle Mobilität kann dabei als einmaliges Ereignis in der Erwerbsbiografie auftreten oder vielfach wiederholt, wie etwa im Fall von Angehörigen im diplomatischen Dienst, zu langen Umzugskarrieren führen.

Auch wenn in vielen Fällen die Entscheidung zur Mobilität eindeutig auf berufliche Gründe zurückgeführt werden kann, vermischen sich in anderen Situationen berufliche und private Anlässe. So kann Fernpendeln durch die Wahl des Arbeitsorts oder durch die Wohnortwahl entstehen. Häufig sind auch Situationen anzutreffen, in denen ein erwerbstätiger Partner infolge der Veränderung des Arbeitsorts des anderen Partners mobil werden muss. In diesen Konstellationen ist es dann kaum möglich, berufliche und private Handlungsmotive zu trennen. Mobilität ist in diesen Fällen jedoch beruflich „mit veranlasst" und damit in dem hier behandelten Kontext relevant.

Insgesamt können für die Erwerbstätigen hinsichtlich der benannten Mobilitätstypen beachtliche Mobilitätsraten festgestellt werden: Nahezu jeder Fünfte (19 %) im Alter von 25 bis 54 Jahren in Deutschland ist aktuell mobil. Bezieht man auch vergangene Mobilitätserfahrungen in die Betrachtungen mit ein, erhöht sich der Anteil auf 49 %. Jeder Zweite war damit bereits mindestens einmal in seinem Leben aus beruflichen Gründen mobil oder ist es noch. Die Daten bestätigen auch, dass zirkuläre Mobilitätsformen mit 68 % weitaus häufiger vorkommen als residenzielle Mobilität mit nur 22 %. 9 % der Befragten sind sowohl residenziell als auch zirkulär mobil (vgl. Ruppenthal/Lück 2009). Bezogen auf die einzelnen Formen ist Fernpendeln am stärksten verbreitet, Umzüge kommen demgegenüber relativ selten vor.

Tab. 3.1:   Anteile mobiler Erwerbstätiger nach Alter, Bildung und Geschlecht (in %)

Alter		Bildungsabschluss		Geschlecht	
25–34 Jahre alt	26	Haupt- oder Realschulabschluss	15	Männer	24
35–44 Jahre alt	17	Abitur	17	Frauen	13
45–54 Jahre alt	15	Hochschulabschluss	33		

(Quelle: Ruppenthal/Lück 2009, Anmerkungen: Datenbasis *Job Mobilities and Family Lives in Europe 2007*; gewichtete Daten; die Anteile beziehen sich auf die erwerbstätige Wohnbevölkerung im Alter von 25 bis 54 Jahren in Deutschland, Angaben gerundet; ungewichtete Fallzahl n = 1400).

Die in Tabelle 3.1 präsentierten Befunde geben einen Überblick über unterschiedliche soziodemografische Merkmale mobiler Erwerbstätiger. Es zeigen sich Unterschiede hinsichtlich Alter, Bildungsabschluss und Geschlecht. Vereinfacht ausgedrückt ist damit ein typischer mobiler Erwerbstätiger jung, überdurchschnittlich gebildet und männlich. Trotz der zunächst einprägsamen Klarheit des Vierklangs jung, akademisch gebildet, männlich und hochmobil greift diese Typisierung zu kurz, wenn weitergehende und vertiefende Analysen angestellt werden. Zum einen sind die Mobilitätsraten anderer Personengruppen nicht so gering, dass sie für das Gesamtgeschehen als unbedeutend einzustufen wären, zum anderen relativieren sich die Unterschiede insbesondere hinsichtlich des Geschlechts, wenn die Familienform in die Betrachtung einbezogen wird. So sind Frauen, die weder Partner noch Kinder haben, in Deutschland sogar mobiler als Männer in der gleichen Lebenssituation, während Mütter wesentlich immobiler sind als Väter. Es zeigen sich zudem deutliche Unterschiede hinsichtlich der Merkmale, wenn man nach den unterschiedlichen Mobilitätsformen differenziert. So

sind Umzugsmobile überwiegend junge Akademiker, während Fernpendeln als Mobilitäts-
form eher von älteren Erwerbstätigen mit mittleren Bildungsabschlüssen gewählt wird.

3.3.5   Mobilität als Herausforderung für Familie

In klassischer struktur-funktionalistischer Perspektive wurde der durch gesellschaftliche
Veränderungen notwendige Wandel der Familie an einem Wandel ihrer Struktur und ihrer
Funktionen festgemacht und beschrieben. Es wurden von den Vertretern (vgl. z. B. Murdock
1949; Goode 1966) dieses Ansatzes die unterschiedlichen Funktionen als zentrale Leistungen
der Familie diskutiert und Funktionskataloge aufgestellt. Neidhardt (1975: 69 ff.) nennt etwa
die Reproduktions- und die Sozialisationsfunktion der Familie, die Funktion der sozialen
Platzierung, die Spannungsausgleichsfunktion sowie Haushalts- und Freizeitfunktionen.

Gegenüber dem streng struktur-funktionalistischen Paradigma, demzufolge sich gesellschaftlicher Wandel in einem Wegfall oder einem Hinzukommen von familialen Funktionen zeigt,
gehen wir davon aus, dass (1) sich die Leistungen von Familie in einer Gesellschaft nicht
zugespitzt auf einige wenige, streng abgrenzbare und hierarchisierbare Funktionen reduzieren lassen. Die Herstellung von Familie und ihre Aufrechterhaltung ist vielmehr eine Leistung, die sich als vielschichtiger und komplexer Prozess gestaltet, in dem die angesproche-
nen Funktionen, interdependent und eng miteinander verwoben, eine Rolle spielen. (2) Der
Wandel der Familie ist nicht adäquat durch das Auftreten oder Verschwinden einzelner Funktionen abzubilden. Einzelne Funktionsbereiche verändern sich vielmehr mit dem gesellschaftlichen Wandel. Von einem Verlust von Funktionen kann daher nicht gesprochen werden. Ein Beispiel hierfür ist etwa die Produktionsfunktion. Diese habe die Familie im Zuge
der Industrialisierungund der damit verbundenen außerhäusliche Verrichtung von Arbeit, so
wird oft argumentiert, eingebüßt. Diese Auffassung ist unzutreffend, denn Familien erbringen
im Rahmen der Haushaltsproduktion auch heute noch eine ganze Reihe von produktiven
Leistungen (Neidhardt 1975: 68). Der Wandel betrifft daher nicht die Funktion als solche,
sondern nur ihre Ausgestaltung und Gewichtung. Im Kern lässt er sich als Übergang von
einer für die Subsistenzsicherung notwendigen hin zu einer die Subsistenzsicherung unter-
stützenden Funktion beschreiben. Schließlich gehen wir, wie bereits ausgeführt, davon aus,
dass (3) Familie sich nicht einseitig an andere gesellschaftliche Teilsysteme anpasst, sondern
dass sie ihrerseits Veränderungen in der sie umgebenden Umwelt bewirkt. Die Veränderungen hinsichtlich berufsbedingter räumlicher Mobilität sind damit aus Sicht der Familie sowohl durch die Veränderungen des Erwerbs- und Wirtschaftssystems extern induziert, als
auch intern durch den Wandel der Familie selbst mit verursacht.

In diesem Kontext ergeben sich neue Herausforderungen und Anforderungen für Familie.
Worum es sich im Einzelnen handelt, wird im Folgenden diskutiert.

Mobilität, Partnerschaft und Familiengründung

Für die meisten Menschen ist die Existenz einer stabilen Partnerschaft eine Voraussetzung
für die Entscheidung zur Elternschaft. Die bisherigen Forschungsergebnisse dazu zeigen,
dass Personen, die berufsbedingt mobil sind, seltener in einer Partnerschaft leben als nicht-
mobile Personen. Dabei sind berufliche mobile Frauen im Vergleich zu nicht-mobilen Frauen
besonders häufig partnerlos. Auch die Form der Mobilität korreliert mit der Wahrscheinlichkeit, in einer Partnerschaft zu leben. So sind residenziell Mobile seltener in einer Partnerschaft als zirkulär Mobile (vgl. Schneider et al. 2009).

Die Mobilen selbst sehen die Ursachen ihrer Partnerlosigkeit mehrheitlich in ihrer Mobilität begründet. Mobile Personen ohne Partner empfinden es als einen Nachteil ihrer Mobilität, dass es schwer ist, eine stabile Beziehung aufzubauen (vgl. Rüger/Ruppenthal 2010; Rüger et al. 2013). Weitere Studien zeigen, dass Mobilität die Partnerschaftsstabilität verringern und das Scheidungsrisiko erhöhen kann (vgl. Kley 2012; Sandow 2013).

Ein Zusammenhang zwischen Elternschaft und Mobilität lässt sich ebenfalls eindeutig feststellen. So geben Mobile häufiger an, kinderlos zu sein und berichten im Vergleich zu Nicht-Mobilen häufiger davon, dass sie Kinderwünsche aufschieben, ihre Kinder später bekommen als sie es eigentlich geplant hatten und ebenso, dass sie weniger Kinder bekommen als ursprünglich gewünscht (vgl. Ruppenthal/Lück 2009). Diese Aussagen über die Entscheidung zur Elternschaft und das Timing von Geburten bestätigen auch weitergehende Analysen. Insbesondere dann, wenn Mobilität über lange Strecken des Lebensverlaufs oder in der Lebensphase stattfindet, in der typischerweise die Familiengründung erfolgt, ist die Wahrscheinlichkeit zur Kinderlosigkeit erhöht und kann es zu einer Verringerung der realisierten Kinderzahl im Vergleich zu nicht-mobilen Erwerbstätigen kommen (vgl. Meil 2010). Dabei existiert wiederum ein bedeutsamer Unterschied zwischen den Geschlechtern. Während die Familienentwicklung bei Männern wenig oder gar nicht beeinflusst wird, zeigen sich diese Effekte umso deutlicher für Frauen.

Geschlechterdifferenzen lassen sich auch hinsichtlich der partnerschaftlichen Arbeitsteilung feststellen. In Partnerschaften kann es, wenn der Mann mobil ist, zur Retraditionalisierung bei Hausarbeit und Kinderbetreuung kommen, während die Mobilität der Frau zu einer weitergehenden Modernisierung der Aufgabenteilung im Sinne einer Gleichverteilung führt (vgl. Rüger/Becker 2011).

Mobilität, Sozialisation und soziale Platzierung

Familie und die dort gemachten Erfahrungen, die dort vermittelten Werte, Kenntnisse und Kompetenzen sind ein bedeutsamer Teil der kindlichen Sozialisation. Was im Prozess der Sozialisation vermittelt werden muss, um ein Individuum handlungsfähig zu machen, variiert zwischen Gesellschaften und verändert sich im historischen Zeitablauf. Gehören Mobilität und Flexibilität zu den Grundanforderungen im beruflichen und auch im privaten Leben, ist davon auszugehen, dass Mobilitätserfahrungen in der Familie und die Vermittlung von Mobilitätskompetenzen durch die Familie die Handlungsfähigkeit des Individuums erhöhen. Zu diesen Kompetenzen zählen etwa Fähigkeiten und Haltungen wie Offenheit für Neues, Organisation von Mobilität, Strategien im Umgang mit Mobilität oder auch Stressresistenz. Dass Mobilitätskompetenzen in diesem Sinne auch empirisch erfasst werden können und sich positiv auf die Bewältigung von Mobilität auswirken, zeigen etwa Rüger et al. (2013) im Rahmen einer Studie zum Diplomatischen Dienst in Deutschland.

In Gesellschaften, in denen, auch in der Familie erworbene, Mobilitätskompetenzen Chancen eröffnen, erhält die soziale Platzierungsfunktion der Familie für Kinder eine zusätzliche Bedeutung. Sind Familien, etwa infolge fehlender Ressourcen, in ihrer Mobilität und damit auch in der Teilhabe am kulturellen und sozialen Leben eingeschränkt, entwickeln sich Mobilitätserfahrungen und Mobilitätskompetenzen schwerer. Dies gilt schon für Klassenfahrten, aber noch viel mehr für längere Auslandsaufenthalte und den damit verbundenen Erwerb von transnationalem Bildungskapital. Der Zusammenhang von mobilitätsbezogenem Kapital und dessen Vermittlung durch Familie wird dadurch verstärkt, dass nicht nur Ressourcen, sondern auch das Wissen um die zunehmende Bedeutung von Mobilitätserfahrungen ungleich verteilt sind. So können Gerhards und Hans nachweisen, dass es mit steigendem Bildungsniveau der Eltern wahrscheinlicher wird, dass Kinder Zeit im Ausland verbringen. Eltern schaffen diese Möglichkeiten „sei es, weil sie eher um die Wichtigkeit transnationalen Kapitals wissen und daher eher bereit sind, in solches zu investieren, sei es, weil sie sich eher entsprechende Informationen beschaffen können oder weil ihre Kinder in den Bildungsinstitutionen generell bevorteilt werden" (Gerhards/Hans 2012: 13).

Integration als neue Herausforderung für Familie

Die erhöhte Mobilitätsdynamik stellt an Familien erhöhte Anforderungen hinsichtlich ihrer Innen- und Außenbeziehungen. Die zu erbringenden Integrationsleistungen sind davon abhängig, ob Formen zirkulärer oder residenzieller Mobilität vorliegen. Zirkuläre Mobilität wirkt sich durch Zeitknappheit und zeitweilige Abwesenheiten eines Familienmitglieds aus. Dies beeinflusst Familien-, Freundschafts- und Nachbarschaftsbeziehungen. So sind zirkulär Mobile seltener in Vereinen oder Bürgerinitiativen engagiert. Rund 50 % aller Mobilen berichten, dass sie das freiwillige Engagement aufgrund der eigenen Mobilität einschränken mussten (vgl. Rüger et al. 2012). Der nicht-mobile Partner übernimmt daher oftmals die Pflege von Außenbeziehungen zu Freunden und Bekannten und ist eine Schlüsselfigur bei der Aufrechterhaltung der familialen Beziehungen, auch im erweiterten Familienkreis. Zirkuläre Mobilität stellt die Familie vielfach auch vor die Anforderung, persönliche Nähe über räumliche Distanz herzustellen. Hierzu entwickeln Mobile Routinen und nutzen die gesamte Bandbreite der Kommunikationsmedien. Durchaus üblich sind regelmäßige Kontakte über E-Mail und SMS mit dem Partner oder feste Termine für Gespräche über Skype mit Partner und Kindern (vgl. Lück/Ruppenthal 2010).

Andere Integrationsleistungen sind bei der Bewältigung residenzieller Mobilität erforderlich. Die Kernfamilie ist nach einem Umzug zunächst auf die innerfamilialen Beziehungen zurückgeworfen. Der Umzug muss organisatorisch abgewickelt und die Integration in Institutionen und Netzwerke vor Ort hergestellt werden. Zudem können die innerfamilialen Beziehungen belastet sein, wenn der Umzug, etwa für den mitziehende Partner, negative Konsequenzen hinsichtlich des Berufs und der freundschaftlichen oder familialen Kontakte hat. Aus der Forschung über Expatriates ist bekannt, dass der Erfolg einer Auslandsentsendung in hohem Maße von der Zufriedenheit der mitgereisten Partner abhängt (vgl. Takeuchi et al. 2002). Probleme können hier sogar zu einem vorzeitigen Abbruch führen. Durch einen Fernumzug kann ferner eine Kompensation der dann fehlenden intergenerationalen Unterstützung notwendig werden. Das heißt, dass am neuen Wohnort möglicherweise die Betreuung der Kinder und am alten Wohnort die Unterstützung der Großelterngeneration neu geregelt werden muss. Die damit angerissenen Probleme werden oft zum Mobilitätshemmnis und bewirken eine Entscheidung gegen Umzugsmobilität und für Pendeln.

Synchronisation unter den Bedingungen einer erhöhten Mobilität

Synchronisationsaufgaben, also die zeitliche Koordination und Abstimmung unter den Familienmitgliedern, waren schon immer Teil der Familienorganisation. Es ist aber davon auszugehen, dass die Herstellung von gemeinsamer Zeit und die Organisation der Alltagsarbeit in der Familie durch Mobilität anspruchsvoller werden. Denn nicht allein die Wahrscheinlichkeit, aus beruflichen Gründen mobil zu werden, hat sich erhöht, auch im Rahmen der Freizeitgestaltung ist eine intensivierte Mobilität beobachtbar. Dies macht es erforderlich, die für die einzelnen Familienmitglieder notwendigen Wege sinnvoll und effizient miteinander zu kombinieren. Die zu erbringende Synchronisationsleistung wird dabei von zahlreichen Faktoren erleichtert oder auch erschwert. So variiert die Schwierigkeit der Organisation der Wege mit der Anzahl der Familienmitglieder, der Zahl der ausgeübten Aktivitäten, dem Wohnort und den damit gegebenen Wegezeiten und vielem anderen mehr.

Gerade in zeitlicher Hinsicht ist auch die Bedeutung von Öffnungszeiten hervorzuheben. So macht der Achte Familienbericht (vgl. BMFSFJ 2012) deutlich, dass es bei einer familienbewussten Zeitpolitik nicht nur darum geht, Familien mehr Zeit zur Verfügung zu stellen, sondern auch darum, Zeitbedarfe aufeinander abzustellen: Die oftmals weitgehende Überschneidung von Öffnungszeiten öffentlicher Einrichtungen und Arbeitszeiten ist ein erhebliches Problem für Familien.

Neue Synchronisierungsanforderungen entstehen auch infolge der sich langsam auflösenden komplementären Geschlechterrollen. Da die Lebensverläufe der Partner ähnlicher werden, wenn sich beide um Familie und Erwerb kümmern wollen oder müssen, muss aktiv geplant und harmonisiert werden, was zuvor – oft zulasten der Frau – miteinander verzahnt war. Kommt Mobilität hinzu, wird die zu erbringende Synchronisationsleistung umso schwieriger. Darin dürfte einer der Gründe liegen, dass mobile Frauen seltener Kinder haben. Unter den Bedingungen der heutigen Mobilitätsdynamik und ihren Folgen sind Frauen umso stärker gezwungen, eine Entscheidung zwischen Beruf und Familie zu treffen, weil Mobilität, Karriere und Familie eine kaum zu schaffende Herausforderung darstellen.

3.3.6   Fazit

Für das derzeitige Mobilitätsgeschehen kann eine erhöhte Dynamik festgestellt werden. In Deutschland hat bereits jeder zweite Erwerbstätige zumindest einmal im Leben Erfahrungen mit berufsbedingter räumlicher Mobilität gemacht. Das Mobilitätsgeschehen zeichnet sich durch eine große Vielfalt der Mobilitätsformen aus, wobei zirkuläre Formen überwiegen. Mobilität wird zudem verbreitet positiv bewertet, wenn auch das Bewusstsein für die mit ihr verbundenen Risiken wächst.

Die Ursachen für die gewandelte Mobilitätsdynamik sind in den Veränderungen des Wirtschafts- und Erwerbsystems und der Infrastruktur zu sehen. Parallel hat der Wandel der Familie zu dieser Entwicklung beigetragen. Die veränderte Rolle der Frau, ein gesteigertes Bedürfnis nach Autonomie und Individualität und der Bedeutungsverlust des Ideals der lebenslangen Partnerschaft haben zu neuen räumlichen Mobilitäts- und multilokalen Familienformen geführt.

Aus struktur-funktionalistischer Perspektive werden somit zum einen durch andere gesellschaftliche Teilsysteme extern hervorgerufene neue Mobilitätsanforderungen an die Familie gestellt, zum anderen werden diese neuen Anforderungen intern im familialen System miterzeugt. Familie selbst ist damit fluider, vielfältiger und mobiler geworden und die Herstellung und Aufrechterhaltung von Familie anspruchsvoller. Dennoch wird Familie vielfach den durch Mobilität entstandenen neuen Herausforderungen in ihren unterschiedlichen Funktionsbereichen gerecht.

Allerdings rücken auch neue oder durch Mobilität verschärfte Problemlagen in den Blick. Mobilität kann Partnerschaft, Familienentwicklung und damit die Reproduktion gefährden. Sie kann die Vereinbarkeit von Privatleben und Beruf erheblich erschweren. Für die familiale Sozialisation und die soziale Platzierung gibt es erste Hinweise auf das Aufbrechen neuer sozialer Ungleichheiten durch Mobilität. Ebenso darauf, dass in einer hochmobilen Gesellschaft ehrenamtliches Engagement und intergenerationale Unterstützung abnehmen. Dies unterstreicht die Ambivalenz von Mobilität, die sich auch für Familie zeigt.

Während Mobilität auf der einen Seite Chancen eröffnet und Gewinne ermöglicht, müssen auf der anderen Seite die durch Mobilität entstehenden Belastungen auf gesellschaftlicher, familialer und individueller Ebene bewältigt werden und bewältigbar bleiben. Es gilt daher bei der Forderung nach noch mehr Mobilität und Flexibilität für das Wirtschaftssystem, sehr genau zu prüfen, welche anderen gesellschaftspolitischen Zielsetzungen davon berührt würden. Es empfiehlt sich zu hinterfragen, wie viel Mobilität der Bürgergesellschaft, der familienfreundlichen Gesellschaft und einer Gesellschaft, deren Ziel ökologische Nachhaltigkeit ist, zugemutet werden kann und wie viel Mobilität für vertretbar erachtet wird.

Hinweise auf weiterführende Literatur

Bonß, W. und Kesselring, S., Mobilität am Übergang von der Ersten zur Zweiten Moderne, in: Modernisierung der Moderne, hrsg. v. U. Beck und W. Bonß, Frankfurt am Main 2001, S. 177–190.

Schneider N. F. und Collet, B. (Hrsg.), Mobile Living Across Europe II. Causes and Consequences of Job-Related Spatial Mobility in Cross-National Comparison, Opladen/Farmington Hills 2010, S. 37–68.

Schwedes O. (Hrsg.), Räumliche Mobilität in der Zweiten Moderne. Freiheit und Zwang bei Standortwahl und Verkehrsverhalten, Berlin 2013, S. 189–212.

Wiederholungsfragen / Übungsaufgaben

1. Was sind die Kennzeichen des gegenwärtigen erwerbsbezogenen Mobilitätsgeschehens?
2. Welche Entwicklungen haben zur gegenwärtigen Mobilitätsdynamik beigetragen?
3. Wie verbreitet ist berufsbedingte räumliche Mobilität unter den Erwerbstätigen in Deutschland?
4. Welche Personengruppen sind in besonderem Maße mobil?
5. Welche Folgen hat Mobilität für Familie? Diskutieren Sie und stellen Sie die Folgen anhand zweier ausgewählter Beispiele dar.
6. Im Text wird vielfach von den individuellen und gesellschaftlichen Folgen von Mobilität gesprochen. Erörtern Sie, welche der individuellen Folgen Auswirkungen auf der gesellschaftlichen Makroebene haben können und was das für die Gesellschaft bedeutet kann.

3.3.7   Literatur

Beck-Gernsheim, E., Ferngemeinschaften. Familien in einer globalisieren Welt, in: Zukunft der Familie. Prognosen und Szenarien, Sonderheft 6 der Zeitschrift für Familienforschung, hrsg. v. G. Burkart, Leverkusen 2009, S. 93–109.

Bundesministerium für Familie, Senioren, Frauen und Jugend (Hrsg.), Zeit für Familie. Familienzeitpolitik als Chance einer nachhaltigen Familienpolitik. Achter Familienbericht, Berlin 2012.

Gerhards, J. und Hans, S., Transnationales Bildungskapital und soziale Ungleichheit. BSSE-Arbeitspapier Nr. 25, Berlin 2012.

Goode, W. J., Die Struktur der Familie, 2. Aufl., Köln/Opladen 1966.

Hill, P.B. und Kopp, J., Familiensoziologie. Grundlagen und theoretische Perspektiven, 4. Aufl., Wiesbaden 2006.

Kley, S., Gefährdet Pendelmobilität die Stabilität von Paarbeziehungen? Einflüsse von Erwerbskonstellationen und Haushaltsarrangements in Ost- und Westdeutschland auf die Trennungswahrscheinlichkeit von Paaren, in: Zeitschrift für Soziologie 41 (5), 2012, S. 356–374.

Lück, D. und Ruppenthal, S., Insights into Mobile Living: Spread. Appearances and Characteristics, in: Mobile Living Across Europe II. Causes and Consequences of Job-Related Spatial Mobility in Cross-National Comparison, hrsg. v. N. F. Schneider und Collet, B., Opladen/Farmington Hills 2010, S. 37–68.

Meil, G., Geographic job mobility and parenthood decisions,in: Zeitschrift für Familienforschung 22 (2), 2010, S. 171–195.

Murdock. G. P., Social Structure, New York 1949.

Neidhardt, F., Die Familie in Deutschland. Gesellschaftliche Stellung, Struktur und Funktion, 4. Aufl., Opladen 1975.

Parsons, T., The American Family: Its Relations to Personality and to the Social Structure, in: Family, Socialization and Interaction Process, hrsg. v. T. Parsons und R.F. Bales, New York 1955, S. 3–33.

Rammler, S., Mobilität in der Moderne. Geschichte und Theorie der Verkehrssoziologie, Berlin 2001.

Ruppenthal, S. und Lück, D., Jeder fünfte Erwerbstätige ist aus beruflichen Gründen mobil. Berufsbedingte räumliche Mobilität im Vergleich, in: Informationsdienst Soziale Indikatoren 42, 2009, S. 1–5.

Rüger, H. und Becker, K., Berufsmobilität, Geschlecht und Lebensform. Berufsbedingte räumliche Mobilität und die Folgen für die Vereinbarkeit von Familie und Beruf und partnerschaftliche Arbeitsteilung, in: Neue Wege – Gleiche Chancen. Expertisen zum Ersten Gleichstellungsbericht der Bundesregierung, hrsg. v. U. Klammer und M. Motz, Wiesbaden 2011, S. 363–396.

Rüger, H., K. Micheel, T. Skora, und Ruppenthal, S., Sind berufsbedingte räumliche Mobilität und freiwilliges Engagement miteinander vereinbar? Befunde der zweiten Erhebungswelle der Studie „Job Mobilities and Family Lives in Europe", in: Bevölkerungsforschung Aktuell 33 (6), 2012, S. 2–9.

Rüger, H., Ruppenthal, S., Fliege, H., Hillmann, J., Kaukal, M., Bellinger, M. und Schneider, N.F., Mobilitätskompetenzen im Auswärtigen Dienst. Risiken und protektive Faktoren bei der Bewältigung der Auslandsrotation. Beiträge zur Bevölkerungswissenschaft 44, Würzburg 2013.

Sandow, E., Till work do us part: The social fallacy of long-distance commuting, in: Urban Studies, 2013.

Schier, M., Multilokale Wohnarrangements von Müttern, Vätern und ihren Kindern nach Trennung und Scheidung, in: Räumliche Mobilität in der Zweiten Moderne. Freiheit und Zwang bei Standortwahl und Verkehrsverhalten, hrsg. v. O. Schwedes, Berlin 2013, S. 189–212.

Schneider, N. F., Paarbeziehungen auf Distanz. Zum Stand der Forschung über eine soziologisch weithin ignorierte Beziehungsform, in: Handbuch Persönliche Beziehungen, hrsg. v. K. Lenzund F. Nestmann, Weinheim2009, S. 677–693.

Schneider, N. F., Ruppenthal, S. und Lück, D., Beruf, Mobilität und Familie, in: Zukunft der Familie. Prognosen und Szenarien, Sonderheft 6 der Zeitschrift für Familienforschung, hrsg. v. G. Burkart, Leverkusen 2009, S. 111–136.

Takeuchi, R., Yun, S. und Tesluk, P.E., An examination of crossover and spillover effects of spousal and expatriate cross-cultural adjustment on expatriates outcomes, in: Journal of Applied Psychology, 87 (4), 2002, S. 655–666.

Tyrell, H., Familie und gesellschaftliche Differenzierung, in: Familie – wohin? Leistungen, Leistungs-defizite und Leistungswandlungen der Familien in hochindustrialisierten Gesellschaften, hrsg. v. H. Pross, Reinbek 1979, S. 13–77.

4 Institutionalisierte private und öffentliche Unterstützungen für Familien in Deutschland

4.1 Transferleistungen zwischen den heutigen Mehrgenerationenfamilien

Marc Szydlik

4.1.1 Einführung

Familie ist viel mehr als Mutter, Vater, Kind im selben Haushalt. Neben verschiedenen Formen von Partner- und Elternschaft (Stichwort Patchworkfamilien) sind es vor allem lebenslange Generationenbeziehungen, die Familien konstituieren, also gerade Beziehungen zwischen erwachsenen Kindern und Eltern über die Haushaltsgrenzen hinweg. Der Familienbegriff ist somit längst nicht auf die Kernfamilie im engeren Sinne beschränkt, sondern umfasst insbesondere auch Mehrgenerationenfamilien, zumal wenn diese nicht mehr zusammenleben (vgl. Nave-Herz 2013).

Ein wesentliches Merkmal von Familie sind dabei Kontakte, emotionale Bindungen und nicht zuletzt verlässliche Transferleistungen. Genau dies sind die drei zentralen Formen der sogenannten Generationensolidarität, nämlich assoziative, affektive und funktionale Solidarität (Bengtson/Roberts 1991; Szydlik 2000: 34 ff.). Letztere ist besonders relevant, zumal sie das Geben und Nehmen von Raum, Zeit und Geld umschließt. Familiengenerationen wären demnach auf vielfältige Weise miteinander verknüpft, bis hin zu willkommenen lebenslangen Unterstützungsleistungen. Es ist vor allem eine empirische Aufgabe, dem tatsächlichen Ausmaß der Generationensolidarität nachzuspüren und Personengruppen zu identifizieren, die hiervon mehr oder weniger profitieren.

Dabei ist es hilfreich, zwischen drei Analyseebenen zu unterscheiden: Individuum, Familie und Gesellschaft (Mikro, Meso, Makro). Alle drei haben große Auswirkungen auf das Ausmaß des gelebten Generationenzusammenhalts. Individuen haben bestimmte Ressourcen und Bedarfe, Familien spezifische Strukturen, und Gesellschaften zeichnen sich durch kulturelle Normen, wirtschaftliche Bedingungen und politische Entscheidungen aus, die Generationenbeziehungen stark beeinflussen (vgl. z. B. Brandt et al. 2009; Haberkern/Szydlik 2010; Igel/Szydlik 2011; Isengard/Szydlik 2012; Szydlik 2012a).

Gleichzeitig kann man davon ausgehen, dass demografische Dynamiken auf Familiengenerationen wirken. So hat der demografische Wandel mit dem Anstieg der Lebenserwartung deutliche Folgen für die „multilokale Mehrgenerationenfamilie" (vgl. Bertram 2000). Der

Anstieg der Lebensdauer verlängert vor allem den Teil des Lebens, in dem die Generationen eben nicht mehr in denselben vier Wänden leben, wenn also die erwachsenen Kinder ausgezogen sind und eigene Haushalte gegründet haben. Generationenbeziehungen unter Erwachsenen sind also heute potenziell wichtiger denn je. Inwiefern erwachsene Kinder und Eltern aber tatsächlich die längere zur Verfügung stehende gemeinsame Lebenszeit (vgl. Lauterbach 1995) nutzen – oder doch lieber getrennte Wege gehen – ist wiederum eine empirische Frage. Inwiefern existiert eine lebenslange Generationensolidarität, inwiefern stehen Eltern und Kinder zeitlebens füreinander ein?

Der vorliegende Beitrag beschäftigt sich somit mit der funktionalen Solidarität erwachsener Familiengenerationen. Alle drei Solidaritätsformen werden in den Blick genommen: Raum (Koresidenz), Zeit (Hilfeleistungen) und Geld (Finanztransfers). Auf der einen Seite ist es relevant, das Ausmaß dieser Leistungen festzustellen. Auf der anderen Seite geht es um Faktoren für einen mehr oder weniger ausgeprägten Zusammenhalt der Familiengenerationen: Welche Familien sind während der gemeinsamen Lebenszeit stärker miteinander verbunden als andere? Worauf kann man solche Unterschiede zurückführen? Inwiefern lassen sich hieraus sogar Rückschlüsse ziehen auf gesellschaftliche Folgen der Familiensolidarität? Bevor man sich allerdings den erwachsenen Generationen zuwendet, soll zunächst das Generationenverhältnis in Kindheit und Jugend in den Blick genommen werden, insbesondere in Bezug auf Auswirkungen für den Bildungserwerb.

4.1.2   Generationen im Verlauf

Die These lautet: Generationensolidarität ist lebenslang, und sie hat außerordentliche Folgen für Familie und Gesellschaft. Insofern ist es sinnvoll, bei der Diskussion des Generationenzusammenhalts sowie seiner Determinanten und Folgen eine Lebenslaufperspektive heranzuziehen. Einerseits basieren Generationenbeziehungen im Erwachsenenalter auf früheren Ereignissen und Erfahrungen. Andererseits wirkt das Zusammenspiel von familialen Unterstützungsleistungen und gesellschaftlichen Strukturen über den gesamten Lebenslauf, über die gesamte gemeinsame Lebenszeit von Eltern und Kindern – und teilweise sogar noch darüber hinaus. Dies wird, aus einer Lebenslaufperspektive, im Folgenden skizziert (ausführlicher sowie in tabellarischer Form in Szydlik 2012b):

Die vielfältigen und umfangreichen Leistungen der Eltern für ihre Kinder beinhalten von Anfang an ein mehr oder weniger günstiges Lebens- und Wohnumfeld. Dies betrifft die Ernährung, die Wohnung oder das Haus, deren Ausstattung, ein eigenes Zimmer oder das Vorhandensein eines eigenen Gartens. Über die Wohngegend wird auch bestimmt, aus welcher Sozialschicht die ersten Freunde ihrer Kinder stammen, welchen Bildungsehrgeiz diese mitbringen und welche Qualität die vorschulischen und schulischen Einrichtungen aufweisen, die die Kinder besuchen. Die finanziellen Ressourcen der Eltern können sich zudem auf das Taschengeld ihrer Kinder, auf Markenkleider, Elektronik- und Sportartikel sowie Reisen auswirken. All dies erhöht bzw. verringert die Lebensqualität der Kinder, und ebenfalls das Sozialprestige, das sie von Freunden und Mitschülern erfahren. Wenn Eltern ihren Kindern viel bieten können, winken vorteilhafte Lebensumstände. Wenn Eltern in Armut leben, droht dies auch ihren Kindern.

Es sind aber längst nicht nur Geld und Raum, die bereits in früher Kindheit wirken. Vielmehr führt insbesondere die Zuwendung der Eltern zu ihren Nachkommen zu einschneidenden Weichenstellungen. Eine wichtige Rolle spielen hierbei z. B. Bücher im Zuge der familialen

Lesesozialisation, beispielsweise in Form des gemeinsamen Betrachtens von Bilderbüchern und des Vorlesens von Kinderbüchern. Wenn Eltern großen Wert auf Bildung legen und ihre Kinder von früh auf intensiv fördern, trägt dies zu lebenslangen Vorteilen dieser Kinder bei. Umgekehrt sind Kinder aus bildungsfernen Familien mit geringen Bildungsaspirationen lebenslang im Nachteil. Damit führen ungleiche Lebensverhältnisse und Erziehungsstile von Eltern zu ungleicher Lebensqualität und Voraussetzungen in der Kindergeneration – die entsprechend Grundlagen für lebenslange Ungleichheit sind.

Eine der wichtigsten, wenn nicht die wichtigste Lebensentscheidung ist in Bildungsgesellschaften die Aufteilung der Kinder auf verschiedene Schulformen. Die frühe Bildungsungleichheit trägt zu lebenslangen sozialen Unterschieden bei. Wer zu den Bessergebildeten zählt, erhält generell ein höheres Einkommen auf sicheren Arbeitsplätzen, genießt ein höheres berufliches Ansehen, ist auf dem Partner- und Heiratsmarkt im Vorteil und zeichnet sich durch bessere Gesundheit und ein längeres Leben aus. Die Schulwahl ist stark von den Eltern geprägt. Hier wirken die frühen bzw. früheren Unterstützungsleistungen, aber auch die unmittelbaren Wünsche und Aspirationen der Eltern beim Übertritt in niedrigere bzw. höhere Schulen. Besondere Bedeutung haben demnach primäre und sekundäre Herkunftseffekte (vgl. Boudon 1974). Auf der einen Seite können im Sinne primärer Herkunftseffekte ressourcenstarke Eltern ihren Kindern eine fördernde Lernumwelt bieten, die zu größeren bildungsbezogenen Leistungen führt und damit den Zugang zu den höheren Schulen begünstigt. Auf der anderen Seite tendieren Eltern mit geringerer Bildung und weniger Ressourcen im Sinne sekundärer Herkunftseffekte eher dazu, ihre Kinder auf niedrigere Schulen zu schicken, selbst wenn ihre Nachkommen gute Schulleistungen aufweisen. Für höher gebildete Eltern ist es hingegen eher selbstverständlich, dass auch ihre Kinder die „besseren" Schulen besuchen, bis hin zur Universität.

Die Unterstützung der Eltern endet allerdings längst nicht bei der Schulwahl, sondern sie fördern ihre Nachkommen während der gesamten Schulzeit – mehr oder weniger. So können höher gebildete Eltern ihren Kindern zu Hause weiterhin eher ein Lernumfeld bieten, das deren schulbezogene Kompetenzen fördert (vgl. Bourdieu/Passeron 1971). Hierzu gehören neben der Betreuung und Kontrolle der Hausaufgaben die Ausstattung mit Schulmaterial und Computer sowie gegebenenfalls kostenintensive private Sprachkurse und Nachhilfe. So zeigen die PISA-Studien (vgl. z. B. OECD 2010), dass die Kompetenzen der Jugendlichen stark von ihrem Elternhaus abhängen. Jugendliche mit Eltern aus der untersten Statusgruppe erreichen im Schnitt beinahe 100 PISA-Punkte weniger als diejenigen des obersten Viertels. Die Differenzen aufgrund des Elternstatus liegen dabei sogar deutlich über denen zwischen weiblichen und männlichen Jugendlichen sowie zwischen MigrantInnen und Einheimischen (vgl. Szydlik 2012b).

Nach der frühkindlichen Erziehung und dem Schulzugang und -erfolg in Kindheit und Jugend können Eltern auch im Übergang von der Schule in Ausbildung und Beruf eine wichtige Rolle spielen. Hierzu gehören Kontakte, unter anderem für Praktika sowie Lehr- und Arbeitsstellen. „Mikis" und „Kukis", also Mitarbeiter- und Kundenkinder haben hierbei Vorteile vor Jugendlichen und jungen Erwachsenen, die nicht auf solche Ressourcen ihrer Eltern zurückgreifen können. Besonders hilfreich ist es zudem, wenn die Eltern über eine eigene Firma verfügen oder Handlungsanleitungen und Entscheidungshilfen geben können aufgrund ihrer eigenen Erfahrungen sowie der ihrer Freunde und Bekannten. Die mehr oder weniger selbstverständliche Anwendung kultureller Regeln im Sinne „feiner Unterschiede" (vgl. Bourdieu 1982) kann sich bei der Stellensuche ebenfalls bezahlt machen. Die unterschiedlichen Ressourcen der Eltern führen demnach auch bei dieser wichtigen Weichenstellung zu mehr oder weniger großen Chancen bzw. Risiken im Lebenslauf der Kindergeneration, und damit zu einer Verfestigung bzw. Ausweitung sozialer Ungleichheit.

Nach diesen skizzenhaften Hinweisen zur Bedeutung der Generationensolidarität in Kindheit und Jugend stellt sich für den vorliegenden Beitrag die Frage nach den Generationenbeziehungen unter Erwachsenen und ihren Folgen für soziale Stratifikation. Zentral ist hierbei die funktionale Solidarität in Form von Raum, Zeit und Geld.

4.1.3   Raum, Zeit, Geld

Im Folgenden werden empirische Analysen auf Basis des „Survey of Health, Ageing and Retirement in Europe" (SHARE) dokumentiert. Einbezogen sind insgesamt 14 europäische Länder: Belgien, Dänemark, Deutschland, Frankreich, Griechenland, Irland, Italien, die Niederlande, Österreich, Polen, Schweden, Schweiz, Spanien und die Tschechische Republik. Hiervon werden auch separate Auswertungen für Schweden, West- und Ostdeutschland, Polen und Italien dokumentiert (weitere Länderinformationen finden sich z. B. in Brandt et al. 2009; Szydlik 2011; Isengard/Szydlik 2012). Berücksichtigt werden Erstbefragte der ersten beiden Befragungswellen (2004/2005 bzw. 2006/2007) ab 50 Jahren mit lebenden Eltern bzw. erwachsenen Kindern.

Raum

Im ersten Schritt wird der funktionalen Solidarität in Form von gemeinsamem Wohnraum nachgegangen. Koresidenz von Eltern und erwachsenen Kindern ist insgesamt kein seltenes Ereignis. Wenn man, wie in Abb. 4.1, alle erwachsenen Kinder berücksichtigt, lebt ein knappes Fünftel der Generationen innerhalb derselben vier Wände (die Abbildung beinhaltet Eltern-Kind-Dyaden, d. h., die Beziehung eines Elternteils zu einem erwachsenen Kind stellt eine Dyade dar, das Verhältnis desselben Elternteils zu einem weiteren erwachsenen Kind ist eine weitere Dyade). Wenn man darüber hinaus die Frage stellt, wie viele Befragte mit mindestens einem ihrer erwachsenen Kinder im selben Haushalt leben, steigt die Quote sogar auf fast ein Drittel. Zwar kann man mit den SHARE-Daten nicht eruieren, in welchem Ausmaß sich die einzelnen Familienmitglieder an den Haushaltskosten beteiligen bzw. wer bei wem lebt, weitere Auswertungen belegen jedoch, dass der Koresidenzanteil deutlich mit dem Alter der erwachsenen Kinder sinkt. Es dürfte sich hier also hauptsächlich um jüngere erwachsene Kinder unter 30 Jahren handeln, die noch nicht aus dem Haushalt der Eltern ausgezogen sind.

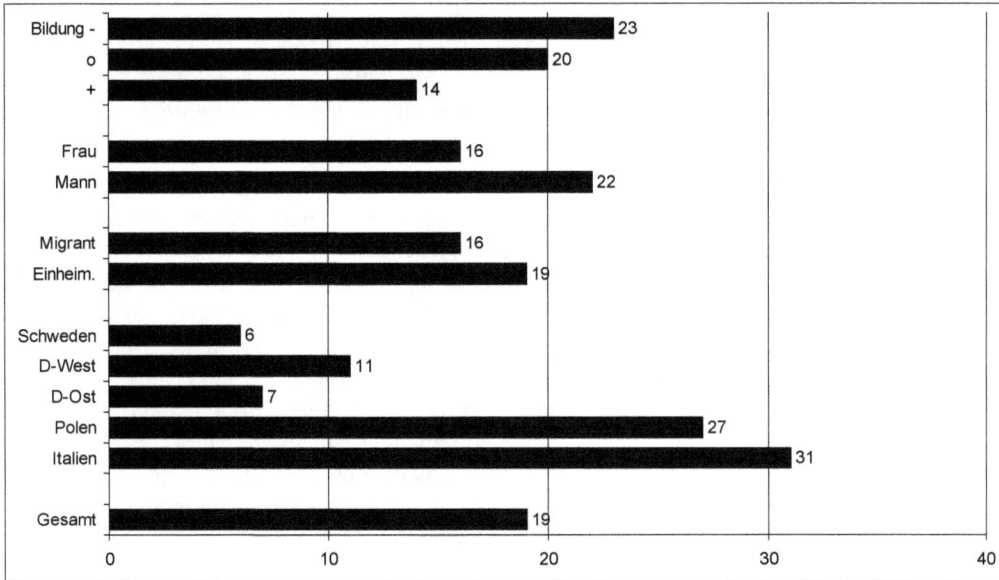

Abb. 4.1:   Raum (Basis: SHARE, n = 77,211. Koresidenz mit erwachsenem Kind (Dyaden). Bildung und Geschlecht des erwachsenen Kindes.) (Quelle: eigene Darstellung)

Neben dem generellen Ausmaß interessieren vor allem Differenzen zwischen Bevölkerungsgruppen. Damit können Hinweise gewonnen werden, welche Faktoren zu mehr oder weniger
Generationensolidarität beitragen. Diese fällt deutlich unterschiedlich aus, wenn man Bildungsschichten, Frauen und Männer sowie Migranten und Einheimische miteinander vergleicht. Darüber hinaus zeigen sich eindrucksvolle Diskrepanzen zwischen Ländern in
Nord-, Süd-, West- und Osteuropa.

Zunächst zur Bildung (die erste Gruppe reicht bis maximal Sekundarstufe I, die zweite umfasst Personen mit Abitur, Berufslehre oder höherem Fachschulabschluss, und die höchste
Bildungsschicht besteht aus (Fach-)Hochschulabsolventen): Je höher der Bildungsabschluss
des erwachsenen Kindes ausfällt, desto seltener lebt es mit den Eltern in derselben Wohnung.
Dies weist auf die relativ hohe räumliche Mobilität von Akademikern hin, die sie geografisch
von den Eltern entfernt. Eine Ursache ist der Umzug in eine Universitätsstadt zum Bildungserwerb, zudem dürfte die spätere berufliche Karrieremobilität eine Rolle spielen. Von großer
Bedeutung sind dabei auch umfangreichere finanzielle Ressourcen von höher gebildeten
Eltern und erwachsenen Kindern, womit die Mobilitätskosten einschließlich getrennter Wohnungen leichter finanzierbar sind. Immerhin unterstützen empirische Befunde die bereits vor
längerer Zeit aufgestellten Thesen von der „Inneren Nähe durch äußere Distanz" (Tartler
1961) bzw. der „Intimität auf Abstand" (Rosenmayr/Köckeis 1961). D. h., Familiengenerationen sind auch im Erwachsenenalter eng miteinander verbunden, vermeiden jedoch idealiter, in derselben Wohnung zu leben. Um also einen gewissen Abstand bzw. Distanz herzu-
stellen, braucht es finanzielle Möglichkeiten. Diese sind bei höher gebildeten erwachsenen
Kindern – und ihren i. d. R. entsprechend besser situierten Eltern – eher gegeben.

Töchter weisen etwas weniger Koresidenz mit ihren Eltern auf. Dies liegt in erster Linie
daran, dass junge Frauen im Vergleich zu jungen Männern früher aus dem Elternhaus auszie-
hen. Ein wesentlicher Grund ist hierfür das jüngere Alter von Frauen beim Eingehen einer

Partnerschaft, das dann eben zu einem früheren Verlassen der Wohnung der Eltern führt. „Nesthocker" sind demnach insbesondere Söhne. Ein kleinerer Unterschied zeigt sich in der Abbildung auch zwischen Migranten und Einheimischen, allerdings wird dieser durch multivariate Analysen nicht in dieser Form bestätigt, d. h., unter Berücksichtigung weiterer entscheidender Faktoren leben Migranten im Vergleich mit Einheimischen noch etwas häufiger mit ihren erwachsenen Kindern zusammen.

Die Länderdiskrepanzen sind besonders auffällig. In Schweden und Deutschland ist funktionale räumliche Solidarität unter erwachsenen Familiengenerationen selten, in Polen und Italien jedoch sehr häufig. Ein wesentlicher Grund liegt hierfür darin, dass die Familien in Ost- und Südeuropa besonderem ökonomischen Druck ausgesetzt sind. Wo die erwachsenen Kinder über geringere finanzielle Möglichkeiten für eine eigenständige Lebensführung verfügen, wo Armut und (Jugend-)Arbeitslosigkeit besonders ausgeprägt sind, dort ziehen die erwachsenen Kinder relativ spät von zu Hause aus. D. h., die Generationen sind dann relativ lange dazu angehalten, dieselben vier Wände miteinander zu teilen. Dieser Befund wird durch weitere Analysen gestützt, wobei sich auch Folgen von Sozialpolitik zeigen: Höhere Sozialausgaben gehen im Ländervergleich mit geringen Koresidenzraten einher, wohingegen Gesellschaften mit mehr Armut auch mehr gemeinsames Wohnen von erwachsenen Familiengenerationen aufweisen (vgl. Isengard/Szydlik 2012).

Zeit

Im „Survey of Health, Ageing and Retirement in Europe" wird auch nach verschiedenen Formen von zeitlichen Unterstützungen gefragt. Abb. 4.2 umfasst sowohl „Praktische Hilfe im Haushalt, z. B. bei kleinen Reparaturen, bei der Gartenarbeit, beim Einkaufen oder bei der Hausarbeit" als auch „Hilfe mit Behörden und Ämtern, zum Beispiel beim Ausfüllen von Formularen, bei finanziellen oder rechtlichen Angelegenheiten" (für Pflegeleistungen vgl. z. B. Haberkern/Szydlik 2010). Die Frage lautete: „Wir interessieren uns dafür, wie Menschen einander helfen. Bei den nächsten Fragen geht es um Hilfe, die Sie Menschen in Ihrem Umfeld gegeben haben und um Hilfe, die Sie von Menschen aus Ihrem Umfeld bekommen haben. [...] Jetzt würde ich Ihnen gerne einige Fragen zu der Hilfe stellen, die Sie anderen geleistet haben. In den letzten zwölf Monaten – haben Sie persönlich einem Familienmitglied außerhalb Ihres Haushalts, einem Freund oder einem Nachbarn [...] Hilfe geleistet?". Im Folgenden werden hiervon die Hilfen an Eltern außerhalb des Haushalts betrachtet.

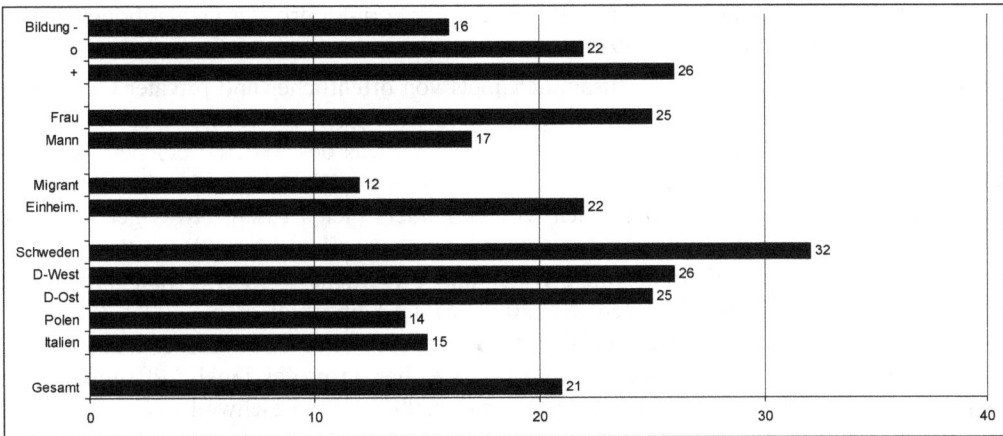

Abb. 4.2: Zeit (Basis: SHARE, n = 10,066. Hilfe an Eltern außerhalb des Haushalts.) (Quelle: eigene Darstellung)

Die in Abb. 4.2 aufgeführte Gesamtquote belegt, dass ein gutes Fünftel der ab 50-Jährigen mindestens einem nicht-koresidenten Elternteil in den letzten zwölf Monaten geholfen hat – sei es im Haushalt, sei es bei bürokratischen Angelegenheiten. Dies zeigt, dass erwachsene Kinder und Eltern auch weit in der zweiten Lebenshälfte durch funktionale Solidarität miteinander verbunden sind. Der Anteil von einem Fünftel mag als überschaubar erscheinen. Allerdings sind solche zeitlichen Unterstützungen erstens an einen entsprechenden Bedarf gebunden, d. h., wenn mehr Eltern Hilfe benötigen, kann sich eine höhere Quote ergeben. Zweitens sind in der Abbildung keine Pflegeleistungen berücksichtigt, die den Gesamtanteil ebenfalls erhöhen würden (vgl. Brandt et al. 2009). Drittens handelt es sich lediglich um einen relativ kurzen Zeitraum von einem Jahr. Wenn man beispielsweise nach Hilfen in den letzten fünf Jahren oder dem zukünftigen Hilfe- und Pflegepotenzial gefragt hätte, wären entsprechend höhere Quoten zutage getreten.

Interessanterweise helfen Akademiker ihren Eltern vergleichsweise häufiger. Wer über eine geringere Bildung verfügt, ist hingegen seltener in Hilfeleistungen eingebunden. Dies spricht dafür, dass manche zeitlichen Transfers auch von finanziellen Ressourcen abhängen, und bei bürokratischen Angelegenheiten können entsprechende Kompetenzen eine Rolle spielen.

Nicht überraschend ist, dass Frauen (Töchter) deutlich mehr für Hilfen zur Verfügung stehen als Männer (Söhne). Solange Haushaltätigkeiten insbesondere Frauen zugeschrieben werden, weisen gerade Töchter solche Unterstützungsleistungen auf. Ebenso erwartbar war, dass Migranten weniger Möglichkeiten haben, ihren (häufig im Heimatland verbliebenen) Eltern unmittelbare zeitliche Hilfen zukommen zu lassen.

Als eher überraschend können die Ländereffekte eingestuft werden. Vor dem Hintergrund der sogenannten Crowding-out-Hypothese hätte man erwarten können, dass ein starker Wohlfahrtsstaat die Familiensolidarität verdrängt. Da der Staat viele Versorgungsaufgaben übernimmt, würden sich die Angehörigen demnach entsprechend zurückziehen. Die Abbildung belegt jedoch, dass sogar das Gegenteil der Fall ist: In Schweden wird häufiger geholfen, aber in Polen und Italien besonders selten. Diese Befunde sprechen damit eher für die Crowding-in-Hypothese: Wenn der Wohlfahrtsstaat Versorgungsaufgaben übernimmt, verfügen die

Familienmitglieder über mehr Freiraum für bestimmte Formen privater Generationensolidarität (vgl. z. B. Künemund/Rein 1999).

Zur Untersuchung des komplexen Zusammenspiels von öffentlicher und privater Generationensolidarität gehört aber auch, neben der generellen Häufigkeit der Transfers deren Intensität in den Blick zu nehmen. Zusätzliche Analysen auf Basis des SHARE belegen, dass erwachsene Kinder gerade im Süden Europas besonders viele Wochenstunden für die Pflege ihrer Eltern aufwenden. D. h., im Norden wird besonders vielen Eltern etwas geholfen, im Süden werden jedoch insgesamt weniger Eltern intensiv gepflegt. Diese Befunde sprechen für eine spezifische Kombination von privater und öffentlicher Verantwortung (vgl. z. B. Litwak et al. 2003; Daatland/Lowenstein 2005; Motel-Klingebiel et al. 2005; Reil-Held 2006; Szydlik 2012a). In starken Sozialstaaten werden demnach bestimmte, insbesondere sehr aufwändige und belastende persönliche Dienste eher an professionelle Pflegeleistende übertragen, und die Familie übernimmt Hilfen unterhalb der Pflegeschwelle, sei es in Form von Unterstützungen im Haushalt oder bei bürokratischen Angelegenheiten. Wo öffentliche Dienste weniger einspringen, sind eben zuvorderst die Verwandten gefordert, im Pflegefall insbesondere die PartnerInnen und erwachsenen Kinder.

Geld

Nach Raum und Zeit dokumentiert Abb. 4.3 finanzielle Generationentransfers. Der SHARE fragt: „Viele Menschen machen Geld- oder Sachgeschenke oder sie unterstützen andere, z. B. ihre Eltern, Kinder, Enkelkinder, andere Verwandte oder Freunde und Nachbarn. Denken Sie jetzt bitte an die letzten zwölf Monate. Wenn Sie freie Kost und Unterkunft unberücksichtigt lassen, haben Sie [oder Ihr/e Ehemann/Ehefrau/Partner/Partnerin] in dieser Zeit eine Person innerhalb oder außerhalb Ihres Haushalts mit Geld- oder Sachgeschenken im Wert von 250 Euro unterstützt?". Dabei werden im Folgenden die Transfers an erwachsene Kinder außerhalb des Haushalts herangezogen.

Ein Fünftel dieser Eltern beantwortet die Frage mit Ja. Man könnte wiederum auf den ersten Blick meinen, dass diese Quote nicht sonderlich hoch sei. Allerdings handelt es sich auch hier lediglich um einen Zeitraum von zwölf Monaten, d. h., bei einer längeren Zeitspanne wären deutlich höhere Anteile zutage getreten. Zudem geht es aufgrund der Frageformulierung um Unterstützungsleistungen ab 250 Euro, sodass die Berücksichtigung kleinerer Beträge und Geschenke die allgemeine Transferquote ebenfalls deutlich erhöhen würde.

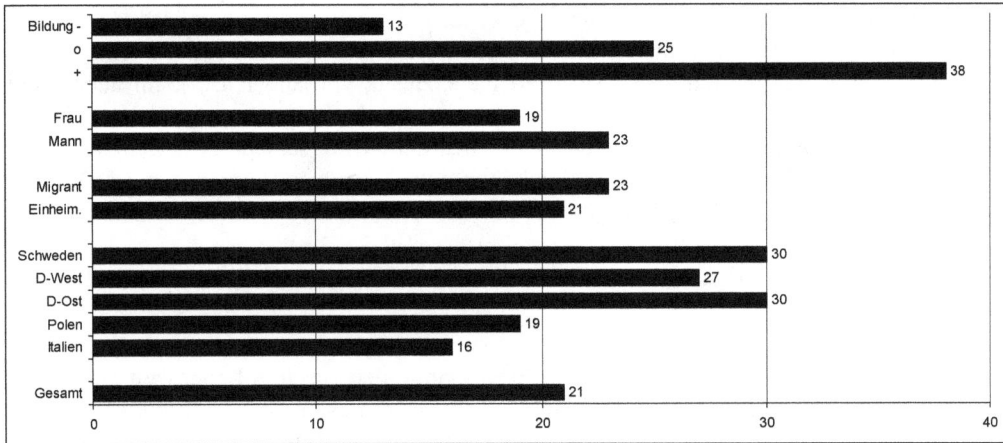

Abb. 4.3:   Geld (Basis: SHARE, n = 24,777. Finanzieller Transfer an erwachsene Kinder außerhalb des Haushalts.) (Quelle: eigene Darstellung)

Besonders auffällig sind die Diskrepanzen zwischen den sozialen Schichten. Wer über eine geringere Bildung verfügt, gibt wesentlich seltener. Die Anteile bei Akademikern sind sage und schreibe drei Mal so hoch. Dieser Befund verweist darauf, dass es längst nicht nur die Bedürfnisse der erwachsenen Kinder sind, die Geldleistungen ihrer Eltern anregen. Vielmehr spielen die Ressourcen eine zentrale Rolle: Wer mehr hat, gibt mehr.

Im Vergleich mit den Schichtdifferenzen fallen die Unterschiede zwischen Frauen (Müttern) und Männern (Vätern) sowie insbesondere zwischen Migranten und Einheimischen weniger deutlich aus. Aber es zeigen sich wiederum klare Länderunterschiede. Es sind nicht die ost- und südeuropäischen Länder, die Vorreiter bei den privaten Generationentransfers sind, sondern vor allem die Staaten, in denen besonders hohe Einkommen erzielt werden und besonders große Privatvermögen vorhanden sind.

Neben den aktuellen finanziellen Transfers fließen weitere beträchtliche Summen von einer Generation an die nächste, und zwar in Form von Vererbungen (ausführlich Szydlik 2011). Letztendlich wird das allermeiste Privatvermögen innerhalb von Familien weitergegeben. Vermögende Erblasser vermachen ihren Besitz in der Regel an Familienangehörige, und neben den PartnerInnen sind es vor allem die erwachsenen Kinder, die in den Genuss der Besitztümer der vorherigen Generation gelangen, sei es in Form von Immobilien, sei es in Form von Geldvermögen.

Empirische Analysen weisen darauf hin, dass größere Erbschaften allerdings eher die Ausnahme darstellen. Die allermeisten Nachlässe sind, falls überhaupt etwas vererbt wird, eher überschaubar. Dies ist insofern nicht verwunderlich, als dass die Vermögen generell stark ungleich verteilt sind. Wenn diese nun nach dem Tod weitergegeben werden, profitieren insgesamt eher wenige Personen.

Dabei erhalten gerade diejenigen Personengruppen nennenswerte Erbschaften, die bereits bei den aktuellen finanziellen Generationentransfers bevorteilt sind: Höher Gebildete gehören wesentlich häufiger zu den Erben als erwachsene Kinder aus niedrigeren Bildungsschichten. Zwischen Frauen und Männern (Töchtern und Söhnen) lassen sich heutzutage kaum mehr Unterschiede bei den Erbchancen nachweisen, allerdings sind Migranten gegenüber der einheimischen Bevölkerung klar im Nachteil. Weiterhin stellt sich heraus, dass besonders in den Ländern (sehr) häufige Erbschaften auftreten, die im internationalen Vergleich eine besonders gute Vermögenssituation aufweisen: Wo mehr Besitz vorhanden ist, kann auch mehr vererbt werden. Insofern sind hierbei wiederum die nordeuropäischen Länder sowie die Schweiz klar im Vorteil. Gleichzeitig zeigen sich deutliche Unterschiede zwischen West- und Ostdeutschen: Die relativ geringen Möglichkeiten zum Vermögensaufbau in der DDR verringern die bisherigen und zukünftigen Erbchancen von Ostdeutschen nachhaltig und in beträchtlichem Maße.

4.1.4   Fazit

Familiengenerationen haben heute eine besonders lange gemeinsame Lebenszeit zur Verfügung. Es stellt sich die Frage, inwiefern die Generationen diese potenziell gemeinsame Zeit auch tatsächlich nutzen. Vielfältige empirische Befunde bestätigen dies eindrücklich (vgl. Rossi/Rossi 1990; Silverstein/Bengtson 1997; Perrig-Chiello et al. 2008; Brandt et al. 2009; Nauck 2009; Szydlik 2000, 2012a, b). Der enge Zusammenhalt zwischen den Familiengenerationen zeigt sich über das gesamte gemeinsame Leben – und geht sogar noch darüber hinaus. Dies gilt gerade heutzutage (für einen historischen Vergleich vgl. Nave-Herz 2011).

Eltern sorgen für ihre Nachkommen in deren Kindheit und Jugend, aber auch später im Erwachsenenalter. Umgekehrt stehen erwachsene Kinder häufig für Hilfeleistungen an ihre älteren Eltern zur Verfügung. Dabei zeigt sich ein Kaskadenmodell: Geld fließt in der Generationenfolge generell vor allem von oben nach unten, also von den Älteren an die Jüngeren in der Familie. Zeit folgt hingegen bei Erwachsenen eher der umgekehrten Richtung. Jedenfalls ist klar: Auch wenn erwachsene Kinder und Eltern in getrennten Haushalten leben, bricht die Beziehung zueinander nicht ab. Man kann in der Tat von einer lebenslangen Generationensolidarität sprechen.

Dies hat bedeutende Folgen, und zwar für Individuen, Familien und Gesellschaften insgesamt. Neben den willkommenen hilfreichen Unterstützungen spielt der Zusammenhang von Familiensolidarität und sozialer Ungleichheit eine große Rolle. Eltern helfen ihren Kindern, so gut sie können. Vermögende Eltern verfügen aber über besonders große Ressourcen, die ihren Nachkommen zugute kommen und damit soziale Ungleichheit in der Kindergeneration bewirken. Dies beginnt in frühester Kindheit und vollzieht sich über das gesamte Leben. Ganz zentral ist hierbei der Bildungserwerb. Im Erwachsenenalter spielt zudem das Geben und Nehmen von Raum, Zeit und Geld eine entscheidende Rolle. Im Falle von Vererbungen reicht die Generationensolidarität sogar über den Tod der Eltern hinaus und wirkt damit posthum auf gegenwärtige und zukünftige Ungleichheit.

Bei den Faktoren für eine mehr oder weniger starke Generationensolidarität sind individuelle Bedürfnisse und Ressourcen, Familienstrukturen und gesellschaftliche Kontexte entscheidend. Dabei legt der Ländervergleich bei den verschiedenen Formen der funktionalen Generationensolidarität ein komplexes Zusammenspiel von öffentlichen und privaten Transferleistungen nahe. Dort, wo der Wohlfahrtsstaat relativ schwach ist und Familienleistungen umso notwendiger erscheinen, konzentrieren sich Eltern besonders auf koresidente Generationen. So leben erwachsene Kinder in Ost- und Südeuropa relativ lange im Haushalt der Eltern. In Schweden und Deutschland kann man sich deutlich früher eine eigene Wohnung leisten.

Generationensolidarität ist aber längst nicht auf Koresidenzbeschränkt. Auch nach dem Auszug der erwachsenen Kinder aus dem Elternhaus reißt die Familienbande nicht auseinander. Im Gegenteil: Neben häufigen Kontakten und enger emotionaler Bindung (vgl. z. B. Szydlik 2000) sind es insbesondere zeitliche und finanzielle Transfers, die einen lebenslangen Generationenzusammenhalt ausmachen. Dabei ist es spannend zu sehen, dass diese Transfers besonders häufig auftreten, wenn starke wohlfahrtsstaatliche Leistungen vorhanden sind. Mit anderen Worten: Der Wohlfahrtsstaat verdrängt nicht generell die private Generationensolidarität, sondern verstärkt diese sogar in bestimmter Hinsicht. Entlastungen der Familien aufgrund öffentlicher Leistungen können durchaus zu häufigeren Unterstützungen zwischen Familiengenerationen beitragen.

Auch der demografische Wandel wirkt sich aus. Man lebt in den gewonnenen Jahren nicht aneinander vorbei. Die längere gemeinsame Lebenszeit wird von den Familiengenerationen tatsächlich genutzt. Der demografische Wandel beinhaltet aber auch problematische Aspekte des Generationenzusammenhalts. So stehen dem zunehmenden Hilfe- und Pflegebedarf der älteren Generation durchaus weniger Möglichkeiten der erwachsenen Kinder gegenüber. Ursachen sind u. a. zunehmende Flexibilitätsanforderungen des Arbeitsmarkts inklusive räumlicher Mobilität, instabilere Partnerschaften und weniger Geschwister, die sich die Pflegearbeit teilen könnten (Szydlik 2012a: 101 f.). Dabei können weniger wohlfahrtsstaatliche Unterstützungen dazu führen, dass Familienmitglieder verstärkt für Leistungen an Angehörige verantwortlich gemacht werden. Zudem können Schichtdifferenzen sogar noch zunehmen, wenn der Rückzug des Wohlfahrtsstaats im Zuge des demografischen Wandels besonders die Besitzsicherung unterer Sozialschichten im Alter erschwert, wohingegen eine geringere Kinderzahl von Vermögenden die Erbteilung verringert und über reiche kinderlose Tanten und Onkel sogar mehrfache Erbschaften erfolgen.

Anmerkungen

Der Beitrag ist im Rahmen des Projekts „Beziehungen zwischen Eltern, Kindern und Enkeln im erweiterten Europa" der Forschungsgruppe AGES (Arbeit, Generation, Sozialstruktur) der Universität Zürich entstanden. Zur Forschungsgruppe gehören Ariane Bertogg, Bettina Isengard, Ronny König, Franz Neuberger und Klaus Preisner. Frühere Mitglieder sind Martina Brandt, Christian Deindl, Corinne Igel und Tina Schmid. Ich bedanke mich herzlich bei Ronny König für seine wertvollen Unterstützungen bei den empirischen Auswertungen, bei Rosemarie Nave-Herz für ihre hilfreichen Hinweise sowie beim Schweizerischen Nationalfonds für die finanzielle Förderung des Generationenprojekts.

Mit der Nutzung der SHARE-Daten ist folgende Erklärung abzugeben: „This paper uses data from SHARE wave 4 release 1, as of November 30th 2012 or SHARE wave 1 and 2 release 2.5.0, as of May 24th 2011 or SHARELIFE release 1, as of November 24th 2010. The SHARE data collection has been primarily funded by the European Commission through the 5th Framework Programme (project QLK6-CT-2001-00360 in the thematic programme Quality of Life), through the 6th Framework Programme (projects SHARE-I3, RII-CT-2006-062193, COMPARE, CIT5- CT-2005-028857, and SHARELIFE, CIT4-CT-2006-028812) and through the 7th Framework Programme (SHARE-PREP, N° 211909, SHARE-LEAP, N° 227822 and SHARE M4, N° 261982). Additional funding from the U.S. National Institute on Aging (U01 AG09740-13S2, P01 AG005842, P01 AG08291, P30 AG12815, R21 AG025169, Y1-AG-4553-01, IAG BSR06-11 and OGHA 04-064) and the German Ministry of Education and Research as well as from various national sources is gratefully acknowledged (see www.share-project.org for a full list of funding institutions)".

Hinweise auf weiterführende Literatur
Künemund, H. und Szydlik, M. (Hrsg.), Generationen – Multidisziplinäre Perspektiven, Wiesbaden 2009.
OECD, PISA 2009 Results: Overcoming Social Background – Equity in Learning Opportunities and Outcomes (Volume II) [http://dx.doi.org/10.1787/9789264091504-en], OECD 2010.
Rossi, P. H. und Rossi, A. S., Of Human Bonding: Parent-Child Relations across the Life Course, New York 1990.

Wiederholungsfragen / Übungsaufgaben
1. Erläutern Sie die Hauptformen der Generationensolidarität mit jeweils einem empirischen Beispiel.
2. Wie lässt sich der Generationenzusammenhalt heutzutage insgesamt einschätzen?
3. Welcher Zusammenhang besteht zwischen familialer Generationensolidarität und sozialer Ungleichheit?
4. Welche Muster zeigen sich bei erwachsenen Familiengenerationen im internationalen Vergleich?

4.1.5   Literatur

Bengtson, V. L., und Roberts, R. E. L., Intergenerational Solidarity in Aging Families: An Example of Formal Theory Construction, in: Journal of Marriage and the Family 53, 1991, S. 856–870.

Bertram, H., Die verborgenen familiären Beziehungen in Deutschland: Die multilokale Mehrgenerationenfamilie, in: Generationen in Familie und Gesellschaft, hrsg. v. M. Kohli und M. Szydlik, 2000, Opladen S. 97–121.

Boudon, R., Education, Opportunity and Social Inequality – Changing Prospects in Western Society. New York 1974.

Bourdieu, P. und Passeron, J.-C., Die Illusion der Chancengleichheit – Untersuchungen zur Soziologie des Bildungswesens am Beispiel Frankreichs, Stuttgart 1971.

Bourdieu, P., Die feinen Unterschiede – Kritik der gesellschaftlichen Urteilskraft, Frankfurt am Main 1982.

Brandt, M., Haberkern, K. und Szydlik, M., Intergenerational Help and Care in Europe, in: European Sociological Review 25, 2009, S. 585–601.

Daatland, S. O. und Lowenstein, A., Intergenerational Solidarity and the Family-Welfare State Balance, in: European Journal of Ageing 2, 2005, S. 174–182.

Haberkern, K. und Szydlik, M., State Care Provision, Societal Opinion and Children's Care of Older Parents in 11 European Countries, in: Ageing & Society 30, 2010, S. 299–323.

Igel, C. und Szydlik, M., Grandchild Care and Welfare State Arrangements in Europe, in: Journal of European Social Policy 21, 2011, S. 210–224.

Isengard, B. und Szydlik, M., Living Apart (or) Together? Coresidence of Elderly Parents and Their Adult Children in Europe, in: Research on Aging 34, 2012, S. 449–474.

Künemund, H. und Rein, M., There is More to Receiving than Needing: Theoretical Arguments and Empirical Explorations of Crowding In and Crowding Out, in: Ageing & Society 19, 1999, S. 93–121.

Lauterbach, W., Die gemeinsame Lebenszeit von Familiengenerationen, in: Zeitschrift für Soziologie 24, 1995, S. 22–41.

Litwak, E., Silverstein, M., Bengtson, V. L. und Wilson Hirst, Y., Theories about Families, Organizations and Social Supports, in: Global Aging and Challenges to Families, hrsg. v. V. L. Bengtson und A. Lowenstein, New York 2003, S. 27–53.

Motel-Klingebiel, A., Tesch-Römer, C. und von Kondratowitz, H.-J., Welfare States do not Crowd Out the Family: Evidence for Mixed Responsibility from Comparative Analyses, in: Ageing & Society 25, 2005, S. 863–882.

Nauck, B., Patterns of Exchange in Kinship Systems in Germany, Russia, and the People's Republic of China, in: Journal of Comparative Family Studies 40, 2009, S. 255–278.

Nave-Herz, R., Die Familie in Europa als „Fürsorgeinstitution" für ihre älteren Mitglieder – Historischer Rückblick und zukünftige Perspektiven, in: Familie, Bindungen und Fürsorge – Familiärer Wandel in einer vielfältigen Moderne, hrsg. v. H. Bertram und N. Ehlert, Opladen/Farmington Hills 2011, S. 281–298.

Nave-Herz, R., Eine sozialhistorische Betrachtung der Entstehung und Verbreitung des Bürgerlichen Familienideals in Deutschland, in: Familie(n) heute – Entwicklungen, Kontroversen, Prognosen, hrsg. v. D. C. Krüger, H. Herma und A. Schierbaum, Weinheim/Basel 2013, S. 18–35.

OECD, PISA 2009 Results: What Students Know and Can Do – Student Performance in Reading, Mathematics and Science (Volume I) [http://dx.doi.org/10.1787/9789264091450-en] sowie PISA 2009 Results: Overcoming Social Background – Equity in Learning Opportunities and Outcomes (Volume II) [http://dx.doi.org/10.1787/9789264091504-en], OECD 2010.

Perrig-Chiello, P., Höpflinger, F. und Suter, C., Generationen – Strukturen und Beziehungen. Generationenbericht Schweiz, Zürich 2008.

Reil-Held, A., Crowding Out or Crowding In? Public and Private Transfers in Germany, in: European Journal of Population 22, 2006, S. 263–280.

Rosenmayr, L. und Köckeis, E., Sozialbeziehungen im höheren Lebensalter, in: Soziale Welt 12, 1961, S. 214–229.

Rossi, P. H. und Rossi, A. S., Of Human Bonding: Parent-Child Relations across the Life Course, New York 1990.

Silverstein, M. und Bengtson, V. L., Intergenerational Solidarity and the Structure of Adult Child-Parent Relationships in American Families, in: American Journal of Sociology 103, 1997, S. 429–460.

Szydlik, M., Lebenslange Solidarität? Generationenbeziehungen zwischen erwachsenen Kindern und Eltern, Opladen 2000 (www.suz.uzh.ch/szydlik).

Szydlik, M., Erben in Europa, in: Kölner Zeitschrift für Soziologie und Sozialpsychologie 63, 2011, S. 543–565.

Szydlik, M., Generations: Connections across the Life Course, in: Advances in Life Course Research 17, 2012a, S. 100–111.

Szydlik, M., Von der Wiege bis zur Bahre: Generationentransfers und Ungleichheit, in: Sozialbericht 2012: Fokus Generationen, hrsg. v. F. Bühlmann, C. Schmid Botkine, P. Farago, F. Höpflinger, D. Joye, R. Levy, P. Perrig-Chiello und C. Suter, Köln 2012b, S. 58–71.

Tartler, R., Das Alter in der modernen Gesellschaft, Stuttgart 1961.

4.2   Die sozialen Beziehungen und Unterstützungen zwischen Verwandten und ihre sozialstrukturellen Folgen

Rosemarie Nave-Herz

4.2.1   Zur Einführung

Aufgabe des folgenden Beitrags ist es, zu prüfen, ob trotz des allgemeinen Differenzierungs-prozesses unserer Gesellschaft und der damit verbundenen Ausdifferenzierung der Familie aus dem Verwandtschaftsverband (vgl. Kap. 1) weiterhin zwischen den Verwandten (ein-schließlich der erwachsenen Geschwister) soziale Beziehungen existieren und gegenseitige Unterstützungen gewährt werden.[1]

In dieser soziologischen Analyse wird nur sehr selektiv auf die psychologische Verwandt-schaftsforschung zurückgegriffen. Denn die soziologische Analyse bezieht sich nicht – wie die Psychologie und die Sozialpsychologie – *nur* auf die Beziehungen zwischen Verwandt-schaftsmitgliedern, z. B. zwischen den Geschwistern und anderen Familienmitgliedern oder Personen, sondern *auch* auf die gesamtgesellschaftliche, vor allem auf die sozialstrukturelle Bedeutung von Verwandtschaft. Im folgenden Beitrag soll diese makro-soziologische Per-spektive im Hinblick auf die Verwandtschaftsbeziehungen im Mittelpunkt der Analyse ste-hen.

Wichtig ist zunächst, auf den inhaltlichen und semantischen Wandel der Begriffe „Verwandt-schaft", „Familie" und „Geschwister" kurz einzugehen (4.2.2), um die heutige Begriffsprob-lematik zwischen Verwandtschaft und Geschwister zu erklären. Anschließend sollen die bei uns kodifizierten Verwandtschaftsbeziehungen beschrieben und die sich hieraus ergebenden sozialstrukturellen Folgen erörtert werden (4.2.4). Dazu ist es notwendig, die in unserer Ge-sellschaft gültigen Verwandtschaftslinien zu kennen (4.2.3). In diesem Abschnitt wird auch – um die unsrigen nicht als naturbedingt erscheinen zu lassen – ein kurzer kulturvergleichender Blick auf andere Verwandtschaftslinien eingeblendet. Anschließend (4.2.5) werden die sozial normierten Erwartungen an das Verwandtschaftssystem und ihre sozialstrukturelle Bedeu-tung in unserer Gesellschaft analysiert[2].

---

[1]   Parsons hat deshalb bereits 1965 von der strukturellen „Isolierung der Kernfamilie" gesprochen. Dabei ging er von der Annahme aus, dass mit dem strukturellen familialen Wandel, nämlich der erfolgten Eigenständigkeit der Kernfamilie gegenüber der Herkunftsfamilie und der Auflösung der Wohn- und Haushaltsgemeinschaft ein „Kontaktabbruch" (Schmidt 2007: 18) verbunden ist. Er setzte also strukturelle mit sozialer Isolierung gleich (vgl. hierzu auch Tyrell 1976: 393 f., Lüschen 1988: 145; Rosenbaum/Timm 2008: 10). Im folgenden Beitrag geht es jedoch nicht um die sozialen Beziehungen zwischen den Mitgliedern der vertikalen Mehrgenerationen-familie (vgl. hierzu Szydlik in diesem Band), sondern um die horizontalen und die erweiterten Verwandt-schaftsbeziehungen.

[2]   Des Umfangs wegen bezieht sich der Beitrag mit nur wenigen Ausnahmen überwiegend auf die deutsche gegenwärtige Situation und Forschungsergebnisse. Ferner müssen deshalb die Erkenntnisse und Diskussionen aus den Nachbardisziplinen (wie Ethnologie, Anthropologie, Soziobiologie) unberücksichtigt bleiben. Hierzu sei auf das Buch von Schmidt/Guichard/Schuster/Trillmich/Lang, 2007 sowie auf den Beitrag von Diewald/Sattler/Wendt, 2009 verwiesen.

4.2.2 Eine kurze Begriffsgeschichte der Wörter „Geschwister", „Verwandtschaft" und „Familie"

Mit dem Begriff „Geschwister" bezeichnete man – unter linguistischem Aspekt – in unserem Kulturbereich zunächst nur zwei oder mehrere Schwestern. Die Worte „Schwester" und „Bruder" waren – vor allem im Mittelalter – als Metapher gebräuchlich, um eine besondere Nähe zwischen zwei Personen zu betonen: „Es ist eine Nähe, die Gleichheit impliziert, im Gegensatz zum metaphorischen Gebrauch der Begriffe Vater, Mutter, Tochter oder Sohn" (Signori 2005: 17). Im übertragenen Sinne sind die Bezeichnungen „Schwester" und „Bruder" ferner insbesondere für die Mitglieder gleicher religiöser Gemeinschaften üblich. Durch den metaphorischen Gebrauch dieser Begriffe haben die Adjektive „schwesterlich" und „brüderlich" positive Konnotationen erhalten, die ihnen bis heute „anhaften" (Onnen-Isemann 2005: 12). Im folgenden Text wird auf den Gebrauch von „Geschwister", „Schwester" oder „Bruder" als Metapher nicht weiter eingegangen.

Ab dem 16. Jahrhundert wurde die Bezeichnung „Geschwister" auf die Brüder ausgedehnt. Das ursprüngliche Wort „Gebrüder" wurde inzwischen in unserem Sprachgebrauch immer mehr verdrängt. Ein ähnlicher Prozess findet gegenwärtig in der englischen Sprache statt, die ebenfalls bislang nur über die Begriffe „Schwestern" und „Brüder" verfügte und in der heutzutage immer stärker das amerikanische Wort *siblings*, also Geschwister, Verbreitung findet. Offensichtlich folgt die Sprache einer veränderten Wahrnehmung der sozialen Realität nach, die nicht mehr die Unterschiede zwischen den Geschlechtern in der Geschwisterbeziehung besonders herausstellen will, sondern deren familiale Nähe und ihre Gleichartigkeit. Jedenfalls werden die Sozialstrukturen von Gesellschaften unterschiedlich erfasst und beschrieben, je nachdem, ob nur das Wort „Geschwister" oder die Worte „Schwestern" und „Brüder" existieren.

Das Substantiv „Verwandte" wurde seit dem 16. Jahrhundert im deutschen Sprachgebrauch zur Kennzeichnung der Familienzugehörigkeit üblich. In jener Zeit gab es noch kein ausdifferenziertes System Familie (vgl. Kap. 1). Die Grenzen zwischen Verwandtschafts- und Familiensystem waren unscharf bzw. fließend, was sich in den Begriffen widerspiegelte. Für das Wort „Familie" gilt der zweite Teil der folgenden Aussage von Koselleck: „Veränderungen in den Sprechweisen können sowohl im Rückgriff auf veränderte Situationen eintreten wie im Vorgriff auf erst in Zukunft zu verändernde Situationen erfolgen" (Koselleck 2006: 298). Denn als das Wort „Familie" vor ca. 300 Jahren in die deutsche Sprache eingeführt wurde, verknüpfte man mit ihm unterschiedliche Bedeutungen. Man bezog dieses Wort z. T. auf Abstammungslinien (schloss also die Verwandtschaft mit ein), z. T. auf die Haushaltsgemeinschaft von Eheleuten, Kindern und Dienerschaft, und z. T. wurde es anstelle des früher üblichen Begriffs des „Hauses" verwendet. Erst mit Verbreitung des (hoch-)bürgerlichen Familienmodells, zunächst nur in der wohlhabenden Bürgerschicht, und der Ausprägung dieses Modells als allgemeines Familienideal (vgl. Kap. 1) wurde der Begriff im Laufe der Zeit nur noch zur Kennzeichnung der Großeltern-, Eltern- und Kind/er-Einheit verwendet. Das Wort „Verwandtschaft" dagegen blieb bis heute ein unpräziser Begriff.

Obwohl sich inzwischen die soziale bzw. familiale Realität durch die Differenzierungsprozesse in unserer Gesellschaft u. a. m. verändert hat, blieb der Begriff „Verwandtschaft" in seiner alten Bedeutung bestehen; er deutet weiterhin lediglich auf eine „Familienzugehörigkeit" hin, sowohl durch biologische Abstammung als auch sozial legitimiert, häufig auch synonym für Mitglieder der Kernfamilie gebräuchlich. In der Alltagssprache wird zuweilen zwischen „entfernten Verwandten" (z. B. Cousinen und Cousins zweiten Grades) und zwischen „nahen Verwandten" differenziert. Dazu zählen z. B. der Onkel, die Tante, häufig auch die Geschwister. Ebenso wird in der sozialwissenschaftlichen Literatur der Begriff „Verwandte" auf die Geschwister ausgedehnt bzw. werden in empirischen Erhebungen unter dieser Bezeichnung lediglich die Geschwister berücksichtigt (vgl. z. B. den Sammelband von Schütze/Wagner 1998; Jacoby 2007: 48 f.). Auf diese Begriffsunschärfe wird am Schluss dieses Beitrags nochmals eingegangen. Im Folgenden werden die (erwachsenen) Geschwister unter den Verwandtschaftsbegriff subsumiert, da weder im Recht noch in vielen empirischen Untersuchungen eine diesbezügliche Differenzierung gegeben ist.

4.2.3   Verwandtschaftslinien

Im deutschen Recht regelt der § 1589 die Verwandtschaftslinien und bestimmt, wer mit wem verwandt ist und in welchem Grad, d. h. in welcher Rangordnung. Diese Festlegung des Verwandtschaftsgrades ist vor allem für die Erbfolge, die Unterhaltspflicht, das Inzest-Tabu von besonderer Bedeutung.

„§ 1589 BGB Verwandtschaft. Personen, deren eine von der anderen abstammt, sind in gerader Linie verwandt. Personen, die nicht in gerader Linie verwandt sind, aber von derselben dritten Person abstammen, sind in der Seitenlinie verwandt. Der Grad der Verwandtschaft bestimmt sich nach der Zahl der sie vermittelnden Geburten."

So sind Verwandte ersten Grades in gerader Linie: die Mutter, der Vater, die Kinder. Verwandte zweiten Grades in gerader Linie sind die Großmutter, der Großvater sowie die Enkel. Seitenverwandte sind z. B. Schwestern, Brüder, Nichten und Neffen usw. (Münder 2005: 89).

Im BGB ist ferner festgelegt, wer „Vater" ist, und – infolge der Reproduktionsmedizin – nunmehr auch, wer Mutter ist:

„§ 1591: Mutterschaft. Mutter eines Kindes ist die Frau, die es geboren hat.[3]

§ 1592 Vaterschaft. Vater eines Kindes ist der Mann,
1. der zum Zeitpunkt der Geburt mit der Mutter des Kindes verheiratet ist,
2. der die Vaterschaft anerkannt hat oder
3. dessen Vaterschaft nach § 1600 d oder § 182 Abs. 1 des Gesetzes über das Verfahren in Familiensachen und in den Angelegenheiten der freiwilligen Gerichtsbarkeit gerichtlich festgestellt ist."

Die Begriffe „Mutter" und „Vater" sind juristisch also genau definiert, und sie gelten – wie bereits betont – mit den Kindern als Verwandte 1. Grades. Geschwister werden als Seitenverwandte bezeichnet. Diese Rangfolge entspricht dem Abstammungsprinzip.

Diese bei uns geltende und kodifizierte Verwandtschaftslinie wird in der Familiensoziologie als bilaterale bezeichnet. Hierbei verläuft die Verwandtschaftslinie sowohl über die mütterliche als auch über die väterliche – biologisch oder sozial (durch Adoption) begründete – Abstammungslinie. Sie gilt keinesfalls für alle Kulturen. Neben dieser gibt es das patrilineare, das matrilineare und das duale System. Patrilinearität und Matrilinearität sind gleichzeitig Lokalitätsregeln (bestimmen also den Wohnsitz der neu neugründeten Kernfamilien), was gleichzeitig die väterliche bzw. mütterliche Ordnung widerspiegelt. Das duale System ist

---

[3]   Also auch die Leihmutter. Leihmutterschaft ist aber in Deutschland verboten.

eine „Mischform" aus Teilen der patrilinearen und matrilinearen Abstammungslinie. In diesem Fall ist das Kind verwandt nur mit den Frauen seiner mütterlichen Abstammungslinie und nur mit den Männern der väterlichen (konkret: mit der mütterlichen Großmutter und dem väterlichen Großvater, aber nicht mit dem Großvater mütterlicherseits und der Großmutter väterlicherseits). Man erkennt in einer Gesellschaft die gültigen Verwandtschaftsregeln an der Existenz von Bezeichnungen bzw. Anreden, und diese können sogar in ein und demselben Kulturbereich regionale Unterschiede aufgrund der Tradition aufweisen. So gibt es in einigen Teilen Deutschlands die Bezeichnung „Schwipp-Schwager" für den Bruder des Schwagers bzw. „Schwipp-Schwägerin", in anderen nicht. Auch werden zuweilen besondere Verwandtschaftsbeziehungen durch nur für sie geltende Bezeichnungen kenntlich gemacht. In unserer Sprache gab es z. B. das Wort „Ohm", eine spezielle Bezeichnung für den Bruder der Mutter, oder „Muhme" für die Schwester der Mutter.

Die Verwandtschaft ist also nicht etwa ausschließlich über die blutmäßige Abstammungslinie zu bestimmen, weil die Verwandtschaftslinien einerseits darüber hinausgehen, andererseits enger gefasst werden: So zählten z. B. Taufpaten im frühmittelalterlichen Europa zu den Verwandten, gleichgültig, ob sie zur Abstammungslinie zählten (Mitterauer 2013: 66). In Deutschland waren nichteheliche Kinder bis 1970 – zumindest juristisch gesehen – nicht mit ihrem Vater verwandt (Limbach 1988: 22).

Die kulturellen Variationen in Bezug auf die Zugehörigkeit/Nicht-Zugehörigkeit zur Verwandtschaft sind derart groß, dass man generell konstatieren muss: Jede Gesellschaft bestimmt für sich, wer mit wem verwandt ist.

Durch die Reduktion der Kinderzahl in den Familien und durch den Anstieg von Kinderlosigkeit in Deutschland hat sich in den vergangenen Jahren bei uns für den Einzelnen die Zahl der Verwandten reduziert. Das wird noch verstärkt für die Zukunft gelten. Immer mehr Menschen werden in Deutschland keinen Onkel, keine Tante, keine Nichten und Neffen usw. mehr besitzen. Sie haben dafür heute die Chance – wegen der gestiegenen Lebenserwartung –, eher ihre Großeltern, und vor allem ihre Großmutter (vgl. Kap. 1), und ihre Urgroßeltern zu erleben trotz des Verschiebens der Geburt des ersten Kindes in höhere Altersstufen der Mütter. Die Abnahme der horizontalen Verwandtschaftslinie und die Zunahme der vertikalen familialen Generationen ist eine historisch völlig neue Erscheinung.

4.2.4 Ausgewählte soziale Beziehungen zwischen Verwandten im BGB

Es wurde bereits in Abschnitt 4.2.3 betont, dass Geschwister im deutschen Recht als Seitenverwandte gelten, also unter den Begriff „Verwandtschaft" subsumiert werden. Ferner wurde herausgestellt, dass die kodifizierte Festlegung der Verwandtschaftsgrade insbesondere für die Erbfolge, die Unterhaltspflicht und das Inzesttabu von entscheidender Bedeutung ist, deshalb soll im Folgenden auf die wichtigsten betreffenden Gesetze im BGB eingegangen werden und auf ihre gesamtgesellschaftlichen Auswirkungen.

„In der Regelung der Vermögensnachfolge" – so schreibt Beckert zu recht – „lässt sich nicht nur die Struktur von Verwandtschaftssystemen einer Gesellschaft erkennen, sondern es wird durch die institutionalisierten Praktiken des Vererbens auch über die Struktur langfristiger, generationenübergreifender sozialer Ungleichheit entschieden. Vermögensvererbung ist eine der wichtigsten Institutionen der Strukturbildung von Gesellschaften" (Beckert 2013: 41).

Deshalb wird auf die juristischen Erbschaftsregeln in unserer Gesellschaft und auf die Vererbungspraktiken im folgenden Abschnitt etwas ausführlicher eingegangen.

Mit den Verwandtschaftslinien ist ein Erbschaftsanspruch verknüpft, der sich aber nach der Rangordnung der Verwandtschaft bemisst. § 1929 besagt, dass selbst die Verwandten der fünften Ordnung, also sehr entfernte Verwandte noch erbberechtigt sind. Doch § 1930 bestimmt: „Ein Verwandter ist nicht zur Erbfolge berufen, solange ein Verwandter einer vorhergehenden Ordnung vorhanden ist". Durch das gesetzliche Erbrecht (selbst wenn kein Testament vorliegt) bleibt im Übrigen niemand ohne Erbe; denn bei Kinder- und/oder Ehelosigkeit, wenn kein Verwandter (einschließlich des fünften Grades) vorhanden ist bzw. ermittelt werden kann, fällt das Erbe an den Fiskus (Willutzki 2003: 65).

Beckert (2004) hat durch einen Vergleich des Erbrechts in den USA, Frankreich und Deutschland veranschaulicht, dass in Deutschland eine starke Tendenz besteht, Eigentum als Familieneigentum zu betrachten. Diese Einstellung ist jedenfalls aus den gesetzlichen Regelungen der Erbschaftslinien zu entnehmen und vor allem aus dem Pflichtteilsgesetz. Dieses gibt den Kindern einen Anspruch auf die Hälfte ihres gesetzlichen Erbteils (§ 2303 BGB). Auch wenn also der Erblasser durch Testament die formal-rechtlichen Vererbungsmuster außer Kraft setzen kann und will, so steht ihm in Deutschland infolge des Pflichtteilsrechts (evtl. zusätzlich durch die Erbschaftssteuer) nur ein Teil seines Vermögens zur freien Verfügung. Andere Staaten, wie z. B. die USA, kennen eine derartige Erbrechtsregelegung in Bezug auf die Familien- und Verwandtschaftsmitglieder nicht; hier gilt völlige Testierfreiheit des Erblassers. Diese gesetzliche Bestimmung war bereits zur Zeit ihres Inkrafttretens mit Einführung des BGBs (1900) umstritten; und sie wird bis heute kontrovers beurteilt (vgl. Röthel 2007).

Die Befürworter gehen davon aus, dass der juristisch festgeschriebene Anspruch auf einen Teil am Erbe zur Reduzierung von Geschwisterkonflikten führen würde und die Ungleichbehandlung der Kinder zumindest eingeschränkt würde. Ferner wäre damit die Versuchung, sich in der Erbentscheidung zu stark nur von den personalen Beziehungen der letzten Lebensphase leiten zu lassen, reduziert, und der Erblasser kann „den Sirenenklängen von Erbschleichern nur begrenzt nachkommen, weil ihn der Pflichtteil bindet" (Beckert 2007: 13). Auch würde die völlige Testierfreiheit der im gesetzlichen Erbrecht betonten familialen Generationensolidarität über den Tod hinaus widersprechen, vor allem dann, wenn der Erblasser selbst das Vermögen geerbt hat und somit eigentlich nur als Verwalter des Erbes zwischen den familialen Generationen zu definieren ist.

Die Gegner des Pflichtteilsgesetzes betonen, dass Geschwisterkinder, die sich um den Erblasser überhaupt nicht mehr gekümmert, ihn nicht unterstützt sowie keinerlei Kontakte mehr mit ihm aufrechterhalten haben, evtl. mit ihm in einer sehr negativen Beziehung standen oder evtl. ihm sogar geschadet haben, dennoch an seinem Vermögen ohne Gegenleistung partizipieren, während andere Geschwisterkinder Fürsorge- und Pflegeleistungen auf sich genommen haben. Im Rahmen dieses Beitrags kann auf die hier nur angedeutete juristische Diskussion nicht weiter eingegangen werden.

Erbschaften bedeuten gesamtgesellschaftlich keine Vermögensvermehrung, sie bewirken aber Vermögensumverteilungen und können somit die Sozialstruktur eines Staates verändern; deshalb sind vor allem die konkreten Vererbungspraktiken soziologisch von großer Relevanz, die – wie bereits erwähnt – mit den gesetzlichen Regelungen durch ein Testament außer

Kraft gesetzt werden können, mit Ausnahme des Pflichtteils. Auf diese Vererbungspraktiken konzentriert sich deshalb der folgende Abschnitt.

Die gestiegene Lebenserwartung hat zur Folge, dass die Erben zumeist erst in ihren fünfzigsten Jahren die Erbschaft erhalten, also dann, wenn sie selbst schon ein Familie gegründet haben und ihre Kinder im Jugendalter sind und damit u. U. zu den Seitenverwandten zählen (vgl. ausführlicher Nave-Herz 2007: 512).

Alle Untersuchungen zeigen, dass Erbschaften kein Phänomen der Oberschichten mehr sind (Braun et al. 2002: 25). Jedoch sind die Differenzen in den Erbschaftsvolumina zwischen einzelnen Bevölkerungsgruppen in Deutschland groß (Szydlik/Schupp 2004; vgl. hierzu auch den Beitrag von Szydlik in diesem Band).

Aufgrund der historischen Gegebenheiten bestehen ferner Ost-West-Differenzen. In Westdeutschland konnten in der Zeit des Wiederaufbaus nach dem Zweiten Weltkrieg und infolge der damit verbundenen langen Wachstumsphase bestimmte Bevölkerungsgruppen z. T. beachtliche Vermögen schaffen, nicht nur in Gestalt von Geld- und Finanzvermögen, sondern auch von Produktivvermögen und Immobilien. Diese Chancen gab es in der DDR nur in einem relativ geringen Umfang. Die Bildung von privatem Produktionsmitteleigentum widersprach den Systemprinzipien. Selbst in der Wohnungswirtschaft war Privateigentum unerwünscht. Die Möglichkeit, privates Vermögen zu bilden, blieb begrenzt auf Teile der Wohnungswirtschaft, auf Gebrauchsvermögen der privaten Haushalte und auf Geldbesitz. Der Umfang war jedoch insgesamt gesehen recht gering. Die Gesetze des DDR-Regimes werfen somit weiterhin lange Schatten bis in die Gegenwart und Zukunft. Sie wirken sich jedenfalls heute noch stark auf die Vermögenslage von Ostdeutschen aus. Gewiss gab es Bestrebungen in den Verträgen zur Einheit Deutschlands, vor allem im Gesetz zur Regelung offener Vermögensfragen (Anlage III zum Einigungsvertrag) durch Rückgaberegelungen u. a. m. zu einem „sozial verträglichen Ausgleich unterschiedlicher Interessen" zu gelangen. Es verbleiben nach allem Anschein gleichwohl starke Unterschiede.

Westdeutsche erben nicht nur häufiger, sondern sie erhalten auch die höchsten Erbschaftsvermögen. Das gilt vor allem für die Oberschichtangehörigen in der „alten" Bundesrepublik. Insgesamt tragen Erbschaften somit – wie erwähnt – zur Verstärkung von sozialer Ungleichheit bei bzw. – wie es Braun et al. (2002:101) formulieren – zur „Perpetuierung" ungleicher ökonomischer Lagen.

Szydlik und Schupp (2004) haben als einzige auch die ausländische Bevölkerung in ihrer Analyse miteinbezogen. Sie bilden nicht das „Schlusslicht", wie man vermuten möchte, sondern die Ostdeutschen.

Ferner gibt es keine gravierenden Unterschiede in der Erbschaftshöhe zwischen den Geschwistern je nach Geschlecht, also zwischen Töchtern und Söhnen. Das war – worauf Kosmann (2003: 194) hinweist – noch 1960 nicht der Fall. Sie betont aufgrund ihrer regional begrenzten Analyse von Testamentsakten des Nachlassbezirks Dortmund: „Die Bevorzugung (und gleichzeitige Benachteiligung anderer Geschwister) ist ein Muster, dass sich zeitgeschichtlich verändert hat. Gründe dafür liegen in der zunehmenden Zahl von Einzelkindern und in außerfamiliären strukturellen Faktoren, nämlich der Konzentration in Handel und Handwerk mit dem drastischen Rückgang mit den vielen kleinen Familienbetrieben, die vorher vom Vater auf den Sohn übergingen". Sie schreibt weiter: „Dennoch bleiben noch kleine feine Unterschiede [...] So wurde in den Testamenten das Erbe der Töchter mit Pflege begründet, das der Söhne mit der Sorge für den Besitz [...] Bei Hausbesitz und Produktiveigentum haben Söhne noch höhere Erbchancen" (1999: 77). Diesen letztgenannten Sachverhalt belegen ebenso andere Erhebungen (Lauterbach/Lüscher 1996; Szydlik/Schupp 2004: 618 f.). Lauterbach und Lüscher erklären den geschlechtsspezifischen Unterschied in der Vererbung von Immobilienbesitz damit, dass Söhne in der Regel kapitalkräftiger sind als Töchter und damit eher in der Lage wären, ihre Schwester(n) auszuzahlen (1996: 85).

Zu den bemerkenswertesten Veränderungen im Erbverhalten der letzten Jahrzehnte zählt die steigende Anzahl gemeinschaftlicher Testamente von Ehepartnern, in denen sie sich gegenseitig zu Vorerben einsetzen und die Kinder (evtl. die Geschwister) auf spätere Zeiten verweisen. Dieser zunehmende zweistufige Transfer ist Folge einer heute stärker gegebenen Partnerorientierung. Schlagwortartig zusammengefasst: Partnerorientierung hat immer stärker die frühere Stammhalterorientierung abgelöst.

Deshalb ist es nicht verwunderlich – wie die Analyse der Testamentsbestimmungen von Kosmann (1999) zeigt –, dass in der Mehrzahl der Fälle die Ehefrauen erben. Sie bilden die größte Gruppe der Erbenden, bedingt durch das zumeist höhere Heiratsalter ihrer Ehemänner und die höhere Lebenserwartung von Frauen.

Insgesamt, das zeigen alle Untersuchungen, verbleibt das Erbvermögen zum größten Teil in der Familie bzw. Verwandtschaft und wird von den Eltern (evtl. aufgrund des gemeinschaftlichen Testaments) auf ihre Kinder, die Geschwister, übertragen, selten von den Großeltern auf die Enkel (ca. 9 % nach Szydlik/Schupp 2004: 619). Im letzteren Fall handelt es hierbei sich zumeist um vermögende Personen. Außerfamiliale Personen und entfernte Verwandte werden selten bedacht, ein Befund, über den alle Untersuchungen berichten. Kosmann schreibt aufgrund ihrer Testamentsanalyse: „Die ‚lieben' Nichten, Neffen, Enkelinnen und Enkel erben mal größere, häufiger aber kleine Erbschaften, als Anerkennung für Hilfeleistungen oder mit Auflagen zur Grabpflege verbunden. Je mehr sie erben, desto mehr müssen sie dafür leisten oder haben es schon getan. Das lässt sich aus den Auflagen und Begründungen in den Testamenten ablesen, die die meist verwitweten Erblasserinnen verfügen. Brüder und Schwestern haben heutzutage verminderte Chancen auf den Nachlass ihrer Geschwister" (1999: 73). Leider verfügen wir über keine diesbezügliche aktuelle Untersuchung (vgl. hierzu Beckert 2013: 227). Doch anzunehmen ist, dass dieser Tatbestand sich nicht verändert haben wird. Juristisch formuliert: Es erben hauptsächlich Verwandte ersten Grades in gerader Linie, kaum dagegen Verwandte zweiten Grades und Seitenverwandte. Das gilt für alle sozialen Schichten. Die Erbschaftsvolumina variieren – wie dargestellt – stark nach Schicht und Region und verschärfen damit die sozialen Ungleichheiten sowohl gesamtgesellschaftlich als auch u. U. innerhalb der Verwandtschaft.

„Verwandte in gerader Linie sind verpflichtet, einander Unterhalt zu gewähren" (§ 1601 BGB). Das heißt, dass nicht nur eine gesetzlich vorgeschriebene Unterhaltspflicht der Eltern gegenüber ihren Kindern gilt, sondern ebenso der Kinder gegenüber ihren Eltern. Im Hinblick auf die Unterhaltspflicht für die (verarmten) Eltern können die Geschwister unterschiedlich betroffen sein, zurückzuführen auf ihre unterschiedliche Einkommenslage. Denn alle diejenigen Geschwister (zumeist die Schwestern), die persönlich über kein oder nur geringes eigenes Einkommen oder Vermögen verfügen, sind von der Unterhaltspflicht für die Eltern befreit bzw. müssen weniger bezahlen. Möglich ist, dass dann die Schwiegerkinder zur Zahlung vom Sozialamt aufgefordert werden. Sie haften nicht unmittelbar mit ihrem Einkommen für den Elternunterhalt. Bei der Ermittlung der Leistungsfähigkeit der Ehepartner werden jedoch die Einkünfte (nicht die Vermögen) des Schwiegerkinds mitgerechnet. Dies führt zu einer indirekten Haftung der Schwiegerkinder. Dieses Gesetz bedeutet makroperspektivisch eine finanzielle Entlastung der kommunalen Sozialämter auf Kosten der Geschwister und – in diesen Fällen – eine Rückverlagerung der Fürsorgefunktion an die Familie.

Eine Unterhaltspflicht zwischen den Geschwistern, die das alte Preußische Landrecht noch vorschrieb, ist mit Einführung des BGBs (1.1.1900) gestrichen worden. In vielen anderen Staaten dagegen gilt diese geschwisterliche Unterhaltspflicht in unterschiedlichem Umfang weiterhin, z. B. in Italien, in der Türkei, in Ungarn und Spanien (Mielke 2005: 109).

Ob ohne gesetzliche Vorgaben Unterstützungsleistungen von Verwandten an andere geleistet werden, darauf wird später eingegangen.

Eine Eheschließung zwischen Geschwistern ist durch § 1307 und § 1308 BGB ausgeschlossen und wird strafrechtlich verfolgt:

> „§ 1307
> Eine Ehe darf nicht geschlossen werden zwischen Verwandten in gerader Linie, sowie zwischen vollbürtigen und halbbürtigen Geschwistern. Dies gilt auch, wenn das Verwandtschaftsverhältnis durch Annahme als Kind erloschen ist.
>
> § 1308
> (1) Eine Ehe soll nicht geschlossen werden zwischen Personen, deren Verwandtschaft im Sinne von § 1307 durch Annahme als Kind begründet worden ist. Dies gilt nicht, wenn das Annahmeverhältnis aufgelöst worden ist."

Diese Paragraphen beziehen sich auf das sogenannte „Inzestverbot". Erinnert sei an die enge Verknüpfung zwischen Inzesttabu und kultisch-religiösen und magischen Vorstellungen und daran, dass die soziale Funktion des Inzestabus bis heute gilt (Nave-Herz 2013: 126 f.): Einmal wird eine mögliche gesellschaftliche Desintegration von Geschwistergemeinschaften vermieden. Das Inzesttabu verhindert oder mindert zumindest Geschlechterkonkurrenz, nicht zuletzt die sexuelle Konkurrenz zwischen den Geschlechtern innerhalb der Kernfamilie. Zum anderen bedeutet das Inzesttabu Zwang zur Exogamie. Es bewirkt eine Öffnung der Kernfamilie hin zu anderen Familien[4] und gesellschaftlichen Gruppen und fördert die Verknüpfung mit ihnen in Richtung auf Kooperation und den Zugriff auf weitere verwandtschaftliche Ressourcen. Ihm ist demnach eine soziale Integrationsfunktion zuzuschreiben. Gesellschaftlich bedeutet dies: Stärkung des kooperationalen und integrierenden Potenzials sozialer Strukturen.[5]

4.2.5 Verwandtschaft als soziales Netzwerk

Wenn auch – wie dargestellt – keine Unterhaltspflicht im deutschen Recht zwischen den Verwandten, selbst nicht zwischen den Geschwistern, festgeschrieben ist, so gelten dennoch – ohne Kodifizierung – die gesellschaftlichen Erwartungen der gegenseitigen Unterstützung, Fürsorge, Hilfsbereitschaft usw.

---

[4] Besonders deutlich wird dieser Sachverhalt bei Cousinen-/Cousins-Heiraten, wie sie überwiegend z. B. in der Türkei üblich sind und auch von türkischen Familien, die in Deutschland leben, praktiziert werden im Hinblick auf eine noch in der Türkei lebende Cousine. Das stellt eine neue Form von Migrationsprozessen dar.

[5] Im Kontrast dazu stehen jene dynastischen Familien, in denen Geschwisterehen sogar vorgeschrieben waren (z. B. bei den Pharaonen und den Inkakönigen). Sie symbolisieren die Absonderung vom Volk und den Anspruch auf „Gottähnlichkeit" dieser Ehepaare bzw. Familien.

Die einleitende Frage zu diesem Beitrag, nämlich ob trotz des allgemeinen Differenzierungs-prozesses unserer Gesellschaft und der damit verbundenen Ausdifferenzierung der Familie aus dem Verwandtschaftsverband dieser von Verwandten weiterhin Unterstützung gewährt wird, ist positiv zu beantworten.

Verwandtschaftsbeziehungen sind – unter soziologischer Perspektive – heutzutage in unserer Gesellschaft Netzwerke. Netzwerke sind „Beziehungsgeflechte" (Boltanski/Chiapello 2013: 175). Netze oder Netzwerke können sich jederzeit auflösen. Sie bestehen nur so lange, wie ein gegenseitiges Interesse und/oder eine emotionelle Beziehungen gegeben sind.

Verwandtschaft ist ein optionales bzw. potenziales Netz, das genutzt werden kann. Es wird jedoch häufig nur aufgrund von Sympathie personenbezogen aktiviert, bleibt aber auch dann bestehen, wenn keine Interaktionen stattfinden. „Verwandte sind ein Potential oder eine Ge-legenheitsstruktur für diverse Formen sozialer Unterstützung" (Wagner 2002: 229; hierzu auch die empirische Untersuchung von Nauck/Kohlmann 1998: 203 f.).

Verwandtschaftsbeziehungen bestehen optional lebenslang und werden auch nicht juristisch durch Ehescheidung aufgehoben, sozial jedoch vielfach gelockert.

Im verwandtschaftlichen Netzwerk sind immer unterschiedliche Generationen vertreten. Insofern kann dieses zur Integration unterschiedlicher Altersgruppen in der Gesellschaft beitragen (muss aber nicht).

Die vorhandenen Studien belegen, dass die Verwandten sehr wohl auch heute noch als „Hilfsoption" oder beim „Empfang von Unterstützungen" genannt werden (vgl. zusammen-fassend BMFSFJ 2006; ebenso Jacoby 2007: 103 f.). Vor allem in Notfällen werden sie häu-fig aktiviert bzw. reaktiviert. Nach dem Zweiten Weltkrieg und auch nach der Wiederverei-nigung Deutschlands haben Personen, die sich fremd waren, allein aufgrund ihres Verwandt-schaftsstatus Kontakt aufnehmen können und de facto auch aufgenommen; eine derartige Kontaktaufnahme ist Nicht-Verwandten verwehrt.[6] Ferner spielen im Hinblick auf einen sukzessiven familialen Migrationsprozess Verwandte eine Rolle: So zieht ein emigrierter Familienangehöriger zuweilen den Bruder oder die Schwester nach sich (Rosenbaum 1998: 28; Jacoby 2008: 68).

Die Mehrzahl der Erhebungen trennt nicht zwischen Verwandten und Geschwistern, manche beziehen sich auf „nahe Verwandte" ohne nähere Angaben, dagegen z. B. Jacoby in ihrer Sekundäranalyse nur auf „entfernte Verwandte" (2008: 247). Einige wenige vergleichen die Geschwisterbeziehungen mit denen von anderen Verwandten. So zeigt z. B. Marbach auf-grund seiner empirischen Erhebung: „Auffällig ist zunächst die große Distanz zwischen Bluts- und Affiliativverwandten in Gesprächen über persönlich wichtige Dinge und als Ad-ressaten für eine enge gefühlsmäßige Bindung" (Marbach 2007: 76). An Geschwister wendet man sich ferner eher als an andere Verwandte in Not- und Krisensituationen, aber an diese ebenso im Hinblick auf Alltagsprobleme, unabhängig von der Qualität der Beziehungen (Wagner 2002).

Die Nähe bzw. Ferne der Beziehungen[7] scheinen also je nach dem Verwandtschaftsgrad neben der sozialen Schicht und regionalen Entfernung unterschiedlich intensiv zu sein (Jaco-by 2008: 286). Geschwister bleiben in der Mehrheit immer in Verbindung (Frick 2006: 9). Im

---

[6]   Hierin unterscheiden sie sich von Freundschafts- und anderen Netzwerken.

[7]   Auf geschwisterliche Beziehungen während der „Kernfamilienphase" wird hier nicht eingegangen; dieser
      Beitrag – das soll nochmals betont werden – bezieht sich nur auf die erwachsenen Geschwister.

mittleren Erwachsenenalter, wenn der Beruf und die Karriere, die Partnerbeziehung und die Kindererziehung im Vordergrund stehen, rücken die Geschwister etwas in den Hintergrund. Nicht selten reduzieren sich während dieser Phase die geschwisterlichen Kontakte auf regelmäßige, fast ritualisierte Treffen zu besonderen Anlässen, wie Feiertage und Geburtstage (Walper et al. 2009: 35). So werden selbst in dieser Phase der Kontaktreduktion dennoch allgemeine gesellschaftliche und spezielle familiale Traditionen gepflegt und damit zugleich an die nächsten Generationen weitergegeben. Im Alter verstärken sich die geschwisterlichen Beziehungen wieder. Bei älteren Kinderlosen nehmen Nichten und Neffen zudem häufig eine besondere Rolle ein, und zwar sowohl im Hinblick auf die emotionale Unterstützung als auch generell als Bezugs- und Betreuungspersonen (Künemund/Hollstein 2000; Jacoby 2008: 287; Walper et al. 2009: 36).

Für die Verwandten (einschließlich der Geschwister) gilt, dass sie selbst keine Entscheidungsmacht besitzen, eine Verwandtschaft zu begründen oder zu beenden (evtl. können auf der individuellen Ebene allenfalls bestimmte Mitglieder boykottiert bzw. ignoriert werden oder die Beziehung wird zu ihnen nie aktiviert). Wie bereits betont: Verwandtenbeziehungen bleiben latent immer bestehen: „Man kann verwandt sein, ohne sich zu sehen oder zu mögen" (Lüschen 1989: 435). Insbesondere sind Geschwisterbeziehungen für die Betroffenen „etwas Schicksalhaftes, weil man sie sich nicht aussuchen kann" (Kasten 2004/1998: 150).

Schicksalhaft fällt ihnen zunächst die Rolle des Kindes zu, bei mehreren Kindern die der Rolle des Bruders oder der Schwester. Später, sobald sie Kinder bekommen, wird der bisherige Bruder oder die bisherige Schwester schlagartig zum Onkel oder zur Tante. Bisher allein Mitglied in einer Kernfamilie, werden sie zudem zu Mitgliedern der horizontalen Mehrgenerationenfamilie. Aus den Geschwistern, die zur Kernfamilie zählen, werden also – später – in der nächsten Generation „Seitenverwandte", wird aus dem Bruder zusätzlich ein Onkel, aus der Schwester gleichzeitig eine Tante. Sie bleiben aber auch weiter in der horizontalen familialen Generationenperspektive Bruder und Schwester, also Mitglieder der Kernfamilie. Soziologisch gesehen, ist mit der Geburt von Kindern, mit der Entstehung einer neuen familialen Generation, „schicksalhaft" ein Rollenpluralismus verbunden.

Aus gesamtgesellschaftlicher Perspektive sind „Geschwister" askriptive und strukturale Rollen, weil sie Bestandteil eines institutionalisierten sozialen Systems sind. „Geschwister" sind somit soziale Positionen in diesem System, mit denen ganz bestimmte gesellschaftliche Erwartungen in Form von Rechten und Pflichten verbunden sind. Diese sind kulturell variabel und können je nach Geschlecht und Rangplatz unterschiedlich in der Geschwisterreihe definiert sein. In allen Kulturen aber bestehen soziale Normen, die sich auf Einstellungen, auf das Verhalten zwischen und gegenüber den Geschwistern im familialen Innen- und Außenbereich beziehen. Diese können kodifiziert, sogar als religiöse Pflicht vorgeschrieben sein (wie z. B. im Konfuzianismus), oder nur latent auf Grund von Traditionen existieren. Ebenso variieren die Formen des abweichenden Verhaltens. So kann eine Normverletzung, z. B. die der Solidarität unter Geschwistern, in einer Gesellschaft lediglich eine einfache verbale Anschuldigung oder eine formale Aufkündigung der Beziehung nach sich ziehen. In anderen Kulturen kann sie jedoch sogar zur Tötung führen, wenn damit gleichzeitig die Ehre der Familie verletzt wurde (z. B. bei einer Partnerwahl unter Missachtung der Gemeinschaftsentscheidung).

Wie bereits zuvor wiederholt angemerkt, unterscheiden sich Geschwister innerhalb des Verwandtennetzwerks von anderen, in der Intensität und Art ihrer Beziehung je nach ihrer individuellen Interpretation und Wahrnehmung ihrer sozialen Rollen, durch den Rollenpluralismus.

Trotz Ambivalenzen und einer Reduktion der wechselseitigen positiven Emotionen im Lebensverlauf gilt für die Geschwisterbeziehung zumeist – vor allem in Krisen und in Notsituationen – die These: „Man hält zusammen!". Das Unterstützungs- und Solidaritätsprinzip zwischen Geschwistern ist in unserer Kultur eine unhinterfragte Norm; und Normen lösen bei ihrer Nicht-Einhaltung negative Sanktionen aus.[8]

Unterstützungen von entfernteren Verwandten können auch verweigert werden, ohne irgendwelche negative Sanktionen nach sich zu ziehen. Im Hinblick auf die doppelte Mitgliedschaft in der Kernfamilie und im verwandtschaftlichen Netzwerk, also im Falle von Rollenpluralismus, könnten diese dennoch ausgelöst werden. Zum Beispiel wenn ein Neffe (= Verwandter) sich um Hilfe an seinen Onkel (= Verwandter) wendet, dieser ihm die Unterstützung verweigert, müsste dieser sich evtl. bei seiner Schwester (= Mitglied des Geschwistersubsystems innerhalb der Kernfamilie) rechtfertigen.

Insofern muss im Hinblick auf die eingangs gestellte Frage zwischen den Verwandten differenziert werden. Denn überwiegend – und sozial normativ abgesichert – ist Solidarität und gegenseitige Unterstützungsleistung zwischen den Mitgliedern, die außerdem der gleichen Kernfamilien angehören, weitaus eher zu erwarten, als zu weiter entfernteren Verwandten.

Makroperspektivisch gesehen, kann dem Solidaritätsprinzip zwischen den Geschwistern die unbeabsichtigte Folge zugeschrieben werden: das gesamtgesellschaftliche Fürsorgesystem zu unterstützen und gesellschaftlichen Isolierungsprozessen – gerade im Alter – entgegenzuwirken.

Doch nicht nur die Frage „Ob eine Solidarität zwischen den Geschwistern besteht", sondern auch die nach dem „Warum?", wäre zu beantworten. Leider können nur Vermutungen als Antwort formuliert werden, weil diesbezügliche empirische Untersuchungen fehlen.

So könnte das bei uns gegebene Solidaritätsprinzip zwischen Geschwistern – trotz schwacher öffentlicher Regelung und ohne dass damit ein Recht, sondern eher nur eine Hoffnung auf Reziprozität bei einem eigenen Notfall verbunden ist – wie bereits angedeutet – eine unhinterfragte Norm sein, also auf traditionalem Verhalten – im Sinne Max Webers – beruhen. Nach Weber bedeutet „Tradition", dass der Fortbestand von Wertvorstellungen, normativen Orientierungen, Verhaltensweisen usw. durch die schlichte praktische Bewährung, durch „eingelebte Gewohnheit" gewährleistet wird, also durch Bindung an das Gewohnte, und ohne dass damit ein Recht, sondern eher nur eine Hoffnung auf Reziprozität bei einem eigenen Notfall verbunden ist.

Die Aufrechterhaltung der Geschwisterbeziehung bis hin zur gegenseitigen Unterstützung könnte aber auch die Einlösung einer bewussten moralischen Verpflichtung der Familie beinhalten, eventuell sogar gegenüber den – vielleicht nicht mehr lebenden – Eltern. Kasten (1998: 150) hat darauf hingewiesen, dass bei uns die Geschwisterbeziehung lebenslang durch das „Aufwachsen in einem Nest" geprägt ist und durch ein Höchstmaß an Intimität zu charakterisieren sei. Prinzipiell ist sie die längste Phase zwischenmenschlicher Beziehung im Lebensverlauf des Einzelnen, länger als die Ehebeziehung. Aus dieser Einzigartigkeit der Beziehung mag durchaus eine gegenseitige moralisch-ethische Verpflichtung erwachsen.

---

[8]   Negative Sanktionen gibt es sehr verschiedener Art. Sie können sich auch ausdrücken in der einfachen Form des Kopfschüttelns.

Wegen der starken Unterschiede zwischen den Geschwister- und anderen Verwandtschafts-beziehungen wäre zu fragen, ob „die Zeit nicht reif" ist, für eine differenziertere Analyse von Verwandtenbeziehungen ein eindeutigeres Begriffsinstrument als bisher zu entwickeln[9]. Damit vor allem die genannten Unterschiede zwischen Verwandten im Hinblick auf die emotionale Distanz, die Sanktionierung von abweichendem Verhalten bei Nicht-Einhaltung der Solidaritätsnorm usw. in ihrer strukturellen Verursachung eindeutiger erklärt werden können. Außerdem ließen sich auch jene Rollenkonflikte besser erfassen, die sich durch die familiale strukturelle Ausdifferenzierung der Familie aus dem wenig homogenen Verwandtschaftsverband ergeben haben. Koselleck ist zuzustimmen, wenn er betont, dass Sprache sich „langsamer wandelt als Ereignisketten" (2006: 46).

4.2.6   Zusammenfassung

Verwandtschaft konnte auch ohne gesetzliche Vorgaben als ein Netzwerk, als ein Solidaritätsverband identifiziert werden, der latent lebenslang besteht und selektiv personenorientiert aktiviert wird. Zwischen Verwandten wird aber ein Gefühl der Verpflichtung erwartet, weswegen selbst fremde Verwandte sich in Notzeiten an sie mit der Bitte um Unterstützung wenden können. Diese Nichtnegierbarkeit eines Solidaritätsprinzips gilt vor allem für Geschwister und löst bei abweichendem Verhalten negative Sanktionen aus.

Diese unterschiedlichen Grade der Solidaritätsverpflichtungen zwischen Verwandten symbolisiert unser Erbrecht, indem es nahe Verwandte (Geschwister) vor entfernteren begünstigt. Es erlaubt zwar dem Erblasser durch Testamentsverfügung eine gewisse Auswahl im Hinblick auf die Weitergabe seines Vermögens, aber durch das Pflichtteilsgesetz werden in jedem Fall die Kinder (die Geschwister) bedacht. Die Vererbungspraktiken zeigen, dass weit überwiegend der gesetzlichen Rangfolge auch in der Realität der Vorzug gegeben wird. Sozialstrukturell steigt hierdurch diese soziale Ungleichheit in unserer Gesellschaft an, evtl. auch zwischen Verwandten.

Wenn insbesondere das Solidaritätsprinzip zwischen Geschwistern gilt, wird aber soziale Abschottung des Geschwistersystems bei uns durch das Verbot der Geschwisterehe, das Inzesttabu, vermieden, weil dieses gleichzeitig eine Exogamieregel, eine „Öffnung nach außen", beinhaltet.

Da im verwandtschaftlichen Netzwerk immer unterschiedliche Generationen vertreten sind, kann dieses zur Integration unterschiedlicher Altersgruppen in der Gesellschaft beitragen. Ferner kann, makroperspektivisch gesehen, dem Solidaritätsprinzip zwischen Verwandten die unbeabsichtigte Folge zugeschrieben werden, das gesamtgesellschaftliche Fürsorgesystem zu unterstützen und gesellschaftlichen Isolierungsprozessen – gerade auch im Alter – entgegenzuwirken.

---

[9]   Zwar sind zahlreiche sehr unterschiedliche Verwandtschaftsklassifikationen in der wissenschaftlichen Literatur zu finden (bereits bei Murdock 1949); sie haben aber keine allgemeine Anerkennung in der Forschung gefunden, weswegen empirische Erhebungen vielfach nicht vergleichbar sind.

Hinweise auf weiterführende Literatur

Mitterauer, M., Historische Verwandtschaftsforschung, Wien/Köln/Weimar 2013.

Schmidt, J. F K., Soziologie der Verwandtschaft, in: Freundschaft und Verwandtschaft, hrsg. v. M. Guichard, P. Schuster und F. Trillich, 2007, S. 15–44.

Wagner, M. und Schütze, Y. (Hrsg.), Verwandtschaft – Sozialwissenschaftliche Beiträge zu einem vernachlässigtem Thema, Stuttgart 1998.

Wiederholungsfragen / Übungsaufgaben

1. Benennen sie den Unterschied zwischen Abstammungs- und Verwandtschaftslinien? Veranschaulichen Sie die vier Verwandtschaftslinien, indem Sie für jede eine Zeichnung der Abstammungslinie anfertigen.
2. Fragen Sie sich zunächst selbst, ob Sie Ihre Geschwister zu den Verwandten zählen würden. – Worin wird in dem Text die Schwierigkeit der Trennung zwischen Geschwistern und Verwandten gesehen?

4.2.7 Literatur

Beckert, J., Unverdientes Vermögen – Soziologie des Erbrechts, Frankfurt am Main 2004.

Beckert, J., Familiäre Solidarität und die Pluralität moderner Lebensformen; in: Reformfragen des Pflichtteilsrechts, hrsg. v. A. Röthel, Köln/Berlin/München 2007.

Beckert, J., Erben in der Leistungsgesellschaft, Frankfurt am Main 2013.

BMJFSF (Hrsg.), Familie zwischen Flexibilität und Verlässlichkeit. Perspektiven für eine lebenslaufbezogene Familienpolitik, 7. Familienbericht, Berlin 2006.

Boltanski, L. und Chiapello, E., Der neue Geist des Kapitalismus, Konstanz 2013.

Braun, R., Burger, F., Miegel, M. und Pfeiffer, U., Erben in Deutschland – Volumen, Psychologie und gesamtwirtschaftliche Auswirkungen, hrsg. v. Deutschen Institut für Altersvorsorge, Köln 2002.

Brody, G., Stonemann, Z., Sibling relationships in middle childhood, in: Annals of Child Development, 1995, S. 73–93.

Diewald, M., Sattler, S., Wendt, S. und Lang, F. R., Verwandtschaft und verwandtschaftliche Beziehungen, in: Handbuch Persönliche Beziehungen, hrsg. v. K. Lenz und F. Nestmann, Weinheim 2009, S. 423–444.

Frick, J., Ich mag dich – du nervst mich! Geschwister und ihre Bedeutung für das Leben, 2. Aufl., Bern, 2006.

Jacoby, N., (Wahl-)Verwandtschaft – Zur Erklärung verwandtschaftlichen Handelns, Wiesbaden 2008.

Kasten, H., Geschwisterbeziehungen zwischen Nähe und Rivalität, in: Frühe Kindheit, 2004, S. 23–25.

Kasten, H., Geschwisterbeziehungen im Lebenslauf, in: Sozialwissenschaftliche Beiträge zu einem vernachlässigten Thema, hrsg. v. M. Wagner und Y. Schütze, Stuttgart 1998, S. 147–161.

Koselleck, R., Begriffsgeschichten, Frankfurt am Main 2006.

Kosmann, M., Wohin der Nachlass fließt, in: Die Erbengesellschaft, Kursbuch 135, H.3, 1999, S. 72–82.

Kosmann, M., Erbmuster und Geschlechterverhältnisse im Wandel; in: Erben und Vererben, hrsg. v. F. Lettke, Konstanz 2003, S. 190–211.

Künemund, H. und Hollstein, B., Soziale Beziehungen und Unterstützungsnetzwerke, in: Die zweite Lebenshälfte. Lage und Partizipation im Spiegel des Alterssurvey, Opladen 2000, S. 213–276.

Limbach, J., Die Entwicklung des Familienrechts seit 1949, in: Kontinuität und Wandel der Familie in Deutschland – Eine Zeitgeschichtliche Analyse, hrsg. v. R. Nave-Herz, Stuttgart 1988, S. 11–35.

Lauterbach, W. und Lüscher, L., Erben und die Verbundenheit der Lebensverläufe von Familienmitgliedern; in: Kölner Zeitschrift für Soziologie und Sozialpsychologie, 1996, S. 66–95.

Lüschen, G., Verwandtschaft, Freundschaft, Nachbarschaft, in: Handbuch der Familien- und Jugendforschung, Bd. 1: Familienforschung, hrsg. v. R. Nave-Herz und M. Markefka, Neuwied 1989, S. 435–454.

Marbach, J. H., Verwandtschaftsbeziehungen und Abstammung – Eine Prüfung soziobiologischer und ethnologischer Thesen mit Hilfe familiensoziologischer Daten, in: Verwandtschaft – Sozialwissenschaftliche Beiträge zu einem vernachlässigtem Thema, hrsg. v. M. Wagner und Y. Schütze, Stuttgart 1998, S. 91–126.

Mielke B., Schwestern und Brüder im Recht, in: Schwestern – zur Dynamik einer lebenslangen Beziehung, hrsg. v. C. Onnen – Isemann, und G. M. Rösch, Frankfurt/New York 2005, S. 107–130.

Münder, J., Familienrecht, 5. Aufl., München 2005.

Nauck, B. und Kohlmann, A., Verwandtschaft als soziales Kapital – Netzwerkbeziehungen in türkischen Migrantenfamilien, in: Verwandtschaft. Sozialwissenschaftliche Beiträge zu einem vernachlässigten Thema, hrsg. v. Y. Schütze und M. Wagner, Stuttgart 1998, S. 203–236.

Nave-Herz, R., Die soziologische Relevanz der Vererbungspraktiken in Deutschland, in: Gesellsachaft – Wirtschaft – Politik, 2007, S. 505–516.

Nave-Herz, R., Ehe- und Familiensoziologie – Eine Einführung in Geschichte, theoretische Ansätze und empirische Befunde, 3. Aufl., Weinheim 2013.

Onnen-Isemann, C., Geschwisterbeziehungen aus soziologischer Perspektive, in: Schwestern – Zur Dynamik einer lebenslangen Beziehung, hrsg. v. C. Onnen-Isemann und G. Rösch, Frankfurt am Main 2005, S. 23–36.

Röthel, A., Reformfragen des Pflichtteilsrechts, München 2007.

Rosenbaum, H., Verwandtschaft in historischer Perspektive, in: Verwandtschaft – Sozialwissenschaftliche Beiträge zu einem vernachlässigtem Thema, hrsg. v. M. Wagner und Y. Schütze, Stuttgart 1998, S. 17–34.

Rosenbaum, H. und Timm, E., Private Netzwerke im Wohlfahrtsstaat – Familie, Verwandtschaft und soziale Sicherheit im Deutschland des 20. Jahrhunderts, Konstanz 2008.

Signori, G., Geschwister. Metapher und Wirklichkeit in der spätmittelalterlichen Denk- und Lebenswelt, in: Historical Social Research, S. 25–30.

Szydlik, M. und Schupp, J., Wer erbt mehr? Erbschaften, Sozialstruktur und Alterssicherung, in: Kölner Zeitschrift für Soziologie und Sozialpsychologie, 2004, S. 609–629.

Schmidt, J. F. K., Guichard, M., Schuster, P. und Trillmich, F. (Hrsg.), Freundschaft und Verwandtschaft – Zur Unterscheidung und Verflechtung zweier Beziehungssysteme, Konstanz 2007.

Tyrell, H., Probleme einer Theorie der gesellschaftlichen Ausdifferenzierung der privatisierten modernen Kleinfamilie, in: Zeitschrift für Soziologie, S. 393–417.

Wagner, M., Familie und soziales Netzwerk, in: Kontinuität und Wandel der Familie in Deutschland, hrsg. v. R. Nave-Herz, Stuttgart 2002, S. 227–252.

Wagner, M. und Schütze, Y., Verwandtschaft – sozialwissenschaftliche Beiträge zu einem vernachlässigten Thema, Stuttgart 1998.

Walper, S., Thönnissen, C., Wendt, E.-V. und Bergau, B., Geschwisterbeziehungen in riskanten Familienkonstellationen, München 2009.

Widmer, M. und Bodenmann, G., Beziehungen in der Familie, in: Lehrbuch Moderne Familiensoziologie, hrsg. v. N. Schneider, Opladen 2008, S.167–182.

Willutzki, S., Generationensolidarität versus Partnersolidarität – quo vadis Erbrecht?, in: Erben und Vererben, hrsg. v. Lettke, F., Konstanz 2003, S. 59–74.

4.3 Familien in der Kinder- und Jugendhilfe – eine Problemskizze

Karin Böllert und Corinna Peter

4.3.1 Familien in der Kinder- und Jugendhilfe

Laut einer repräsentativen Studie aus dem Jahr 2013 bedeuten *Kinder* für die meisten Menschen die grundlegende Bedingung, um eine Lebensform als *Familie* zu bezeichnen (BIB 2013: 10). Die *Generationendifferenzierung* als ein wesentliches Merkmal von Familie (Nave-Herz 2013: 36) kommt darin deutlich zum Ausdruck. Eine weitere wissenschaftliche Betrachtung von Familie fokussiert diese gegenwärtig vor dem Hintergrund des sozialen Wandels primär als alltägliche sowie biografische *Herstellungsleistung* im Sinne eines *„doing family"* (BMFSFJ 2006: 128; Schier/Jurczyk 2007: 10). Diese Sichtweise impliziert eine Auffassung von Familie als aktiv hergestelltes sowie emotionsbasiertes *Netzwerk*, welches im Alltag stets neu ausgehandelt werden muss. *Familiale Netzwerke* können von anderen dahingehend abgegrenzt werden, dass diese sich durch eher kleine, enge sowie dichte Netzwerke auszeichnen, die durch häufige und dauerhafte Kontakte sowie multiplexe Bindungen und diverse Leistungen der NetzwerkpartnerInnen charakterisiert werden können. Zwar bedeuten familiale Netzwerke zum einen emotionalen Rückhalt und starke sowie vielfältige Unterstützung – für viele somit das wichtigste Netzwerk –, zum anderen sind Krisen und Konflikte hier besonders einschneidend (Wolf 2012: 97 f.). Die Sicht auf Familien als familiale Netzwerke birgt für sozialpädagogische Unterstützungsleistungen der Kinder- und Jugendhilfe wichtige Anknüpfungspunkte, da Netzwerkbeziehungen eine maßgebliche Ressource, insbesondere im Kontext von Familienhilfen darstellen. Gemeinsam ist den hier skizzierten Sichtweisen, dass nicht *ein* Familienmodell als Ausgangspunkt bestimmt wird, sondern, dass eine *Vielfalt möglicher Familienkonstellationen sowie -netzwerke* unter den jeweiligen Familienbegriff subsumiert werden kann. Dabei wird das Merkmal der *Generationendifferenzierung* dem weiteren Verständnis von Familie zugrunde gelegt, da Kinder und Jugendliche, Familien mit Kindern sowie werdende Eltern im Fokus der breiten Angebotspalette der Kinder- und Jugendhilfe stehen.

Die Sachverständigenkommission des 14. Kinder- und Jugendberichts markiert für das Jahr 2013, dass die *Kinder- und Jugendhilfe* mit ihren *universellen Angeboten für Familien* – so auch der Kindertagesbetreuung – in der „Mitte der Gesellschaft" angekommen ist. Gleichsam ist ein enormes Wachstum bei den *gezielten Angeboten* für *Familien in schwierigen Lebenslagen* – wie z. B. den Hilfen zur Erziehung und insbesondere der Sozialpädagogischen Familienhilfe (SPFH) – zu konstatieren, worin sich u. a. eine „Zunahme strukturell fragiler Familienkonstellationen, die Verstetigung materiell prekärer Lebenslagen und die Kumulation individueller Problemsituationen der Eltern" (BMFSFJ 2013: 47) widerspiegelt. Um Familien als AdressatInnen und ihre relevanten sozialpädagogischen Unterstützungsbedarfe zu fixieren, sind aus Sicht einer lebensweltorientierten Kinder- und Jugendhilfe folgende – lediglich zu skizzierende – Überlegungen von Bedeutung:

– Familie fungiert nach wie vor als *zentraler Ort der Erziehung* und ist in grundlegender Weise für die Vermittlung von Basiskompetenzen verantwortlich. Allerdings haben sich die Orte der Erziehung pluralisiert (Böllert 2003: 47), weitere Instanzen, z. B. die Kita, die Schule, die Gleichaltrigengruppe und die Medien, spielen eine wichtige Rolle. Dies bedeutet zwar eine Aufweichung der klassischen Erziehungsinstanz Familie (BMFSFJ 2005: 73), mindert jedoch nicht die Bedeutsamkeit familialer Erziehung, insbesondere in den ersten Lebensjahren von Kindern. Im Zuge dessen sind Eltern gefordert, die verschiedenen Erziehungs- und Lebensorte zeitlich miteinander zu koordinieren (vgl. BMFSFJ 2012: 68 f.). Darüber hinaus haben sich Erziehungswerte und -ziele verändert bzw. pluralisiert, sodass Eltern zunehmend Orientierungsverluste und Unsicherheit drohen können. Familiale Erziehung ist anspruchsvoller geworden und kann schneller scheitern. Familie hat dennoch nach wie vor eine zentrale Bedeutung für das Wohlbefinden und die individuelle Entwicklung sowie Förderung von Kindern und Jugendlichen (Walper/Wendt 2009: 316). Hier ist die Kinder- und Jugendhilfe gemäß ihres Auftrags (§ 1 SGB VIII) u. a. gefordert, Eltern zu beraten und zu unterstützen sowie familienfreundliche Strukturen zu schaffen, um das Wohl der Kinder und Jugendlichen zu gewährleisten.

– Dass die Kinder- und Jugendhilfe an Schulen ihren eigenen Bildungsauftrag erfüllt, dass mit dem Ausbau der Kindertagesbetreuung unter dem Motto „Bildung von Anfang an" ein erweiterter Bildungsauftrag einhergeht, dass außer- und nachschulische Bildungsorte einen gewachsenen Stellenwert haben, ist innerhalb der Kinder- und Jugendhilfe immer mehr unstrittig. Das, was bislang allerdings allzu häufig unberücksichtigt bleibt, ist, dass auch die Familie ein außerschulischer Ort ist, der in seiner Bildungsrelevanz viel zu wenig wahrgenommen wird. Demgegenüber hat der Bildungsbericht 2012 deutlich gemacht, dass Familien für den Verlauf der Bildungsbiografien eine entscheidende Rolle spielen, und dies nicht nur im Hinblick auf die frühe Kindheit, sondern bezogen auf das gesamte Kindheits- und Jugendalter. Eltern geben Orientierung, eröffnen Entfaltungsspielräume und treffen zentrale Bildungsentscheidungen (Autorengruppe Bildungsberichterstattung 2012: 48 ff.). Dass diese Bildungsfunktion von Familie bislang selten thematisiert und in den spezifischen Diskursen der Kinder- und Jugendhilfe eher randständig berücksichtigt wird, mag u. a. daran liegen, dass der Bildungsort Familie durch nicht wenige Ambivalenzen charakterisiert ist: „Auf der einen Seite erweist sich die Familie als Anlass einer sich verstärkenden, herkunftsbedingten sozialen Ungleichheit, also, wenn man so will, als Quelle der Bildungsbenachteiligung. Auf der anderen Seite wird […] auf ihre Bedeutung als eigenständige Bildungswelt, als Ausgangspunkt elementarer Bildungsprozesse hingewiesen" (Rauschenbach 2009: 123). Diese Ambivalenzen zu negieren, ist wenig sinnvoll – „In Sachen Bildung fängt in der Familie alles an" (ebd.: 131). Will man sie stattdessen ernst nehmen und als fachliche Herausforderung begreifen, dann muss die Kinder- und Jugendhilfe ihrer Auseinandersetzung mit zahlreichen Bildungsorten den der Familie hinzufügen und dazu beitragen, „Eltern in Sachen Erziehungs- und Bildungsort vom ‚Wollen' zum ‚Können' zu bringen" (ebd.: 134) – nur so wird der erweiterte Blick auf Bildung der Vielzahl von Bildungsorten gerecht (vgl. Böllert 2013).

– Im Zuge gesellschaftlicher Transformationsprozesse gestaltet sich die *Vereinbarkeit von Familie und Beruf* als äußerst spannungsreich, da beide eng und wechselseitig miteinander verwoben sind. Erwerbstätigkeit stellt die zentrale Existenzsicherung dar und hat sich aufgrund der gewandelten Arbeitswelt zu einem wesentlichen Einflussfaktor für das Leben von und in Familien entwickelt (Wirth/Schutter 2011: 28). Familien sind in dieser Hinsicht auf zeitlich passgenaue *Betreuung*szeiten der Kinder und Jugendhilfe angewiesen, damit diese „Familien beim Spagat zwischen Familienaufgaben und Beruf noch besser unterstützen können" (BMFSFJ 2012: 2).

Deutlich ist, dass, sowohl *Erziehung, Bildung* als auch *Betreuung* zentrale Herausforderungen für familiale Netzwerke darstellen. Diese sind gegenwärtig im Zuge des *strukturellen Wandels* von Familie mit diversen Leistungsanforderungen– einerseits ihrer jeweiligen Mitglieder und andererseits öffentlicher Institutionen – konfrontiert. Neben der sogenannten bürgerlichen Kleinfamilie sind seit Ende der 1960er Jahren zunehmend vielfältige – wenn auch nicht unbedingt neuartige – familiale Lebensformen zu verzeichnen (Nave-Herz 2013: 64 ff.). Kinder und Jugendliche erleben im Verlauf ihrer Entwicklung in steigendem Maße unterschiedliche familiale Lebensformen und eine zunehmende *Instabilität familialer Netzwerke* (BMFSFJ 2005: 52 f.). Soziale Transformationsprozesse und veränderte Erwartungshaltungen an Familien bedingen, dass für alle Familienmitglieder zunehmend komplexe Aufgaben zu bewältigen sind, so beispielsweise auch im Hinblick auf gewandelte Geschlechterverhältnisse und veränderte wohlfahrtstaatliche Regulationsoptionen.

Die Bedingungen und Formen des Aufwachsens in Familie unterliegen insgesamt einem Wandel, welcher sich grundlegend in einem *veränderten Verhältnis von öffentlicher und privater Verantwortung* ausdrückt. Die aktuellen Anforderungen an familiale Netzwerke können nicht von allen Familien aus eigener Kraft wie selbstverständlich gemeistert werden (BMFSFJ 2002: 56 ff.). Benötigen Familien dabei Unterstützung, dann ist die Kinder- und Jugendhilfe als zentraler Akteur im wohlfahrtsstaatlichen Kontext gefordert, diesen adäquate Hilfeleistungen sowohl mit Blick auf flexible und familienfreundliche Betreuungsarrangements als auch hinsichtlich familienorientierter Beratungs- und Hilfesettings zur Verfügung zu stellen. Zentral ist, dass diese Angebote an den Belangen, Ressourcen sowie Sichtweisen der Familien ansetzen, dazu beitragen, soziale Ungleichheiten abzubauen, und der wachsenden Vielfalt von Familie gerecht werden (BMFSFJ 2013: 49 f.). Ziel Sozialer Arbeit mit Familien ist es, diese dabei zu unterstützen, ihren Lebensalltag zu bewältigen sowie familiale Erziehungs- und Sorgeleistungen zu stärken bzw. wiederherzustellen (Uhlendorff/Euteneuer/Sabla 2013: 71). Dabei wird Familie grundsätzlich als bedeutende Sozialisationsinstanz wahrgenommen, gleichsam werden jedoch *familiale Betreuungs-, Bildungs- und Erziehungsprozesse* als unterstützungsbedürftig und damit auch als problematisch interpretiert (ebd.: 18).

Das Verhältnis von Familie und Kinder- und Jugendhilfe wird zudem mit den Begriffen der *De- und Re-Familialisierung* konturiert. Während mit der De-Familialisierung der Abbau familiarer Abhängigkeiten, z. B. die staatliche Unterstützung familialer Betreuungsleistungen, welche beispielsweise in dem verstärkten Kitaausbau zum Ausdruck kommt, gemeint ist, wird mit dem Begriff der Re-Familialisierung die Rückverlagerung privater Risiken in das Private – die Familie – reklamiert, welche auf post-wohlfahrtsstaatliche Transformationen zurückzuführen ist (Richter 2013: 13 ff.). Die De- und Re-Familialisierungsprozesse verweisen implizit auf das Verhältnis öffentlicher und privater Verantwortung für das Aufwachsen von Kindern. Familie ist insgesamt zu einem öffentlichen Thema geworden, dies vor allem in einer Form, in der Familie vielfach als Leistungserbringer erscheint, der die Potenziale des Nachwuchses im Interesse der Gesellschaft optimal fördern muss. Beobachtbar ist dabei eine neue Balance von Verantwortungsübernahme der öffentlichen Verantwortung auf der einen Seite, die ihren Ausdruck in einem enormen Ausbau von familienbezogenen Leistungen findet, und einer Steigerung des Verantwortlichmachens von Familien auf der anderen Seite, also einer stärkeren Inanspruchnahme der privaten Verantwortung.

Familien als AdressatInnen der Kinder- und Jugendhilfe benötigen zum einen universelle und zum anderen gezielte Angebote, um die gewandelten Anforderungen erfolgreich bewältigen zu können. Mit ihrer sozialpädagogischen Dienstleistungs- und Lebensweltorientierung, die durch das Inkrafttreten des Kinder- und Jugendhilfegesetzes (KJHG) Anfang der 1990er Jahre rechtlich verankert worden ist, stellt die *Kinder- und Jugendhilfe* heute ein heterogenes Hilfesetting an *familienorientierten, präventiven* sowie überwiegend an *freiwilliger* Inanspruchnahme orientierten Leistungsangeboten zur Verfügung, um familiale Netzwerke in ihren vielfältigen Lebenswirklichkeiten zu unterstützen, zu ergänzen und gegebenenfalls zu ersetzen. Dabei reicht die Spanne der Unterstützungsmöglichkeiten von einem stetig wachsenden Kindertagesbetreuungsangebot, verschiedenen Ausgestaltungsformen erzieherischer Hilfen bis hin zu einer breiten Palette an Unterstützungsmöglichkeiten im Kontext der Förderung der Erziehung in Familie sowie den Frühen Hilfen. Familien werden in wachsendem Maße AdressatInnen der Kinder- und Jugendhilfe (BMFSFJ 2013: 295). Dabei richten sich alle Angebote für Familien an der Maxime aus, Kindern und Jugendlichen eine Entwicklung und Erziehung zu einer eigenverantwortlichen und gemeinschaftsfähigen Persönlichkeit zu ermöglichen (§ 1 SGB VIII).

4.3.2   Kindertagesbetreuung

Die Förderung von Kindern in Tageseinrichtungen und in Tagespflege gehört zu den zentralen Leistungen der Kinder- und Jugendhilfe. In § 22 des SGB VIII sind die Grundsätze der Förderung in Kindertagesbetreuungseinrichtungen geregelt. Hieran anknüpfend regeln die Ausführungsgesetze der Länder vor allem die Finanzierung der Kindertageseinrichtungen, die Mindeststandards im Hinblick auf Personaleinsatz und Gruppengröße sowie mögliche Betreuungsformen und Betreuungszeiten. Außerdem enthalten die Landesregelungen Konkretisierungen hinsichtlich des Bildungsauftrags und der Fragen der Qualitätsentwicklung von Kindertageseinrichtungen und Kindertagespflege.

Insgesamt lässt sich das Praxisfeld der Kindertagesbetreuung differenzieren in die Förderung in Kindertageseinrichtungen und in der Kindertagespflege. Während die institutionelle Kindertagesbetreuung quantitativ den erheblich größeren Stellenwert hat, wird die Kindertagespflege vor allem für unter Dreijährige genutzt. Für ältere Kinder wird die Kindertagespflege vor allem dann angeboten, wenn ergänzende Betreuungsleistungen außerhalb der Öffnungszeiten von Kindertageseinrichtungen zu organisieren sind. Für die Altersgruppe der Drei- bis Sechsjährigen zeigt die Kinder- und Jugendhilfestatistik, dass hier eine weitreichende Betreuungsquote erreicht worden ist. Weit über 90 % dieser Altersgruppe und damit nahezu alle Kinder nutzen Angebote der Kindertagesbetreuung. Erhebliche Unterschiede existieren für die Altersgruppe der unter Dreijährigen. Hier wird insbesondere in den östlichen Bundesländern eine deutlich höhere Betreuungsbeteiligungsquote erzielt als in den westlichen Bundesländern. Weitere Unterschiede in der Nutzung der Kindertagesbetreuung existieren hinsichtlich der Betreuungszeiten. Immer noch ist der Anteil der Ganztagsbetreuung in den östlichen Bundesländern deutlich höher als in den westlichen Bundesländern.

Mit einer 2008 erfolgten Novellierung des SGB VIII – dem sogenannten Kinderförderungsgesetz – sind weitreichende Regelungen verabschiedet worden. So gilt ab 01.08.2013 ein Rechtsanspruch auf Kindertagesbetreuung für Kinder im Alter von zwischen zwölf Monaten und unter drei Jahren, der zu einem enormen quantitativen Ausbau des Platzangebots geführt hat, dessen qualitative Einlösung es aber abzuwarten gilt (vgl. Schilling/Strunz 2013). Neben dem quantitativen Ausbau der Kindertagesbetreuung ist für dieses größte Handlungsfeld der Kinder- und Jugendhilfe als weitere qualitative Herausforderung festzuhalten, dass die Kindertagesbetreuung ihren Bildungsauftrag noch bewusster und expliziter wahrnehmen soll. Entsprechende Diskussionen knüpfen an die Losung „Bildung von Anfang an" an und begreifen Kinder als Akteure eines Bildungsprozesses, die sich mit ihrer sozialen und kulturellen Umgebung in aktiven Aneignungsprozessen auseinandersetzen. Ausdruck findet diese Entwicklung in den von den Ländern für den Kindertagesstättenbereich jeweilig unterschiedlich verabschiedeten Bildungsplänen, die trotz aller länderspezifischen Unterschiede von einem umfassenden Bildungsbegriff ausgehen. Bildung ist hier nicht nur Lernen, sondern ein Prozess, der im Kindertagesstättenbereich in erster Linie durch Angebote, Förderung und Ermöglichung einer ganzheitlichen Sichtweise der Selbstbildung zum Tragen kommen soll.

Eine weitere Herausforderung des Kindertagesstättenbereichs existiert im Hinblick auf die pädagogischen Fachkräfte. Werden diese noch überwiegend in Fachschulen ausgebildet, sind parallel dazu an vielen Fachhochschulen aber auch an Universitäten Studiengänge für Fachkräfte der Pädagogik der frühen Kindheit eingerichtet worden. Die Forderung nach einer Aka-demisierung der Ausbildung der Fachkräfte in Kindertageseinrichtungen findet in verschie-denen Bachelor- und Masterstudiengängen ihren Niederschlag, wobei zurzeit nicht absehbar ist, inwieweit akademisch gebildete Fachkräfte tatsächlich in Kindertageseinrichtungen be-schäftigt werden. Hinzu kommen Forderungen nach einer deutlich besseren Bezahlung der pädagogischen Fachkräfte und nach einer Erhöhung des Anteils männlicher Fachkräfte in Kindertageseinrichtungen.

Weitere Herausforderungen dieses Handlungsfelds der Kinder- und Jugendhilfe bestehen in der Institutionalisierung neuer Formen der Elternarbeit bzw. der Vernetzung der Kindertageseinrichtungen im lokalen Nahraum mit weiteren Angeboten der Kinder- und Jugendhilfe, wie sie bspw. mit den Familienzentren in NRW angestrebt werden (vgl. Böllert 2008).

4.3.3   Hilfen zur Erziehung/Sozialpädagogische Familienhilfe

Neben der Kindertagesbetreuung verkörpern die *Hilfen zur Erziehung* ein zentrales Handlungsfeld der Kinder- und Jugendhilfe und richten sich grundsätzlich an „junge Menschen, die unter belasteten familiären oder sonstigen Lebensbedingungen leiden und daher in der Entwicklung ihrer Persönlichkeit und bei der Bewältigung ihrer altersspezifischen Aufgaben deutlich beeinträchtigt sind" (Moch 2011: 619). Dahinter verbirgt sich ein heterogenes Hilfesetting, welches sich insbesondere durch seine präventive sowie familienorientierte Ausgestaltung und ein sozialpädagogisches Dienstleistungsverständnis charakterisieren lässt. Mit dem KJHG hat eine deutliche Umorientierung in Richtung familienunterstützender Hilfen stattgefunden. Neben dem Postulat der Freiwilligkeit[10] besteht für die Personensorgeberechtigten ein Rechtsanspruch, wenn eine dem *Wohl des Kindes entsprechende Erziehung nicht gewährleistet* und Hilfe *geeignet* und *notwendig* ist (§ 27 SGB VIII). Die Nicht-Gewährleistung des Kindeswohls bedeutet, dass ein *erzieherischer Bedarf*, d. h. eine erzieherische „Mangelsituation" festgestellt werden muss. Wenn das körperliche, geistige oder seelische Wohl des Kindes bzw. Jugendlichen nicht gewährleistet ist, wird an einer niedrigeren Stufe

---

10   Wenn Hilfen zur Erziehung beispielsweise im Kontext einer Kindeswohlgefährdung zum Einsatz kommen, kann allerdings nur noch bedingt von einer Freiwilligkeit ausgegangen werden, da die AdressatInnen meist aufgrund des Drucks von außen, z.B. des Jugendamts, Hilfe in Anspruch nehmen, um eine mögliche Anrufung des Familiengerichts zu vermeiden.

als die der Kindeswohlgefährdung[11] angesetzt. Orientierungsmaßstab bilden neben den Grundbedürfnissen der Heranwachsenden die altersgemäße Entwicklung und Sozialisation des jungen Menschen. Ein erzieherischer Bedarf ist gegeben, „[...] wenn sich die Sozialisationslage des betreffenden Minderjährigen im Vergleich als benachteiligt erweist" (Münder/ Trenczek 2011: 94), wenn somit keine Aufwachsbedingungen vorliegen, die als „Normalstandard" in der Gesellschaft gelten. Ob ein erzieherischer Bedarf vorhanden ist, muss jeweils für den Einzelfall geklärt werden (ebd.: 93 f.). Folglich richten sich Hilfen zur Erziehung an familiale Netzwerke, bei denen Probleme im Erziehungsprozess vorhanden sind, die gleichwohl von externen, gesellschaftlich-strukturellen Bedingungen, wie z.B. eine prekäre sozioökonomische Lage der Familie, abhängig sein können. Relevante soziale Probleme mit Blick auf Familien können z. B. sein: Armut, prekäre Lebenslagen, gesundheitliche Beeinträchtigungen, Sucht- und Drogenprobleme der Eltern, häusliche Gewalt sowie Missbrauch und Vernachlässigung (Uhlendorff/Euteneuer/Sabla 2013: 15).

Neben den klassischen Hilfeformen (§§ 28 bis 35 SGB VIII)[12] existieren integrierte, flexible Hilfeansätze, welche sich neben bzw. quer zu dem etablierten und versäulten Hilfesystem entwickelt haben[13]. Darüber hinaus können gemäß § 27 Abs. 2 SGB VIII weitere Hilfen gewährt werden, die nicht dem im Gesetz konkret benannten Leistungsspektrum entsprechen. Grundlage für die Gewährung von Hilfen zur Erziehung bildet das *Hilfeplanverfahren* (§ 36 SGB VIII), welches ein innovatives Entscheidungsinstrument der Kinder- und Jugendhilfe darstellt. In diesem Kontext wird im Zusammenwirken mehrerer Fachkräfte sowie unter Mitwirkung der betroffenen Familien ausgehandelt, welche Hilfe im Einzelfall die richtige ist. Insbesondere die Partizipation der AdressatInnen sowie die Berücksichtigung ihres Wunsch- und Wahlrechts stellen zentrale Elemente dieses Aushandlungsprozesses dar. Die sozialpädagogische Dienstleistungsorientierung und die Inblicknahme von Familien als Subjekte mit eigenen Rechten, Wünschen, Interessen und Zielen, finden an dieser Stelle ihren deutlichen Ausdruck.

Grundsätzlich können Hilfen zur Erziehung in *ambulante, teilstationäre sowie stationäre* Angebote differenziert werden. Zudem existiert die klassische Unterscheidung von *familienunterstützenden, -ergänzenden und -ersetzenden* Hilfen (Trede 2009: 25). Während z. B. die Erziehungsberatung, der Erziehungsbeistand und die SPFH *familienunterstützende* Angebote verkörpern, stellen die Erziehung in einer Tagesgruppe sowie die soziale Gruppenarbeit *familienergänzende* Leistungsangebote und die stationäre Unterbringung in einer Heimeinrichtung (oder sonstigen betreuten Wohnform) und einer Pflegefamilie *familienersetzende* Hilfeformen dar.

Die aktuellen Entwicklungen in den *Fallzahlen der Hilfen zur Erziehung* verweisen auf einen „historischen Höchststand", da nahezu 1 Mio. junge Menschen und ihre Familien durch diese erreicht werden (Fendrich/Pothmann/Tabel 2012: 6 ff). In einem wachsenden Umfang sind Familien selbst die Initiatoren der Hilfen, was einerseits darauf verweist, dass nicht wenige Eltern in der Lage sind, die Grenzen ihrer privaten Erziehungsverantwortungsübernahme wahrzunehmen, was andererseits aber auch deutlich macht, dass die Hilfen zur Erziehung als

---

11 Dabei handelt es sich um einen unbestimmten Rechtsbegriff sowie ein soziales Konstrukt. Demnach ist jeweils im Einzelfall zu klären, ob eine Kindeswohlgefährdung vorliegt. Weiterführend dazu: Schone 2012.
12 Erziehungsberatung, Soziale Gruppenarbeit, Erziehungsbeistand/Betreuungshelfer, Sozialpädagogische Familienhilfe, Erziehung in einer Tagesgruppe, Vollzeitpflege, Heimerziehung/sonstige betreute Wohnform, Intensive sozialpädagogische Einzelbetreuung. Weiterführend dazu: z. B. Trede 2009.
13 Weiterführend dazu: z.B. Peters/Koch 2004.

öffentlich wahrgenommene Erziehungsverantwortung eine erhebliche Akzeptanz erfahren. Alleinerziehende sind in den Hilfen zur Erziehung überproportional vertreten (52 % SPFH, 57 % Vollzeitpflege). 60 % der Familien der HzE sind im Transfergeldbezug (Alleinerziehende 72 %).Die Inanspruchnahme ist in den vergangenen Jahren kontinuierlich angestiegen, wobei das deutlichste Wachstum bei den *familienunterstützenden* Angeboten zu verzeichnen ist, was insbesondere durch die Fallzahlen der SPFH vorangetrieben wird: Gegenwärtig werden 21 % der jungen Menschen in den Hilfen zur Erziehung durch diese Hilfeform unterstützt (vgl. ebd.). Hilfen zur Erziehung können zunehmend als eine Art „Sicherheitsnetz" charakterisiert werden, welches Eltern in ihrer Erziehungskompetenz zu stärken versucht, wenn gesellschaftliche Mängellagen diese darin einschränken (BMFSFJ 2013: 297). Mögliche Faktoren für die steigende Inanspruchnahme können u.a. in den verbesserten rechtlichen Rahmenbedingungen und verschlechterten Bedingungen des Aufwachsens vermutet werden (Frindt 2010: 7). So ist u.a. ein Zusammenhang zwischen den sozioökonomischen, sozialstrukturellen Lebensbedingungen von Familien und der Quote der Inanspruchnahme zu konstatieren (Pothmann 2011:18 ff.). „Adressat(inn)en von Hilfen zur Erziehung sind besonders von sozioökonomisch prekären Lebenslagen betroffen" (Fendrich/Pothmann/Tabel 2012: 17), was sich insbesondere bei der SPFH abzeichnet.

Die *Sozialpädagogische Familienhilfe* symbolisiert wie keine andere Hilfeform den Paradigmenwechsel hin zu einer lebensweltorientierten Arbeit mit Familien: „Familien im Kontext ihrer Lebenslage in ihrer sozialen Situation zu sehen heißt, ihre familialen und außerfamilialen Beziehungen zu berücksichtigen, also ihr Eingebundensein in ein soziales Netzwerk zu beachten" (Woog 2008: 87). Die SPFH hat sich in ihrer rasanten Entwicklungsgeschichte zu einer der bedeutendsten *familienunterstützenden* Hilfen herauskristallisiert und stellt eine sozialpädagogische Dienstleistung dar. Sie verkörpert eine *niedrigschwellige* Hilfe, da die FamilienhelferInnen aufsuchend tätig sind und die Familien in ihrem jeweiligen Lebensumfeld vor Ort betreuen (Frindt 2010: 7). Als explizit *familienbezogene* Hilfe zählt sie zu den „prominentesten Hilfen zur Erziehung" (Uhlendorff/Euteneuer/Sabla 2013: 137) und kommt zum Einsatz, wenn Familien die erzieherischen sowie alltäglichen Anforderungen nicht mehr aus eigener Kraft bewältigen können. Dabei werden äußerst problembelastete Familien fixiert, die durch anderweitige Beratungsangebote nicht erreicht werden. Bei der Verknüpfung pädagogischer und alltagsnaher sowie lebenspraktischer Hilfen soll die Selbsthilfekompetenz der Familie gestärkt werden. Die SPFH ist eine der intensivsten ambulanten Hilfen zur Erziehung, die sich auf die *Familie als Ganzes*, auf die Belange aller Familienmitglieder, bezieht (vgl. Münder/Meysen/Trenczek 2013). Dabei ist primäres Ziel, die Lebensbedingungen der Minderjährigen innerhalb der Familie durch Unterstützung der Eltern in ihrer Alltags- und Erziehungssituation zu verbessern (Helming 2002: 68). Bei der SPFH steht eine intensive Betreuung und Begleitung der Familien im Vordergrund, wodurch die Familien bei ihren Erziehungsaufgaben, der Bewältigung von Alltagsproblemen, der Lösung von Konflikten und Krisen sowie im Kontakt mit Ämtern und Institutionen unterstützt werden und somit Hilfe zur Selbsthilfe erhalten sollen. Zentraler Aspekt ist die Mitwirkung der AdressatInnen (§ 31 SGB VIII).

Der *mehrdimensionale Hilfeansatz* der SPFH orientiert sich an unterschiedlichen Aspekten, so auch an den sozialen Netzwerken der Familie (BMFSFJ 2004: 7). Die Erweiterung von *Netzwerkbeziehungen*, insbesondere mit Blick auf die Entwicklungschancen von Kindern, ist von hoher Bedeutung, da die Familien häufig isoliert leben. Perspektivisch ist insgesamt für die Hilfen zur Erziehung eine zunehmende Einbindung in Netzwerke zu erwarten, da diese bereits in steigendem Maße in enger Abstimmung mit anderen Angebotsformen (z. B. Frühe Hilfen) erbracht werden (BMFSFJ 2013: 414).

Mit Blick auf die Entwicklungen in den *Fallzahlen* der Sozialpädagogischen Familienhilfe sind die enormen Verschiebungen im Aufwachsen zwischen privater und öffentlicher Verantwortung der vergangenen 15 Jahre empirisch ablesbar. Die Fallzahlen sind seit 1995 kontinuierlich und insbesondere von 2006 bis 2010 deutlich angestiegen (BMFSFJ 2013: 336). Im Jahr 2011 wurden insgesamt ca. 63.500 Familien durch eine SPFH betreut (vgl. Statistisches Bundesamt 2013). Wesentlicher Faktor für diese enorme Steigerungsrate ist auch hier die zuvor dargestellte Zunahme fragiler Familienkonstellationen, prekärer sozioökonomischer Rahmenbedingungen sowie kumulierender individueller Problemlagen (BMFSFJ 2013: 338). Die häufigsten Anlässe sind jedoch die eingeschränkte Erziehungskompetenz der Eltern, eine unzureichenden Förderung, Betreuung und Versorgung der Minderjährigen und Belastungen des jungen Menschen durch Problemlagen der Eltern.

Im Hinblick auf die AdressatInnen der SPFH ist auffällig, dass insbesondere Familien, die nicht der bürgerlichen Kleinfamilie entsprechen und die einem erhöhten Armutsrisiko unterliegen, diese Hilfe in Anspruch nehmen: Im Jahr 2010 waren 52 % der Familien *Einelternfamilien* und bei 15 % handelte es sich um *Stieffamilien* (BMFSFJ 2013: 338), beide Familienformen sind überproportional häufig in der SPFH vertreten. Darüber hinaus nehmen *kinderreiche Familien* sowie *Familien mit jüngeren Kindern* diese Hilfe häufig in Anspruch (Pluto et al. 2007: 207, BMFSFJ 2004: 72). 67 % der Familien in der SPFH beziehen *sozialstaatliche Transferleistungen*, bei Einelternfamilien liegt der Anteil bei 76 % (Frindt 2010: 8).

Die SPFH richtet sich an familiale Lebenskontexte, die durch massive Belastungen und sozioökonomische Problemlagen gekennzeichnet sind. Dabei befinden sich die Familien in differierenden Belastungs- und Krisensituationen. Insbesondere Familien, die von sozialer Ungleichheit betroffen sind, finden sich hier wieder: Häufig sind die Familien von *Armut* betroffen, welche als Häufung gravierender Unterversorgungslagen zu verstehen ist: defizitäre Wohnverhältnisse, finanzielle Probleme, schlechte Bildungschancen, gesundheitliche Beeinträchtigungen, Arbeitslosigkeit, lückenhafte soziale Netzwerke sowie begrenzte Teilhabe an gesellschaftlichen Gütern. Diese Faktoren bedingen sich gegenseitig, was diverse Beeinträchtigungen für die Mitglieder der Familie zur Folge haben kann (Helming 2001: 545, Wolf 2012: 104). Die wachsende soziale Ungleichheit in Deutschland und die damit einhergehende Unsicherheit „schlagen sich in ihren individuellen und alltagskulturellen Folgen unmittelbar in familiären Strukturen und den Handlungen von Menschen nieder" (Lutz 2012: 11). Zunehmend können Familien, welche Lutz als „erschöpfte Familien" bezeichnet, den eigenen Kindern kaum noch Ressourcen und Teilhabechancen vermitteln, sondern sozialisieren diese vielmehr darin, wie „man sich in benachteiligten Lebenslagen einrichten kann, die letztlich zu einem dauerhaften Ausschluss aus der Gesellschaft führen" (ebd.: 17). Die Erschöpfung kann darin münden, dass der familiale Alltag dadurch strukturiert wird und Eltern ihrer Erziehungsverantwortung nicht mehr in angemessener Weise nachkommen können. Armut bedeutet sowohl einen Risikofaktor für das Aufwachsen von Kindern und Jugendlichen als auch einen Stressor, welcher sich auf das Erziehungsverhalten und die Fürsorge der Eltern auswirken kann (Helming 2010: 273). Die Sozialpädagogische Familienhilfe kommt demnach auch dann zum Einsatz, wenn eine mögliche *Kindeswohlgefährdung* im Raum steht. Bei 16 % wird diese als Anlass für eine SPFH angeführt (Richter 2013: 34). Diese stellt dann die letzte Chance dar, um die Familiensituation zu stabilisieren und eine Trennung von Eltern und Kindern zu vermeiden.

Aufgrund der großen Alltagsnähe birgt die SPFH sowohl besondere *Chancen* als auch gewisse *Gefahren*. Chancen liegen in dem unmittelbaren Kennenlernen der familialen Lebenswelt. Darüber hinaus stellt die SPFH eine besondere Gelegenheit dar, die Isolation der Familien aufzubrechen und die sozialen Netzwerke der Familie zu erweitern. Die lebensweltorientierte Ausrichtung fördert den Aufbau von Vertrauensbeziehungen und gerade in der Beziehung von Familie und Fachkraft liegt – so akzentuiert Rothe (2011) – das „Geheimnis der sozialpädagogischen Familienhilfe" (ebd.: 108). Gefahren können sich wiederum aufgrund des massiven Eintritts in die familiäre Intimsphäre ergeben, was bei den AdressatInnen zu Abwehrreaktionen, Angst und Unsicherheit führen kann. Im fachlichen Diskurs wird dies mit dem Topos der „gläsernen Familie" sowie im Zuge einer „Kolonialisierung der familialen Lebenswelt" thematisiert. Ein klassisches Spannungsfeld der SPFH besteht in der „Nähe-Distanz-Problematik", denn die Arbeit im Binnenraum der Familie erfordert ein ständiges Ausbalancieren von persönlicher Nähe und professioneller Distanz.

Insgesamt ist die SPFH als eine bedeutende öffentliche Institution der Familienhilfe für Familien mit erheblichen Erziehungsproblematiken und multiplen Belastungen zu begreifen, doch ist vor dem Hintergrund der *Ökonomisierung Sozialer Arbeit* kritisch zu reflektieren, dass eine Tendenz zu kürzeren und weniger intensiven Hilfen zu verzeichnen ist (Frindt 2010: 42). Ferner ist kritisch zu betrachten, dass die SPFH mittlerweile zu einer Art „Allzweckwaffe" bei gravierenden familiären Problemlagen aller Art eingesetzt wird, was Zweifel aufkommen lässt, ob die SPFH all das leisten kann (Wolf 2008: 1), zumal die Erbringungskontexte der SPFH – z. B. die organisatorische Anbindung, die Qualifikation der Fachkräfte – regional erheblichen Disparitäten ausgesetzt sind.

4.3.4 Förderung der Erziehung in der Familie/Frühe Hilfen

In der Kinder- und Jugendhilfe hat sich mit der Umsetzung des §16 SGB VIII ein umfängliches Angebot von Einrichtungen und Institutionen entwickelt, das die Aufgaben im Kontext folgender Leistungen übernimmt: Beratung in Erziehungsfragen, Familienfreizeit und Erholung, Familienbildung, Unterstützung für Alleinerziehende sowie Beratung in Fragen der Partnerschaft, Trennung und Scheidung. Kinder- und Jugendhilfe hat den Auftrag, durch Bildungsmaßnahmen Eltern auf Partnerschaft, Ehe und das Zusammenleben mit Kindern vorzubereiten, entsprechende Angebote haben von daher eine unterstützende und präventive Funktion und zielen darauf ab, Selbsthilfekompetenzen zu fördern und Eltern dazu zu befähigen, ihrer Erziehungsverantwortung bestmöglich nachzukommen. Durch zahlreiche Programme und insgesamt eher heterogene Angebote von vielfältigen Trägern werden diese Ziele zu erreichen versucht, exemplarisch hierfür stehen unterschiedliche Elternkurse, die durch Familien- und Erwachsenenbildungsstätten, vom Kinderschutzbund, in Mütterzentren, Erziehungsberatungsstellen aber auch von Krankenkassen angeboten werden. Zentral für Angebote der Familienbildung ist aktuell die frühzeitige Inanspruchnahme auch durch werdende Eltern, wobei in den einschlägigen Fachdiskursen der letzten Jahre insbesondere die Frühen Hilfen eine hervorgehobene Rolle spielen (vgl. Böllert/Otto 2012; Rätz-Heinisch/Schröer/Wolff 2009).

Mit der Einfügung des Absatzes 3 in § 16 SGB VIII hat der Gesetzgeber Bezug genommen auf die im Kontext der Kinderschutzdebatte entstandene Diskussion über die Notwendigkeit von Angeboten für werdende und junge Eltern – die sogenannten *Frühen Hilfen.* Diese Perspektiverweiterung beruht weitgehend auf der Annahme, dass es für die Lebenslage „Junge Eltern" bislang keine ausreichende Unterstützung gibt, und vor allem die Kinder- und Jugendhilfe dieser Lebenslage bisher zu wenig Aufmerksamkeit geschenkt hat. Sieht man sich vor diesem Hintergrund nun wiederum die beteiligten Angebote an, dann wird schnell deutlich, dass es sich dabei nicht um grundständig neue Unterstützungs-, Begleitungs- und Beratungsangebote handelt. Schwangerschaftsberatungsstellen, Eltern- bzw. Mutter-Kindgruppen, die Leistungen von Hebammen, die spezifischen Hilfen zur Erziehung usw. sind allesamt älter als es die Frühen Hilfen von sich behaupten können.

Im Institutionalisierungsprozess der Frühen Hilfen fand allerdings häufig eine Engführung dieses Angebots auf Fragen des Kinderschutzes statt. Noch 2008 ist das Nationale Zentrum Frühe Hilfen (NZFH – www.fruehehilfen.de) davon ausgegangen, dass das System Früher Hilfen „auf die lückenlose Identifizierung von Kleinkindern in familialen Risikosituationen ausgerichtet" sein muss, „um deren Entwicklung durch Hilfen zu begleiten und zu unterstützen sowie gegebenenfalls – wenn zum Schutz des Kindes erforderlich – auch gegen den Elternwillen zu intervenieren".

Mittlerweile hat der wissenschaftliche Beirat des NZFH (2009) folgende Begriffsbestimmung formuliert:

> „Frühe Hilfen bilden lokale und regionale Unterstützungssysteme mit koordinierten Hilfsangeboten für Eltern und Kinder ab Beginn der Schwangerschaft und in den ersten Lebensjahren mit einem Schwerpunkt auf der Altersgruppe der 0- bis 3-Jährigen. Sie zielen darauf ab, Entwicklungsmöglichkeiten von Kindern und Eltern in Familie und Gesellschaft frühzeitig und nachhaltig zu verbessern. Neben alltagspraktischer Unterstützung wollen Frühe Hilfen insbesondere einen Beitrag zur Förderung der Beziehungs- und Erziehungskompetenz von (werdenden) Müttern und Vätern leisten. Damit tragen sie maßgeblich zum gesunden Aufwachsen von Kindern bei und sichern deren Rechte auf Schutz, Förderung und Teilhabe. […] Frühe Hilfen tragen in der Arbeit mit den Familien dazu bei, dass Risiken für das Wohl und die Entwicklung des Kindes frühzeitig wahrgenommen und reduziert werden. Wenn die Hilfen nicht ausreichen, eine Gefährdung des Kindeswohls abzuwenden, sorgen Frühe Hilfen dafür, dass weitere Maßnahmen zum Schutz des Kindes ergriffen werden.
>
> Frühe Hilfen basieren vor allem auf multiprofessioneller Kooperation, beziehen aber auch bürgerschaftliches Engagement und die Stärkung sozialer Netzwerke von Familien mit ein. Zentral für die praktische Umsetzung Früher Hilfen ist deshalb eine enge Vernetzung und Kooperation von Institutionen und Angeboten aus den Bereichen der Schwangerschaftsberatung, des Gesundheitswesens, der interdisziplinären Frühförderung, der Kinder- und Jugendhilfe und weiterer sozialer Dienste. Frühe Hilfen haben dabei sowohl das Ziel, die flächendeckende Versorgung von Familien mit bedarfsgerechten Unterstützungsangeboten voranzutreiben, als auch die Qualität der Versorgung zu verbessern".

Bei den Frühen Hilfen geht es somit in erster Linie nicht darum, bislang fehlende Angebote neu zu institutionalisieren. Vielmehr werden bereits existierende Angebote so miteinander vernetzt, dass unterschiedliche Berufsgruppen und Professionen weiterführend im Sinne von interdisziplinärer Selbstvergewisserung zusammenarbeiten können, indem die Strukturen, Kompetenzen und Handlungslogiken des jeweilig anderen Hilfesystems Anerkennung finden. Des Weiteren soll der niedrigschwellige Zugang die Perspektive eröffnen, auch Personengruppen zu erreichen, die bislang durch die tradierten Angebote der Familienbildung nicht angesprochen werden konnten, womit Frühe Hilfen auch diejenigen Familien beteiligen können, die weniger informiert über unterschiedliche Unterstützungssysteme sind oder andere Zugangsbarrieren aufweisen. Koordiniert werden zudem systemübergreifend Leistungen im Interesse eines nicht-stigmatisierenden Zugangs zu Nutzern und Nutzerinnen, um weder diejenigen abzuschrecken, die Teilleistungen der Frühen Hilfen bislang schon problemlos und eigeninitiiert genutzt haben, noch diejenigen unberücksichtigt zu lassen, die im Rahmen einer vorrangigen Defizitorientierung die Infragestellung ihrer selbstbestimmten Problemsicht bzw. die Kontrolle ihrer Lebensführung befürchten müssen.

„Das System Frühe Hilfen überschreitet und überwindet somit Systemgrenzen und wirkt ebenso integrativ wie verantwortungsadditiv, ohne die Unterschiede und Eigenständigkeit der beteiligten Systeme zu nivellieren" – so die Stellungnahme der Ständigen Fachkonferenz 1 „Grund- und Strukturfragen des Jugendrechts" des Deutschen Instituts für Jugendhilfe und Familienrecht (DIJuF) e.V. vom 19. März 2010. Wollen Frühe Hilfen diesem Anspruch gerecht werden, dann müssen sie sich von einer Legitimationsfolie der Verhinderung von Kindeswohlgefährdung und Kindstötungen lösen. Diese Perspektive wird zwar in der alltäglichen Arbeit der Frühen Hilfen im Bedarfsfall sicherlich nicht zu vernachlässigen sein, beinhaltet aber immer auch die Gefahr, Versprechen abzugeben, die letztendlich in einer auf Teilhabe und Beteiligung zielenden Kinder- und Jugendhilfe ohne allumfassenden Kontrollanspruch haltlos sind. Außerdem würde ein solch einseitiger Begründungszusammenhang die Tendenz befördern, niedrigschwellige, kontrollferne Angebote wie etwa die der Schwangerschaftsberatung und der Familienhebammen ihres offenen, beratenden Charakters zugunsten investigativ umgesetzter Verdachtsmomente zu berauben.

Die fachliche Begründung für Frühe Hilfen kann von daher nur lauten, ein transparentes, interdisziplinäres, offenes Angebot für alle Familien zu sein sowie professionell und nachvollziehbar Kriterien zu entwickeln, die über Information und Beratung hinausgehende Interventionen für bestimmte belastete Eltern fachlich rechtfertigen. Frühe Hilfen sind darüber hinausgehend generell durch Wertschätzung gegenüber den Leistungen und Ressourcen von Familien geprägt statt durch eine diskreditierende Panikmache vor dem zunehmenden Unvermögen von Eltern (vgl. Böllert 2012; Böllert/Wazlawik 2012; Buschhorn 2012).

4.3.5   Soziale Infrastruktur für Familien

Der kontinuierliche Ausbau der Kinder- und Jugendhilfe und anderer Leistungsbereiche geschieht insgesamt mit dem Ziel der Unterstützung und Förderung der Eltern und der Stärkung elterlicher Erziehungskompetenzen sowie der Entlastung von Familien. Die Kinder- und Jugendhilfe unterstützt mit ihren direkten personenbezogenen Leistungen ihre Adressatinnen und Adressaten unmittelbar im Prozess des Aufwachsens durch zahlreiche Angebote in vielfältigen Handlungsfeldern und Aufgabenbereichen. Sie ist insgesamt zu einem integralen Bestandteil einer sozialen Infrastruktur für Familien geworden, die ihren wesentlichen Kern nicht mehr ausschließlich in individuellen Notlagen findet, sondern die Ausdruck einer sozialpolitischen Grundversorgung ist, deren Leistungen prinzipiell allen zur Verfügung stehen.

Das Motto des 11. Kinder- und Jugendberichts (2002) „Aufwachsen in öffentlicher Verantwortung" thematisierte insofern in erster Linie ein neues Entsprechungsverhältnis von privater und öffentlicher Verantwortung, das sich – so die damalige Annahme – allerdings in den Debatten und Kontroversen über einen Abbau bzw. Umbau des Sozialstaats in keiner Weise angemessen widerspiegelte. An dieser Stelle forderte die Sachverständigenkommission des 11. Kinder- und Jugendberichts einen Perspektivenwechsel zugunsten einer stärkeren Berücksichtigung von Familien, Kindern und Jugendlichen im Sinne einer politischen Gestaltung und Absicherung einer sozialen Infrastruktur, den Ausbau sozialer Dienstleistungen und Hilfen zur Stärkung eigener Ressourcen. Eine solche soziale Infrastruktur ist insgesamt als Ausdruck der öffentlichen Verantwortung für das Aufwachsen von Kindern und Jugendlichen, als konstitutive Voraussetzung für die Wahrnehmung der privaten Verantwortung aller und nicht nur sozial benachteiligter Familien für das Aufwachsen der nachwachsenden Generationen dargelegt worden.

Sieht man gut zehn Jahre später und mit dem 14. Kinder- und Jugendbericht und dessen Motto „Aufwachsen in neuer Verantwortung" auf die Situation der Kinder- und Jugendhilfe, dann kann zunächst festgestellt werden, dass die Aufgeregtheit, mit der das damalige Motto diskutiert und zumindest teilweise als Angriff auf die Privatheit von Familie (miss-)interpretiert wurde, einem Verständnis der Aufgaben der Kinder- und Jugendhilfe gewichen ist, das den Vorstellungen eines Aufwachsens von Kindern und Jugendlichen in öffentlicher und privater Verantwortung immer mehr entspricht. Allen sozialstaatlichen Umbautendenzen und damit erwartbaren Kürzungen des Leistungsspektrums auch der Kinder- und Jugendhilfe zum Trotz und selbst vor dem Hintergrund kommunal eingeschränkter Finanzierungsspielräume, haben sich einerseits die Leistungen der Kinder- und Jugendhilfe ausgeweitet, und ist andererseits auf Seiten der Adressatinnen und Adressaten der Kinder- und Jugendhilfe ein wachsender Unterstützungsbedarf zu verzeichnen.

Die Kinder- und Jugendhilfe ist in den letzten zehn Jahren zu einem weitverzweigten, heterogenen und nahezu unübersichtlichen gesellschaftlichen Teilbereich geworden, der es durch seine Ausdifferenzierungen einerseits möglich macht, auf ein breites Spektrum existierender Problemlagen junger Menschen und ihrer Familien angemessen zu reagieren, und der andererseits zum unverzichtbaren Bestandteil der allgemeinen Förderung junger Menschen und ihrer Familien herangewachsen ist (vgl. Fendrich/Lange/Pothmann 2011; Rauschenbach 2009). Damit ist die Kinder- und Jugendhilfe immer mehr eine sozialstaatlich geregelte, unverzichtbare öffentliche Begleiterin privater Lebensverhältnisse (vgl. Böllert 2012a; Böllert 2013a).

Die Gestaltungsaufgabe der öffentlichen Verantwortungsübernahme wird im 14. Kinder- und Jugendbericht (2012: 82) zutreffend als „die Herstellung gleicher Lebenschancen und der Abbau herkunftsbedingter Ungleichheit durch die Förderung junger Menschen „von Anfang an", die Befähigung junger Menschen zur gesellschaftlichen Teilhabe durch die Förderung ihrer Entwicklung zu eigenverantwortlichen und gemeinschaftsfähigen Persönlichkeiten sowie die Gewährleistung bzw. Schaffung struktureller Rahmenbedingungen, die es den Eltern erlauben, ihre Kinder optimal zu fördern, und die den Kindern und Jugendlichen Chancen auf Teilhabe an der Gesellschaft und an entsprechenden Angeboten ihrer Förderung eröffnen können" definiert. Bei der Expansion der Kinder- und Jugendhilfe und damit auch bei der der Hilfen zur Erziehung geht es darum, zu prüfen, „ob bzw. in welchem Ausmaß durch die Ausweitung und spezifische Ausgestaltung der öffentlichen Verantwortungsübernahme das Ziel einer Verbesserung der Lebenschancen für alle Kinder und Jugendlichen überhaupt erreicht werden konnte bzw. in welchen Hinsichten sich vielleicht sogar gegenteilige Tendenzen abzeichnen" (2012: 65).

In der erheblichen Zunahme der Inanspruchnahme der Leistungen der Kinder- und Jugendhilfe dokumentiert sich insgesamt ein vielschichtiger Zusammenhang von familialen Veränderungsprozessen, der Überforderung eines Teils von Familien, der Folgen prekärer Lebenslagen wie einer neuen „Kultur des Hinsehens" im Kontext der Kinderschutzdebatte und der zunehmenden Anerkennung professioneller Unterstützungsleistungen – sie ist damit in erster Linie Konsequenz gesellschaftlich strukturierter Lebensbedingungen von Familie.

Insbesondere die aktuelle Debatte über die Notwendigkeit der Weiterentwicklung der Hilfen zur Erziehung ist vor diesem Hintergrund zumindest teilweise durch Annahmen geprägt, die in ihren sich ausschließenden Gegenüberstellungen nicht immer sachgerecht sind (vgl. Münder 2013). Der Ausbau der sozialen Infrastruktur als Vorrang von Prävention und mit dem Ziel der Ausgabenbegrenzung wird tendenziell mit einer Nachrangigkeit individueller Rechtsansprüche insbesondere auf Hilfen zur Erziehung in Verbindung gebracht. Befürchtet wird, dass dies die Verringerung der Pluralität des Angebots (Subsidiaritätsprinzip) und damit die Einschränkung des Wunsch- und Wahlrechts der Adressatinnen und Adressaten zur Folge haben könnte sowie zu Einschränkungen im sozialstaatlichen Dreiecksverhältnis der Dienstleistungserbringung führen wird. Stattdessen gilt es, die Weiterentwicklung der Hilfen zur Erziehung als Chance zu begreifen, durch frühzeitig ansetzende und mit anderen Regelsystemen vernetzte Angebote im Sozialraum bedarfsgerechte und passgenaue Unterstützungsleistungen so zu ermöglichen, dass die Entwicklung infrastruktureller Angebote nicht im Widerspruch zu den einzelfallorientierten Hilfen zur Erziehung steht – und umgekehrt. Im Kontext der Weiterentwicklung der Kinder- und Jugendhilfe sind beide Zugänge notwendig und sinnvoll, um sowohl eine bedarfsgerechte Angebotspalette an Jugendhilfeleistungen sicherzustellen als auch präventive Wirkungen zu ermöglichen. In welcher Weise und mit welcher Zielperspektive individuelle Leistungen erbracht oder Regelangebote zur Verfügung gestellt werden, richtet sich nach den Bedarfen der Adressatinnen und Adressaten im Einzelfall. Hierbei sind eine aktivierende, adressatenorientierte Beteiligung bei der Bedarfsfeststellung und die Ausübung des Wunsch- und Wahlrechts sowie eine gemeinsame partnerschaftliche Verantwortungsübernahme durch öffentliche und freie Träger im sozialrechtlichen Dreiecksverhältnis von besonderer Bedeutung.

4.3.6 Fazit

Offensichtlich dürfte geworden sein, dass die Kinder- und Jugendhilfe einen bedeutenden Akteur im Kontext des Wohlfahrtspluralismus für familiale Netzwerke darstellt, welcher Familien mit ihren Ressourcen sowie Unterstützungsbedarfen in vielfältiger Weise in den Blick nimmt und eine breite Palette an familienorientierten Hilfeangeboten zur Verfügung stellt. Eine sich abzeichnende zunehmende Verschärfung sowie Diversifizierung sozialer Ungleichheitsprozesse, von denen insbesondere junge Menschen und ihre familialen Netzwerke betroffen sind, können jedoch nicht alleine von der Kinder- und Jugendhilfe aufgefangen werden. Zwar hat sie qua Gesetz den Auftrag, Benachteiligungen zu vermeiden und abzubauen sowie positive Lebensbedingungen zu erhalten und zu schaffen (§ 1 SGB VIII), dies kann allerdings nur im Zusammenspiel mit den anderen Akteuren des Wohlfahrstaats erfolgen.

Kritisch zu hinterfragen ist beispielsweise in Bezug auf die SPFH, ob diese aktuell das „Auffangbecken" für Einelternfamilien, bei denen es sich primär um alleinerziehende Mütter handelt, darstellt? Denn augenscheinlich entwickeln diese aufgrund struktureller Ungleichstellungen sowie erkennbarer Re-Familialisierungsprozesse (Richter 2013: 35) einen Unterstützungsbedarf, der nicht alleine durch die Kinder- und Jugendhilfe bzw. die SPFH kompensiert werden kann. Das überproportionale Vorkommen alleinerziehender Mütter in dieser Hilfeform lässt auf eine unzureichende staatliche Unterstützung alleinerziehender Mütter schließen (Helming 2010: 274). Die spezifische Ausgestaltung des Verhältnisses der öffentlichen und privaten Verantwortung für das Aufwachsen von Kindern ist an dieser Stelle deutlich zu hinterfragen.

Die *Ausdifferenzierung der Hilfen zur Erziehung* (Ambulantisierung und Familialisierung als Ermöglichung von Niedrigschwelligkeit; Flexibilisierung und Lebensweltorientierung auch durch integrierte flexible Hilfen; Sozialraumorientierung und Vernetzung mit anderen Regeleinrichtungen; Intensivierung und Verkürzung der Hilfen u. a. durch familienbezogene Kriseninterventionsprogramme; Partizipation und Beteiligung; Stärkung der Elternarbeit; Intensivierung des Wächteramts als Aufwertung von Kontroll- und Interventionselementen) ist in erster Linie Ausdruck ihrer fachlichen Weiterentwicklung (vgl. Fehrenbacher 2013). Hinzu kommt der Auf- und Ausbau Früher Hilfen als vernetztes Angebot der Prävention für junge Eltern und das vielfältige Engagement der Kinder- und Jugendhilfe in Ganztagsschulen, die selbst auch zunehmend Ort der Hilfen zur Erziehung bzw. von Angeboten der Förderung der Erziehung in der Familie werden. Der Ausbau von Kindertageseinrichtungen zu Familienzentren, die gemeinsame Übergangsgestaltung, z. B. im Rahmen der Umsetzung von Bildungsgrundsätzen durch Kita und Grundschule, verweisen in eine ähnliche Richtung. Insbesondere niedrigschwellige Hilfen zur Erziehung werden mit anderen Leistungen bzw. Angeboten verknüpft, wodurch Hilfebedarfe frühzeitiger erkannt und angemessener bearbeitet werden können. *Niedrigschwelligkeit* kann von daher ein Garant dafür sein, bislang nicht erkannte Bedarfe aufzugreifen und entsprechende Zugänge zu Hilfen zu eröffnen – ein Garant hierüber die Quantität der Inanspruchnahme zu verringern, ist sie aus eben diesen Gründen nicht.

Die Fallzahlen in den Hilfen zur Erziehung werden erwartbar hoch bleiben, die Frühen Hilfen weiter und flächendeckend ausgebaut werden, und der Rechtsanspruch auf einen Kitaplatz wird eine wachsende Inanspruchnahme dieses Angebotes zur Folge haben. Damit werden aber auch die notwendigen Ausgaben für die Kinder- und Jugendhilfe weiter hoch bleiben. Insgesamt sind 68 % der Ausgaben für die Kinder- und Jugendhilfe kommunale Ausgaben (Länder 28,4 %). Der Anteil der Jugendhilfeausgaben am gesamten kommunalen Haushalt beträgt mittlerweile 15,2 %. Kein anderer kommunaler Leistungsbereich hat auch nur annähernd vergleichbare Steigerungsraten. Die Ausgaben für die Kinder- und Jugendhilfe werden vor diesem Hintergrund immer mehr zum Gegenstand kommunaler Haushaltsdebatten um mögliche Einsparpotenziale. Die Verursachungsbedingungen der Inanspruchnahme der Leistungen sind durch die Kinder- und Jugendhilfe aber selbst kaum beeinflussbar, stattdessen liegt ihr Aufgabenschwerpunkt darin, die Folgen ungleicher Lebensbedingungen zu bearbeiten und so bewältigbar zu machen, dass es nicht zu einer Verfestigung von Ungleichheitsbedingungen und deren Folgen kommt. Angesichts der prekären Finanzsituation der öffentlichen Haushalte und den im Rahmen der Schuldenbremse prognostizierten weiteren Einschnitten werden fiskalische Verteilungskämpfe – insbesondere auf der kommunalen Ebene – zunehmen. Die Kinder- und Jugendhilfe ist in gemeinsamer Verantwortung der öffentlichen und freien Träger gefordert, sich aktiv in die entsprechenden Auseinandersetzungen einzubringen, sich kinder- und jugendhilfepolitisch im Interesse ihrer Adressaten und Adressatinnen stärker und öffentlichkeitswirksamer als bisher zu positionieren. Der Erhalt,

Auf- und Ausbau einer sozialen Infrastruktur auch jenseits einer Finanzierung über die Ein-lösung individueller Rechtsansprüche setzt politische Vergewisserungsprozesse über den Stellenwert der Kinder- und Jugendhilfe voraus, die die Kinder- und Jugendhilfe selbst initi-ieren und befördern muss.

Hinweise auf weiterführende Literatur

Bundesministerium für Familie, Senioren, Frauen und Jugend (BMFSFJ), 14. Kinder- und Jugend-bericht. Bericht über die Lebenssituation junger Menschen und die Leistungen der Kinder- und Jugendhilfe in Deutschland, Berlin 2013.
Uhlendorff, U., Euteneuer, M. und Sabla, K.-P., Soziale Arbeit mit Familien, München/Basel 2013.

Wiederholungsfragen / Übungsaufgaben
1. Welche Aspekte sind im Hinblick auf Familien als AdressatInnen der Kinder- und Ju-gendhilfe besonders relevant?
2. Was sind grundlegende sozialpädagogische Hilfen für Familien?
3. Welchen Auftrag hat die Kinder- und Jugendhilfe mit Blick auf Familien?
4. Was sind charakteristische Merkmale der Sozialpädagogischen Familienhilfe?
5. Was sind die charakteristischen Merkmale einer sozialen Infrastruktur für Familien?
6. Worin bestehen die zentralen Herausforderungen des Verhältnisses von Familie und Kinder- und Jugendhilfe?

4.3.7   Literatur

Autorengruppe Bildungsberichterstattung, Bildung in Deutschland 2012. Ein indikatorengestützter Bericht mit einer Analyse zur kulturellen Bildung im Lebenslauf, 2012. Verfügbar un-ter:http://www.bildungsbericht.de/daten2012/bb_2012.pdf (13.08.2012).

Böllert, K., Kindheit aus pädagogischer Sicht – oder wo lassen Sie Ihr Kind erziehen?, in: ISA-Jahrbuch zur Sozialen Arbeit, Münster 2003, S. 41–57.

Böllert, K., Zauberwort Vernetzung? Strukturelle Rahmenbedingungen von Familienzentren, in: Tagesbetreuung im Wandel. Das Familienzentrum als Zukunftsmodell, hrsg. v. St. Rietmann, und G. Hensen, Wiesbaden 2008, S. 59–69.

Böllert, K., Die Familie der Sozialen Arbeit, in: Mutter+Vater=Eltern?, hrsg. v. K. Böllert und C. Peter, Wiesbaden 2012, S. 117–134.

Böllert, K., Aufwachsen in öffentlicher Verantwortung – Aktuelle Herausforderungen und Perspektiven der Kinder- und Jugendhilfe, in: ISA-Jahrbuch zur Sozialen Arbeit 2012, Münster 2012a, S. 30–46.

Böllert, K., Bildung – Eine Aufgabe mit sozialpädagogischer Fundierung, in: In Orientierung begriffen. Interdisziplinäre Perspektiven auf Bildung, Kultur und Kompetenz, hrsg. v. C. Berndt und M. Walm, Wiesbaden 2013, S. 49–64.

Böllert, K., Kinder- und Jugendhilfe in neuer Verantwortung – Zum 14. Kinder- und Jugendbericht, in: Recht der Jugend und des Bildungswesens 2, 2013a, S. 225–231.

Böllert, K. und Otto, H.-U., Familie: Elternhaus, Familienhilfen, Familienbildung, in: Einführung in die Arbeitsfelder des Bildungs- und Sozialwesens, hrsg. v. H. H. Krüger und Th. Rauschenbach, Opladen/ Toronto 2012, S. 17–34.

Böllert, K. und Wazlawik, M., Kinderschutz als Dienstleistung für Kinder und Jugendliche, in: Sorgende Arrangements. Kinderschutz zwischen Organisation und Familie, hrsg. v. A. Retkowski, B. Schäuble, B. und W. Thole, Wiesbaden 2012, S. 19–38.

Bundesinstitut für Bevölkerungsforschung (BIB) (2013): Familien LEITBILDER. Vorstellungen. Meinungen. Erwartungen. Verfügbar unter: http://www.bib-demografie.de/SharedDocs/Publikationen/DE/Download/Broschueren/familien_leitbilder_2013.pdf?__blob=publicationFile&v=2 (02.07.2013).

Bundesministerium für Familie, Senioren, Frauen und Jugend (BMFSFJ) (2002): 11. Kinder- und Jugendbericht. Verfügbar unter: http://www.bmfsfj.de/doku/kjb/data/download/11_Jugendbericht_gesamt.pdf (08.09.2008).

Bundesministerium für Familie, Senioren, Frauen und Jugend (BMFSFJ), Handbuch Sozialpädagogische Familienhilfe, 5. Aufl., Baden-Baden 2004.

Bundesministerium für Familie, Senioren, Frauen und Jugend (BMFSFJ), 12. Kinder- und Jugendbericht, Berlin 2005. Verfügbar unter: http://www.bmfsfj. de/doku/kjb/ (08.09.2008).

Bundesministerium für Familie, Senioren, Frauen und Jugend (BMFSFJ), Familie zwischen Flexibilität und Verlässlichkeit. Perspektiven für eine lebenslaufbezogene Familienpolitik. 7. Familienbericht. Baden-Baden 2006.

Bundesministerium für Familie, Senioren, Frauen und Jugend (BMFSFJ), Zeit für Familie. Familienzeitpolitik als Chance einer nachhaltigen Familienpolitik. Achter Familienbericht, Berlin 2012. Verfügbar unter:http://www.bmfsfj.de/RedaktionBMFSFJ/Abteilung2/Pdf-Anlagen/Achterfamilienbericht, property=pdf,bereich=bmfsfj,sprache=de,rwb=true.pdf (10.08.2012).

Bundesministerium für Familie, Senioren, Frauen und Jugend (BMFSFJ), 14. Kinder- und Jugendbericht. Bericht über die Lebenssituation junger Menschen und die Leistungen der Kinder- und Jugendhilfe in Deutschland. Berlin 2013. Verfügbar unter: http://www.bagkjs.de/media/raw/14_Kinder_und_JugendberichtSTN_SVBericht.pdf (02.07.2013).

Buschhorn, C., Frühe Hilfen. Versorgungskompetenz und Kompetenzüberzeugung von Eltern, Wiesbaden 2012.

Fehrenbacher, R., Willkommen in der Mitte der Gesellschaft, in: neue caritas 14, 2013, S. 9–11.

Fendrich, S., Lange, J. und Pothmann, J., Vom Wandel des Wandels. Anfragen an den Stand von Expansions-, Differenzierungs- und Professionalisierungsprozessen in der Kinder- und Jugendhilfe, in: Jugendhilfeforschung. Kontroversen – Transformationen – Adressierungen, hrsg. v. Arbeitskreis „Jugendhilfe im Wandel", Wiesbaden 2011, S. 47–68.

Fendrich, S., Pothmann, J. und Tabel, A., Monitor Hilfen zur Erziehung 2012, hrsg. v. Arbeitsstelle Kinder- und Jugendhilfestatistik, 2012. Verfügbar unter: http://www.akjstat.tu-dortmund.de/fileadmin/Startseite/Monitor_HzE_2012.pdf (21.08.2013).

Frindt, A., Entwicklungen in den ambulanten Hilfen zur Erziehung. Aktueller Forschungsstand und strukturelle Aspekte am Beispiel der Sozialpädagogischen Familienhilfe. Deutsches Jugendinstitut, München 2010. Verfügbar unter: http://www.dji.de/bibs/64_12095_Expertise_Frindt.pdf (07.08.2013).

Helming, E., SPFH und andere Formen familienbezogener Hilfen, in: Handbuch Erziehungshilfen. Leitfaden für Ausbildung, Praxis und Forschung, hrsg. v. V. Birtsch, K. Münstermann und W. Trede, Münster 2001, S. 541–571.

Helming, E., Indikation in der Sozialpädagogischen Familienhilfe, in: Indikation in der Jugendhilfe. Grundlagen für die Entscheidungsfindung in Hilfeplanung und Hilfeprozess, hrsg. v. K. Fröhlich-Gildhoff, Weinheim/München 2002, S. 53–76.

Helming, E., Herausforderungen der Arbeit mit allein erziehenden Müttern und ihren Kindern in Armutssituationen. Themen der Unterstützung durch die SPFH: in: Forum Erziehungshilfen 16 (5), 2010, S. 272–276.

Lutz, R., Soziale Erschöpfung – Erschöpfte Familien, in: Erschöpfte Familien. Unter Mitarbeit von Corinna Frey, hrsg. v. L. Ronald, Wiesbaden 2012, S. 11–67.

Moch, M., Hilfen zur Erziehung, in: Handbuch Soziale Arbeit, 4. Aufl., hrsg. v. H.-U. Otto und H. Thiersch, München u. a. 2011, S. 619–632.

Münder, J., Infrastruktur, Gewährleistung, Bedarfsdeckung in der Kinder- und Jugendhilfe ohne Rechtsanspruch?, in: Recht der Jugend und des Bildungswesens1, 2013, S. 3–8.

Münder, J. und Trenczek, T., Kinder- und Jugendhilferecht. Eine sozialwissenschaftlich orientierte Darstellung, 7. Aufl., Köln 2011.

Münder, J., Meysen, T. und Trenczek, T. (Hrsg.), Frankfurter Kommentar zum SGB VIII Kinder- und Jugendhilfe, Baden-Baden 2013.

Nationales Zentrum Frühe Hilfen (2009), Begriffsbestimmung „Frühe Hilfen". Verfügbar unter http://www.fruehehilfen.de/wissen/fruehe-hilfen-grundlagen/begriffsbestimmung/ (22.02.2011)

Nave-Herz, R., Ehe- und Familiensoziologie. Eine Einführung in Geschichte, theoretische Ansätze und empirische Befunde, 3.Aufl., Weinheim/München 2013.

Peters, F. und Koch, J., Integrierte erzieherische Hilfen. Flexibilität, Integration und Sozialraumbezug in der Jugendhilfe, Weinheim/München 2004.

Pluto, L., Gragert, N., van Santen, E. und Seckinger, M., Kinder- und Jugendhilfe im Wandel. Eine empirische Strukturanalyse, München 2007.

Pothmann, J., Erziehungshilfeausgaben und sozioökonomische Belastungen von Familien. Regionale Disparitäten in den Hilfen zur Erziehung im Horizont ungleicher Lebenslagen, in: Forum Jugendhilfe 4, 2011, S. 18–21.

Rätz-Heinisch, R., Schröer, W. und Wolff, M., Lehrbuch Kinder- und Jugendhilfe, Weinheim/München 2009.

Rauschenbach, Th., Lernende Jugendhilfe: Politische Herausforderungen und fachliche Antworten, in: Evangelische Jugendhilfe 3, 2009, S. 150–155.

Richter, M., Die Sichtbarmachung des Familialen. Gesprächspraktiken in der Sozialpädagogischen Familienhilfe, Weinheim/Basel 2013.

Rothe, M., Sozialpädagogische Familien- und Erziehungshilfe. Eine Handlungsanleitung, 6. Aufl., Stuttgart 2011.

Schier, M. und Jurczyk, K., „Familie als Herstellungsleistung" in Zeiten der Entgrenzung, in: Aus Politik und Zeitgeschichte. Beilage zur Wochenzeitung Das Parlament 34, 2007. S. 9–17.

Schilling, M. und Strunz, E., U3-Ausbau: wenige Klagen=bedarfsgerechtes Angebot? In: KOMDAT, 16 (2), 2013, S. 1–4.

Schone, R., Kindeswohlgefährdung – Was ist das?, in: Kinderschutz in Einrichtungen und Diensten der Jugendhilfe, hrsg. v. R. Schone und W. Tenhaken, Weinheim/Basel 2012, S. 13–52.

Statistisches Bundesamt, Kinder- und Jugendhilfe in Deutschland. Hilfe zur Erziehung. Erzieherische Hilfen und sonstige Leistungen, 2013. Verfügbar unter: https://www.destatis.de/DE/ZahlenFakten/ GesellschaftStaat/Soziales/Sozialleistungen/KinderJugendhilfe/Tabellen/ ErzieherischeHilfenAusgaben2011.html (28.08.2013).

Trede, W., Was sind erzieherische Hilfen?, in: Grundwissen Erzieherische Hilfen. Ausgangsfragen, Schlüsselthemen, Herausforderungen. Basistexte Erziehungshilfen, hrsg. v. H.-U. Krause und P. Friedhelm, Weinheim/München 2009, S. 15–34.

Uhlendorff, U., Euteneuer, M. und Sabla, K.-P., Soziale Arbeit mit Familien, München/Basel 2013.

Walper, S. und Wendt, E.-V., Familie, in: Handwörterbuch Erziehungswissenschaft, hrsg. v. S. Andresen, S., R. Casale, T. Gabriel, R. Horlacher, S. Larcher Klee und J. Oelkers, Weinheim/Basel 2009, S. 307–321.

Wirth, H. und Schutter, S., Versorger und Verlierer, in: DJI Impulse. Das Bulletin des Deutschen Jugendinstituts: Aufwachsen in Deutschland 1 (92/93), 2011, S 28–30.

Wolf, K., Was kann sozialpädagogische Familienhilfe leisten? Fachtagung „Familien unterstützen". Bernburg 14.04.2008. Stiftung Evangelische Jugendhilfe St. Johannis Bernburg 2008.

Wolf, K., Sozialpädagogische Interventionen in Familien. Basistexte Erziehungshilfen, Weinheim/Basel 2012.

Woog, A., Lebensweltorientierte Soziale Arbeit in Familien, in: Praxis lebensweltorientierter Sozialer Arbeit. Handlungszugänge und Methoden in unterschiedlichen Arbeitsfeldern, 2. Aufl., hrsg. v. K. Grunwald und H. Thiersch, Weinheim/München 2008.

4.4 Ausgewählte aktuelle familienpolitische Maßnahmen und ihre nicht-intendierten möglichen Folgen

Hans-Günter Krüsselberg

4.4.1 Über Revisionsbedarf in der Familienpolitik: von konfligierenden Meinungsbildern und Verwerfungen im System der Sozialen Sicherung

Es ist wohl auch der Wahlkampf (2013) im Spiel, wenn derzeit wiederum darüber debattiert wird, wie es um deutsche Familien bestellt sei und was der Staat für sie tun müsse. Es ist auch nahezu üblich geworden, zu behaupten, dass der Staat über die wirtschaftliche Lage, insbesondere durch seine Beschäftigungspolitik, Familien in Reichtum und ebenfalls in Armut versetze. Dafür sei die jeweilige Regierung verantwortlich, heißt es von Seiten der Opposition: Sie sei parteiisch, fördere die reichen Familien zu Lasten der armen, folge falschen Familienbildern und unverlässlichen Maßnahmenempfehlungen.

Die Frontlinien in den Medien verlaufen unterschiedlich, sind zwar sehr spektakulär, aber nicht einmal besonders aussagefähig. So moniert etwa „DIE ZEIT" vom 27. Juni 2013: „Von wegen Kinder. Die Familienpolitik der vergangenen Jahre war ein Fiasko: Sie hat viel Geld gekostet, aber kaum Erfolg gehabt". – In der „Frankfurter Allgemeinen Sonntagszeitung" vom 28. Juli 2013 beschwört Norbert Blüm, als Minister bekannt durch die Bekundung, wie sicher die Renten in Deutschland seien, eine durch „Totalisierung der Erwerbswirtschaft von Familie befreite Gesellschaft". Im Leitartikel sammelt die „Frankfurter" Stimmen seiner Partei, der CDU, mit der Zustimmung zum Votum „Familien dürfen nicht dem Diktat der Ökonomie unterworfen werden".

Natürlich sollen in einer Demokratie wichtige Institutionen nicht einem Diktat bestimmter gesellschaftlicher Gruppen unterworfen werden. Aber ebenso sicher ist, dass Kinderlosigkeit oder der mit wachsender Kinderlosigkeit in Deutschland einhergehende Geburtenrückgang nicht das Ergebnis der Erfolglosigkeit nur einer wie auch immer definierten Familienpolitik sein kann.

Es ist verständlich, dass die Wirtschaft sich sorgt und dann auch die Politik, wenn in Deutschland ein jährlich steigender Mangel an qualifizierten Arbeitskräften registriert wird. Über Zuwanderungsbedarf wird geredet und davon, dass Zuwanderung für die Bundesrepublik wichtig und positiv sei. Dass es einen gravierenden Geburtenrückgang gibt, kann niemand leugnen. Allerdings müht man sich nahezu überall zu bekunden, echte Probleme, die nicht zu meistern seien, brauche man nicht zu befürchten. Mit kleinen Reformschritten werde das abzuwenden sein.

Das ist eine Reaktion, die vielen gefällt, und die viele Wissenschaftler verärgert. Sie sehen hier eine Politikvariante am Werk, vor der sie warnen: das Defizit an langfristigem Denken. Ihre These ist: Der gegenwärtige Geburtenrückgang ist kurzfristig weder zu erklären noch zu ändern. Langfristiges Denken wird gefordert, zumindest von (Teilen der) Wissenschaft und mehrheitlich an die Politik gerichtet, sowohl in Richtung der Vergangenheit, um Fehler zu analysieren, als auch in Richtung Zukunft, um Fehler bei den Zukunftsstrategien möglichst zu vermeiden.

Eine grundsätzliche Schwäche steckt nach dieser Meinung in der Entwicklung der Bundesrepublik Deutschland nach der Zeit des sog. Wirtschaftswunders. Sie hat über ihre Verhältnisse gelebt. Sie hat vergessen, das zu tun, was gleichzeitig weltweit propagiert wurde, die Nachhaltigkeitsforderung an Wirtschaft und Politik. Das aber heißt unerbittlich: Wer vergisst, dass die langfristige Bewahrung aller Arten von Vermögen die wesentliche Voraussetzung für ein Wirtschaften in der Zukunft auf zumindest dem gleichen Niveau ist, wird zunehmend Mangel zu verwalten haben.

Im Folgenden soll zunächst geschildert werden, dass bereits unmittelbar nach dem Zweiten Weltkrieg, in der Zeit der Neugestaltung und des Wiederaufbaus der Bundesrepublik Deutschland erste Stimmen in der deutschen Wissenschaft laut wurden, die dringenden Reformbedarf anmeldeten. Sie gaben zu bedenken, das alte System der Sozialversicherung, welches noch aus Bismarckzeiten stammte, passe nicht mehr in die Realität. Hier habe sich nämlich die soziale Lage der meist männlichen Arbeiterschaft so stabilisiert, dass kein dringender Handlungsbedarf mehr bestehe. Die neue soziale Frage betreffe die Familien. Soziale Lasten beträchtlichen Ausmaßes seien den Familien zugefallen, ohne dass ihnen hinreichende staatliche Hilfe zuteil geworden sei. Die dabei vorgebrachten Analysen und Argumente wurden politisch kaum beachtet und spielten deshalb in der Reformpolitik keine Rolle.

Gleichwohl sind diese Stimmen nie verstummt. Immer wieder gab es Wissenschaftler und auch Praktiker des sozialstaatlichen Systems, die dieses Thema forcierten und inhaltlich sogar erweiterten. Sie argumentierten, dass es nicht nur die benennbaren Lasten seien, die über staatliche Interventionen reduziert oder gar abgebaut werde müssten. Es habe sich zudem erwiesen, dass Familien für die gesamte Gesellschaft unentbehrliche Leistungen erbringen, die sie allein oder nur mit knappster Hilfe erbringen – mit viel Arbeitskraft, Engagement und Geld. In der Welt der Wirtschaft gäbe es solche Leistungen nicht ohne Entgelt. Damit habe die Politik ein neues Problem. Das aber schien sie nicht zu merken.

Immerhin gab es eine kleine Zahl von Wissenschaftlern aus dem Bereich der Ökonomie, der Sozialpolitik, der Hauswirtschaftslehre und Soziologie, die bei all dem Widerstand gegen die gesellschaftliche Aufwertung der Familie im Vergleich zu anderen gesellschaftlichen Gruppen zu quantifizieren begannen (Krüsselberg 2002a: 88 ff.). Ihr Zahlenmaterial konnte es endgültig belegen: Wenn einer Gesellschaft Kinder fehlen, weil diese Gesellschaft auf nahezu all ihren Ebenen Rücksichtslosigkeit gegenüber ihren Familien praktiziert, wird das dieser Gesellschaft über die Jahre hinweg Verluste in einer Höhe eintragen, die selbst Ökonomen schaudern lässt.

Aus dieser Argumentation entwickelt sich dann ein Plädoyer für eine möglichst zeitnahe Revision von Einstellungen und von Institutionen, die die Institution Familie betreffen. In dessen Zentrum stehen das System der Sozialen Sicherung in der Bundesrepublik Deutschland und seine zum Teil nicht-intendierten Auswirkungen auf die Lebenslagen der deutschen Familien und die Struktur der Gesellschaft.

Dazu sei vermerkt, dass in der Theorie der staatlichen Sozialpolitik zu Recht davon ausgegangen wird, dass insgesamt das System der Sozialen Sicherung das Kernstück der staatlichen Sozialpolitik darstellt. Staatliche Sozialpolitik habe sich inzwischen zu einer „Ausgleichs- und Gesellschaftspolitik" weiterentwickelt. Konkret heißt dies, dass Teilbereiche der Sozialpolitik – so auch die Rentenversicherung – sich in ihrer Funktion ausrichten sollten an übergeordneten Zielsetzungen – eine gleichmäßigere Verteilung der Lebens- und Entwick-lungschancen, eine Verringerung der Vermögens- und Einkommensunterschiede und eine Ausgestaltung der Rechtspositionen der Bürger in Richtung auf die in den Verfassungen verankerten Grundrechte. Deren Schwerpunkte lauten: Menschenwürde, Freiheit, Gleichheit, soziale Sicherheit und Gerechtigkeit (Lampert 1977: 64).

Beide Aussagen Lamperts, die des Anspruchs auf Ausgleichspolitik und die über das Kern-stück Soziale Sicherung, bleiben aktuell. Aktuell bleibt aber auch, dass innerhalb des Sys-tems der Sozialen Sicherung, die Rentenversicherung ein Kernstück darstellt. Dieses Kern-stück zeigt – das ist ein Hauptargument dieser Betrachtung – in seiner Entwicklung bis zur Gegenwart für die Bundesrepublik Deutschland eines besonders deutlich: Bis heute scheint die Politik die Rolle von Familie in der Gesellschaft deutlich anders zu sehen, als es zumin-dest in Teilen der Wissenschaft der Fall ist und wohl auch in den Familien selbst.

Hier kann allerdings nur in großen Zügen skizziert werden, wo Verwerfungen zulasten der Lebenslage von Familien in der Langzeitperspektive sichtbar geworden sind. Vor allem soll die Aufmerksamkeit gelenkt werden auf Wendepunkte in den wissenschaftlichen Diskussio-nen über die gesellschaftliche Bedeutung von Familien in der jeweiligen Gegenwart, wenn in ihnen deren Neu- oder Umbewertung angemahnt wird. Absicht ist es, jeweils zu zeigen, dass dann, wenn sich im historischen Prozess die Existenzbedingungen für Familie verändert haben, sich auch der institutionelle Rahmen verändern muss, wenn Institutionen weiterhin dem Gebot, Familie zu schützen, verpflichtet sein sollen.

4.4.2   Wendepunkte im wissenschaftlichen Denken über Familie

Wendepunkt I: Von der „alten" zur „neuen" Sozialen Frage – die Hinwendung zur Familie als Objekt der Sozialpolitik

Bis in die Mitte des 19. Jahrhunderts wird Massenarmut oder Armentum damit umschrieben, dass eine zahlreiche *Volksklasse* sich durch angestrengte Arbeit höchstens das notdürftigste Auskommen verdienen kann, ohne dessen sicher zu sein und zudem in der Regel schon von Geburt an und auf Lebenszeit „solcher Lage geopfert ist", d. h. keine Aussichten auf Ände-rungen hat (vgl. Brockhaus 1846). Armut ist Armut in Permanenz, über die Einzelexistenz hinaus, über Generationen hinweg. Die Industrialisierung schuf dann jene Arbeitsplätze (und bewirkte zugleich die Verbesserung der Produktivität in der Landwirtschaft), die die Rettung vor immer wiederkehrenden Verelendungskatastrophen bedeuteten, wenngleich auch hier zunächst für große Teile der weiterhin rapide wachsenden Bevölkerung nur Einkommens- und Arbeitsverhältnisse möglich wurden, die eine Lebensführung am Rande des Existenzmi-nimums gestatteten.

Erst vor diesem Hintergrund der historisch sich durchsetzenden Industrialisierung lässt sich der Katalog der Merkmale der Proletarität in jener Gesamtheit ableiten, die eine „konsistente Systematik" für die Aufgabenstellung einer bestimmten Variante von Sozialpolitik anzubie-ten vermochte, welche noch heute von vielen Wissenschaftlern als grundlegend betrachtet wird. Als Merkmale der Proletarität, die es durch Sozialpolitik zu beseitigen oder zu mildern gilt, bezeichnete Wilfrid Schreiber: a) das extrem geringe, kaum das physische Existenzmi-nimum deckende Lohneinkommen des Arbeiters (Arbeitnehmers); b) die extrem lange Ar-beitszeit je Tag, Woche, Jahr; c) die extreme Unstetigkeit des Einkommensstroms (Lohnein-kommen fließt nur in der mittleren Phase des Lebens und ist auch dann d) durch Risiken bedroht, insbesondere durch: d 1) die fortwährende Gefährdung der Existenzsicherheit infolge von periodischen Wirtschaftskrisen der kapitalistischen Wirtschaft; d 2) das Fehlen von Vermögen als Garant der Existenzsicherheit, sogar das Fehlen bescheidener Kaufkraftreserven; d 3) das extrem geringe Niveau der „Geistesbildung" (das für viele Jahrzehnte die Erkenntnis der eigenen Klassenlage verhinderte); d 4) die aus d 2) und d 3) resultierende Erblichkeit des Proletarierstatus; sowie d 5) die mangelnde Subjektstellung des Arbeiters in Staat, Gesellschaft und Betrieb (im Betrieb insbesondere das Schicksal, als bloßer Lieferant amorpher Arbeit „verschlissen" zu werden, ohne die Erwerbsarbeit als Teil der Sinnerfüllung des Lebens empfinden zu können – „Fronarbeit nur um des kargen Lohnes willen"). An diese sozialen Defizite setzen die Maßnahmen der einsetzenden Sozialpolitik an. Ihre Schwerpunktbereiche sind Arbeitnehmerschutz, Sozialversicherung, Tarifvertragswesen.

In den ausgehenden vierziger Jahren, speziell aber in den fünfziger und sechziger Jahren des vergangenen Jahrhunderts, zeichnete sich eine für die Politikanalyse der damaligen Gegenwart bedeutsame Akzentverschiebung hinsichtlich der Bestimmung des Erkenntnisobjekts der Sozialpolitik ab. Es waren vornehmlich deutsche Vertreter der Wissenschaft von der Sozialpolitik wie Gerhard Mackenroth 1952, Gerhard Weisser 1953, Hans Achinger 1958, Wilfrid Schreiber 1957, Gerhard Albrecht 1961, die unterschieden wissen wollten zwischen einer „alten" und einer „neuen" Sozialpolitik (siehe dazu die Dokumentation in: Külp, Schreiber 1971).

Als Gegenstand der alten Sozialpolitik betrachteten sie die „Soziale Frage" in ihrer „klassischen" Ausprägung. Deren Kennzeichen seien Aktivitäten vornehmlich der öffentlichen Hand zugunsten jener Gruppen, die durch ihre Klassenbezogenheit in der Wirtschaft als benachteiligt und in ihrer Existenz gefährdet erschienen. Ihr Schwerpunkt sei der Ausgleich der Interessenunterschiede und -gegensätze zwischen der „Arbeit" und dem „Kapital", deren Inhaber sich auf unterschiedliche gesellschaftliche Klassen verteilen. Die Zielsetzung lautete: Ausgleich der Interessengegensätze zur Wahrung und Förderung des Gesamtwohls der Gesellschaft. Nach dieser Auffassung orientierte sich Sozialpolitik lange, zu lange an den oben genannten, von Schreiber skizzierten Merkmalen der Proletarität; sie bemühte sich um die letztlich erfolgreiche gesellschaftliche Integration des (im Zuge des Industrialisierungsprozesses historisch neu entstandenen) Sozialtyps „Arbeitnehmer" durch die Überwindung von Proletarität.

Vielfach wird noch heute darauf verwiesen, Sozialpolitik zentriere sich nach wie vor um jene Tatbestände, die aus der Existenz eines freien Arbeitsvertrags, aus dem Tatbestand des freien, im Vertragsverhältnis nach Weisungen von Dritten arbeitenden Menschen resultieren. Die Institution und Qualität des freien Arbeitsvertrags sei der Angelpunkt, um den sich Sozialpolitik bewegen müsse.

Genau das aber möchte die Lehre von der „neuen" Sozialpolitik problematisieren. Sie variiert deshalb das alte Thema mit einem Zusatz in „Neue Soziale Frage". Ihre Ausgangsthese lautet: Diese klassische Konzeption von Sozialpolitik sei überholt. Eine sozialschwache Arbeiterklasse gebe es nicht mehr. Die neue Zeit habe „nicht nur den zum König in seinem Haushalt avancierten Lohnarbeiter, sondern vor allem seine Angehörigen in Unsicherheit gestürzt", jene, „die nicht an dem Produktionsprozess in seiner neuen Form beteiligt sind" (Achinger 1958: 68).

Den Weg zu einer klaren Ausformulierung dieses Konzepts einer neuen Sozialpolitik bahnten die Arbeiten von Gerhard Mackenroth. Für diesen Autor besteht das Grundanliegen der Sozialpolitik „immer […] und auch heute" darin, „das Elend, einfach das nackte äußere Elend in der Welt auszurotten". Aufgabe einer zeitgerechten Sozialpolitik sei nicht mehr die Stützung einer sozialschwachen Arbeiterklasse, einer einzelnen Gruppe der Wirtschaftsgesellschaft. Die Aufgaben der Sozialpolitik seien nicht mehr als schichtenspezifisch; sondern eher als „qualitativ total" anzusehen. So verlautet: Anstelle einer Klasse muss heute Objekt der Sozialpolitik die Familie werden, und zwar quer durch alle Klassen und Schichten, es gibt da überhaupt keine Unterschiede mehr.

Die Lösung des Konflikts zwischen Kapital und Arbeit sei legitimes Anliegen einer Sozialpolitik der Vergangenheit gewesen. Kapitaleigner und Arbeitnehmer seien inzwischen in starken Verbänden organisiert, die die Interessen ihrer Mitglieder im Verteilungskampf und im Politikfeld sehr gut zu vertreten wüssten. Zwei Gruppen der Bevölkerung bedürften nunmehr besonderer Aufmerksamkeit der Sozialpolitik: die Nichtorganisierten und die Nichtproduzenten, eben die Familien. Betroffen seien insbesondere kinderreiche Familien, alleinstehende Mütter mit Kindern, alte Menschen und die nicht mehr Arbeitsfähigen und Behinderten. Sie bildeten die Kristallisationspunkte für die Entstehung einer „Neuen Sozialen Frage". Sie alle seien den organisierten Verbänden im Ringen um politische Begünstigungen, um gesellschaftliche Unterstützung in Verteilungs- und Umverteilungskonflikten deutlich unterlegen.

Hier wird ein Grundthema moderner Gesellschaften angesprochen, das weit in die Gegenwart hineinreicht: Wer vertritt in einer parlamentarischen Demokratie die Interessen derer, denen im politischen Prozess keine Stimme zugestanden wird?

Nichtorganisierbarkeit bedeutet parlamentarische Unfähigkeit, sich gegen Benachteiligungen zu wehren; Unverfügbarkeit eines wirtschaftlich und politisch wirksamen Leistungsverweigerungs- oder auch Droh- oder Störpotenzials, Ohnmacht, die Berücksichtigung eigener Interessen erzwingen zu können. In diesem Sinne sind vorgebliche „Nichtproduzenten", solche, die nicht mit einem staatlich sanktionierten Arbeitsvertrag in die legitimen Produktionsprozesse der „Wirtschaft" eingegliedert sind, gleichfalls unterprivilegiert; sie entbehren zumindest des Schutzes von Unternehmen und Gewerkschaften sowie weitgehend auch des Staates. Die Macht des Sozialstaats, durch Gesetz Einkommen umzuverteilen und Einkommenssicherung zu versprechen, habe völlig neue Konfliktfelder entstehen lassen. „Ganz andere soziale Schichten, die früher gesichert schienen, sind heute notleidend geworden oder gefährdet. […] Besitz und Eigentum sichern nicht mehr die Soziallage einer Familie über Generationen" (vgl. Mackenroth 1952). Schließlich kommt nur jenen der Sozialstaat helfend entgegen, die seine Entscheidungsstrukturen bestimmen, Parteien, Verbände, die Interessenvertretungen der Wirtschaft und die Bürokratien, die sozialstaatliches Handeln organisieren. Den Familien fehlen die Stimmen, und ein Stimmrecht für Kinder gibt es bislang nicht in unserer Demokratie.

Wendepunkt II: Eine Idee, ein wissenschaftlicher Konsens und eine politische Entscheidung (1957)

Die Sorge dieser Gruppe von Autoren hat eine eindeutige Adresse: die Familie „quer durch alle Sozialschichten hindurch". Der Katalog der Positionsdefizite ist lang: – die schwierige Stellung der Frau mit ihrer oft unerträglichen Mehrfachbelastung durch Erwerbstätigkeit, Kindererziehung und Haushaltsführung, – die Wahrung der Menschenwürde im Alter, – die Lage der Gastarbeiter, – die soziale Sicherung älterer Selbständiger, – die Probleme der Kinder in einer Welt der Erwachsenen, – die Frage der Erziehungsfähigkeit „unserer" Familien und die Schwierigkeiten von Behinderten und Alleinstehenden; sie seien neue soziale Probleme und verlangten nach einer Fortentwicklung der Sozialpolitik, der Entwicklung neuartiger sozialpolitischer Problemlösungen vor allem unter Berücksichtigung des Grundwerts der Gerechtigkeit. – Dieser Anforderungskatalog an Politik dürfte sich kaum verändert haben.

Alle genannten Autoren sind sich einig in der Auffassung, ohne eine intakte Wirtschaft und Gesellschaft könne keine Sozialpolitik funktionieren; aber es müsse auch erkannt werden, dass ohne eine auf Wirtschaft und Gesellschaft abgestimmte und koordinierte Sozialpolitik für Familie und ihre Kinder in Wirtschaft und Gesellschaft ernste Schäden entstehen könnten. Sozialpolitik sei zu einem integrierten Bestandteil des volkswirtschaftlichen Kreislaufs geworden. Sie habe aufgehört, diesem gegenüber nur noch eine Randerscheinung zu sein. Sozialpolitik bestimme die Wirtschaft und den ganzen Gesellschaftsaufbau mit und sei mit ihnen durch vielseitige Wechselwirkungen verbunden. Abkehr wird verlangt von der Idee reaktiver Sozialpolitik und eine Hinwendung zur Idee einer aktiven, präventiven und auf die Sicherung wünschenswerter Lebenslagen ausgerichteten Sozialpolitik. Eine zeitgemäße Sozialpolitik habe sich generell mit den Folgen des Prozesses der Industrialisierung für die Lebensformen der Bevölkerung zu befassen. Der „neue" Auftrag an die Sozialpolitik laute, an der Schaffung neuer Lebensformen mitzuwirken. Es bedürfe schon „ganz bewusster Veränderungen gerade auch in der ökonomischen und sozialen Struktur der Familie, um sie in der industriellen Sozialordnung ebenso fest zu verwurzeln, wie sie es in der bäuerlich-handwerklichen Gesellschaftsordnung war". – Dass sich dieser Auftrag auch dann nicht ändert, wenn sich Erwerbstätigkeit zunehmend auf hochqualifizierte Tätigkeiten im Dienstleistungssektor verlagert, ist längst unter dem Stichwort „Kontinuität und Wandel der Familie in Deutschland" diskutiert worden (Nave-Herz 2002, siehe dort u. a. Krüsselberg: 282 ff., 297 ff.).

Erwähnenswert dürfte sein, dass mit dem damals erfolgten Plädoyer für eine vorrangige Beachtung des Finalprinzips in der Politik die Einsicht verbunden war, es sei infolge der vielseitigen Wechselwirkungen zwischen der Lebenslage von Familien und der Veränderungen in Wirtschaft und Gesellschaft der darauf reagierenden Politik kaum möglich, weiterhin dem vielfach verwendeten Kausalprinzip zu vertrauen: Die hohe Komplexität der sozialen Wirklichkeit lasse nicht alle möglichen Ursachen sichtbar werden, an die Sicherungsmaßnahmen anzuknüpfen hätten. Mit der Betonung des Aspekts der Finalität will die „neue" Sozialpolitik vor allem dazu beitragen, dass Leistungen erfolgen, wenn sie notwendig sind und wegen etwaiger Fragen nach u. U. nicht ermittelbaren Ursachen keine unerwünschten Lücken im Sicherungsnetz verbleiben. Es solle kein erstes Anliegen von Politik sein, Schaden zu begrenzen, sondern zu vermeiden, z. B. den Eintritt andauernder Arbeitslosigkeit, den Zustand unzureichender Versorgung im Rentenalter oder gar das Herausfallen, z. B. der Familien, aus dem Schutz sozialer Sicherungssysteme oder auch die Pervertierung des Systems der Sozialen Sicherung.

Seit den fünfziger Jahren des letzten Jahrhunderts hatten also an Familienfragen interessierte Sozialwissenschaftler und sozialpolitische Praktiker wie Hans Achinger, Gerhard Mackenroth und Wilfrid Schreiber, aber auch Oswald von Nell-Breuning, Ferdinand Oeter und Helga Schmucker, immer wieder gesellschaftspolitischen Handlungsbedarf angemahnt. Das sich aus einer neuartigen Lebenssituation ergebende Problem potenzieller „Bedrängnis durch Elternschaft" begründe einen alle anderen sozialpolitischen Aufgaben an Bedeutung weit überragenden politischen Gestaltungsauftrag. Die „neue" sozialpolitische Großaufgabe des

20. Jahrhunderts bestehe vornehmlich darin, die Lasten für das Aufbringen der jungen Generation „gerecht" zu verteilen.

Bei der Inangriffnahme dieser Großaufgabe verfuhren führende Politiker seinerzeit ganz pragmatisch. 1953 lagen die Renten rund 70 Prozent unter den Durchschnittslöhnen. Das sollte sich nicht zuletzt nach Meinung der Regierung Adenauer ändern. Diskutiert wurde zwar eine große Rentenreform unter Einbeziehung der Rolle der Familie für die Generationenverantwortung. – Politisch-praktisch wurde daraus ein simpler Finanzierungstrick, der sich als scheinbar harmlos präsentierte. Nahezu mit einem Federstrich wurde mit den Neuregelungsgesetzen von 1957 das als nicht mehr durchzuhalten eingeschätzte Prinzip der Kapitaldeckung durch das Umlageverfahren ersetzt. Im Umlageverfahren wurden hinfort die Renten aus den laufenden Beiträgen (statt aus den Erträgnissen von Kapitalstocks) gezahlt.

Schlagartig wurde es möglich, die Renten um bis zu 60 Prozent steigen zu lassen. Die Neuartigkeit in der Rentenkonzeption bestand in ihrer Dynamik. Mit der „dynamischen Rente" ab 1957 sollte erreicht werden, dass die Bezieher solcher Renten den Lebensstandard aufrechterhalten können, den sie sich während der Zeit ihrer Erwerbstätigkeit „erarbeitet" hatten. – So ließen sich Wahlen gewinnen und zudem alte, historisch längst überholte institutionelle und gesellschaftliche Strukturen bewahren, Strukturen, in denen die Bedeutung von Kindern unbeachtlich blieb.

Aber gewarnt wurde sofort. Erörtert und beanstandet wurde insbesondere das „große Versäumnis" der Sozialreform von 1957 (O. von Nell-Breuning). Das zeige sich im Verzicht auf die Einbeziehung der Kindergeneration in den Vereinbarungen über die „Solidarität der Generationen" (hierzu ausführlicher Krüsselberg 2002a: 40–85).

Zur damaligen politischen Entscheidungssituation merkt im übrigen Jürgen Borchert inzwischen an, Kanzler Adenauer habe mit „der dynamischen Rente die Wählerschaft der Alten an sich zu binden" vermocht. Kinder blieben in seinem Kalkül außen vor; sie waren schließlich keine Wähler. – Borchert meint, nach Auskunft von Nell-Breunings sei der vielzitierte Satz Adenauers „Kinder kriegen die Leute immer", sicher authentisch (Borchert 2013: 41 f.).

Seitdem bemühen sich in immer wieder neuen Varianten Sozialwissenschafter darum, die Bürger der Bundesrepublik darüber aufzuklären, wie gravierend sich dieses „große Versäumnis" der Sozialreform von 1957 auswirkt. Verletzt werde vornehmlich das Gefühl bezüglich der Gerechtigkeit gegenüber Familien, unzulänglich sei die Einschätzung der gesellschaftlichen Bedeutung von Kindern für die gesellschaftliche Zukunft in der Langzeitperspektive und Trendänderungen im Bereich der Bevölkerungsentwicklung (so etwa Kaufmann 2005). An Aufklärung bedarf es dabei nicht zuletzt über das, was die Wissenschaft vor dieser politisch motivierten Rentensystem-Entscheidung angedacht hat bezüglich der sachgerechten Konstruktion eines solchen Sicherungssystems und seiner notwendigen und deshalb nicht beliebig austauschbaren Voraussetzungen. Das jedoch hatte Wilfrid Schreiber sehr detailliert getan und zudem der Öffentlichkeit zur Diskussion vorgelegt.

Wendepunkt III: Der Verzicht auf die Vervollständigung eines „Drei-Generationenvertrags"

1955 hatte Wilfrid Schreiber seine Vorschläge für die Neugestaltung der gesetzlichen Altersrente veröffentlicht. Entwickelt werden sollte ein System der „dynamischen Rente". Das damit verbundene gesamtgesellschaftliche Problem thematisierte W. Schreiber seinerzeit wie folgt: Das vitale Problem des Industrialismus sei die Individualisierung der Einkommenserzielung durch den individuellen Arbeitsvertrag. Das Lebenseinkommen, in der Phase der Erwerbstätigkeit erzielt, – so meinte Schreiber – müsse aber, vom Einzelnen her gesehen, so angelegt sein, dass es ausreicht, den Lebensunterhalt für alle Phasen seines Lebens zu befriedigen. Das heißt, es müsste den lebensnotwendigen Bedarf für die drei Lebensphasen „Kindheit und Jugend", „Arbeitsalter" und „Lebensabend" decken. Wie aber lässt sich eine solche Verteilung des Lebenseinkommens vorstellen?

Schreibers Antwort lautete, dann wenn es gelänge, zu einem „Solidarvertrag zwischen den Generationen" zu kommen. Die Basisidee dieser Lösung wäre eine „Repartierung", d. h. eine „Umschichtung" des vom Einzelnen möglicherweise zu erzielenden Lebenseinkommens auf insgesamt diese drei Lebensstufen. Intendiert ist also ein *intertemporaler Ausgleich des Lebenseinkommens*. Der Bedarfsaspekt sei klar. Betrachte man zunächst die Lebenslage der Kindergeneration, müsse man davon ausgehen, dass sie einkommenslos und deshalb während der Kindheitsphase auf Versorgungsleistungen von Seiten der in der Erwerbsphase stehenden Elterngeneration angewiesen ist. So wie diese Elterngeneration Teile ihres Einkommens an sie abtritt, könnten dann die erwachsenen Kinder während ihrer Erwerbszeit für einen Ausgleich sorgen, indem sie ihre Elterngeneration in deren letzter Lebensphase unterhalten. Man könnte sagen, sie zahlen ein Darlehen zurück, das ihnen durch die Eltern gewährt wurde. Dieses Darlehen aber wurde ihnen zu einem Zeitpunkt gewährt, als ihre Eltern ihrerseits zugleich ein Darlehen tilgten mit dem Unterhalt ihrer nicht mehr erwerbsfähigen Eltern. Beides mindert gleichzeitig das ihnen verbleibende Einkommen. Aber beides erscheint ihnen als gerecht. Sie wissen, um selbst im Alter versorgt zu sein, müssen sie mit dem Erreichen ihres Erwerbsalters bereit sein, eigenen Kindern Unterhalt zu gewähren. Nur diese nachwachsende Generation kann ihnen einen verlässlichen Unterhalt garantieren, sobald diese selbst ins Erwerbsalter und ihre eigene Vorgängergeneration, also ihre Eltern, in die Phase des Lebensabends hineingewachsen sind. Das in der Erwerbszeit anfallende Einkommen muss daher als für drei Lebensabschnitte verfügbar gedacht werden. Damit sei es zu einem gegebenen Zeitraum nicht frei verfügbar. Ein Teil muss dazu dienen, jenes Darlehen zurückzuzahlen, das der heranwachsende Mensch jenen schuldet, die die Kosten seines Lebensunterhalts vor dem Eintritt in sein Erwerbsleben getragen haben. Ein weiterer Teil dient dazu, den eigenen Ruhestand zu finanzieren.

In einer Welt, in der das Arbeitseinkommen für mehr als 80 % der Bevölkerung die zentrale Einkommenskategorie darstellt, müsse jeder Einzelne somit seine Sozialversicherung selbst finanzieren – sagte Schreiber. Es gäbe nämlich keine an Einkommen und Kopfzahl stärkere Schicht „über ihm", die dieses leisten könnte, – am wenigsten der Staat selbst. Eine Staatsphilosophie, die eine Umverteilungssouveränität des Staates zu suggerieren suche, sei „unsozial". Grundsätzliche Aufgabe eines Solidarvertrags wäre es also, zu klären, auf welche Weise sich Anspruchsrechte und Leistungsströme auf die Altersgruppen einer Gesellschaft „verteilen" sollen, im Sinne einer Verteilung, die neben dem Unterhalt der mittleren Generation die Versorgung von Kindern und die Erhaltung der alten Menschen ermöglicht.

Das ist die existenzielle Struktur eines sozialen Sicherungssystems: Es sieht die Leistungen für Kinder als spiegelbildliches Pendant zu den Leistungen für die Generation der alten Menschen. Wenn es also eine Altersrente geben soll, würde spiegelbildlich erst eine Kindheits- und Jugendrente das System komplettieren. Nur unter diesem Aspekt kann sich gerechterweise eine Soziale Sicherung im Alter zu seiner Finanzierung des Umlageverfahrens bedienen. – In der Öffentlichkeit ist es gängig geworden, diese Ideen Schreibers als „Schreiber-Plan" zu bezeichnen.

Nach diesem Prinzip des Umlageverfahrens erfolgte vom Grundsatz her die Finanzierung der gesetzlichen Rentenversicherung (1957) in der Bundesrepublik Deutschland: „Wesensmerkmal des Finanzierungssystems sind das Umlageverfahren und der Generationenvertrag". Gleiches gilt dann auch für die später (1994) geschaffene Pflegeversicherung: Die Aufwendungen der Versicherung werden aus den laufenden Einnahmen bestritten (Übersicht über das Sozialrecht 2010: 290, 598). Die Modellidee, die für die gesetzliche Rentenversicherung konstitutiv wurde, ist somit die, dass – so wie die heutigen Rentner während ihres Erwerbsleben aus ihrem Erwerbseinkommen die Einzahlungen für die Renten ihrer Elterngeneration tätigen – ihre Renten von den gegenwärtig Erwerbstätigen zu finanzieren sind. Es ist aber falsch, zu meinen, dass sie mit dieser Leistung dann einen Anspruch auf ihre eigene Altersversorgung im Rentenalter erwerben. Sie zahlen nur die „Anleihe" zurück, die sie bei ihren Eltern aufgenommen haben, um während der Kindheit versorgt zu sein. Lediglich die Existenz der nachwachsenden Generation ihrer Kinder kann gewährleisten, dass diese während ihres Erwerbslebens aus ihrem Einkommen die laufenden Beiträge zur Versicherung abzweigen, die ihren Eltern als Renten zufließen können (zur Grundkonstruktion des Systems siehe auch Übersicht über das Sozialrecht 2010: 296 f.).

Die Rentenerwartungen von „Erwachsenen ohne Kinder" widersprechen somit der ursprünglichen Idee, die sich nicht auf die Fürsorge für lediglich zwei Generationen beschränkte, sondern an die Fürsorge für drei Generationen dachte.

Wendepunkt IV: Das Urteil des Bundesverfassungsgerichts vom 3. April 2001

Es muss betont werden, dass es bei dieser Konstruktion weder um Postulate in Sachen Verhaltensmuster noch um normative Vorgaben geht. Schreiber bedenkt, was die Logik der Situation erfordert, wenn sich drei Generationen dauerhaft ihre Altersversorgung sichern wollen (zum Thema Situationslogik vor allem Popper 2000: 347 ff.).

Das bedeutet, dass dann, wenn eine nicht deckungsgleiche Variante eines Systems in die Realität gelangt ist, sich z. B. Eltern durch dieses System der Sozialen Sicherung ungerecht behandelt fühlen. So fragten sie – in der Realität – danach, woher denn die gegenwärtig Erwerbstätigen kämen, wenn es nicht ihre Kinder seien, für die sie hinsichtlich der Fürsorge per Verfassung verantwortlich seien. Sie wollten wissen, wie es um den „generativen Beitrag" im vermeintlichen „Generationenvertrag" stünde und klagten vor dem Bundesverfassungsgericht. Dieses bestätigte die Annahme der Kläger in zwei Aufsehen erregenden Fällen: Die Nicht-Berücksichtigung von „Betreuung und Erziehung von Kindern bei der Bemessung (einschlägiger Versicherungs-)Beiträge/Prämien" sei verfassungswidrig.

Im „Trümmerfrauenurteil" vom 7. Juli 1992 stellte das Bundesverfassungsgericht fest: „Der [...] Umstand, dass aufgrund der gegenwärtigen Rechtslage Transferleistungen von Familien mit mehreren Kindern an die ohnehin schon bessergestellten Familien mit einem Kind und die Kinderlosen stattfinden, betrifft nicht nur das Rentenrecht, sondern darüber hinaus den Familienlastenausgleich im Allgemeinen. Er erlaubt den Schluss, dass der Gesetzgeber den Schutzauftrag des Art 6 Absatz 1 GG bisher nur unvollkommen erfüllt hat" (zu den Einzelheiten des Falles u. a. Borchert 2013: 91 ff.).

Zu Recht heißt es dann in der Literatur, mit diesem Urteil und einem weiteren, dem „Beitragskinderurteil" vom 3. April 2001, habe das Bundesverfassungsgericht die „Beitragsäquivalenz" der Kindererziehung mit Geldbeiträgen festgestellt, und „zwar stellvertretend für alle Sozialsysteme, in denen die Jungen die Alten unterhalten müssen". „Seit dem 3. April 2001 gibt es [folglich] *das Grundrecht der Eltern auf intra-generationelle Gleichbehandlung"* (Borchert 2013: 53 f., Hervorhebung H. G. K.). Das ist der Grund für die folgenden Ausführungen (Krüsselberg 2002: 51 f.).

Mit seinem Urteil vom 3. April 2001 stellte der erste Senat des Bundesverfassungsgerichts fest, dass dieser für die stabile Fortführung dieses Versicherungssystems unentbehrliche generative Beitrag zur Zeit in der Regel nicht mehr von allen Versicherten erbracht wird. Er betont, dass Pflegebedürftigkeit, so wie es der Gesetzgeber selbst sah, ein maßgeblich vom Älterwerden der Versicherten bestimmtes Risiko darstellt. Unter der bereits diskutierten Voraussetzung, dass die Versicherungsleistungen den Regeln des Umlageverfahrens folgen, führe ein gleicher Versicherungsbeitrag „zu einem erkennbaren Ungleichgewicht zwischen dem Gesamtbeitrag, den Kindererziehende in die Versicherung einbringen" (nämlich Kindererziehung und Geldbeitrag) und lediglich einem „Geldbeitrag der Kinderlosen". – Die Kernsätze dieses Urteils lauten wie folgt: „Die Versicherungsleistung versicherter Eltern begünstigt innerhalb eines umlagefinanzierten Sozialversicherungssystems, das der Deckung eines maßgeblich vom Älterwerden der Versicherten bestimmten Risikos dient, in spezifischer Weise Versicherte ohne Kinder" [...] „Eltern, die unterhaltsbedürftige Kinder haben" und „kinderlos bleibende Versicherte im erwerbsfähigen Alter", [...] „beide sind bei einer Finanzierung der Sozialversicherung im Umlageverfahren darauf angewiesen, dass Kinder in genügend großer Zahl nachwachsen" [...] „Wird ein solches allgemeines, regelmäßig erst in höherem Alter auftretendes Lebensrisiko durch ein Umlageverfahren finanziert, so hat die Erziehungsleistung konstitutive Bedeutung für die Funktionsfähigkeit dieses Systems" [...] „Für ein solches System (ist) nicht nur der Versicherungsbeitrag, sondern auch die Kindererziehungsleistung konstitutiv. Wird dieser generative Beitrag nicht mehr in der Regel von allen Versicherten erbracht, führt dies zu einer spezifischen Belastung kindererziehender Versicherter".

Das ist deshalb eine verfassungswidrige Benachteiligung, weil sie die Verfassungsgebote des Art. 3 Abs. 1 und des Art. 6 Abs.1 GG verletzt. Sie verletzt einmal den Gleichheitsgrundsatz, zum anderen die Verpflichtung des Staates, Nachteile stiftende Eingriffe in die Familie zu unterlassen, und die darüber hinausgehende Pflicht des Staates, Ehe und Familie zu schützen und zu fördern.

Wendepunkt V: Der Fünfte Familienbericht

Im Jahr 1971 legte der Wissenschaftliche Beirat für Familienfragen beim damaligen Bundesministerium für Jugend, Familie und Gesundheit sein Gutachten „Zur Reform des Familienlastenausgleichs" vor. Er erinnerte an Reformpläne der Bundesregierung und meinte, bevor Reformen erörtert würden, müsse man die Zielsetzungen des Familienlastenausgleichs klären. Hier sei zunächst die Forderung nach Sicherung des sozialkulturellen Mindestbedarfs sowie des Rechts auf Erziehung und Ausbildung zu erheben (Ziel A). Zudem müsse die Anpassung der Familienhaushaltseinkommen an den durch Kinder bedingten unterschiedlichen Bedarf der Familien erfolgen (Ziel B). Mit dem Aufziehen und der Erziehung der Kinder erfülle aber die Familie neben der Haushaltsfunktion eine für die Gesellschaft bedeutsame Sozialisationsfunktion, „durch die die Kinder zu selbständigen, politisch und sozial verantwortungsbewussten Mitgliedern der Gesellschaft herangebildet werden sollen". Damit übernehmen Eltern „im Vergleich zu Erwachsenen ohne Kinder" spezifische gesellschaftspolitische Funktionen. Da sie aber „die Allgemeinheit von Kosten entlasten, die diese sonst übernehmen müßte," bedürften solche Leistungen der Familie, die die Gesellschaft über ihre

Basis stabilisieren, einer speziellen finanziellen Anerkennung durch den Staat und die Gesellschaft (Ziel C). Explizit hieß es noch, das habe „durch den Familienlastenausgleich" zu geschehen (Wissenschaftlicher Beirat für Familienfragen beim Bundesministerium für Jugend, Familie und Gesundheit 1971:3 ff.).

Damals ist kaum beachtet worden, dass der Beirat mit seinem Ziel C faktisch eine völlig neue Dimension in die Familienpolitik einbrachte mit der Forderung, Leistungen des Staates zur Förderung von Familien an deren Leistungen für Staat und Gesellschaft zu orientieren. Die neue Dimension lautet: „Familienleistungsausgleich" (vgl. hierzu ausführlich auch Krüsselberg 1995: 81 ff.).

Wiederum verstrich einiges an Zeit solange, bis die Fünfte Familienberichtskommission ihre Arbeit aufnahm, deren Bericht 1994 erschien. Nahezu alle ihrer Mitglieder hatten eine zum Teil lange Beiratserfahrung: R. von Schweitzer, F. X. Kaufmann, C. Geißler, H. G. Krüsselberg, H. Lampert, R. Nave-Herz und M. Wingen. Sie wussten, wie intensiv im Beirat über konstituierende Fragen einer etwaigen Familienwissenschaft und einer sich etablierenden Familienpolitik nachgedacht und diskutiert worden war. Sie kannten das Argument von den Leistungen der Familien für die Gesellschaft und hatten sich in diesem Kontext den Begriff Humanvermögen zu eigen gemacht. Sie hatten damit die Formel aufgenommen, die Familie sei die Institution, deren grundlegende und unersetzliche Leistung für die Gesellschaft darin bestehe, mit ihrer Entscheidung für Kinder das „Humanvermögen" einer Gesellschaft in der Zukunft zu sichern. Im Gegensatz zum Begriff „Humankapital" sei dieser Begriff so angelegt, dass er den Menschen in seiner Gesamtheit, seiner Totalität, ins Auge fasst, dass er die allgemein-grundsätzliche Bedeutung menschlichen Handlungsvermögens für die Bewältigung aller Lebenslagen von Gesellschaft betone und nicht allein oder auch nur exemplarisch dessen ökonomische Dimension. In diesem Kontext solle der Kapitalbegriff nicht einmal angedacht werden. In einer freien Gesellschaft könnten heranwachsende Menschen niemals das Produkt kapitalistischer Prozesse sein.

Wer den Begriff „Humanvermögen" verwendet, denkt an folgende Leistungsabläufe in Familien: Die Bildung, der Aufbau von Humanvermögen beginnt mit der Vermittlung von Befähigungen zur Bewältigung des Alltagslebens. Hier geht es um den Erwerb von Handlungsorientierungen und Werthaltungen in einer Welt zwischenmenschlicher Beziehungen. Damit vollzieht sich der Aufbau von sozialer Daseinskompetenz oder – wie hier definiert wird – von „Vitalvermögen". Dieser Begriff soll zunächst nur die konkrete Tatsache, als Mensch in der Welt zu sein, ansprechen und hinweisen auf die allmählich wachsenden Fähigkeiten, sich in der alltäglichen Welt bewegen und zurecht finden zu können und sie nach und nach zielbewusst zu nutzen. Vitalvermögen zu besitzen bedeutet, über die existenziellen Handlungsgrundlagen des Lebens verfügen zu können. Ohne den Aufbau der Fähigkeit junger Menschen, miteinander zu sprechen, zu kommunizieren, Wahrnehmungen aufzunehmen, sich langsam in die gewöhnlichen Beschäftigungen der Umwelt einzufinden, Arbeit und Spiel zu erlernen und sich damit in eine soziale Umwelt einzuordnen, sich nach und nach als eigene Person zu empfinden und zu entdecken – ohne all das dürfte unmöglich die Vermittlung von Befähigungen zur Lösung spezifischer gesellschaftlicher Aufgaben in einer arbeitsteiligen Wirtschaftsgesellschaft gelingen und schon gar nicht die bewusste Einflussnahme auf die Umwelt und deren Gestaltung nach eigenen Entwürfen.

Der Erwerb sozialer Daseinskompetenz, von Vitalvermögen, ist folglich eine unverzichtbare Voraussetzung für den stetigen Aufbau von Handlungs- und Arbeitsvermögen eines Heranwachsenden. In der Geschichte menschlichen Handelns ist Arbeit immer der Ausdruck gewesen für die Anstrengungen der Menschen, die Bedingungen, unter denen sie leben müssen, so zu gestalten, wie es ihren persönlichen Vorstellungen und Möglichkeiten entspricht. Dieses Ziel setzt zunächst allgemeine Befähigungen zu Arbeit im obigen Sinne voraus wie dann auch später die Aneignung von Fachkompetenzen zur Bildung von Erwerbsarbeitsvermögen im Sektor der Wirtschaft. So entfaltet sich eine Persönlichkeit, deren Individualität aus exakt dieser engen Verbindung von Daseins- und Fachkompetenzen erwächst. Begründet werden Potenziale für kreatives Handeln in komplexen Umwelten: Alltagswissen und Gesundheit, Bildung, Zugang zu Wissenschaft und Lernbereitschaft zum Erwerb von Qualifikationen für den Umgang mit Familie und Verwandtschaft, mit Schule und Arbeitswelt, mit Demokratie und Politik.

Die aus solcher Festlegung folgende Botschaft findet in Abschnitt I. 4. des 5. Familienberichts ihre spezielle Formulierung mit den Worten: „Nur über eine erfolgreiche Humanvermögensbildung in Familie und Schule wird eine innovative und effiziente Wirtschaft und darüber hinaus eine dynamische, weltoffene Gesellschaft möglich." Dabei gab es in der Position der Familienberichtskommission keinerlei Hinweis auf eine Relativierung der Grundthese, dass die Familie jene Institution sei, in der grundlegend über den Sozialisationserfolg der nachwachsenden Generationen entschieden werde: „Vor allem von der Verlässlichkeit der familiären Zuwendung und Erziehung" hinge der Erfolg der beruflichen Qualifikation der Bevölkerung, der Erwerb ihrer sozialen und gesellschaftlichen Kompetenzen, ihr Gesundheitszustand und ihre Leistungsfähigkeit ab. Allein auf dieser Grundlage kann „eine gute allgemeine und berufliche Bildung aufbauen" (Stellungnahme der Bundesregierung zum Bericht der Familienberichtskommission). Die damalige Bundesregierung stützte – wie sich hier zeigt – mit ihrer Stellungnahme uneingeschränkt die Grundaussage des Sachverständigenberichts, dass „das Humanvermögen einer Gesellschaft durch die Leistungen der Familie begründet wird und alle Menschen vom Lebensbeginn bis zum Lebensende sowie die Gesamtheit der gesellschaftlichen Einrichtungen dieser familialen Leistungen bedürfen".

In den Brennpunkt moderner familienwissenschaftlicher und familienpolitischer Diskussion rückte damit jener Aspekt, der nachdrücklich auf das volkswirtschaftliche Resultat dieser Leistungen – den Aufbau und der Erhaltung von Humanvermögen in den Familien – verweist. – Der Aufbau von Humanvermögen ist das Ergebnis eines nachhaltigen Einsatzes von Zeit, Geld und Liebe in den Familien. Wissenschaftlich messbar sind die beiden ersten Kategorien. Solches zu unternehmen bedeutet nicht, auf die Betonung des Gewichts der qualitativen Komponenten familialer Handlungskompetenzen zu verzichten. Eher das Gegenteil ist intendiert. Mit dem Versuch einer objektivierenden, einer quantitativen Ermittlung des „volkswirtschaftlichen Wertes" der Leistungen von Familien ist die Vorstellung verbunden, zumindest die Sockelleistungen in Zahlen zu fassen. Nur so können sie mit anderen volkswirtschaftlich als beachtenswert angesehenen Rechenwerken verglichen werden; nur auf diesem Wege wird es möglich, deren gewaltigen Umfang, relativ zu anderen gesellschaftlichen Investitionen, zum Diskussionsgegenstand öffentlicher Debatten zu machen. „Investitionen" sind Aufwendungen, die getätigt werden, um gesellschaftlich produktives Handeln dauerhaft auch in der Zukunft zu ermöglichen. Familiale Leistungen sind exakt in diesem Sinne Investitionen: Sie sichern die Bildung und Erhaltung von Humanvermögen in den Familien und damit zugleich die Zukunftsfähigkeit der Gesellschaft.

Schon für das Jahr 1974 war durch den Wissenschaftlichen Beirat für Familienfragen ermittelt worden: 74 % des Gesamtaufwands der Leistungen für die nachwachsende Generation-

hatten die Familienhaushalte auf sich genommen; 24 % die öffentlichen Hände und 2 % die Wohlfahrtsverbände (vgl. Wissenschaftlicher Beirat 1979).

Beim nächsten Versuch der Wissenschaft, Nachweise für die gesellschaftliche Unersetzbarkeit der familialen Leistungen zu erbringen, übernahmen Familienarbeitszeitstudien eine bahnbrechende Rolle. Sie fragten nach dem Volumen an Familienarbeit in der Bundesrepublik Deutschland, das „unentgeltlich" geleistet worden war, und ermittelten für das Jahr 1982, dass sich die „gesamtwirtschaftliche Wertschöpfung" der von allen Haushaltsmitgliedern geleisteten Hausarbeit (in Familien mit Frauen in erwerbs- und heiratsfähigen Alter) auf DM 1.089 Mrd. belief. Das war damals 68 % des Bruttosozialprodukts (vgl. Krüsselberg u. a. 1986: 244 ff.) – Für 1992 wurde in einer Untersuchung ermittelt, dass im „alten" Bundesgebiet der Umfang der – wie das Statistische Bundesamt durchgängig argumentiert – „unbezahlten" Arbeit im Familienhaushalt mit 76,5 Mrd. Stunden um 61 % über dem der Erwerbsarbeit (47,5 Mrd. Stunden) lag. Frauen leisteten dabei mit etwa fünf Stunden fast doppelt soviel „unbezahlte" Arbeit wie die Männer (mit 2,75 Stunden täglich). Von den „unbezahlten" Arbeiten nahmen die hauswirtschaftlichen Tätigkeiten mit 76 % die weitaus meiste Zeit in Anspruch. Die Differenzierung nach dem Geschlecht zeigte, dass Frauen vor allem für hauswirtschaftliche Tätigkeiten und für die Pflege und Betreuung von Kindern und Erwachsenen deutlich mehr Zeit aufwendeten als Männer. Für die gesamte Bundesrepublik Deutschland lautete die Relation „unbezahlt" zu „bezahlt": 95,5 Mrd. Stunden zu 60 Mrd. Stunden. Zu beachten ist erneut, Familienarbeit ist faktisch geleistete Arbeit, gesellschaftlich notwendig, aber „unbezahlt" (vgl. Blanke u. a. 1996).

Damit war seinerzeit das Tor geöffnet worden zu seitdem mehrfach wiederholten empirischen Belegen für ein dauerhaft hohes Niveau der Leistungen der Familien für die nachwachsende Generation. Auf dieser Basis konnte dann die 5. Familienberichtskommission ihre Forderung nach einem Familienleistungsausgleich empiriegestützt aufbauen.

Heinz Lampert berechnete in seiner Studie „Der Beitrag von Familien mit Kindern zur Humanvermögensbildung" (Lampert 1992: 130 ff.) den „monetären Aufwand" für zwei Kinder (Betreuungsaufwand und Wert der kinderbezogenen Haushaltstätigkeit) je nach Lohnsatz für die Haushaltstätigkeit mit einem Schätzwert zwischen 790.000 und 890.000 DM. Von dieser Basis her gerechnet würde sich der Beitrag der Familien zur Bildung von Humanvermögen für ein Erwerbstätigenpotenzial im Umfang von 40 Millionen Menschen auf ca. 16 Billionen DM belaufen. Lampert schätzt ganz konkret auf Basis seines Modells den Beitrag der Familien zur Bildung des Humanvermögens von 1990 (volkswirtschaftliches Arbeitsvermögen ab 19 Jahren) auf 15,29 Billionen DM; das sind heute 7,82 Billionen Euro. Erstmalig gab es jetzt einen Wertausdruck „in Heller und Pfennig" für das aktuelle volkswirtschaftliche Arbeitsvermögen, das nur Familien selbst durch ihre „Investitionen in Humanvermögen" schufen.

Interessant schien nun der Vergleich zu sein mit dem Teil des Produktivvermögens, das die Wirtschaft durch ihre Investitionen bereitstellte. Der Wert des reproduzierbaren Sachvermögens, über das die Wirtschaft im Jahr 1990 verfügen konnte, belief sich (zu Wiederbeschaffungspreisen) auf 6,9 Billionen DM, 3,53 Billionen Euro (5. Familienbericht 1994: 145). Beide Größen sind Bestandsgrößen; Humanvermögen und Sachvermögen weisen somit eine Relation von 15,3 : 6,9 auf.

Eine Modellanalyse von Lampert (1993) bestätigte, dass sich diese Relation bis dahin nicht verändert hatte. Danach erreichte der Anteil der öffentlichen Leistungen an den durchschnittlichen Versorgungs- und Betreuungsaufwendungen für Kinder bei Ehepaaren mit bis zu zwei Kindern – selbst unter Einbeziehung der Leistungen der Krankenversicherung für die Familien – maximal 25 %. Dabei ist zusätzlich zu berücksichtigen, dass die Familien selbst am Aufkommen der Einkommen-, Lohn- und Umsatzsteuern beteiligt sind. Bei einem Selbstfinanzierungsanteil der Familien in Höhe von 32 % für das alte Bundesgebiet 1990 belief sich nach dieser Rechnung der Anteil der staatlichen Nettoleistungen an Familien auf nicht mehr als etwa 10 %.

Seine Zahlen hat Lampert mehrfach aktualisiert und in differenzierteren Fassungen vorgelegt. Ausdrücklich betont er, wie sehr es ihm daran liegt, eine Überschätzung des Wertes des Zeitaufwands zu vermeiden. Dennoch ist er sicher, sagen zu können, dass die Familie „eklatante ökonomische Lasten […] im Vergleich zu kinderlosen Gesellschaftmitgliedern" auf sich nimmt (vgl. auch die detaillierten Ausführungen in: Lampert 2000: 57–68).

Im Rückblick bescheinigt F. X Kaufmann, der Familienberichtskommission sei es seinerzeit gelungen, zwei wissenschaftliche Konzepte miteinander zu verknüpfen, die bislang völlig unabhängig nebeneinander gestanden hatten. Das ist einerseits die Idee vom Humanvermögen und andererseits die der strukturellen Rücksichtslosigkeit der gesellschaftlichen Verhältnisse gegenüber Familien. Letztere Formulierung zielt auf den Sachverhalt, dass nahezu alle gesellschaftlichen Regelungen indifferent sind gegenüber dem Umstand, ob Menschen in der Gesellschaft Elternverantwortung übernehmen oder nicht. Diese strukturelle Rücksichtslosigkeit spiegele sich in der fehlenden Anerkennung von Elternverantwortung und damit in der Missachtung der gesellschaftlich unersetzbaren familialen Leistungen (Kaufmann 2000: 45 ff.).

4.4.3   Debatten über Familie in der Gegenwart (2013)

Die 200-Milliarden-Botschaft der Bundesregierung – oder der Presse?

Im Januar 2013 legte das Bundesministerium für Familie, Senioren, Frauen und Jugend für das Jahr 2010 eine „Gesamtevaluation der ehe- und familienbezogenen Leistungen" vor. Damit lieferte sie ein Zahlenwerk, das zwar Ende 2006 erstmalig vorgelegt wurde, inzwischen aber fünf Aktualisierungen erfahren hatte. Angemerkt war ausdrücklich, dass es sich dabei um eine „zwischen den Ressorts der Bundesregierung abgestimmte und in Wissenschaft und Verbänden breit akzeptierte" Aktion handele. Erfasst worden waren für das Jahr 2013 „156 ehe- und familienbezogene Einzelmaßnahmen". Deren Gesamtvolumen belief sich auf „200,3 Milliarden Euro". Festgestellt wurde, dass jährlich die Leistungen und Maßnahmen des Staates für Familien eine Höhe von 200,3 Milliarden Euro erreichen.

Dazu hieß es: Die Fülle der Maßnahmen spiegele „die komplexen Lebensrealitäten von Familien in der Lebenslaufperspektive". Schließlich bildeten „die Familien den Kern unserer Gesellschaft"; „jedes Familienmitglied [werde deshalb] als Einzelperson von einer Vielfalt gesetzlicher Regelungen berührt". Dabei stelle der „Ausgleich zwischen Familien und Kinderlosen sowie zwischen Familien mit unterschiedlicher Kinderzahl" […] „eine zentrale Aufgabe der Familienpolitik" dar.

Trotz der Versicherung der Bundesregierung, ihr Zahlenwerk sei mit den Verbänden abgestimmt und auch wissenschaftlich breit akzeptiert, regte sich gleich heftigste Kritik – sowohl am Volumen der Leistungen, vornehmlich in der Presse, als auch an deren Berechnungsgrundlage, bei Verbänden und in Teilen der Wissenschaft.

Viel zu üppig ausgestattet seien die staatlichen Leistungen für Familien, meinte der Spiegel am 4. Februar 2013. Von Deutschlands gescheiterter Familienpolitik und einem 200 Milliar-den-Irrtum war hier die Rede. – „DIE ZEIT" vom 27. Juni 2013 stimmte zu: „Von wegen Kinder. Die Familienpolitik der vergangenen Jahre war ein Fiasko: Sie hat viel Geld gekos-tet, aber kaum Erfolg gehabt" (vgl. Abschnitt 1.2 in diesem Beitrag). In der deutschen Öf-fentlichkeit gab es viel Applaus für diese Version.

Auch Fachkritik blieb nicht aus. Jürgen Borchert spricht in seinem Buch „Sozialstaatsdäm-merung" (2013: 87 ff.) von einer Zeitungsente, der „Spiegel-Ente vom 200 Milliarden-Irrtum". Borchert, vielfacher Prozessbevollmächtigter in einschlägigen Verfahren vor dem Bundesverfassungsgericht, wirft den an diesem Rechenwerk beteiligten Wissenschaftlern vor, bei der Sammlung von Zahlen wichtige theoretische und empirische Zusammenhänge, z. B. bezüglich der Verteilungswirkungen des Transfersystems, nicht gebührend beachtet zu haben. Er meint damit u. a., dass es in jedem Einzelfall darauf ankomme, zu ermitteln, ob und inwieweit etwa zufließende Renten, Arbeitslosenunterstützung, Kindergeld u. Ä. ganz oder auch nur teilweise durch Steuern oder Versicherungsbeiträge, die man selbst zahle, aufgebracht, also gegenfinanziert werden. – Ein weiterer Vorwurf lautet bei Borchert, dass immer auch zu prüfen sei, ob bei einer Leistungsbenennung die „normativen Vorgaben aus dem Grundgesetz" in Rechnung gestellt wurden. Leistungen, auf die jeder Bürger einen Rechtsanspruch hat, seien, wenn sie Familienmitgliedern gewährt werden, deshalb keine familienfördernde Leistung. Borchert empfiehlt als eigentlich nur einschlägige Quellen die Protokolle der Prozesse vor dem Bundesverfassungsgericht (Borchert 2013: 110–113). Dabei hätte er genauso gut auf die Grundlagen seiner Argumentation in dem von ihm 2003 vorge-legten Text „Der ‚Wiesbadener Entwurf' einer familienpolitischen Strukturreform des Sozi-alstaates" verweisen können (Borchert 2003: 19–152).

Im Einzelnen soll nun gezeigt werden, warum Borchert die Begründungen der Verfasser des Regierungspapiers für die Zuordnung vermeintlich familienfördernder Geldströme mit hohen Volumina verwirft. Eigentlich fragt er nur danach, was netto gesehen überhaupt bei den Fa-milien ankommt:

- Von einer „Beglückung der Familien durch Hinterbliebenenrenten" könne deshalb kaum die Rede sein, wenn bedacht würde, dass von den in Familien heranwachsenden Kindern „die komplette soziale Altersversorgung" der Kinderlosen zu schultern sei (2013: 93 f.);
- vom Kindergeld bleibe so gut wie nichts übrig, wenn gesehen werde, dass der Staat ver-fassungswidrig das Existenzminimum von Kindern besteuere (2013: 97);
- hinsichtlich der vermeintlichen „Beitragsfreien Mitversicherung" bei Kranken- und Pfle-geversicherung sei zu vermelden, dass „die gewaltige Mehrheit der Familien mit bis zu drei Kindern mehr an Beiträgen in die Kassen einzahlt als sie an Leistungen in Anspruch nehmen" (2013: 101);
- auch beim Ehegattensplitting sei an Umverteilungspotenzialen nichts zu holen (2013: 101 ff.), weil dieses auch für kinderlose Ehen gilt;
- Beiträge für Kindererziehungszeiten werden aus dem Mehrwertsteueraufkommen gezahlt „und überproportional von den Familien selbst aufgebracht" (2013: 106).

Das Resümee ist eindeutig, es lautet: „Das Resultat unter dem Strich ist die Feststellung, dass Familien in unserem Staat durch die Steuer- und Sozialsysteme infolge der Sozialisierung der Alterslasten bei Privatisierung der Kinderlasten regelrecht ausgebeutet werden. In der Fach-welt wird das unter dem Begriff der ‚Transferausbeutung' (der Familien) zusammengefasst" (Borchert 2013: 110). Das ist ein Begriff, den Borchert vor vielen Jahren selbst prägte.

Ähnlich ermittelten die Experten des Familienbunds der Katholiken (2013:4), dass 2010 „tatsächlich nur etwa 39,1 Milliarden Euro für Familienförderung ausgegeben wurden". Aber sie weisen ebenfalls auf den Familienreport 2012 hin, in dem die Bundesregierung nicht annähernd über Größenordnungen staatlicher Leistungen an Familien in der oben genannten Form berichtete. Hier wurden „lediglich 55,4 Mrd. Euro als Familienförderung im engeren Sinne bezeichnet". Weiterhin heißt es an gleicher Stelle, „rund 52,9 Mrd. Euro" seien „2010 dem Familienlastenausgleich, also dem großenteils verfassungsrechtlich gebotenen Ausgleich der besonderen Belastungen von Eltern wegen ihrer Kinder, zuzuordnen" (Familienreport 2012: 45).

Weniger Rente für Kinderlose?

Am 16. November 2013 titelte die Bildzeitung „Wirtschaftsexperten diskutieren: Weniger Rente für Kinderlose?" Es ginge um „Reformen, die Rente zukünftig gerechter zu gestalten". Kinderlose sollten grundsätzlich weniger Staatliche Rente beziehen als Senioren, die Kinder großgezogen haben. Ausgangspunkt ist die vom 11.11.2013 stammende Veröffentlichung des Textes „Das demografische Defizit" von Hans-Werner Sinn, Chef des international angesehenen Ifo-Instituts, München. Nicht erwähnt wurde, dass es sich dabei um eine Neuauflage eines bereits 2003 veröffentlichten Vortrags von Sinn handelt, die im Wesentlichen alle damaligen Argumente enthält, nur einige neuere Zahlen zum Thema ausweist (Sinn 2003: 57–88; Sinn 2013: 3–13).

Wer darin kein Problem sieht, sollte sich nur erinnern, dass seit der Erstveröffentlichung zehn Jahre verstrichen sind, alle Aussagen des Textes aber offensichtlich so hochaktuell sind, dass sie sich für die Titelgeschichte einer sehr weit verbreiteten Tageszeitung eignen. Deutlicher kann nicht auf den kaum zeitgebundenen Tatbestand eines strukturellen Stillstands in der Familienpolitik aufmerksam gemacht werden.

Sinn kann sich auf die Ergebnisse zahlreicher in seinem Institut entstandener Studien berufen. Für ihn ist das Rentensystem „in vorderster Front" verantwortlich für die Kinderlosigkeit der Deutschen: „Die Rentenversicherung nach dem Umlageverfahren ist eine Versicherung gegen Kinderlosigkeit und die daraus entstehende Altersarmut […] Es ist kein Zufall, dass Deutschland, welches als erstes Land eine umfassende Staatliche Rentenversicherung eingeführt hat, heute zu den Ländern mit der niedrigsten Geburtenrate zählt".

Eigentlich ist nur von F. X. Kaufmann das Thema Geburtenrückgang, also die demografische Veränderung, im Kontext der Sozialversicherung und des Sozialstaats als Thema der Soziologie aufgegriffen worden (2005: 96 ff.). Er hebt hervor, dass Humanvermögen auf die Zukunft bezogen immer als Potenzial begriffen werden muss. Dabei komme es konkret auf die Zahl der Träger von Humanvermögen und somit auf die Größe und Struktur der Bevölkerung an. Es ist dann auch nahezu zwangsläufig, dass Kaufmann den Geburtenrückgang als Investitionslücke versteht. Bezogen auf eine Nettoreproduktionsziffer von 1,0 weist Deutschland zwischen 1972 und 2000 eine Geburtenlücke von insgesamt 9,6 Mio. Geburten auf. Das entspricht im Jahresdurchschnitt 28,6 %, für 1991 bis 2000 sogar 33,8 %. „Diese 9,6 Mio. nicht geborener und nicht qualifizierter Menschen fehlen uns in den kommenden Jahren nicht nur als Arbeitskräfte, sondern auch als potentielle Mütter und Väter." Die unter dem Reproduktionsniveau liegende Fertilität hinterlässt in der Gesellschaft eine breite Spur. Auf Basis der seit dem 5. Familienbericht vorliegenden Zahlen lässt sich der Verlust an Humanvermögen im genannten Zeitraum „in erster Annäherung auf mindestens 4800 Milliarden DM oder 2500 Milliarden Euro" beziffern (Kaufmann 2005: 77–82).

Sinn hat seinerseits darüber nachgedacht, was auf ein Kind bei seiner Geburt wartet, wenn es nur als Einzelwesen im derzeit existierenden Rentensystem betrachtet wird: Es „wird erwachsen, zahlt dann bis zum eigenen Rentenalter Beiträge und bezieht anschließend eine Rente, die freilich auf dem Wege der Beitragszahlung [nur] von den eigenen Nachkommen aufgebracht wird". Sinn fragt nach den Folgen dieser Pflicht, Rentenversicherter zu sein. Im Jahr 2000 lag „der Barwert des fiskalischen Beitrags eines neu geborenen Kindes für das Rentensystem [...] bei 77 600 Euro", d. h. das, was es Jahr für Jahr einzahlt, entspricht in der Gegenwart einem Kapitalvolumen von 77.600 Euro. Es zahlt 77.600 Euro mehr in die Rentenkasse ein, als es selbst an Rente bezieht. – „Werden zudem die später anfallenden abdiskontierten Effekte aller Kindeskinder berücksichtigt, deren Existenz der Geburt des betrachteten Kindes zu verdanken ist, steigt der Barwert sogar auf 139 300 Euro" (Sinn 2013: 3–13). D. h., es kann statistisch bestimmt werden, wie viele Kinder und Kindeskinder ein heute Neugeborener haben könnte. Wenn dessen etwaige Nachkommen dann den gleichen Beitragsverpflichtungen wie heute unterworfen sind, lässt sich ebenfalls errechnen, welcher Gegenwartswert diesen Zahlungsströmen zuzurechnen ist; er betrüge 139.300 Euro.

Sinn fragt, was wohl zu erwarten sei, wenn der Fiskus das Geld, das er langfristig mit der Geburt eines Kindes für die Finanzierung der Renten anderer Mitglieder des Rentensystems erwarten kann, zum Zeitpunkt der Geburt eines Kindes den Eltern direkt auszahlte, als faire Rückgabe einer Überzahlung? Fällig wären dann die genannten 139.300 Euro. Tut er das nicht, fiele bei allen Eltern mit der Geburt ihres Kindes eine Art Steuer an. De facto kassiert hier nämlich der Staat einfach die Erträge, die aus den fiskalischen Leistungen resultieren, welche dieses Kind später als erwerbstätiger Beitragszahler ohne eine Kompensation für ihn selbst anderen Mitgliedern des Rentensystems zur Verfügung stellt. Ohne dieses Rückzahlungsangebot oder einen wie auch immer beschaffenen Ausgleich bleibt es bei einer „Transferausbeutung von Familien" durch den Staat, kurzum: einer Steuer auf Kinder.

Aber Kaufmanns Argument gilt auch hier: Ohne die Geburt von Kindern fehlen den staatlichen Kassen Einnahmen in der ermittelten Höhe, wohlgemerkt pro Kind. Es fehlt zudem deren volkswirtschaftliche Nachfrage.

Ein Grundargument einigt beide Autoren, die hier über die Folgen von Kinderlosigkeit reden: Nur wer Kinder hat, sorgt für die Arbeitskräfte der Zukunft. Nur diese schaffen die Einkommen der Zukunft, die sie mit ihren Eltern teilen können, weil diese früher für sie sorgten. Wer diese Leistungen nicht erbringt, kann mit mit dem hier ersparten Teil seiner Einkommen Vermögen bilden in welcher Form auch immer, soweit es dazu taugt, seine spezifische Altersversorgung zu gewährleisten.

Aber es fehlt bei beiden ebenfalls nicht der Hinweis, dass die Neigung, wie es in Deutschland geschah, über längere Zeiträume Investitionen, nicht zuletzt die in Humanvermögen, deutlich zu reduzieren oder gar zu unterlassen, vermutlich Spuren im wirtschaftlichen Verhalten hinterlässt. Wenn potentielle Investoren zu spüren glauben, dass in Staat und Gesellschaft Sparen und Investieren generell an Bedeutung verlieren, wenn noch dazu die Gefahr zukünftiger Lücken in Humanvermögen im öffentlichen Diskurs ausgeblendet wird, werden sie zunehmend das eigene investive Engagement zurücknehmen oder ganz scheuen. Sinn warnt, Deutschland zeige „in den letzten zehn Jahren eine der niedrigsten Nettoinvestitionsquoten unter allen OECD-Ländern". Er hat Grund genug, hier zu warnen, und nicht nur Kaufmann, viele andere Sozialwissenschaftler pflichten ihm bei.

Aktuell meint Sinn, sein Artikel, seine Warnungen kämen zu spät. Aber das bleibe gleichwohl notwendig. Wenn Politik „von den Wellen bloßer Illusionen und gesellschaftlicher Ideologien getragen" werde, sei sie ohnehin zum Scheitern verurteilt (Sinn 2013: 3–23).

Familienpolitischer Strukturreformbedarf des Sozialstaats – was nun? – abschließende Bemerkungen

Man mag es drehen und wenden, wie man will. Alles, worüber hier gesprochen wurde, ist Realität, empirisch belegbare Realität:

– die Berichte über eine Wissenschaftsdebatte, die mit der Gründung der Bundesrepublik begann und immer nachdrücklicher davon handelte, dass der Wirtschaftsprozess an seine Grenzen stößt, wenn er die Menschen verliert, die ihn gestalten;

– die Skizze, die darauf hinwies, dass ein Rentensystem, welches Kinderlosigkeit honoriert, sich selbst abzuschaffen droht;

– die Feststellung, dass das System aus Steuern und Abgaben, welches sich im Zuge des Ausbaus eines Sozialstaats in Deutschland etabliert hat, Familien stärker belastet als Kinderlose und ein gravierendes Element der Rücksichtslosigkeit der Gesellschaft gegenüber Familien darstellt;

– die Anstrengung zahlreicher Sozialwissenschaftler, die sich um Aufklärung bemühen über die für Familien negativen Auswirkungen infolge einer Fülle nicht koordinierter gesetzgeberischer Maßnahmen fiskalischer Art. Bei der Aufdeckung dieser Auswirkungen spielte insbesondere das Bundesverfassungsgericht eine maßgebliche Rolle, ohne dass dessen Verdikt „verfassungswidrig" ernsthafte politische Revisionen zur Folge hatte – ganz im Gegensatz übrigens zu wirtschaftsnahen Voten für den Bereich der Arbeitswelt;

– die Folgerung, dass bislang Vorschläge zur Stärkung der Anerkennung der Leistungen von Familien in allen Schichten der Bevölkerung und in allen gesellschaftlichen Institutionen an den Abwehrreaktionen des „alten" Systems gescheitert sind. Eine seiner Waffen ist das Argument, familienbezogene Leistungen in den Sozialversicherungen seien „versicherungsfremd" und deshalb aus Steuermitteln zu finanzieren. Unmissverständlich hat der Bund der Steuerzahler dieses Argument im Hinblick auf die rentenrechtliche Berücksichtigung von Kindererziehungszeiten in seinem Gutachten „Versicherungsfremde Leistungen in der Gesetzlichen Rentenversicherung und ihre sachgerechte Finanzierung" (2011: 70 ff.) als „nicht sachgerecht" zurückgewiesen und sich dabei u. a. zur Auffassung des Bundesverfassungsgerichts bekannt.

Schon 2002 war formuliert worden, dass die die Zukunft gefährdende Entwicklung in der Bundesrepublik Deutschland seit etwa Mitte der 1960er Jahre bis hin zur Gegenwart gekennzeichnet sei durch ein Absinken der gesellschaftlichen Investitionen unter ein den erworbenen Wohlstand dauerhaft sicherndes Niveau. Das gelte für Human- und Produktivvermögen ebenso wie für das Soziale Sicherungsvermögens. Deshalb müsse erreicht werden, dass zum Zweck der Sicherung und Förderung des Wohlstands der Gesellschaft die Stärkung aller Aktivitäten mit Investitionscharakter einen deutlichen Vorrang haben muss vor den konsumtiven.

Die Zukunft der Gesellschaft und ihrer Familien ruhe auf vier Säulen der Zukunftssicherung. Das sind die Säulen 1) der Förderung der Humanvermögensbildung, 2) des Aufbaus von (Familien-)Haushaltsvermögen mit einem starken Akzent von Wohnungseigentum, 3) der breit gestreuten Vermögensbeteiligung privater Haushalte an privaten und öffentlichen Unternehmen und 4) der Stärkung der investiven Elemente im Sozialen Sicherungsvermögen.

Jeder Schritt, der in diese Richtung führe, stabilisiere die Lebenslage von Familienhaushalten und die Zukunftsfähigkeit moderner Gesellschaften (Krüsselberg 2002: 447).

Nahezu zeitgleich mit dem Abschluss des hier für das Studienbuch geschriebenen Beitrags legte am 17. Januar 2014 die Bertelsmann-Stiftung der Öffentlichkeit eine Studie vor, die von Martin Werding in ihrem Auftrag erstellt worden war. Ihr Titel lautet „Familien in der gesetzlichen Rentenversicherung: Das Umlageverfahren auf dem Prüfstand". Im Vorwort skizzieren die Auftraggeber ihre Intention: Gesucht wird nach den Chancen für eine „neue Familienpolitik, die Wohlergehen und Bildungschancen von Kindern in den Vordergrund rückt". Sie soll „dazu beitragen, dass mehr Familien von ihrem selbst erwirtschafteten Einkommen leben können – insbesondere in der frühen Familienphase". Es gelte, „eine Diskussion anzustoßen, wie eine wirksame Politik für Familien gestaltet werden könnte, die allen Kindern faire Bildungs- und Teilhabechancen eröffnet". Das Rentenversicherungssystem sei natürlich nur ein Baustein einer solchen „neuen Familienpolitik" – angesichts der in der Studie aufgezeigten Belastungen für Kinder aber ein bedeutender. Gerade im Rentensystem werde ein „Weiter so" auf Dauer nicht funktionieren (Werding 2014: 6 f.).

Erneut wird hier der seit langem aufgestaute familienpolitische Strukturreformbedarf des Sozialstaats dokumentiert. Es bleibt abzuwarten, ob und wann sich ein deutsches Parlament dafür entscheidet, den vielfältigen Bemühungen der Wissenschaft, die grundsätzliche Bedeutung von Familien für die Gesellschaft anzuerkennen und die angemahnten Reformen zu verabschieden, die der Staat bisher vermissen lässt.

Hinweise auf weiterführende Literatur

Forum Familie stark machen (Hrsg.), Generationen-Barometer 2006, Eine Studie des Instituts für Demoskopie Allensbach, Freiburg/München 2006.

Aßländer, M.S. und Ulrich, P., 60 Jahre Soziale Marktwirtschaft, Illusionen und Reinterpretationen einer ordnungspolitischen Integrationsformel, Stuttgart/Wien 2009.

Goldschmidt, N., Generationengerechtigkeit, Tübingen 2009.

Werding, M., Familien in der gesetzlichen Rentenversicherung: Das Umlageverfahren auf dem Prüfstand, Bertelsmann-Stiftung 17.Januar 2014, Verfügbar unter: http://www.bertelsmann-stiftung.de/cps/rde/xbcr/SID-3C3F7D36-1F449E9A/bst/xcms_bst_dms_39223_39224_2.pdf (23.01.2014)

Wiederholungsfragen / Übungsaufgaben   *

1. Bitte listen Sie auf, wo und inwieweit der Staat mit seiner Sozialpolitik in das Leben von Familien eingreift. Wo sollte er mehr tun, wo weniger?
2. Was verstehen Sie unter Generationengerechtigkeit und wann würden Sie von Verstößen gegen diese sprechen?
3. Haben Sie verstanden, warum zahlreiche Wissenschaftler das aktuelle Rentenversicherungssystem für ungerecht halten und wo der Fehler steckt?

4.4.4   Literatur

Achinger H., Sozialpolitik als Gesellschaftspolitik, 2. Aufl., Frankfurt am Main 1971.

Albert, H., Kritische Vernunft und menschliche Praxis, Stuttgart 1977.

Blanke, H., Ehling, M. und Schwarz, N., Zeit im Blickfeld. Ergebnisse einer repräsentativen Zeitbudgeterhebung, Schriftenreihe des Bundesministeriums für Familie, Senioren, Frauen und Jugend, Bd. 121, Stuttgart u. a. 1996.

Borchert, J., Der Wiesbadener Entwurf einer familienpolitischen Strukturreform des Sozialstaates, in: Die Familienpolitik muss neue Wege gehen, hrsg. v. Hessische Staatskanzlei, Wiesbaden 2003.

Borchert, J., Sozialstaatsdämmerung, München 2013.

Bundesministerium für Arbeit und Soziales, Übersicht über das Sozialrecht, Nürnberg 2010.

Bundesministerium für Familie und Senioren (Hrsg.), Familien und Familienpolitik im geeinten Deutschland – Zukunft des Humanvermögens, Fünfter Familienbericht, Bonn 1994.

Bundesministerium für Familie, Senioren, Frauen und Jugend, Familienreport 2012, Paderborn 2012.

Bundesministerium für Familie, Senioren, Frauen und Jugend, Zur Gesamtevaluation der ehe- und familienbezogenen Leistungen. Verfügbar unter:
http://www.bmfsfj.de/BMFSFJ/familie,did=158318.Html (16.01.2013)

Bundeszentrale für Politische Bildung, Ergebnisse des Zensus 2011, Mai 2013.Verfügbar unter:
http://www.bpb.de/politik/hintergrund-aktuell/68815/zensus-2011-06-05-2011 (23.01.2014)

Familienbund der Katholiken, Stimme der Familie, Familienleistungen in Deutschland, 60. Jg., Heft 4/2013.

Fichte, D., Versicherungsfremde Leistungen in der Gesetzlichen Rentenversicherung und ihre sachgerechte Finanzierung (Karl-Bräuer-Institut des Bundes der Steuerzahler), Bonn 2011.

Kaufmann, F.X., Zukunft der Familie im vereinten Deutschland, München 1995.

Kaufmann, F.X., Zum Konzept der Familienpolitik, in: Familienwissenschaftliche und familienpolitische Signale, hrsg. v. B. Jans, A. Habisch und E. Stutzer, Grafschaft 2000, S. 39–48.

Kaufmann, F.X., Schrumpfende Gesellschaft, Frankfurt am Main 2005.

Krüsselberg, H.G., M. Auge und M. Hilzenbecher, Verhaltenshypothesen und Familienzeitbudgets – Die Ansatzpunkte der „Neuen Haushaltsökonomik" für Familienpolitik, Schriftenreihe des Bundesministers für Jugend, Familie und Gesundheit, Bd. 182, Stuttgart u. a 1986.

Krüsselberg, H.G., Der familienpolitische Handlungsbedarf: Vom Familienlastenausgleich zum Familienleistungsausgleich?, in: Familie morgen? Ertrag und Perspektiven des Internationalen Jahres der Familie 1994, hrsg. v. S. Keil und I. Langer, Marburg 1995, S. 75–91.

Krüsselberg, H. G., Familienarbeit und Erwerbsarbeit im Spannungsfeld struktureller Veränderungen der Erwerbstätigkeit, in: Kontinuität und Wandel der Familie in Deutschland, hrsg. v. R. Nave-Herz, Stuttgart 2002, S. 277–314.

Krüsselberg, H.G., Familienpolitik heute, in: Zukunftsperspektive Familie und Wirtschaft. Vom Wert der Familie für Wirtschaft, Staat und Gesellschaft, hrsg. v. H.G. Krüsselberg, und H. Reichmann, Grafschaft 2002a, S. 39–85.

Krüsselberg, H. G., Ökonomische Analyse werteschaffender Leistungen von Familie im Kontext von Wirtschaft und Gesellschaft, in: Zukunftsperspektive Familie und Wirtschaft, Vom Wert der Familie für Wirtschaft, Staat und Gesellschaft, hrsg. v. H.G. Krüsselberg und H. Reichmann, Grafschaft 2002b, S. 87–130.

Krüsselberg, H.G., Reichmann, H., Zukunftsperspektive Familie und Wirtschaft. Vom Wert der Familie für Wirtschaft, Staat und Gesellschaft, Grafschaft 2002.

Külp B. und Schreiber W. (Hrsg.), Soziale Sicherheit 1971.

Lampert, H., Sozialpolitik. I: staatliche, in: Handwörterbuch der Wirtschaftswissenschaft, Bd. 7, Göttingen 1977.

Lampert, H., Der Beitrag von Familien mit Kindern zur Humanvermögensbildung, in: Sozialpolitik und Wissenschaft. Festschrift für Dieter Schäfer, hrsg. v. T. Bock, Frankfurt am Main 1992.

Lampert, H., Wer „produziert" das Humanvermögen einer Gesellschaft?, in: Die personale Struktur des gesellschaftlichen Lebens, Festschrift für Anton Rauscher, hrsg. v. N. Glatzel und E. Kleindienst, Berlin 1993.

Lampert, H., Der gesellschaftliche und wirtschaftliche Wert der Familienarbeit, in: Familienwissenschaftliche und familienpolitische Signale hrsg. v. B. Jans, A. Habisch und E. Stutzer, Grafschaft 2000, S. 57–68.

Mackenroth, G., Die Reform der Sozialpolitik durch einen deutschen Sozialplan, in: Verhandlungen auf der Sondertagung in Berlin, hrsg. v. G. Albrecht, Berlin 1952.

Nell-Breuning, O., Von Soziale Sicherheit?, Freiburg i.Br. 1979.

Nave-Herz, R., Kontinuität und Wandel der Familie in Deutschland, Stuttgart 2002.

Schmucker, H., Studien zur empirischen Haushalts- und Verbrauchsforschung, Berlin 1980.

Schreiber, W., Existenzsicherheit in der industriellen Gesellschaft, Köln 1955.

Schreiber, W., Sozialpolitik, in: Handbuch der Wirtschaftswissenschaften, Band II, 2. Aufl., hrsg. v. H. Karl und Th. Wessels, Köln/Opladen 1966.

Schreiber, W., Existenzsicherheit in der industriellen Gesellschaft, in: Soziale Sicherheit, hrsg. v. B. Külp und W. Schreiber, Köln/Berlin 1971.

Sinn, H. W., Das demografische Defizit, in: Demographie und Wohlstand, hrsg. v. Ch. Leipert, Opladen 2003, S. 57–88.

Sinn, H. W., Das demografische Defizit, Ifo-Schnelldienst 21/2013, 66. Jg.,S. 3–23.

Werding, M., Familien in der gesetzlichen Rentenversicherung: Das Umlageverfahren auf dem Prüfstand, Bertelsmann-Stiftung 17.Januar 2014.Verfügbar unter: http://www.bertelsmann-stiftung.de/cps/rde/xbcr/SID-3C3F7D36-1F449E9A/bst/xcms_bst_dms_39223_39224_2.pdf (23.01.2014)

Weisser, G., Beiträge zur Gesellschaftspolitik, Göttingen 1978 [1953].

Wissenschaftlicher Beirat für Familienfragen beim Bundesministerium für Jugend, Familie und Gesundheit, Zur Reform des Familienlastenausgleichs, Bonn 1971,

Wissenschaftlicher Beirat für Familienfragen: Leistungen für die nachwachsende Generation in der Bundesrepublik Deutschland, Schriftenreihe des Bundesministers für Jugend, Familie und Gesundheit, Bd. 73, Stuttgart 1979.

5 Ausgewählte spezielle Familienprobleme: Armut, Gewalt und Ehescheidungen

5.1 Auswirkungen der familialen ökonomischen Lage auf die kindliche Entwicklung

Monika Schlegel

Aus funktionalistischer und differenzierungstheoretischer Perspektive ist die Sozialisation des Nachwuchses – neben anderen – eine zentrale Funktion von Familie, auf die alle anderen gesellschaftlichen Teilbereiche angewiesen sind (vgl. Nave-Herz 2013: 77 ff.). Inwiefern diese Funktion von den Familien adäquat erfüllt werden kann, hängt auch von der familialen ökonomischen Lage ab. Wie sich die familiale ökonomische Lage auf die kindliche Entwicklung auswirken kann, soll im Folgenden am Beispiel von Kinderarmut dargestellt werden. Dabei ist die Mehrdimensionalität von Armut zu betonen, d. h., Armut kann nicht nur auf die Einkommenslage reduziert werden, sondern es ergeben sich Zusammenhänge zwischen ökonomischer Mangellage und erhöhten Risiken von Nachteilen in anderen Lebenslagendimensionen wie Bildung, Gesundheit, Wohnen oder gesellschaftliche Teilhabe, auf die auch der Fokus in diesem Beitrag gelegt werden soll. Weiterhin ist herauszustellen, dass mit der Armutslage für die Kinder nicht nur eine Unterversorgung in der gegenwärtigen Lebenssituation verbunden ist, sondern auch eine Beeinträchtigung ihrer Entwicklungschancen im weiteren Lebensverlauf (vgl. Meier 2004: 15).

Im Folgenden wird zunächst eine statistische Bestandsaufnahme zum Phänomen „Kinderarmut" vorgenommen, im Anschluss daran werden kindliche Entwicklungsaufgaben und begünstigende Bedingungen für das Aufwachsen von Kindern skizziert, bevor ausführlich die möglichen Folgen von Armutserfahrung in der Kindheit und kindliche Armutsbewältigungsstrategien behandelt werden.

5.1.1 Ausgangslage

Laut Familienreport 2011 verfügen in Deutschland 2,5 Millionen Kinder und Jugendliche in 1,5 Millionen Haushalten über ein Einkommen unterhalb von 60 Prozent des gewichteten Medianeinkommens[1], was einer Armutsrisikoquote der unter 18-Jährigen von 19,4 Prozent

---

[1] Nach dem Konzept der relativen Armut liegt Kinderarmut dann vor, wenn das Haushaltseinkommen weniger als 60 % des gesellschaftlichen Medianeinkommens beträgt (EU-Standard). Eine weitere Methode der Armutsmessung bezieht sich auf den Hilfebezug (Grundsicherung nach dem Sozialgesetzbuch II). Bei beiden Vorgehensweisen wird Armut auf einen Einkommensmangel der Familie sowie der damit verbundenen Konsequenzen beschränkt. Demgegenüber wird mithilfe des Lebenslagenansatzes die Mehrdimensionalität von Armut

gleichkommt. Demnach sind fast ein Fünftel der Kinder und Jugendlichen in Deutschland armutsgefährdet. Im zeitlichen Verlauf lässt sich seit Ende der 1990er Jahre ein deutlicher Anstieg des statistischen Armutsrisikos (60-Prozent-Schwelle, Datenbasis: SOEP) von Kindern und Jugendlichen ausmachen. Im Zeitraum von 2002 bis 2009 haben sich die Armutsrisikoquoten zwischen 16 und 18 Prozent eingependelt (BMFSFJ 2012a: 98).

Die Betrachtung der Armutsrisiken nach dem Alter der Kinder zeigt, dass Kinder und Jugendliche umso häufiger von Armut betroffen sind, je älter sie sind. Gründe für den hohen Anteil Jugendlicher zwischen 15 und unter 18 Jahren liegen in ihrem höheren Anteil aus Einelternhaushalten, zudem entfällt für Alleinerziehende der Unterhaltsvorschuss, der nur bis zum 12. Lebensjahr des Kindes gewährt wird (BMFSFJ 2012a: 100):

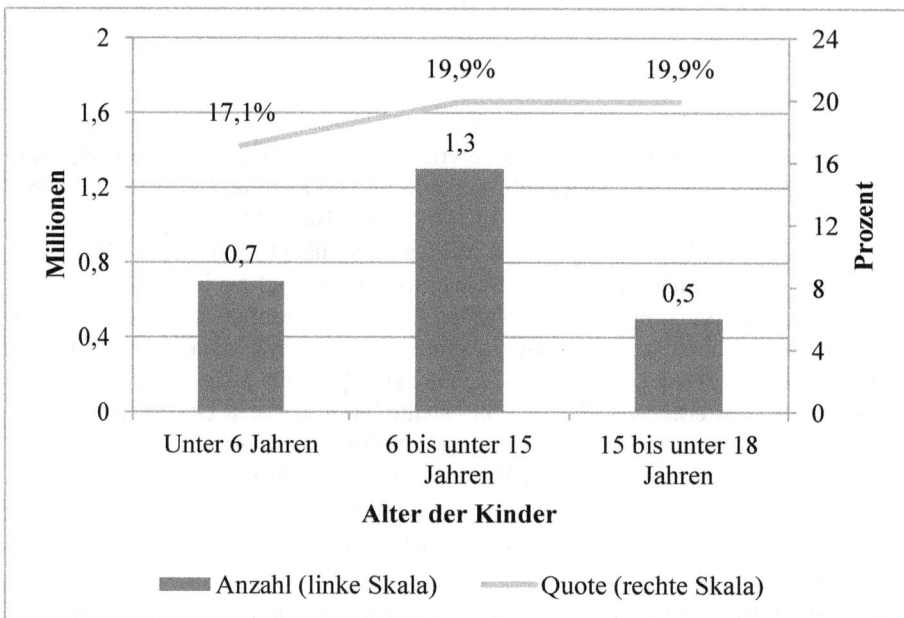

Abb. 5.1:   Anzahl und Quoten von armutsgefährdeten Kindern und Jugendlichen, nach Altersklassen, 2010
             (Quelle: BMFSFJ 2012a: 100; SOEP 2011, Berechnungen von Prognose auf Basis von Einkommen
             aus dem Jahr 2009)

Trotz unterschiedlicher Datenbasen, Definitionen und Messgrundlagen gelangen Statistiken zu Umfang und Entwicklung von Armutsrisiken in Deutschland zu ähnlichen Ergebnissen im Hinblick auf überdurchschnittlich von Armut betroffene Bevölkerungsgruppen. Von einem überdurchschnittlichen Armutsrisiko sind Familien mit Kindern, insbesondere Alleinerziehende, Familien mit Migrationshintergrund und kinderreiche Familien (>3 Kinder) betroffen. Als Hauptrisiken werden (Langzeit-)Arbeitslosigkeit, Niedrigeinkommen, Alleinerziehen

---

berücksichtigt. Die zugrundeliegende Annahme ist hier, dass neben dem Mangel an Einkommen weitere Unterversorgungen in zentralen Lebensbereichen gegeben sind (z. B. in den Bereichen Wohnen, Arbeit, Ausbildung, Gesundheit, Ernährung, soziale Integration und soziokulturelle Teilhabe). Im Fachdiskurs besteht Konsens darüber, dass der Lebenslagenansatz das Armutsphänomen am ehesten erfassen kann, allerdings bestehen enorme Schwierigkeiten bei der forschungspraktischen Anwendung (Chassé 2010: 18).

und Migrationshintergrund ausgemacht (Holz 2010: 91; World Vision Deutschland e. V. 2010: 84; Bertram/Kohl 2010: 61).

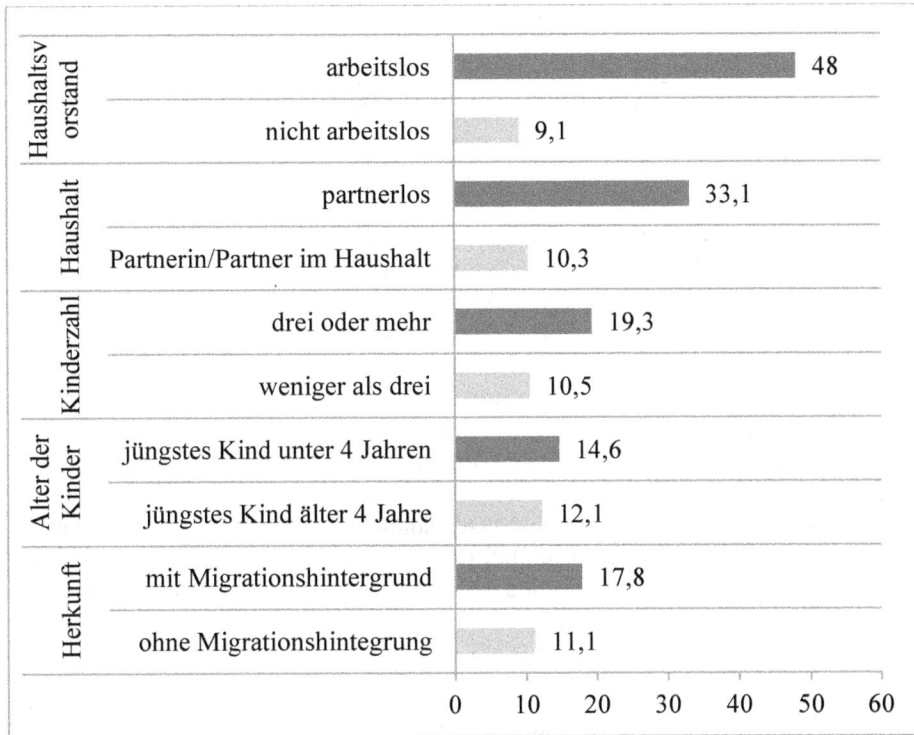

		Wert
Haushaltsvorstand	arbeitslos	48
	nicht arbeitslos	9,1
Haushalt	partnerlos	33,1
	Partnerin/Partner im Haushalt	10,3
Kinderzahl	drei oder mehr	19,3
	weniger als drei	10,5
Alter der Kinder	jüngstes Kind unter 4 Jahren	14,6
	jüngstes Kind älter 4 Jahre	12,1
Herkunft	mit Migrationshintergrund	17,8
	ohne Migrationshintegrung	11,1

Skala: 0 10 20 30 40 50 60

Abb. 5.2: Anteil von Kindern im Alter unter 15 Jahren mit relativ geringem Haushaltseinkommen nach verschiedenen soziodemografischen Merkmalen
Relativ geringes Haushaltseinkommen = Nettoäquivalenzeinkommen (neue OECD-Skala) geringer als 60 Prozent des Medianeinkommens (EU-Konvention für die Armutsrisikoquote)
(Quelle: BMFSFJ 2012b: 51; SOEP 1995 bis 2009, Berechnungen des Wissenschaftszentrums Berlin für Sozialforschung)

Im europäischen Vergleich (EU 15) schneidet Deutschland hinsichtlich der Armutsgefährdungsquote von Kindern unter 18 Jahren noch vergleichsweise gut ab, lediglich in den skandinavischen Ländern sowie in Österreich und in Dänemark ist der Anteil der armutsgefährdeten Kinder geringer, hingegen in Großbritannien und den südeuropäischen Ländern sind die Armutsgefährdungsquoten relativ hoch (z. B. Spanien: 26,2 Prozent) (BMFSFJ 2012a: 104).

Während Kinderarmut bis in die 1980er Jahre hinein kaum als eigenständiges soziales Phänomen wahrgenommen wurde, änderte sich dies mit der zunehmenden sozialpolitischen und sozialpädagogischen Brisanz dieser Thematik und der Sensibilisierung der Fachöffentlichkeit im Zuge der 1990er Jahre (Butterwegge 2004: 72). In diesem Zeitraum vollzog sich ein Perspektivenwechsel in der (Kinder)Armutsforschung: Kinder wurden nicht mehr „nur" als verursachender Faktor für ökonomische Mangellagen oder Angehörige einkommensschwacher Haushalte betrachtet, sondern mehr und mehr als eigenständige Subjekte mit spezifischer Wahrnehmung der Lebenslage und ganz spezifischen Deutungs-, Bewältigungs- und Handlungsmustern begriffen (Holz 2010: 88).

Holz konstatiert zusammenfassend, dass inzwischen ein differenziertes mehrdimensionales Konzept zur Erfassung von Wirkung und Bewältigung von Armut bei Kindern und ein kindgerechter Armutsbegriff vorliegen (Holz 2010: 88). Zudem kann aufgrund der Zunahme von qualitativen Untersuchungsdesigns auf empirisch fundiertes Wissen im Hinblick auf das subjektive Erleben aus der Perspektive der betroffenen Kinder zurückgegriffen werden (Zander 2013: 60). In diesem Zusammenhang ist vor allem das ressourcen- und lebenslagenorientierte Kinderarmutskonzept von Hock et al. zu erwähnen, das im Rahmen der AWO-ISS-Kinderarmutsstudie entwickelt wurde. Hier wird die auf familialer Einkommensarmut basierende Kinderarmut als Unterversorgung und Benachteiligung in den Lebenslagendimensionen materielle Versorgung, Versorgung im kulturellen und sozialen Bereich und physische und psychische Lage begriffen, die zu Entwicklungs- und Versorgungsdefiziten sowie zu sozialer Ausgrenzung führt (Holz 2010: 96f.). Pionierarbeit wurde zudem von Chassé et al. geleistet mit der kinderspezifischen Ausformulierung des Lebenslagenkonzepts. Im Rahmen ihres „Spielraum- und Handlungskonzepts" werden die armutsbedingten Restriktionen berücksichtigt, die insbesondere die Lebenslagen von Kindern prägen: Zur Erfassung der Beeinträchtigung von Lebenschancen in ihrer Gesamtheit wurde analytisch differenziert zwischen den Spielräumen Einkommen und Versorgung, Kontakt und Kooperation, Muße und Regeneration, Lernen und Erfahrung sowie Entscheidung und Disposition (Chassé et al. 2010: 54 f.). Beide Ansätze definieren Armut bei Kindern mehrdimensional, fokussieren auf das Armutserleben aus Kinderperspektive und belegen komplexe Folgen der Unterversorgung und sozialen Ausgrenzung.

Insgesamt ist also die jüngere Kinderarmutsforschung gekennzeichnet durch eine intensive Auseinandersetzung mit den negativen Folgen von Armut auf kindliche Lebenslagen und kindliche Entwicklung; gegenwärtig besteht ferner ein starkes Forschungsinteresse an der kindlichen Bewältigung und den kindspezifischen Ressourcen trotz Armut (Holz 2010: 89).

Auf beide Aspekte – sowohl die Beeinträchtigungen der kindlichen Entwicklung durch ökonomische Mangellagen als auch die Armutsbewältigung seitens der Kinder – wird in den folgenden Abschnitten ausführlich eingegangen. Zur theoretischen Rahmung erfolgt jedoch vorab die Skizzierung kindlicher Entwicklungsaufgaben und begünstigende Faktoren aus einer entwicklungspsychologischen bzw. sozialisationstheoretischen Perspektive.

5.1.2   Entwicklungsaufgaben in der Kindheit und begünstigende Faktoren für gelingendes Aufwachsen

Bründel und Hurrelmann charakterisieren Kindheit als eine Lebensphase, „in der ein Mensch unter der Obhut und Anleitung von Erwachsenen Schritte der Selbstbestimmung und Selbstfindung zu bewältigen hat" (Bründel/Hurrelmann 1996: 27). Unterschieden wird in frühe Kindheit (0–5 Jahre) und späte Kindheit (6–11 Jahre) mit je spezifischen Entwicklungsaufgaben (Andresen/Hurrelmann 2010: 49), worunter Havighurst die psychisch und sozial vorgegebenen Erwartungen versteht, die an Menschen in einem bestimmten Lebensabschnitt gestellt werden (vgl. Havighurst 1972). Die intellektuellen und emotionalen Entwicklungspotenziale von Kindern werden dabei maßgeblich von schichtspezifischen und geschlechtsspezifischen Sozialisationsbedingungen, kultur- und soziallagenabhängigen Erfahrungen und

Effekten des sozio-ökonomischen Status der Familie beeinflusst (Hillmann 2007: 420). Im Rahmen dieses Prozesses kommt Kindern keinesfalls nur eine passive Rolle zu, sondern sie sind dabei auch in der Lage, die sozialen Beziehungen aktiv zu gestalten und zu beeinflussen (Nickel/Petzold 1993: 79).

Die Bedeutsamkeit der Lebensphase „Kindheit" wird unterstrichen von den Ergebnissen der empirischen Lebenslauf- und Sozialisationsforschung sowie der Entwicklungspsychologie, nach denen die Ereignisse und Erfahrungen, die während der Kindheit gemacht werden, einen ganz besonders prägenden Einfluss auf den weiteren Lebensverlauf des Individuums haben (Huinink/Grundmann 1993: 75 f.).

Zentrale Entwicklungsaufgaben in der frühen Kindheit sind der Aufbau des „Urvertrauens" durch emotionale Bindungen, die Entwicklung der sensomotorischen Intelligenz und des vorbegrifflichen Denkens, die Identifikation mit dem eigenen Geschlecht und die Entwicklung grundlegender motorischer Fertigkeiten und symbolischer und sprachlicher Ausdrucksfähigkeiten. Charakteristisch für die späte Kindheit ist die Entwicklung von Wissen, Moral und Wertorientierungen, der Aufbau von Konzepten und Denkschemata, der Erwerb grundlegender Fertigkeiten in den Kulturtechniken und erste Schritte zur sozialen Kooperation mit Altersgenossen (Hurrelmann 2007: 27; Bründel/Hurrelmann 1996: 30). Kurz zusammengefasst ist der Verlauf der Kindheit idealiter gekennzeichnet durch die sukzessive Übernahme verantwortlicher Rollen im Bereich sozialer Kontakte und individueller Leistungserbringung.

Bründel und Hurrelmann zufolge wird die Bewältigung dieser Entwicklungsaufgaben begünstigt durch körperlichen Kontakt, verbale Stimulierungen, durch Anregung mithilfe von Gegenständen und Materialien und durch das Eingehen auf die kindlichen Bedürfnisse seitens der Bezugspersonen (Bründel/Hurrelmann 1997: 28). Die Bindungstheorie und -forschung verweist auf die Bedeutsamkeit von verlässlichen Bindungserfahrungen zu festen Bezugspersonen, auf die Kinder im Hinblick auf die Exploration ihrer Umwelt angewiesen sind (vgl. Bowlby 2008). Aus bindungstheoretischer Perspektive werden heutzutage die sozialkognitive Entwicklung, die psychische Sicherheit im Erwachsenenalter, die Beziehungsgestaltung sowie die Fähigkeit zur Kommunikation und Interaktion mit anderen frühzeitig und nachhaltig durch die Qualität der Interaktions- und Bindungserfahrungen der Kinder in ihren Familien bzw. zu ihren primären Bezugspersonen beeinflusst (Grossmann 2005: 61 f. zit. n. Weiß 2010: 15).

Auch im Hinblick auf die Bewältigung der Entwicklungsaufgaben in der späten Kindheit nehmen gegenwärtig die Familie bzw. die primären Bezugspersonen eine bedeutsame Rolle ein: Weiß betont, dass „unter hinreichend guten Bedingungen […] Eltern durch ihre Beziehung und gemeinsame Aktivitäten mit dem Kind einen Handlungs- und Orientierungsrahmen [stiften], der ihnen Sicherheit und explorierendes Tun ermöglicht. Schon in den regelmäßigen Versorgungshandlungen des Essens und Trinkens und der Pflege ebenso wie in den spielerischen Alltagshandlungen ermöglichen Eltern dem Kind, sich in erste soziale, normative, gegenständliche und zeitliche Zusammenhänge einzuüben, grundlegende Einsichten in derartige Strukturen zu gewinnen und sich als Subjekt zu erleben, dessen (Mit-)Handeln in Alltags- und Versorgungssituationen beachtet und geachtet wird" (Weiß 2010: 16).

Im Zusammenhang mit den Umgangsweisen im Hinblick auf die Anforderungen in der Lebensphase „Kindheit" lassen sich geschlechtsspezifische Unterschiede ausmachen: So tendieren Mädchen stärker zu einer Internalisierung von Belastungen, was in körperlichen Symptomen zum Ausdruck kommen kann (Kopf-, Bauchschmerzen, Essstörungen, Schwindelgefühle). Ferner weisen Mädchen eher ein negatives Körperselbstbild auf und neigen zur Selbstreflexion und Selbstaufmerksamkeit. Die Reaktionen der Jungen auf Belastungssituationen sind dagegen häufiger nach außen gerichtet bspw. in Form von Aggressionen gegenüber Gleichaltrigen, Eltern und erwachsenen Bezugspersonen, sie leiden seltener unter Selbstzweifeln und Leistungsängsten, sind dagegen aber häufiger als Mädchen sozial auffällig (Bründel/Hurrelmann 1996: 32).

Trotz unterschiedlicher gesellschaftlich-kultureller Wert- und Erziehungsvorstellungen besteht nach Weiß aus entwicklungspsychologischer Perspektive ein relativer Konsens hinsichtlich der Voraussetzungen für eine positive Entwicklung von Kindern: So sollte ein Mindestmaß an Befriedigung der Grundbedürfnisse nach Ernährung, Pflege, Schutz, Zuwendung und Bindung, Akzeptanz und Wertschätzung, Anregung und Leistung und Selbstverwirklichung gegeben sein (Weiß 2010: 13). Diese wissenschaftlichen Erkenntnisse wurden als notwendige Voraussetzungen für das kindliche Wohlergehen in die UNO-Kinderrechtskonvention – dem auch in Deutschland geltenden Übereinkommen über die Rechte der Kinder – übernommen: Gefordert wird ein Höchstmaß an Gesundheit, Bildung in Schule und Ausbildung, Schutz vor Gewaltanwendung, vor Misshandlung, Verwahrlosung und bestimmten Risiken im Substanzmissbrauch sowie wirtschaftliche Ausbeutung. Weiterhin gibt es das Recht auf eine angemessene Freizeitgestaltung, auf Beteiligung am kulturellen Leben und auf ungehinderten Umgang mit anderen Kindern und auf einen angemessenen Lebensstandard (Bertram/Kohl 2010: 8).

Kinder haben demnach gute Entwicklungschancen, wenn ihre Bedürfnisse nach Anregung, Leistung, Wissen und Verstehen von Zusammenhängen befriedigt werden und sie in der Bewältigung der Entwicklungsaufgaben und Selbstverwirklichung unterstützt werden. Diese Bedingungen sind jedoch oftmals in psycho-sozial hoch belasteten Familien nicht gegeben, so z. B. auch in ökonomischen Mangellagen: „Gefangen in Alltagsproblemen und Konflikten, bedrängt von hoher existenzieller Unsicherheit, abgeschnitten von Zukunftsperspektiven, die Aktivitätspotentiale induzieren könnten, haben Eltern oftmals nicht [mehr] die äußere und innere Kraft, um den Aufgaben der Pflege und Erziehung ihrer Kinder hinreichend nachzukommen, deren grundlegenden Bedürfnisse zu erkennen und halbwegs angemessen darauf einzugehen" (Weiß 2010: 18).

Daraus darf jedoch keinesfalls auf individueller Ebene ein Etikettierungsprozess („arme Kinder = schlechte Kinder") als Rückschluss gezogen bzw. die These formuliert werden, dass die Erfahrung von Armut in der Kindheit zwangsläufig zu Entwicklungsstörungen führen muss. Bründel und Hurrelmann betonen mit Verweis auf die Resilienzforschung, dass sich Kinder trotz ungünstiger Umweltbedingungen, dysfunktionalen Eltern- und Familienbeziehungen, Krankheit von Verwandten, Armut etc. zu psychisch gesunden Erwachsenen entwickeln können und unter schwierigsten Ausgangsbedingungen ihre Entwicklung mitgestalten und bewältigen ohne bzw. wenig Schaden zu nehmen (Bründel/Hurrelmann 1996: 31). Wesentliche kompensatorische Funktionen gehen hierbei von Schutzfaktoren auf personaler, familialer, nachbarschaftlicher, institutionelle Ebene und auf Ebene der sozialen Netzwerke aus, auf die an späterer Stelle nochmal ausführlich eingegangen wird (siehe Abschnitt „Bewältigung").

5.1.3   Auswirkungen von Armut

Gesundheit

Zu den vielfältigen Auswirkungen von familialen ökonomischen Mangellagen gehören auch Beeinträchtigungen der Gesundheitschancen von Kindern, wenngleich es sich hierbei nicht um einen Kausalzusammenhang handelt. So ergeben Korrelationsberechnungen im Rahmen von Auswertungen der HSBC-Studie (*Health behaviour in school-aged children*), eine international vergleichende Studie in Kooperation mit der WHO, die differenziert Auskunft über die Gesundheit von Kindern in prekären Lebenslagen gibt, signifikante Unterschiede im subjektiven Wohlbefinden zwischen Kindern aus benachteiligten und Kindern aus wohlsituierten Elternhäusern (Klocke 1996: 401). Weiterhin zeigt die Auswertung dieser Daten für Nordrhein-Westfalen, dass die subjektive Einschätzung des Gesundheitszustands von armen Kindern im Vergleich zu wohlsituierten Kindern häufiger negativer ausfällt. Die Beschwerdelage zeigt sich vielfältig: Es wurde über Kopf-, Bauch- und Rückenschmerzen geklagt bis hin zu Einschlaf- und Durchschlafstörungen oder Erschöpfungszuständen (Becker 2002: 10). Nach Feustel könnte eine Ursache der subjektiv wahrgenommenen gesundheitlichen Beeinträchtigungen in den ungünstigeren Lebensbedingungen von in Armutslagen sich befindenden Kindern begründet liegen: „Das Leben in benachteiligten Wohnvierteln etwa an viel befahrenen Straßen und die damit einhergehende Belastung durch Lärm, Abgase und Feinstaub, verbunden mit fehlenden Naherholungsmöglichkeiten oder auch in prekären Wohnverhältnissen, geprägt z. B. durch Schimmelbildung aufgrund von Feuchtigkeit (Allergien, asthmatische Beschwerden), unzureichender Isolation der Fenster (Erkältungen), mangelnde Rückzugs- und Regenerationsmöglichkeiten innerhalb der Wohnung (Beengtheit der Wohnverhältnisse) sowie weniger Möglichkeiten der körperlichen Aktivierung (keine Mitgliedschaft in Sportvereinen etc.) bilden gesundheitsgefährdende Faktoren und führen in vielen Fällen zu einer schlechteren kindergesundheitlichen Ausgangslage" (Feustel 2007: 34).

Im Hinblick auf Entwicklungsstörungen und Krankheiten ergeben die Daten der Brandenburger Einschulungsuntersuchung aus dem Jahr 2005 für Kinder aus statusniedrigeren Familien häufiger mindestens eine medizinische relevante Entwicklungsverzögerung/Gesundheitsstörung. Auffällige statusspezifische Unterschiede ergeben sich bei Seh-, Sprach-, Sprech- und Stimmstörungen, intellektuellen Entwicklungsverzögerungen, emotionalen und sozialen Störungen sowie psychiatrischen Auffälligkeiten. Ebenso zeigten sich bei den statusniedrigeren Kindern häufiger chronische Erkrankungen (z. B. Diabetes, bronchitisches Syndrom etc.) (LGA 2005 zit. n. Lampert/Richter 2010: 56).

Armut kann sich jedoch nicht nur nachteilig auf die gesundheitliche Situation, sondern offenbar auch auf das Gesundheitsverhalten von Kindern und Jugendlichen auswirken (Butterwegge et al. 2008: 165). So konstatieren Lampert/Richter für den Bereich „Ernährung und Bewegung" bei Kindern aus unterprivilegierten Milieus häufiger eine Mangel- und Fehlernährung, die durch fettreiche und vitaminarme Nahrungsmittel, sowie geringere Kohlehydrate- und Obstanteile charakterisiert ist (Lampert/Richter 2010: 59). Weiterhin zeigen sich Differenzen im Ausmaß an sportlicher/körperlicher Betätigung: Bei statusniedrigeren Kindern ist im Vergleich zu statushöheren Kindern häufiger ein Bewegungsmangel zu verzeichnen (Lampert et al. 2007: 638), was begründet liegen kann am Mangel an adäquaten Sportstätten in den „Armutsquartieren" und/oder an den Kosten für eine Vereinszugehörigkeit (Trabert 2006: 77).

Ferner zeigt sich im Hinblick auf Gesundheitspräventionsmaßnahmen bei unterprivilegierten Kindern häufiger ein unzureichender Impfschutz, eine geringere Inanspruchnahme von Vorsorgeuntersuchungen sowie eine seltenere Inanspruchnahme von Therapien bei behandlungsbedürftigen Entwicklungsstörungen (Trabert 2006: 77 f.; Butterwegge et al. 2008: 164).

Zu Recht ziehen also Lampert/Richter in ihrer Auseinandersetzung mit den gesundheitlichen Folgen von Kinderarmut das Fazit, dass ein Aufwachsen in Armutslagen das Risiko für frühe Entwicklungsstörungen erhöht, es zu Defiziten im Bewegungs-, Ernährungsverhalten und zu Übergewicht sowie zu psychischen und Verhaltensauffälligkeiten kommen kann (Lampert/ Richter 2010: 62). Auch wenn demnach Zusammenhänge zwischen ökonomischen Mangellagen und gesundheitlichen Beeinträchtigungen als empirisch gesichert gelten können (Butterwegge 2008: 163), muss nochmals betont werden, dass sich Armut nicht zwangsläufig auf die gesundheitliche Entwicklung von Kindern auswirkt. So kommt bspw. Klocke in seinen multivariaten Analysen der HSBC-Daten aus dem Jahre 2002 zu dem Schluss, dass die Auswirkungen von Armut auf die Gesundheitsentwicklung von Heranwachsenden wesentlich von den sozialökologischen Rahmenbedingungen und den Ressourcen der Kinder und Jugendlichen abhängt. Ein positives Familien-, Schul- und Nachbarschaftsklima fördert demnach die Entwicklung eines positiven Selbstbilds und sozialer Kompetenzen und folglich eine Befähigung zum Umgang mit gesundheitsbelastenden Lebensbedingungen und Erfahrungen durch Armut (Klocke 2006: 167 f.).

Soziale Exklusion

Aus soziologischer Perspektive gehört – Hurrelmann folgend – zu den Entwicklungsaufgaben des Kindesalters die Entwicklung von grundlegenden sozialen Kompetenzen, die für eine selbstverantwortliche Gestaltung von Sozialkontakten notwendige Voraussetzung sind (Hurrelmann 2007: 37). Im weiteren Verlauf der Kindheit bzw. im Übergang vom Status „Kind" in den Status „Jugend" erfolgt eine sukzessive Erweiterung der Handlungsspielräume einhergehend mit einer Vergrößerung des Spektrums der sozialen Rollenanforderungen. Nach Hurrelmann geht bei der Bewältigung dieser Entwicklungsaufgabe die bedeutendste Unterstützung von Gleichaltrigenbeziehungen aus (Hurrelmann 2007: 32 f.). Im Unterschied zu den hierarchischen innerfamilialen Beziehungen sind Gleichaltrigenbeziehungen durch ihre symmetrische Konstitution gekennzeichnet (Hurrelmann 2007: 128; Chassé et al. 2010: 170), was u. a. zu weniger rücksichtsvollen und spontanen Reaktionen untereinander führt und dementsprechend eine ganz wesentliche Bedeutung für die Entwicklung sozialer Kompetenzen hat.

Krappmann betont, dass sich Kinder zur Sicherung dauerhafter Kooperation in ihrer eigenen Sozialwelt einigen Aufgaben stellen müssen: „(1) Sie müssen sich selber für ihre Absichten und Pläne einsetzen und Konsens mit Kindern erreichen, die entgegenstehende Ziele verfolgen, ohne sich zu Aggressionen hinreißen zu lassen (Perspektivenwechsel, Konflikte, Aggression; (2) sie müssen andere als Partner für dauerhafte, verlässliche Interaktion gewinnen; (3) sie müssen versuchen, den Umgang mit anderen an gemeinsamen Regeln auszurichten, auf deren Einhaltung man drängen kann, wenn diskrepante Interessen zu vermitteln sind (Fairness, Gerechtigkeit, Moral); (4) sie brauchen die Anerkennung anderer, um sich auf die Auseinandersetzung um Wünsche und Vorhaben einlassen zu können (‚Peer-Status', Selbst)" (Krappmann 1993: 369).

Weiterhin können Gleichaltrigenbeziehungen Kommunikation, Gestaltung und Bewältigung von Alltagssituationen, Spiel- und Freizeitgestaltung bedeuten, aber auch essenzielle Momente in der Persönlichkeits- und Identitätsentwicklung darstellen (Chassé et al. 2010: 169 f.) und der sozialen und emotionalen Unterstützung dienen, bspw. indem eben auch Themen aus dem emotionalen und sexuellen Bereich bearbeitet werden (Hurrelmann 2007: 128). Insofern handelt es sich bei den Gleichaltrigengruppen um eine zentrale Sozialisationsinstanz, die Kindern und Jugendlichen Räume zur Aneignung von Sozialkompetenzen eröffnet, die zur Bewältigung der Anforderungen in modernen Gesellschaften unabdingbar sind.

Nach Zander zeigt die neuere Kinderarmutsforschung, dass es sich für in Armutsverhältnissen lebenden Kinder schwieriger darstellt, Kontakte zu Gleichaltrigen aufzunehmen und zu pflegen (Zander 2013: 61), wodurch die Chancen auf gesellschaftliche Teilhabe negativ beeinträchtigt werden. So sind Freizeitangebote wie bzw. Schwimmbad-, Kino- und Kindertheaterbesuche, Mitgliedschaften in Organisationen und Vereinen, schulinterne Veranstaltungen armen Kindern häufig nicht zugänglich aufgrund der elterlichen ökonomischen Mangellage (Andrä 2000: 280; Feustel 2007: 27; Meier 2004: 16). Mit den Bildungsgutscheinen ist das Problem keineswegs gelöst: „Kinder trauten sich nicht, den Bon bei Vereinen oder in der Mensa abzugeben, weil sie sich nicht als Sozialleistungsempfänger zu erkennen geben wollten. Überdies würden sich auch nicht alle Sportvereine an der Bon-Regelung beteiligen" (NWZ-Online v. 11. 12. 2013).

Die Ergebnisse der AWO-ISS-Kinderarmutsstudie hinsichtlich der Möglichkeiten sozialer Integration von Zehnjährigen belegen, dass arme Kinder im Vergleich zu nicht-armen Kindern seltener andere Kinder mit nach Hause bringen, eigene Geburtstage feiern, zu anderen Kindergeburtstagen eingeladen werden und – wie bereits betont – Mitglied in Vereinen sind (Holz et al. 2006: 76). Als Gründe für die geringere Geburtstagsaktivität von armen Kindern werden von verschiedenen Autorinnen und Autoren die fehlenden ökonomischen Ressourcen für Geschenke, die Schwierigkeit, eigene Geburtstage nach den gängigen Standards auszurichten und die prekären – häufig schambesetzten Wohnsituationen und Lebensverhältnisse (Meier 2004: 16) – benannt, die anderen Kindern wenig Besuchsanreize bieten bzw. durch das Fehlen eines eigenen Zimmers, neuesten CDs und PC-Spielen (Andrä 2000: 280; Feustel 2007: 75).

Auch Chassé et al. kommen in ihrer qualitativen Untersuchung zum kindlichen Erleben und Bewältigen von Armut im Grundschulalter zu dem Ergebnis, dass Kinder in armen Familien häufig keine Freunde haben, generell wenig Kontakte zu Gleichaltrigen aufweisen und zudem soziale Ausgrenzungserfahrungen machen (Chassé et al. 2010: 321). Aufgrund der eigenen Belastung durch Erwerbslosigkeit und Überforderung in anderen Lebensbereichen oder aber ihrer Isoliertheit kommt es auch vor, dass Eltern außerstande sind, ihre Kinder bei der Kontaktaufnahme und -pflege zu Gleichaltrigen zu unterstützen (Chassé et al. 2010: 320). Weiterhin wird der Zugang zu Gleichaltrigenbeziehungen nach Chassé et al. nicht nur erschwert oder verhindert durch die materielle Lage der Eltern und den daraus resultierenden fehlenden Möglichkeiten, Geburtstagsfeiern auszurichten, Geburtstagsgeschenke, Kinobesuche, die Nutzung öffentlicher Verkehrsmittel etc. zu finanzieren, wodurch die räumliche Mobilität eingeschränkt wird, was wiederum eine Einengung der sozialen Kontakte zur Folge haben kann. Zudem wird die Aufnahme und Pflege von Freundschaften negativ beeinträchtigt durch „elterliche Vergleichgültigungsprozesse, Konflikte in der Familie, Schichtarbeit alleinerziehender Mütter negative Charakteristika der Wohnumgebung (nicht kindgerecht, keine Spielmöglichkeiten, keine anderen Kinder vorhanden) und nicht zuletzt auch die Stigmatisierung der Kinder" (Chassé et al. 2010: 320).

Holz et al. betonen, dass arme Kinder durch diese Einschränkungen demnach im Hinblick auf Aufnahme und Pflege von Gleichaltrigenbeziehungen im Vergleich zu nicht-armen Kindern nur einen begrenzten Raum zur Entwicklung und zur sozialen Integration haben und ihnen damit zugleich die Chance zum breiten Erwerb sozialer Kompetenzen genommen wird (Holz et al. 2006: 76), die so bedeutsam für die Handlungsfähigkeit in modernen Gesellschaften sind. Dies kann sich nachteilig auf die weitere kindliche Entwicklung auswirken, sowohl im Hinblick auf Identitätsbildungsprozesse als auch im Hinblick auf gesellschaftliche Teilhabe.

Bildungsbenachteiligung

Zahlreiche empirische Untersuchungen belegen einen negativen Einfluss von Armutslagen auf den Bildungserwerb und die Bildungschancen von Kindern (vgl. z. B. Lange/Lauterbach 1998; Becker 1999; OECD 2010). Nach Lauterbach handelt es sich bei der Beeinträchtigung des Bildungsverlaufs sogar um die bedeutsamste langfristige Konsequenz von Armutserfahrung im Kindesalter, weil vom Bildungserfolg die Platzierung in der Sozialstruktur und die Teilhabemöglichkeiten am gesellschaftlichen Wohlstand maßgeblich abhängig sind (Lauterbach 2003: 37 f.; Lauterbach et al. 2003: 160). Der geringere Bildungserfolg führt zu einer geringeren Erwerbsbeteiligung und schlechteren Erwerbschancen mit einem höheren Armutsrisiko (Butterwegge et al. 2008: 166), wodurch sich wiederum das Risiko der Vererbung der Benachteiligungen über die Generationen hinweg erhöht.

Im Hinblick auf mögliche Ursachen für Entwicklungsunterschiede zwischen armen und nicht-armen Kindern kommt Biedinger in ihrer Analyse eines nicht-repräsentativen Datensatzes zu den Einflüssen von Armut auf die kognitiven, sprachlichen und behavioristischen Entwicklung von drei- bis vierjährigen Kindern aus dem Großraum Rhein-Neckar zu dem Ergebnis, dass relative Einkommensarmut sich vor allem auf die kognitive Entwicklung und den Wortschatz der Kinder auswirkt und der negative Effekt verschwindet, falls durch Freizeitaktivitäten, z. B. durch Vorlesen, Kompensationsmöglichkeiten gegeben sind. Damit werden bisherige internationale quantitative Analysen familialer Einflussfaktoren auf die kognitiven, sprachlichen und behavioristischen Kompetenzen von Kleinkindern bestätigt, die zeigen, dass die Entwicklungsunterschiede vor allem durch die häuslichen Aktivitäten vermittelt werden: Armen Kindern wird seltener aus Büchern vorgelesen, mit ihnen wird weniger gesprochen und seltener das Museum oder die Bibliothek besucht (Biedinger 2009: 209).

Ebenso verweisen Butterwegge et al. (2008) in ihrer Untersuchung auf ein höheres Risiko von Klassenwiederholungen bei Kindern aus unteren Schichten; erklärt wird dieser Effekt mit einem kognitiven Nachhinken der betroffenen Schüler und Schülerinnen, was in einer schlechteren Förderung und weniger ausgeprägten Beziehungen zwischen den Kindern und ihren Eltern begründet liegen kann (Butterwegge et al. 2008: 278).

Die Zusammenhänge zwischen Bildungserfolg und sozialer Herkunft (vgl. hierzu auch ausführlicher den Beitrag von Lauterbach in diesem Band) lassen sich erklären mithilfe der Differenzierung zwischen primären und sekundären Sozialisationseffekten. Primäre Sozialisationseffekte fokussieren herkunftsbedingte Leistungsunterschiede. So wird famililiale Sozialisation maßgeblich beeinflusst von geringem Einkommen, Bildungsferne und auch Sprachunsicherheit, was zu einer negativen Beeinträchtigung der Kompetenzentwicklung, des Leistungsvermögens und der Bildung führen kann, wodurch sich wiederum die Chance auf Schulerfolg verringert. Unter sekundären Sozialisationseffekten werden die elterlichen

Vorstellungen über den Bildungsverlauf der Kinder verstanden, die wiederum in engem Zusammenhang stehen mit den eigenen Bildungsabschlüssen (Boeckenhoff et al. 2012: 381).

Insgesamt darf also – wie bereits mehrfach betont – keinesfalls der Eindruck entstehen, dass es sich bei den Befunden zu Armutslagen und Bildungsteilhabe und -erfolg ausschließlich um Kausalzusammenhänge handelt – was im Übrigen ebenso für den Bereich der gesundheitlichen Beeinträchtigungen und der sozialen Exklusion gilt –, sondern „eine Reihe von moderierenden Einflüssen zu berücksichtigen sind, wie z. B. die Ausstattung der Haushalte mit kulturellem und sozialen Kapital, die sozialen Kompetenzen der Eltern sowie die persönlichen Ressourcen und Resilienzpotentiale der Kinder und Jugendlichen" (Lauterbach et al. 2003: 169). Unter Resilienz wird die psychische Widerstandsfähigkeit im Hinblick auf Entwicklungsrisiken verstanden. Aus Perspektive der Resilienzforschung ist – wie erwähnt – über den Schulkontext hinaus eine Entwicklung „zum erfolgreich sozialisierten Erwachsenen" trotz Krisenerfahrung möglich. Zentrale Resilienzfaktoren für einen gelungenen Schulabschluss sozial Benachteiligter sind das Schulengagement der Eltern, unterschiedliche Persönlichkeitskonstellationen wie positives Selbstkonzept und Lebenseinstellung, Sozialkompetenz, emotionale Bindungsfähigkeit u. a. m., wobei Unterschiede hinsichtlich der Wirksamkeit nach Geschlecht zu berücksichtigen sind (Boeckenhoff et al. 2012: 378 ff.).

Nachdem in diesem Abschnitt die Auswirkungen von Armut in der Kindheit hinsichtlich Gesundheit, sozialer Exklusion und Bildungsbenachteiligung behandelt wurden, stellt sich nunmehr die Frage nach der Bewältigung von Armut auf individueller Ebene.

Bewältigung

Wie bereits erwähnt betont die neuere (Kinder)Armutsforschung in Deutschland immer mehr die individuellen, sozialen und kulturellen Ressourcen eines Kindes, die das Erleben und die Auswirkungen von Belastungen positiv und/oder negativ beeinträchtigen können. Weiterhin können außerfamiliale Sozialisationsinstanzen (z. B. Tageseinrichtungen für Kinder) sowie der direkte Lebensraum des Kindes nicht unerheblich auf die Entwicklung des Kindes Einfluss nehmen. Unklarheit besteht allerdings noch über das Zusammenwirken der einzelnen Risiko- und Schutzfaktoren (Holz 2010: 103).

In der AWO-ISS-Studie wurde bei der Identifikation von Risikofaktoren für die Entwicklung von Kindern im Vorschulalter zwischen sozioökonomischen bzw. -strukturellen Faktoren und familialen und sozialen/emotionalen Faktoren differenziert. So können sich auf sozioökonomischer bzw. -struktureller Ebene Einkommensarmut, Arbeitslosigkeit der Eltern, geringer Bildungs- und Berufsstatus der Eltern, Trennung/Scheidung, das Aufwachsen in Familien mit vielen Geschwistern, in Einelternfamilien, in belasteten Quartieren oder problematischen Sozialmilieus nachteilig auf die Kindesentwicklung auswirken. Im Bereich der familialen und sozialen/emotionalen Faktoren gilt dies für ein gestörtes Familienklima, eine schlechte Eltern-Kind-Beziehung, ein wenig kindzentriertes Familienleben, geringe Erziehungs-, Bildungs- und Versorgungskompetenzen der Eltern, ein fehlendes familiales und soziales Netzwerk sowie elternabhängige Belastungen (z. B. ungünstiges Gesundheits-/Sozialverhalten, psychosomatische Beschwerden, geringe Nutzung von sozialen Dienstleistungen) (Holz 2010: 104).

Über die in der AWO-ISS-Studie ausgemachten vielfältigen Schutzfaktoren auf personaler und inner- und außerfamilialer Ebene gibt Tabelle 5.1 Auskunft:

Tab. 5.1:   Schutzfaktoren für Kinder im frühen und mittleren Kindesalter

Kindliche Faktoren	Inner-/außerfamiliäre Faktoren
Soziale und intellektuelle Kompetenz	Situationsgerechtes Handeln der Eltern, das möglichst erfolgreich ist und keine zusätzliche Belastung darstellt
Kreativität und Talent	Positives Familienklima, aufbauend auf einer guten Partnerbeziehung
Im Temperament tendenziell flexibel und in der Beziehungsgestaltung annäherungsorientiert	Positive Eltern-Kind-Beziehung mindestens eines Elternteils
Befriedigende soziale Unterstützung	Einbindung in ein stabiles Beziehungsnetzwerk zu Verwandten, Freunden, Nachbarn
Selbstwirksamkeitserwartung und Leistungsmotivation	Vorhandensein von Zukunftsvorstellungen und -perspektiven für sich und das Kind
Positives Selbstwertgefühl und Selbstsicherheit	Investition in die Zukunft der Kinder, vor allem durch Förderung ihrer sozialen Kontakte und Kompetenzen
Emotional warmherzige Beziehung zur Mutter	Gewährleistung von außerfamiliären Kontaktmöglichkeiten und von Teilhabe an kindlichen Alltagsaktivitäten
Erziehungsklima positiv, wenig konflikthaft, offen und die Selbstständigkeit der Kinder fördernd	Nutzung von außerfamiliären Angeboten zur Entlastung, Reflexion und Regeneration
Vorhandensein eines besten Freundes oder einer besten Freundin	
Gute und enge Kontakte zu einem außerfamiliären Erwachsenen	
Soziales Netzwerk	
Aktiv-problemlösender Copingstil	
Vielfältige Lern- und Erfahrungsräume	

(Quelle: Holz 2010: 105)

Vor allem das elterliche Bewältigungsverhalten ist Holz zufolge von besonderer Bedeutung. „Gerade bei armen Familien besteht ein Zusammenhang zwischen dem elterlichen Gefühl von weitgehender Kontrolle – finanziell, sozial, emotional – über ihr Leben und ihrer Fähigkeit, Belastungen zu bewältigen. Für alle Familien gilt: Je besser den Eltern die Gestaltung des sozialen Netzwerks und die Teilhabe an gesellschaftlichen Prozessen gelingt, desto stärker tritt ein Entlastungsgefühl ein. Beide Empfindungen stehen wiederum im Zusammenhang mit einer Vorbildfunktion für die Kinder und mit innerfamiliärer Ver-/Zuteilung von Ressourcen" (Holz 2010: 104). Während Holz demnach vor allem auf die Bedeutung der sozialen Integration der Eltern als zentrale Einflussgröße auf die elterliche Bewältigung – und darüber vermittelt auch auf die kindliche Bewältigung – von Armut verweist, stehen in Walpers Modell zum Zusammenspiel relevanter Einflussfaktoren hinsichtlich der Auswirkungen von Armut auf die Kinder vor allem die innerfamilialen Dynamiken als Mediatoren im Zentrum. Walper betont, dass insbesondere die mit der Armutslage verbundenen Beeinträchtigungen der elterlichen Beziehungen, der Eltern-Kind-Beziehungen sowie das elterliche Erziehungsverhalten sich nachteilig auf die kindliche Bewältigung der Belastungssituation und damit negativ auf die psychosoziale Entwicklung des Kindes auswirken können (Walper 1999: 343). Und auch Chassé et al. verweisen auf die sozialisatorische Bedeutsamkeit der durch ökonomische Mangellagen ausgelösten Beeinträchtigung der Elternfunktionen. Hierbei handelt es sich vor allem um Beeinträchtigungen der elterlichen Unterstützung, Ermöglichung und Vermittlung in Bezug auf die Interessenverfolgung und der Begabungsförderung der Kinder und hinsichtlich Ausmaß und den Qualitäten sozialer Kontakte der Kinder zu Verwandten, anderen Erwachsenen und Gleichaltrigen (Chassé et al. 2010: 258).

Wie a. a. O. erwähnt, werden seit den 1990er Jahren Kinder verstärkt als eigenständige Subjekte in ihrer spezifischen Betroffenheit von ökonomischen Mangellagen von der Armutsforschung in den Blick genommen (Butterwegge 2004: 72). Diese Perspektivenerweiterung schließt die Frage nach den kindlichen Bewältigungsstrategien ein. Wie sich anhand der Darstellung der Einflussfaktoren für die kindliche Bewältigung von Belastungssituationen bereits angedeutet hat, wird von Kindern ein eigenes Bewältigungsverhalten vor dem Hintergrund des familialen Umgangs mit Armut entwickelt. Zentrale erste Erkenntnisse über die Wahrnehmung und Bewältigung von Armut unter Berücksichtigung geschlechtsspezifischer Unterschiede ergab die qualitative Studie von Richter über die Belastungen aus Unterversorgungslagen und ihre Bewältigung aus subjektiver Sicht von Grundschulkindern einer ländlichen Region. Richter konnte in ihrer Studie vier Typen von kindlichem Bewältigungsverhalten ausmachen:

– **„Mit sich selbst ausmachen"**; charakteristisch für diesen Typ sind internalisierende bzw. selbstbezogene Bewältigungsanstrengungen, die vor allem durch Steuerung und Regulation emotionaler Reaktionen erfolgt. Dieses Bewältigungsverhalten kommt am häufigsten vor, ohne das sich wesentliche geschlechtsspezifische Unterschiede ergeben.
– **„Emotionale Unterstützung suchen/gewähren"**; dieser Typ enthält Bewältigungsformen, die dem Ausdruck von Emotionen dienen und vor allem interaktionsbezogen sind. Belastungserfahrungen und ihre Folgen auf das subjektive Befinden werden kommuniziert und es erfolgt der Versuch, soziale Unterstützung zu aktivieren. Dieses Bewältigungsverhalten wird häufiger von Mädchen praktiziert.
– **„Anstatt-Handlung/Haltung"**; hierunter werden Formen der Selbsttäuschung subsumiert, durch die Empfindungen reguliert werden sollen. Charakteristisch sind die Bewältigungsformen Verdrängung, Negierung und Tabuisierung von Konflikten. Belastungen werden abgewehrt, vermieden, nicht-erinnert, inhaltlich verformt oder ersatzweise befriedigt. Auch dieses Bewältigungsverhalten wird häufiger von Mädchen praktiziert.

– **„An die Umwelt weitergeben"**; kennzeichnend für diesen Typ ist die aktive Einflussnahme auf die Situation. Im Mittelpunkt steht hier das Ausagieren von Konflikten, das
häufig in destruktivem Handeln mündet, wodurch keine langfristige Lösung herbeige-
führt wird, sondern eine vorübergehende Reduktion von Spannungszuständen bewirkt
wird. Hier ergeben sich keine geschlechtsspezifischen Unterschiede (vgl. Richter 2000:
93 ff.).

Die Ergebnisse zeigen, dass Kinder sich vorerst um Internalisierung von Belastungen und
Problemen bemühen und weniger zu einer aktiven Bewältigung tendieren. Im Hinblick auf
die Unterschiede zwischen Jungen und Mädchen bestätigen die Ergebnisse von Richter tendenziell die Erkenntnisse der geschlechtsspezifischen Sozialisationsforschung, nach der
Mädchen eher zu aktiven Bewältigungsstrategien unter Nutzung sozialer Ressourcen greifen,
Jungen hingegen häufiger auf problemvermeidende Strategien zurückgreifen (Richter 2000:
86).

Während Richter die Formen der kindlichen Bewältigung aus psychologischer Sicht behan-
delte, näherten sich Chassé et al. in ihrer qualitativen Untersuchung der Frage nach dem
Erleben und der Bewältigung von Armut im Grundschulalter aus einer soziologisch-
sozialpädagogischen Perspektive an. „Bewältigung" wird hier aus der Sicht der Subjekte und
ihrem Erleben als die „Herstellung von Handlungsfähigkeit in kritischen Lebenssituationen"
verstanden (Chassé et al. 2010: 246). Die Autorinnen und der Autor konnten anhand ihres
umfangreichen empirischen Materials folgende „aktive und den Kindern Gestaltungsmög-
lichkeiten eröffnende Strategien" ausfindig machen:

– Wahrnehmung/Gestaltung der durch die „brückenden" Personen ermöglichten Erweite-
  rungen des sozialen Handlungsraums
– Inanspruchnahme von Institutionen (z. B. Kindertreffs, stadtteilunabhängige Sozial- und
  Erfahrungsräume)
– Aktive Nutzung von Hilfe und Unterstützung in der Versorgung durch Netzwerkpersonen
  (Nahrung, Bekleidung, Förderung, Ermöglichung)
– Einforderung der Unterstützung von den Eltern oder vom kindlichen Netzwerk
– Eingehen, Pflege, Weiterentwicklung von Gleichaltrigenbeziehungen in der Schule und
  anderen institutionellen Orten, z. B. durch Nachbarschaften
– Entwicklung und Pflege von Freundschaften
– Aktive Reaktion auf materielle Mangellagen (z. B. Übernahme elterlicher Sparmaßnah-
  men) (Chassé et al. 2010: 259).

Chassé et al. betonen, dass diese Bewältigungsformen den Kindern Handlungsmöglichkeiten
eröffnen und bedeuten damit den Versuch, die eigene Autonomie – verstanden als Handlungsfähigkeit in Bezug auf ein Problem – zu erhalten bzw. wiederherzustellen. Sie sind aber
auch geknüpft an entsprechende in der Lebenslage des Kindes strukturell gegebene Realisie-
rungschancen (Chassé et al. 2010: 259). Wenn also sowohl Eltern als auch Kinder imstande
sind, mithilfe vielfacher Kompensationen die ökonomische Mangellage abzufedern, wobei
soziale Netzwerke und Unterstützungsangebote von Institutionen (z. B. Freizeitangebote von
Schulen) genutzt werden und Kindern elterliche Unterstützung sowie Zuwendung sicher ist,
wenn zudem Zuhause die Förderung schulischen Lernens erfolgt und Freizeit gestaltet wird
und wenig zusätzlich belastende Probleme vorhanden sind (wie z. B. Trennung der Eltern),
dann kann von „gelingender" Armutsbewältigung gesprochen werden (Zander 2013: 64). In
der Untersuchung von Chassé et al. zeigt sich jedoch, dass lediglich ein kleiner Teil der Kinder zu denjenigen gehört, die trotz Armut eine „differenzierte, vielfältige kindliche Erfah-

rungswelt" aufweisen, die Mehrheit der Kinder lässt sich den Bewältigungstypen „Kämpfende mit begrenzten Chancen", „Leidende" und „mehrfach Leidende" zuordnen (Chassé et al. 2010: 260). Zudem spielt die Dauer und Intensität der Armutslage für die kindliche Armutsbewältigung eine zentrale Rolle, denn der Umgang mit der Situation kostet umso mehr Kraft, je prekärer sich die Lage aufgrund der Einschränkungen in der Grundversorgung und den sozialen und kulturellen Ressourcen der Kinder entwickelt (Zander 2013: 63; Richter-Kornweitz 2010: 48).

5.1.4 Fazit

Zusammenfassend lässt sich festhalten, dass familiale Armutslagen zu Einschränkungen in zentralen Lebensbereichen der Kinder führen können, wodurch kindliche Entwicklungspotenziale und Ressourcen nachteilig beeinträchtigt werden mit entsprechenden Folgekosten für das Individuum im Sinne von verringerten Bildungschancen, Lebenschancen und Möglichkeiten der gesellschaftlichen Teilhabe und für die Gesellschaft in Form von z. B. geringen Erwerbspotenzialen, häufige Arbeitslosigkeit, Nachqualifizierung etc.

Die Forschungsaktivitäten im Hinblick auf Folgen von Kinderarmut in zentralen Lebensbereichen als auch hinsichtlich des subjektiven Erlebens und Bewältigens von Armut aus Kinderperspektive wurden zwar in den letzten Jahren intensiviert, gleichwohl besteht nach wie vor ein Mangel an Längsschnittstudien zu den langfristigen Auswirkungen und der Verarbeitung von Armut vor allem auch unter besonderer Berücksichtigung der kindlichen Perspektive (Chassé et al. 2010: 27). Bereits Walper plädierte für eine Längsschnittperspektive bzgl. des Zusammenhangs von Veränderungen der familialen ökonomischen Lage, Veränderungen von innerfamilialen Dynamiken sowie dem Wohlbefinden und der Entwicklung der Kinder, um Rückschlüsse ziehen zu können hinsichtlich der Kausalitäten und den vermittelnden Prozessen (Walper 1999: 346). Zudem fordern einige Autorinnen und Autoren, die Resilienzforschung stärker auszubauen (Holz et al. 2006: 209).

Abschließend sei betont, dass, wenn auch das Risiko einer negativen Beeinträchtigung der kindlichen Entwicklung in armen Familien ungleich höher ist, dies im Umkehrschluss aber keinesfalls bedeutet, dass sich für Kinder in wohlsituierten Familien optimale Entwicklungsbedingungen ergeben. Sehr deutlich wird dies in der AWO-ISS-Studie: Gegenüber fast jedem dritten Kind aus armen Familien, das in zentralen Lebens- und Entwicklungsbereichen Beeinträchtigungen aufweist und ein Mangel an Ressourcen für die Förderung einer positiven Entwicklung gegeben ist, gehört auch etwa jedes siebte nicht-arme Kind in die Gruppe der multipel deprivierten Kinder (Hock et al. 2000: XI).

Hinweise auf weiterführende Literatur

Butterwegge, Ch., Klundt, M. und M. Belke-Zeng, Kinderarmut in Ost- und Westdeutschland, 2. Aufl., Wiesbaden 2008.

Chassé, K. A., Zander, M. und Rasch, K., Meine Familie ist arm. Wie Kinder im Grundschulalter Armut erleben und bewältigen, Wiesbaden 2010.

Holz, G. und Richter-Kornweitz, A. (Hrsg.), Kinderarmut und ihre Folgen. Wie kann Prävention gelingen?, München/Basel 2010.

Zander, M. (Hrsg.), Kinderarmut. Einführendes Handbuch für Forschung und soziale Praxis, 2. Aufl., Wiesbaden 2010.

Wiederholungsfragen / Übungsaufgaben

1. Inwiefern kann die Bewältigung von kindlichen Entwicklungsaufgaben durch familiale Armut nachteilig beeinträchtigt werden?
2. Welche Folgen von Armutserfahrung in der Kindheit sind Ihrer Meinung nach die bedeutsamsten? Begründen Sie Ihre Position.
3. Vergleichen Sie die Ergebnisse von Richter (2000) und Chassé et al. (2010) zum kindlichen Armutsbewältigungsverhalten. Welche Gemeinsamkeiten und Unterschiede ergeben sich
4. Entwickeln Sie einen Interventionsansatz zur Abmilderung der Bildungsbenachteiligung von armen Kindern. Beziehen Sie hierbei die Familienebene, die Ebene der sozialen Netzwerke sowie die Institution „Schule" mit ein.
5. Recherchieren Sie, ob sich mit dem Beziehungs- und Familienpanel *pairfam* (https://www.pairfam.de) und dem Nationalen Bildungspanel „NEPS" (https://www.neps-data.de) langfristige Folgen von Armutserfahrung in der Kindheit abbilden lassen. Wenn ja, inwiefern?

5.1.5   Literatur

Andrä, H., Begleiterscheinungen und psychosoziale Folgen von Kinderarmut: Möglichkeiten pädagogischer Intervention, in: Kinderarmut in Deutschland. Ursachen, Erscheinungsformen und Gegenmaßnahmen, hrsg. v. Butterwegge, Ch., Frankfurt am Main/New York 2000, S. 270–285.

Andresen, S. und Hurrelmann, K., Kindheit, Weinheim/Basel 2010.

Becker, R., Kinder ohne Zukunft? Kinder in Armut und Bildungsungleichheit in Ostdeutschland seit 1990, in: Zeitschrift für Erziehungswissenschaft 2, 1999, S. 251–271.

Becker, U., Armut und Gesundheit – Macht Armut Kinder krank? Vortrag auf dem Remscheider Jugendhilfetag am 28.10.2002.

Bertram, H. und Kohl, S., Zur Lage der Kinder in Deutschland 2010: Kinder stärken für eine ungewisse Zukunft. Deutsches Komitee für UNICEF, Köln 2010.

Biedinger, N., Kinderarmut in Deutschland: Der Einfluss von relativer Einkommensarmut auf die kognitive, sprachliche und behavioristische Entwicklung von 3−4-Jährigen Kindern, in: Zeitschrift für Sozialisation und Erziehungssoziologie 29 (2), 2009, S. 197–214.

Boeckenhoff, A., Dittmann, J. und Goebel, J., Armut und Resilienz: Über die Bedingungen von gymnasialem Schulerfolg bei Jugendlichen mit Armutserfahrung, in: Zeitschrift für Sozialisation und Erziehungssoziologie 32 (2), 2012, S. 379–395.

Bowlby, J., Bindung als sichere Basis. Grundlagen und Anwendung der Bindungstheorie, München/ Basel 2008.

Bründel, H. und Hurrelmann, K., Einführung in die Kindheitsforschung, Weinheim/Basel 1996.

Bundesministerium für Familie, Senioren, Frauen und Jugend, Familienreport 2011, Berlin 2012a.

Bundesministerium für Familie, Senioren, Frauen und Jugend, Familienreport 2012. Leistungen, Wirkungen, Trends, Berlin 2012b.

Butterwegge, Ch., Neoliberale Modernisierung, Sozialstaatsentwicklung und Soziale Arbeit, in: „Modernisierungen" methodischen Handelns in der Sozialen Arbeit, hrsg. v. Michel-Schwartze, B., Wiesbaden 2010, S. 49–88.

Butterwegge, Ch., Klundt, M. und Belke-Zeng, M., Kinderarmut in Ost- und Westdeutschland, 2. Aufl., Wiesbaden 2008.

Butterwegge, Ch., Holm, K. und Zander, M., Armut und Kindheit. Ein regionaler, nationaler und internationaler Vergleich, Wiesbaden 2004.

Chassé, K. A., Kinderarmut in Deutschland, in: Aus Politik und Zeitgeschichte, Beilage zur Wochenzeitung Das Parlament 51/52, 2010, S. 16–23.

Chassé, K. A., Zander, M. und Rasch, K., Meine Familie ist arm. Wie Kinder im Grundschulalter Armut erleben und bewältigen, Wiesbaden 2010.

Feustel, E., „Neue Kinderarmut" in Deutschland. Ursachen – Folgen – Lösungsansätze, Hannover 2007.

Havighurst, R. J., Developmental tasks and education, New York 1972.

Hillmann, K.-H., Wörterbuch der Soziologie, Stuttgart 2007.

Hock, B., Holz, G. und Wüstendörfer, W., Frühe Folgen – Langfristige Konsequenzen? Armut und Benachteiligung im Vorschulalter. Vierter Zwischenbericht zu einer Studie im Auftrag des Bundesverbandes der Arbeiterwohlfahrt, Frankfurt am Main 2000.

Holz, G., Frühe Armutserfahrung und ihre Folgen – Kinderarmut im Vorschulalter, in: Kinderarmut. Einführendes Handbuch für Forschung und soziale Praxis, 2. Aufl., hrsg. v. M. Zander, Wiesbaden 2010, S. 88–109.

Holz, G., Richter, A., Wüstendörfer, W. und Giering, D, „Zukunftschancen für Kinder!? – Wirkung von Armut bis zum Ende der Grundschulzeit". Endbericht der 3. AWO-ISS-Studie im Auftrag der Arbeiterwohlfahrt Bundesverband e.V., Frankfurt am Main 2006.

Huinink, J. und Grundmann, M., Kindheit im Lebenslauf, in: Handbuch der Kindheitsforschung, hrsg. v. M. Markefka und B. Nauck, Neuwied 1993, S. 67–78.

Hurrelmann, K., Lebensphase Jugend. Eine Einführung in die sozialwissenschaftliche Jugendforschung, Weinheim/München 2007.

Klocke, A., Armut im Kontext: Die Gesundheit und das Gesundheitsverhalten von Kindern und Jugendlichen in deprivierten Lebenslagen, in: Zeitschrift für Sozialisationsforschung und Erziehungssoziologie 26, 2006, S. 158–170.

Klocke, A., Aufwachsen in Armut. Auswirkungen und Bewältigungsformen der Armut im Kindes- und Jugendalter, in: Zeitschrift für Sozialisationsforschung und Erziehungssoziologie 16, 1996, S. 390–409.

Krappmann, L., Kinderkultur als institutionalisierte Entwicklungsaufgabe, in: Handbuch der Kindheitsforschung, hrsg. v. M. Markefka. und B. Nauck, Neuwied 1993, S. 365–376.

Lampert, T. und M. Richter, Armut bei Kindern und Gesundheitsfolgen, in: Kinderarmut und ihre Folgen. Wie kann Prävention gelingen? Hrsg. v. Holz, G. und A. Richter-Kornweitz, A., München/Basel 2010, S. 55–65.

Lampert, T., Mensink, G.B.M., Romahn, N. und Woll, A., Körperlich-sportliche Aktivität von Kindern und Jugendlichen in Deutschland. Ergebnisse des Kinder- und Jugendgesundheitssurveys (KiGGS), in: Bundesgesundheitsblatt-Gesundheitsforschung-Gesundheitsschutz 5/6, 2007, S. 634–642.

Lange, A. und Lauterbach, W., Aufwachsen in materieller Armut und sorgenvoller Familienumwelt. Konsequenzen für den Schulerfolg von Kindern am Beispiel des Überganges in die Sekundarstufe I, in: Armut und soziale Ungleichheit bei Kindern, hrsg. v. J. Mansel und G. Neubauer, Opladen1998, S. 106–129.

Lauterbach, W., Armut in Deutschland und mögliche Folgen für Familien und Kinder, Oldenburg 2003.

Lauterbach, W., Lange, A. und Becker, R., Armut und Bildungschancen: Auswirkungen von Niedrig-einkommen auf den Schulerfolg am Beispiel des Übergangs von der Grundschule auf weiterführende Schulstufen, in: Kinderarmut und Generationengerechtigkeit. Familien- und Sozialpolitik im demografischen Wandel, hrsg. v. Ch. Butterwegge und M. Klundt, Opladen 2003, S. 153–170.

Meier, U., Folgen materieller Armut für den Sozialisationsverlauf von Kindern, in: Kind – Jugend – Gesellschaft. Zeitschrift für Jugendschutz 1, 2004, S. 14–19.

Merten, R., Armut bei Kindern – Bildungslaufbahn und Bildungserfolg. in: Kinderarmut und ihre Folgen. Wie kann Prävention gelingen?, hrsg. v. G. Holz und A. Richter-Kornweitz, München/Basel 2010, S. 55–65.

Nave-Herz, R., Ehe- und Familiensoziologie. Eine Einführung in Geschichte, theoretische Ansätze und empirische Befunde, 3. Aufl., Weinheim/Basel 2013.

Nickel, H. und Petzold, M., Sozialisationstheorien unter ökologisch-psychologischer Perspektive, in: Handbuch der Kindheitsforschung. Hrsg. v. M. Markefka und B. Nauck, Neuwied 1993, S. 79–90.

OECD 2010: PISA 2009 Ergebnisse: Zusammenfassung. Verfügbar unter: http://www.PISA2009_Exec_Summary_SET_GERMAN – 46580802 (09.09.13)

Palentien, C., Klocke, A. und Hurrelmann, K., Armut im Kindes- und Jugendalter, in: Aus Politik und Zeitgeschichte 18, 1999, S. 33–38.

Richter- Kornweitz, A., Langzeitwirkungen von Armut – Konzepte und Befunde, in: Kinderarmut und ihre Folgen. Wie kann Prävention gelingen?, hrsg. v. G. Holz und A. Richter-Kornweitz, München/ Basel 2010, S. 43–54.

Richter, A., Wie erleben und bewältigen Kinder Armut? Eine qualitative Studie über die Belastungen aus Unterversorgungslagen und ihre Bewältigung aus subjektiver Sicht von Grundschulkindern einer ländlichen Region, Aachen 2000.

Trabert, G., Kinderarmut und Gesundheitsrisiken, in: Kind – Jugend – Gesellschaft, Zeitschrift für Jugendschutz 3, 2006, S. 75–81.

Walper, S., Familiäre Konsequenzen ökonomischer Deprivation, München/Weinheim 1988.

Walper, S., Auswirkungen von Armut auf die Entwicklung von Kindern, in: Kindliche Entwicklungspotentiale. Normalität, Abweichung und ihre Ursachen, hrsg. v. A. Lepenies, G. Nunner-Winkler, G. E. Schäfer und S. Walper, Opladen 1999, S. 291–360.

Weiß, H., Was brauchen Kinder? – Lebens- und Entwicklungsbedürfnisse von Kindern, in: Kinderarmut und ihre Folgen. Wie kann Prävention gelingen?, hrsg. v. G. Holz und A. Richter-Kornweitz, München/Basel 2010, S. 12–19.

World Vision Deutschland e.V. (Hrsg.), Kinder in Deutschland 2010. 2. World Vision Kinderstudie. Frankfurt am Main 2010.

Zander, M., „Armut tut nicht weh und geht auch wieder vorbei?" – Fragt doch die Kinder, in: Sozialmagazin 3/4, 2013, S. 56–65.

5.2   Gewalt in der Familie

Yvette Völschow

5.2.1   Einführung

Die Tatsache, dass die Familie trotz aller mit Entwicklung der bürgerlichen Familie aufkommenden Idealvorstellungen (vgl. Nave-Herz 2012) nicht immer nur ein Ort des Schutzes darstellt, spiegelt sich nicht zuletzt auch in den Opferdaten der Polizeilichen Kriminalstatistik (PKS) wider. Nicht selten begegnet man der Alltagsansicht, dass häusliche Gewalt – also gewalttätiges Verhalten innerhalb der Familie, sei es Gewalt gegen Kinder oder in der Partnerschaft – vorwiegend bestimmten sozialen Schichten vorbehalten ist. Die Schichtzugehörigkeit hat auf die Phänomenentstehung aber ebenso wenig Einfluss wie das äußere Erscheinungsbild der beteiligten Personen. Die Folgen von Gewalt gegen Kinder und auch das Miterleben von elterlicher Partnergewalt – nicht zuletzt für die Entwicklung beteiligter Kinder – sind jedoch nachweislich negativ (vgl. Kindler 2006; Fichtner et al. 2010). Um entsprechend intervenieren zu können, stellt sich die Frage, warum eine Person verletzend gegen ihre Angehörigen vorgeht.

Im Folgenden sollen nach einem Blick auf Kriminalitätsdaten in ausgewählten Bereichen der Gewaltstraftaten Strukturen und Verbindungen aufgezeigt werden, die gewalttätiges Verhalten in der Familie bedingen können. Diesbezüglich werden gegenseitige Beeinflussungen nicht nur hinsichtlich persönlicher Netzwerke, sondern auch im Hinblick auf ausgewählte Dynamiken innerhalb und zwischen unterschiedlichen gesellschaftlicher Ebenen untersucht.

5.2.2   Verbreitung von Gewaltanwendung in der Familie

Die PKS des dem Bundesministerium des Inneren unterstehenden Bundeskriminalamts gibt Auskunft über die stärksten Ausdrucksformen von Gewalt in der Familie – nämlich über die strafrechtlich verfolgten. Dabei ist zu beachten, dass die PKS eine sogenannte Hellfelddatenstatistik ist, die nur polizeilich angezeigte Straftaten registriert. Die tatsächliche Anzahl dürfte mit Blick auf das vermutete sehr große sogenannte Dunkelfeld entsprechender Straftaten erheblich höher liegen. Auch wenn die PKS nur beschränkt Auskunft über die tatsächliche Lage geben kann, gilt sie als die wichtigste und meistgenutzte Quelle für Kriminalstatistiken. Für das Jahr 2012 werden bundesweit 3.450 Fälle von Kindesmisshandlungen aufgezeigt, von denen 3.998 Kinder betroffen waren. Die Diskrepanz ergibt sich, weil ein Fall durchaus mehrere Opfer beinhalten kann – wenn beispielsweise Geschwister zeitgleich misshandelt werden.

Fallzahlentwicklung

```
4000 ┤
     │
     │
     │
3500 ┤                                    3738
     │                                          3583
     │                          3490                3450
     │                  3426
     │              3373
     │
3000 ┤          3131
     │
     │  2928 2916 2905
     │
2500 ┤
     └─────────────────────────────────────────────────
      2003 2004 2005 2006 2007 2008 2009 2010 2011 2012
```

Abb. 5.3:   Fallzahlen im Bereich der Kindesmisshandlung von 2003 bis 2012 (Quelle: Polizeiliche Kriminal-
             prävention nach Daten des Bundeskriminalamtes 2013)

Aus diesem Wert und den demografischen Daten der Altersgruppe lässt sich die Opfergefährdungszahl (OGZ) errechnen. Sie bezieht sich jeweils auf 100.000 Personen der jeweiligen Altersgruppe. Die OGZ für Kindesmisshandlungen betrug im Jahr 2012 ungefähr 40 auf
100.000 Kinder. Die sogenannte Dunkelfeldquote liegt jedoch erheblich höher, da nicht jede
Kindesmisshandlung nach außen dringt und auch Misshandlungen, die z. B. bei Jugendäm-
tern bekannt sind, nicht zwingend polizeilich angezeigt werden.

Die Täter im Fall von Kindesmisshandlung stammen übrigens fast ausschließlich aus dem
familiären Umfeld.

Täter-Opfer-Beziehung	
Von den im Jahr 2012 in der PKS registrierten Opfern waren:	
3.455	mit dem Tatverdächtigen verwandt
343	mit dem Tatverdächtigen bekannt
77	durch eine flüchtige Vorbeziehung mit dem Tatverdächtigen bekannt
48	nicht mit dem Tatverdächtigen bekannt, bei
73	ist die Beziehung ungeklärt

Abb. 5.4:   Tatverdächtige bei Kindesmisshandlungen in ihrer Beziehung zum Opfer im Jahr 2012
             (Quelle: Polizeiliche Kriminalprävention nach Daten des Bundeskriminalamtes 2013)

Ferner verzeichnet die PKS seit geraumer Zeit Anstiege für den Bereich des sexuellen Miss-
brauchs von Kindern. So wurden auch für das Berichtsjahr 2012 ein Zuwachs von 1,4 %
gegenüber 2011 registriert (Bundesministerium des Innern 2012: 8).

Dabei spricht man nicht erst bei einer polizeilich verfolgten Kindesmisshandlung von häuslicher Gewalt, die sich sowohl in physischer und psychischer als auch sexueller Form ausdrücken kann. Als Indikator für Gewalt und Vernachlässigung können zudem Inobhutnahmen von Kindern betrachtet werden. Inobhutnahme meint die richterlich beschlossene Herausnahme eines Kindes aus seiner Familie, um eine Kindeswohlgefährdung abzuwenden. Es lässt sich feststellen, dass dieser Wert, der in den letzten Jahren deutlich angestiegen ist und je Altersstufe mit 90 bis 700 betroffenen Kinder auf 100.000 der jeweiligen Altersgruppe, deutlich über den genannten PKS-Werten für Misshandlung liegt (vgl. Abb. 5.5).

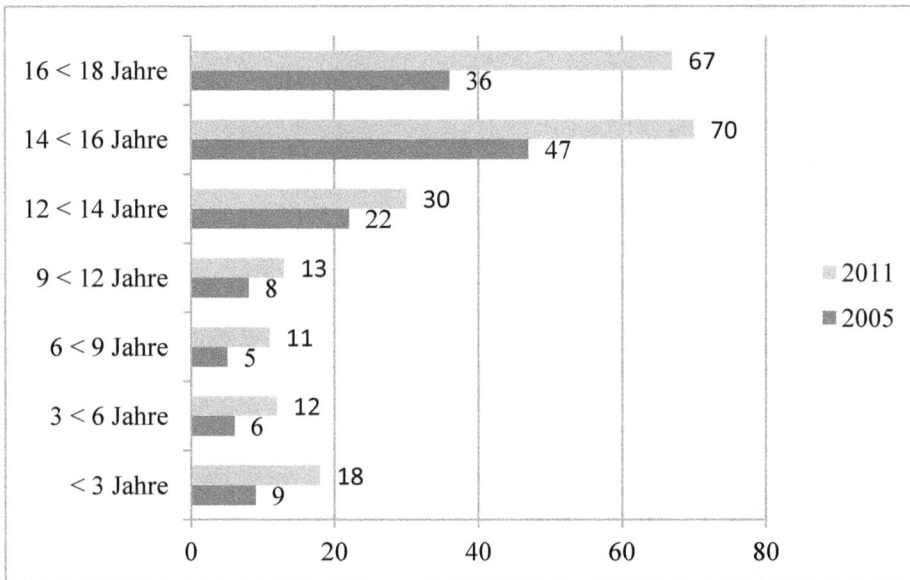

Abb. 5.5:   Inobhutnahmen nach Altersgruppen für Deutschland von 2005 und 2011, Angaben pro 10.000 der altersentsprechenden Bevölkerung (Quelle: Pothmann 2012: 11)

Auch ein Blick in die PKS-Rubrik der Tatverdächtigen in den Bereichen der allgemeinen Körperverletzung und Sexualstraftaten verdeutlicht, dass etwa ein Fünftel bis ein Viertel der Tatverdächtigen dieser Gewaltstraftaten aus der eigenen Familie des Opfers stammt.

Tab. 5.2:   Täter-Opfer-Beziehung bei Gewalttaten im Jahr 2012 (Quelle: Bundeskriminalamt 2012: 27)

Straftaten / -gruppen		Opfer insgesamt	Opfer-Tatverdächtigen-Beziehung (insgesamt)					
			Ver- wandt- schaft	Bekannt- schaft	Lands- mann	flüch- tige	keine	unge- klärte
						Vorbeziehung		
Straftaten ggf. sex. Selbstbe- stimmung unter Gewaltanwen- dung oder Aus- nutzung eines Abhängigkeits- verhältnisses	vollendet	11709	24,8	34,2	0,3	15,8	17,3	7,5
	versucht	2373	16,3	22,4	0,5	11,1	39,2	10,4
	insgesamt	14082	23,3	32,2	0,3	15	21	8
Körperverletzung	vollendet	573119	22,7	19,5	0,8	10,9	35,3	10,9
	versucht	40672	14,5	14,9	0,6	10,4	49	10,6
	insgesamt	613791	22,2	19,2	0,7	10,9	36,2	10,9

Fokussiert man die Tötungsdelikte im Erwachsenenalter, so zeigt sich auch hier, dass bei mehr als einem Fünftel (21,6 %) der eigene Partner bzw. die eigene Partnerin als tatverdächtig ermittelt wurde (Bundesministerium des Inneren 2012: 28). Die PKS gibt dabei nur Tatverdächtige, aber noch keine tatsächlich Verurteilten an.

Die genannten Anstiege im Bereich der häuslichen Gewalt bedeuten jedoch nicht zwingend, dass auch mehr Gewalt stattfindet; möglicherweise wird lediglich mehr gewalttätiges Handeln zur Anzeige gebracht und damit bekannt. Honig (1999) konstatierte diesbezüglich eine sich stetig vollziehende Machtverschiebung sowohl zwischen den Generationen als auch zwischen den Geschlechtern, die nicht zuletzt mit einer Enttabuisierung der Thematik zur häuslichen Gewalt sowie mit einer zunehmenden Sensibilisierung für das Thema einhergeht. Die dürfte auch dazu beitragen, dass sich Opfer häuslicher Gewalt eher zeigen. Nicht zuletzt hat die Umsetzung des Gewaltschutzgesetzes aus dem Jahre 2002 eine veränderte Sensibilität für häusliche Gewalt befördert.

5.2.3   Gewaltformen

Um Gewalt – auch im Sinne häuslicher Gewalt – handelt es sich, wenn physische oder psychische Mittel eingesetzt werden, um eine andere Person gegen ihren Willen zu schädigen bzw. sie dem eigenen Willen zu unterwerfen, sie also zu beherrschen. Auch die gegen solche Gewalt ausgeübte Gegengewalt gilt als Gewalt (vgl. Schubert/Klein 2011). Weiterhin unterscheidet man neben physischer und psychischer auch strukturelle Gewalt. Unter struktureller Gewalt versteht man benachteiligende sowie aus der gesellschaftlichen Mitte ausgrenzende Strukturen. Sie wird also nicht von Einzelpersonen, sondern durch quasi äußere Gegebenheiten ausgeübt und dabei vom potenziellen Opfer nicht immer als Gewalt erlebt. Während beispielsweise einige Eltern von Kleinstkindern ein Hausfrauen oder -männerdasein freiwillig wählen und als Geschenk empfinden, sehen sich andere aufgrund fehlender Betreuungsangebote dazu gezwungen, zu Hause zu bleiben.

Physische Gewalt kann in der Familie vielfältige Gestalt annehmen und betrifft die Verletzung der körperlichen Unversehrtheit einer Person durch z. B. Schlagen, Kneifen, Würgen, Knebeln, Verbrennen, Verätzen, Stoßen, Einsperren, Hungern oder Dursten lassen usw.

Psychische Gewalt ist hingegen subtiler. Ein Kind oder den Partner bzw. die Partnerin zu beleidigen, nötigen, erpressen, beschämen, erniedrigen etc., kann zu massivem Belastungserleben bis hin zu psychischen Störungsbildern führen. Das gilt insbesondere, wenn die psychische Gewalt über einen längeren Zeitraum erfolgt bzw. die Gewaltausübung als existenzbedrohend erlebt wird. Damit ist nicht nur die körperliche, sondern auch die psychische Sicherheit angesprochen. Die enge emotionale Verflechtung familialer Beziehungen begünstigt eine besondere gegenseitige Abhängigkeit voneinander und somit auch die psychische Einflussnahme. Das betrifft nicht nur das Eltern-Kind-Verhältnis, sondern auch die Paarbeziehung. Dabei spielt nicht zuletzt auch die Intensität der Beziehung eine wesentliche Rolle. So gehört das Schlagen, das Eltern oder eine andere enge Bezugsperson gegen ein Kind ausüben, zur physischen Gewalt. Die psychischen Folgen aber, die das Kind – insbesondere bei fehlender Nachvollziehbarkeit, bei Wiederholung und bei auch sonst wenig liebevoller, wenig emphatisch-wertschätzender und wenig emotional stabiler Beziehung – davon trägt, können die weitere Entwicklung und Gesundheit sogar lebenslang beeinträchtigen. Das wiederum steht im engen Zusammenhang mit der Abhängigkeit des Kindes von seinen Eltern, deren Verhalten und Handeln umso weniger infrage gestellt wird, je jünger das Kind ist. Dabei ist die Eltern-Kind-Bindung nicht selten sogar bei massivster Gewaltanwendung so stark, dass Kinder, die durch das Familiengericht von ihren Eltern getrennt werden, nach einer Zeit der Rekonvaleszenz – auch gegen die Empfehlung von Jugendamt und Familiengericht – wieder bei ihnen leben möchten. Nicht selten spielen hierbei auch Schuld- und Schamgefühle eine bindende Rolle. Zu betonen ist, dass von Gewalt geprägte Eltern-Kind-Beziehungen nicht durchgängig gewaltbelastet sind. Die meisten Eltern greifen nicht vorsätzlich, sondern überwiegend ad hoc in Überlastungs- und Stresssituationen – quasi aus Verzweiflung und mangelnden Selbstbeherrschungs- und Selbstreflektionskompetenzen – zu Gewalt. Diese Kinder erleben ihre Eltern in anderen Situationen u. U. durchaus auch als zugewandt. Zudem – und hier ergibt sich ein Beispiel für gesellschaftlich transportierte Erwartungen – wünschen sich Kinder, dass sie eine Familie haben. Sie erleben die Zugehörigkeit zu einer Familie bei anderen als „normal". Für einen sehr großen Teil der Kinder ist die Familie die erste und wichtigste Gruppe, in die sie hineingeboren und sozialisiert werden. Der Zugehörigkeitswunsch ist nicht zuletzt aufgrund der Abhängigkeit in den ersten Lebensjahren grundlegend. Hier erfahren Kinder „normalerweise" eine erste Selbstidentifikationshilfe, um sich beispielsweise als liebenswert, bedeutsam, wirksam und wertvoll zu erleben. Die Stärke der Bindungsdynamik hängt neben dem Alter der Kinder sowie möglichen positiv erlebten Aspekten oder Verpflichtungen auch von alternativen Bindungsangeboten durch weitere Bezugspersonen, dem Selbstbewusstsein und dem Autonomieerleben der Kinder ab (vgl. Scheuer-Englisch 2009).

5.2.4   Abweichendes Verhalten: Rollen und Erwartungen

Mit Blick auf gewalttätiges abweichendes Verhalten wird zum einen in abweichendes Verhalten, das deviant ist, und zum anderen in abweichendes Verhalten, das delinquent ist, unterschieden. Devianten Verhalten verstößt zwar gegen geltende Wertevorstellungen, ist aber nicht strafbar. Delinquentes Verhalten dagegen ist strafrechtlich verfolgbar, da es neben gültigen Werten auch gesetzte Normen verletzt (vgl. Peters 2009; Böhnisch 2010).

Die in einer Gesellschaft gültigen Werte und Normen bilden die Bewertungsgrundlage für die Einstufung darüber, ob ein Gewaltverhalten als Machtverhalten üblich und normal oder aber deviant bzw. delinquent ist. Diese Werte und Normen werden durch – je nach Staatsform mehr oder weniger demokratisch fundierte – gesellschaftliche Aushandlungsprozesse gesetzt. Sie bestimmen den Charakter einer Gesellschaft, tragen zu ihrem Zusammenhalt bei und dienen nicht zuletzt der Orientierung ihrer Mitglieder. Auf ihrer Grundlage wird – je nach konkreter Situation und Position sowie nach Status und sozialer Rolle – ein darauf abgestimmtes Verhalten erwartet. Eine besondere Bedeutung kommt hier der Ausformulierung von werte- und normgestützten Erwartungen der Rolle, die eine Person in einem sozialen Zusammenhang besetzt, zu. Dabei sind jeweils spezifische Bedingungen notwendig, um eine soziale Rolle überhaupt einnehmen zu können. In einige sozialen Rollen – beispielsweise als Frau oder Mann – werden wir laut klassischer Rollentheorie hineingeboren. Das Erlangen anderer Rollen kann bis zu einem bestimmten Grad beeinflusst werden, beispielsweise durch den Eintritt in eine Partei oder einen Verein, durch Familiengründung, durch die Ausbildung in einem bestimmten Beruf, durch Bewerbungen auf eine bestimmte Arbeitsstelle etc. (vgl. Linton 1936; Parsons 1951; Merton [1949] 1995).

Einige soziale Rollen sind nur zeitweise ausfüllbar, wie z. B. die Rolle des Kindes, die an das Alter gekoppelt ist. Ein Kind unter 14 Jahren zu sein bedeutet dabei, dass weniger Verantwortungsübernahme erwartet wird – vor allem keine strafrechtlich relevante. Das Erlangen – nicht jedoch die Ausübung – der Elternrolle ist dagegen relativ selbstbestimmt. An die Ausübung der Elternrolle sind zwar vielfältige gesellschaftlich ausgehandelte und geprägte Erwartungen und rechtlich verankerte Verpflichtungen geknüpft, doch gibt es neben freiwilligen Beratungs- und Kursangeboten kaum formalisierte und verbindliche Einführungen oder Ausbildungen, die die verantwortungsvolle Übernahme der Elternrolle unterstützen. Extreme Verstöße gegen die Elternrollenerwartungen werden im Interesse des betroffenen Kindes beispielsweise durch die erwähnte Inobhutnahme des Kindes *geahndet*.

Die Erwartungen an die Ausübung einer sozialen Rolle variieren dabei in sogenannte Kann-, Soll- und Muss-Erwartungen (vgl. Dahrendorf 1958) und unterscheiden sich in der Art und Weise, wie mit einem Verstoß gegen sie umgegangen wird. Dabei verändern sich sowohl die Werte und Normen in einer Gesellschaft als auch die Rollenerwartungen kontinuierlich.

So entsprach der elterliche Verzicht auf körperliche Züchtigung noch Anfang des letzten Jahrhunderts einer Kann-Erwartung: Man konnte auf Gewalt in der Kindererziehung verzichten und wurde dafür positiv sanktioniert – also beispielsweise gelobt – wenn die Kinder sich trotzdem erwartungsgemäß entwickelten und verhielten. Wenn man aber dieser Kann-Erwartung nicht gerecht wurde und seine Kinder schlug, hatte das keine negativen Konsequenzen. Zum Ende des letzten Jahrhunderts hin entwickelte sich der Gewaltverzicht in der Kindererziehung zu einer Soll-Erwartung: Eltern, die ihr Kind schlugen, wurden mit sozialen Sanktionen wie Verachtung oder fehlender bevorzugter Einbindung *bestraft*. Mit Änderung der Gesetzgebung im Jahre 2000 entwickelte sich der Gewaltverzicht in der Kindererziehung schließlich zu einer Muss-Erwartung. Das heißt, dass es in Deutschland inzwischen verboten ist, Kinder zu schlagen und dass bei Bekanntwerden eines entsprechenden Verstoßes eine gesetzlich verankerte Sanktionierung folgt. Eine ähnliche Veränderung betrifft die – insbesondere sexuelle – Gewalt in einer Partnerschaft und Ehe. So wird beispielsweise eine Vergewaltigung in der Ehe in Deutschland erst seit 1997 strafrechtlich sanktioniert.

Nicht immer ist die Zuordnung so leicht nachvollziehbar, wie hier beschrieben. Eltern sollen beispielsweise die Persönlichkeitsrechte ihrer Kinder respektieren, haben aber auch eine Aufsichtspflicht, die ihnen eine gewisse Kontrolle auferlegt, die zuweilen auch ein Einengen der kindlichen Bedürfnisse impliziert. So kann elterliche Macht ausgeübt werden, um ein auf der Straße spielendes Kind vor einem herannahenden Auto zu schützen. Das Ziel von Gewaltausübung spielt also in einigen Fällen eine Rolle, wobei der Zweck nicht generell die Mittel heiligt.

Letztlich hängt die Bewertung eines Handelns als Muss-, Soll- oder Kann-Erwartung nicht nur von der sozialen Rolle, die der Einzelne ausfüllt, sondern auch von der Dynamik und Ausgestaltung des Verhältnisses zueinander ab. Neben individuellen Ausgestaltungsspielräumen haben weitere Aspekte wie beispielsweise eine gelebte Herkunftskultur und das Herkunftsmilieu der Beteiligten einen Einfluss darauf, was genau bei der Ausübung einer sozialen Rolle erwartet wird. Diese Erwartungen speisen sich zu weiten Teilen auch aus Werten und Normen, die innerhalb einer Generation, einer Religion, einer Bildungsschicht, einem Milieu bzw. einer Kultur vorherrschend sind. Dabei werden sie nicht zuletzt immer wieder auch individuell unterschiedlich interpretiert und ausgestaltet.

Wird ein Verhalten als deviant empfunden – also von den Bezugsnormen abweichend, aber noch nicht gegen gesetzlich verankerte Normen verstoßend – heißt das nicht, dass das Verhalten objektiv unter allen Umständen und in allen Gesellschaftsschichten und Milieus als deviant gilt. Die Bewertung von Verhalten und Handeln als deviant hängt also mit gesellschaftlich verankerten und durch Sozialisation vermittelten Werten und Normen zusammen. Entsprechend besagt der im weiteren Verlauf noch aufgegriffene sozialwissenschaftliche Erklärungsansatz des *Labeling Approach* (vgl. Becker 1973; Lemert 1975), dass abweichendes Verhalten nicht im „luftleeren Raum" entsteht, sondern erst die entsprechende Bewertung durch gesellschaftlich relevante Akteure bestimmtes Verhalten zu deviantem und delinquentem Verhalten werden lässt.

5.2.5 Sozialisation als zentrale Komponente

Die Aneignung, Interpretation und Ausgestaltung erwarteter Werte und Normen sind durch die erlebte Sozialisation beeinflusst und prägen wiederum die Sozialisation anderer, z. B. der nachfolgenden Generation. Sozialisation vollzieht sich – biografisch betrachtet – lebenslang[2] in ständiger Auseinandersetzung des Individuums mit seinem Umfeld sowie im Rahmen verschiedenster biografisch relevanter Ereignisse, z. B. durch neue Kontakte und Aufgaben, durch Trennungen und Arbeitslosigkeit, durch die Geburt eigener Kinder, die Pflege und den Tod der Eltern etc.

Dabei ist mit der Sozialisation immer auch eine sich an der Bezugsgruppe – in der Regel die Familie – orientierende Identitätsausgestaltung verknüpft. Hierfür sind Empathie, Ambiguitäts- und Frustrationstoleranz und immer wieder auch eine Rollendistanzierung notwendig; nicht zuletzt um das entsprechende Verhalten reflektieren und ggf. revidieren zu können (vgl.

---

[2] Es wird zwischen Primär-, Sekundär- und Tertiärsozialisation unterschieden (vgl. Hurrelmann 2006). Während die Primärsozialisation in den ersten Lebensjahren durch die engsten Bezugspersonen geschieht und als sehr nachhaltig wirkend gilt, wird unter Sekundärsozialisation die Sozialisation durch Bildungseinrichtungen und Vereine, Kirchen etc. verstanden. Als Tertiärsozialisation werden Sozialisationsprozesse im Erwachsenenalter beschrieben, wie beispielsweise die berufliche Integration, das Hineinwachsen in die Elternfunktion, aber auch Reintegrationsmaßnahmen.

Krappmann 1971). Durch das Umfeld vermittelte Werte, Normen und Erwartungen können – wie bereits erwähnt – auch innerhalb einer Gesellschaft stark variieren. Das zeigt sich beispielsweise bei sogenannten „Ehrenmorden". So quälten und töteten – wie im juristisch abgeschlossenen Fall aus Detmold (WAZ vom 6.9.2013) – Geschwister mit Unterstützung des Vaters und unter Beisein der Mutter ihre 18-jährige Schwester wegen deren Beziehung zu einem nicht ihrer Religion und Kultur angehörenden Mann. Die Geschwister erfüllten damit Erwartungen, die nicht zuletzt durch religiös-kulturell geprägte Familien- und Verhaltensbilder an sie als Kinder gerichtet wurden – obwohl sie in anderen Situationen strengstens für den Schutz ihrer Schwester sorgen sollten. Zudem kann ein Bewusstsein über die Strafbarkeit dieses Verhaltens vorausgesetzt werden, das gängigen Werten und Normen extrem widerspricht.

Vorschnell werden neben bestimmten religiös-kulturellen Bedingungen immer wieder auch sozioökonomische Aspekte als hauptursächlich für familiale Gewalt erwähnt. Nicht selten werden eine geringe Bildung, Armut, der Alleinerziehenden-Status, eine große Kinderzahl, Arbeitslosigkeit etc. als Risikofaktoren für gewalttätiges Handeln beschrieben. Auch offiziell bekanntgewordene Daten legen einen entsprechenden Zusammenhang nahe (vgl. z. B. Pfeiffer et al. 1999; Ziegler 2013). Dabei muss bedacht werden, dass sozioökonomisch besser gestellte Personen ihre Problemlagen und auch Fehlverhalten in der Regel besser verbergen können als die angedeuteten Personengruppen. Um Stigmatisierungen durch Etikettierungen zu vermeiden, ist zu berücksichtigen, dass nicht der Risikofaktor an sich, sondern erst daraus resultierende und beim Zusammenkommen mehrerer Belastungen möglicherweise kumulierende Wirkungen delinquentes Verhalten begünstigen können. Entsprechend wird beispielsweise im gegenwärtigen (sozial-)pädagogischen Diskurs nicht nur auf Probleme sondern vor allem auch auf die Ressourcen einer Familie fokussiert und versucht, das Familiensystem darauf aufbauend zu stärken und eine positive Dynamik zu erzielen. Dass eine Mutter mit ihren Kindern alleine als Familie lebt und über wenig Geld oder Bildung verfügt, heißt noch nicht, dass sie nicht liebevoll und zugewandt mit ihren Kindern umgeht und sie trotzdem fördert. Die Aufgabe professioneller sozialer Akteure ist es, zu eruieren welche personellen Ressourcen – z. B. im sozialen Netzwerk – ihre Umgebung bietet und welche Unterstützung sie noch benötigt, damit ungünstige Faktoren nicht kumulieren und Vernachlässigung bzw. Gewalt – beispielsweise aus Überlastung – begünstigen.

5.2.6   Betrachtungsebenen für abweichendes Verhalten

Für die Entstehung abweichenden Verhaltens – und dazu zählt die familiale Gewalt – existieren verschiedene Erklärungsansätze, die differenziert nach ihrer Bedeutung auf die gesellschaftliche Mikro-, Meso-, Makro- und Metaebene bezogen werden. Je Ebene existieren wiederum unterschiedliche Begründungen für das Entstehen von Gewalt. Dabei liegen die Entstehungsgründe nicht unbedingt isoliert auf einer Ebene, sondern können sich bedingen bzw. kumulieren.

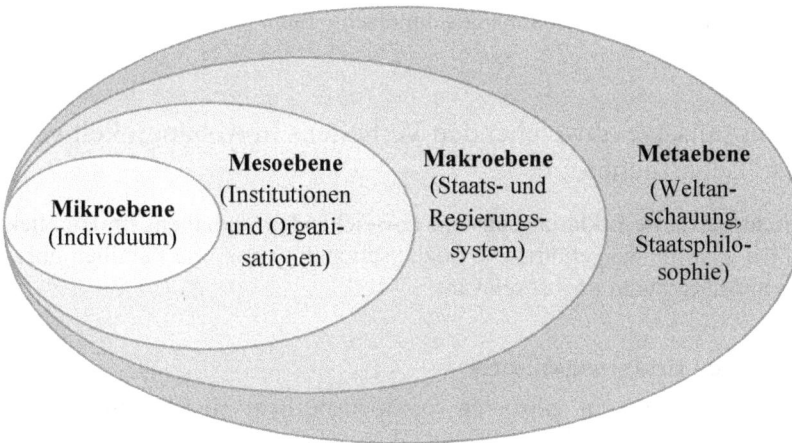

Abb. 5.6:   Soziologische Betrachtungsebenen (Quelle: eigene Darstellung)

Mit Metaebene sind weltanschauliche Dimensionen wie religiöse, philosophische und politische Ansichten gemeint, die quasi als Einstellungen und Haltungen schwer nachweisbar sind, aber die Werte- und Normentwicklung immens beeinflussen. Die Metaebene stellt demnach die Fundamentierung der Werte- und Normentwicklung einer Gesellschaft dar, deren Wirkung ebenfalls in die weiteren Ebenen hineinreicht. In europäisch-angelsächsischen Gesellschaften sind hier demokratisch-humanistische Anschauungen vorherrschend, die nicht zuletzt auch den Umgang in Familie und Partnerschaft grundlegend beeinflussen. Sie gestalten auf der gesellschaftlichen Makroebene beispielsweise aber auch das jeweilige Regierungs- und Staatssystem aus, mit dem das Rechtssystem eng verbunden ist. In der Rechtsprechung werden aufgrund dieser Einstellungen und Haltungen Instrumente kreiert, die die Durchsetzung der Staatsphilosophie gewährleisten.

Die Mesoebene umfasst insbesondere Institutionen und Organisationen. Dazu gehören neben Unternehmen, Betrieben, Vereinen und Verbänden auch Bildungs- und Betreuungseinrichtungen, wie Schulen und Kindergärten sowie Kultur- und Freizeitangebote etc. Auch diese Ebene ist eng verbunden mit den Werten und Normen, die auf der Metaebene verankert sind und sich von dort aus auf andere Ebenen auswirken. Trotzdem gibt es auch Ausgestaltungsspielräume. So haben sich – die formale Ebene betrachtend – die entsprechenden Organisationen am gültigen Rechtssystem zu orientieren. Dennoch gibt es beispielsweise unterschiedliche Schulkonzepte und -leitbilder. Eine entsprechende Organisation beeinflusst aber nicht zuletzt auch den Habitus und die Persönlichkeit ihrer Mitglieder.

Die für die Familie relevanteste und durch sie am meisten geprägte Ebene ist die Mikroebene. Hier sind enge Beziehungen und Privatheit verankert und hier werden gesellschaftliche Werte und Normen – insbesondere in der Primärsozialisation und auch unter Rückbindung auf jeweilige sozioökonomische, bildungs-, milieu- und kulturell bedingte Implikationen – grundlegend vermittelt, verfestigt, aber auch infrage gestellt und revidiert. Dabei erfolgt diese Vermittlung nicht immer zwingend nach dem Willen der Beteiligten, sondern wird auch durch weitere Aspekte, wie z. B. unreflektiertes ungünstiges Verhalten, aus Gründen, die im familiären Umfeld oder gar in einer anderen Generation liegen, beeinflusst. Nicht zuletzt gestalten sich die Beziehungen zwischen Kindern und Eltern in Anlehnung an den jeweils vorherrschenden Erziehungsstil, der milieuabhängig unterschiedlich sein kann (Liebenwein 2008: 245).

5.2.7 Erklärungsansätze abweichenden Verhaltens in Abhängigkeit von der gesellschaftlichen Ebene

Im Folgenden werden ausgewählte Erklärungsansätze abweichenden Verhaltens im Hinblick auf Gewalt innerhalb der Familie ausgeführt. Die Sozialisationsfunktion, die Familien übernehmen, ist dabei als ein Ansatzpunkt höchst relevant.

Die Mikroebene betreffende Erklärungsansätze

Auf die benannte Mikroebene bezogen, existieren verschiedene Lern- und Verhaltenstheorien, die die Annahme vertreten, dass delinquentes Verhalten erlernt wird. So sehen Kinder in ihren ersten und wichtigsten Bezugspersonen – in der Regel Eltern und ggf. auch Geschwister – eine Orientierung bzw. ein Vorbild, dem sie mehr oder weniger gezielt nacheifern, um nicht zuletzt von ihnen anerkannt zu werden. Zum einen benennen diese Theorien, dass Kindererziehung über das Vorbildverhalten der Eltern funktioniert (vgl. z. B. Bandura 1976). Die ebenfalls den Lerntheorien zuzuschreibende Auffassung, dass Kinder mittels Motivation bzw. Belohnung erzogen werden, schließt andererseits auch den Einsatz von Belohnungsentzug – also die Bestrafung – mit ein (vgl. Skinner 1974; 1978). Mit Belohnung und Entzug als Sanktionierung sind nicht nur materielle, sondern insbesondere auch immaterielle Anreize wie Zuwendung, Wirksamkeitsempfinden und Bestärkung gemeint. Erfolgt keine positive Beachtung, so suchen Kinder auch durch negativ bewertetes Verhalten Aufmerksamkeit. Lerntheorien besagen dabei auch, dass wiederholtes Verhalten zu einer Art Gewohnheit wird – der sogenannten Konditionierung –, die sich nur sehr aufwendig und durch entsprechend wiederholte willentliche Akte wieder auflösen lässt. Bildgebende Verfahren bestätigen inzwischen – auch hirnphysiologisch betrachtet – das „Einbrennen" entsprechender Verhaltensstrukturen in Form von Bahnungen im Gehirn. Dabei werden spezifische synaptischen Verbindungen zwischen den Nervenzellen, die im Zusammenhang mit dem gezeigten Verhalten stehen, durch häufige Aktivierung weiter verstärkt (vgl. Birbaumer/Schmidt 2006). Das betrifft positiv bewertetes Verhalten ebenso wie abweichendes. Welches Verhalten als positiv und welches als negativ eingestuft wird, hängt – wie bereits erläutert – von gesellschaftlich-kulturellen, aber auch von milieu- und familienspezifischen Werten und Normen ab. Lerntheoretisch betrachtet (vgl. z. B. die Theorie differenziellen Lernens nach Sutherland 1924) wäre also Gewalt, die Eltern, ältere Geschwister oder andere Bezugspersonen gegen ein Kind ausüben, Vorbild für dessen späteres gewalttätiges Verhalten seinen Kindern oder seinem Partner gegenüber. Umgekehrt könnte demnach zwar der Einsatz von Gewalt als bewusst wahrgenommene negative Sanktion – also Bestrafung – auch vor weiterem gewalttätigen Verhalten zurückschrecken lassen. Andererseits läge dann nahe, dass das Kind u. U. zur Verarbeitung der Gewalterfahrung auch auf andere destruktive Handlungsmuster wie z. B. die Selbstschädigung zurückgreifen oder weniger stark sanktionierte Gewaltformen wie die psychische Gewalt wählt. Auch ist denkbar, dass die Betroffen unter einem sehr geschwächten Selbstwertgefühl leiden und sich in der Folge – quasi als Wiederholung – im Erwachsenenalter in engen Beziehungen wiederfinden, in denen sie erneut die Opferrolle bekleiden (Pfeiffer/Wetzels/Enzmann 1999: 6).

Dynamiken von Familienbeziehungen sind Phänomene, die vorwiegend auf der Mikroebene verortet werden. Sie spielen nicht nur im Eltern-Kind-Kontakt – unabhängig davon, ob er positiv oder negativ verläuft – eine Rolle, sondern auch zwischen den Partnern, unter Geschwistern und im weiteren Familien- und Verwandtenzusammenhang.

Nicht selten werden negative Verhaltensweisen als Kompensation selbst erlebter Gewalt oder Vernachlässigung erklärt. Das betrifft die Kompensation möglicher Nachwirkungen eigener kindlicher Gewalterfahrungen, aber auch die Kompensation aktuell belastender Situationen – beispielsweise wegen beruflicher oder finanzieller Belastungen bzw. psychischen Erkrankungen etc., die dazu führen, dass zu wenig Ressourcen vorhanden sind, um herausfordernde Situationen mit Kindern angemessen lösen zu können (Palentien 2003: 73). Nicht selten mangelt es auch an Affektkontrolle, d. h. der Fähigkeit, in belastenden Situationen in einen guten Abstand zum eigenen Ausagieren gehen und die Motivation sowie das unangemessene Verhalten reflektieren zu können. Nicht zuletzt können dem eigenen Kind gegenüber auch schwer nachvollziehbare Erwartungen, Aufträge oder Forderungen wirksam werden, die u. U. aus der Herkunftsfamilie übernommen wurden – ohne dass diese notwendig von den Eltern selbst erfüllt wurden. Insofern hat körperliche Züchtigung als vorsätzlich eingesetzte Erziehungsmethode gegenwärtig kaum noch eine Relevanz (Palentien 2003: 71). Wenn auch ein gewisser Kenntnisstand, z. B. über Entwicklungsschritte und damit verbundene Änderungen beim Kind sowie über einen angemessenen Umgang hiermit, von Vorteil ist, heißt das nicht, dass Erziehungsherausforderungen prinzipiell vom Bildungsgrad abhängen. Insbesondere Vernachlässigungen in Kombination mit materiellem Verwöhnen sind – vor allem, wenn biografisch bedingte oder aktuelle Belastungen vorliegen – auch in ökonomisch besser ausgestatteten sowie in entsprechend gebildeten Familien verbreitet (Müller 2008: 67).

Zuweilen kann auch das nicht akzeptierte Gefühl eigener Unzulänglichkeit auf Familienmitglieder projiziert und mittels Gewalt ausagiert werden. Auf diesen beziehungsdynamischen Erklärungsansatz wird nicht selten auch im Zusammenhang mit Partnergewalt zurückgegriffen (Schrul/Euhus o. J.: 17).

Die Mesoebene betreffende Erklärungsansätze

Auf der Mesoebene, also der Ebene der Institutionen wie z. B. Schulen, Jugendzentren, Vereine, Betriebe, erfährt unter anderem der Einfluss der Peergroup im Zusammenhang mit abweichendem Verhalten eine besondere Bedeutung. Hier kann es – nach der Theorie differentiellen Lernens – zu Kontakten kommen, die ein Kind einladen, einen Freundeskreis von Kindern und Jugendlichen zu suchen, die kriminelles Verhalten zeigen. Um dort dann akzeptiert zu werden, kann Gruppenzwang delinquentes Handeln begünstigen (vgl. Zimbardo 2005 [1971]). Hier wird deutlich, dass ein Erklärungsansatz nicht immer eindeutig nur einer gesellschaftlichen Ebene zugeordnet werden kann bzw. dass Erklärungsansätze ebenenübergreifend und nicht immer leicht differenzierbar formuliert werden können (vgl. Esser 1996).

Als überwiegend, aber nicht ausschließlich auf der Mesoebene – und hier insbesondere mit Blick auf Institutionen sozialer Akteure – kann auch der bereits erwähnte *Labeling Approach* (vgl. Becker 1973; Lemert 1975) verortet werden. Der Ansatz besagt, dass eine Gesellschaft bzw. deren soziale Akteure abweichendes Verhalten konstruieren, indem bestimmtes Verhalten und Handeln als normenkonform bewertet und akzeptiert und anderes als deviant oder gar delinquent stigmatisiert wird. Abweichendes Verhalten wird damit quasi gesellschaftlich konstruiert. Das zeigt sich beispielsweise, wenn die Ehefrau eines Staatsanwalts durch den Sicherheitsdienst des Ladendiebstahls verdächtigt wird, bei ihr jedoch keine Anzeige erstattet wird, weil ihr eher zugestanden wird, dass sie vergessen hat, die Ware vorzuzeigen – während eine Reinigungskraft bei gleicher Begründung eine Anzeige erhält.

Als Erklärung für bestimmte Entstehungsbedingungen gewalttätigen Verhaltens werden zudem sozialräumliche Indikatoren aufgeführt. Diese lassen parallel existierende Theorien nicht obsolet werden, sondern betrachten das Phänomen familialer Gewalthandlungen z. B. danach differenzierend, ob eine Familie auf dem Lande oder in der Stadt wohnt. Die folgende Abbildung verdeutlicht am Beispiel entsprechend aufbereiteter Anzeigedaten für das Land Niedersachsen, dass die Gefahr als Täter bei Partnergewalt angezeigt zu werden, in ländlich geprägten Räumen deutlich geringer ausfällt als in Städten und für Frauen als Täterinnen noch einmal geringer als für Männer. Das bedeutet jedoch noch nicht zwangsläufig, dass es in ländlichen Räumen weniger Partnergewalt gibt und auch nicht, dass Männer deutlich seltener Opfer von Partnergewalt werden als Frauen. Ländlich geprägte Räume bieten u. U. mehr Hürden für Opfer, Partnergewalt zur Anzeige zu bringen als städtische Gebiete. Auch scheuen Männer sich hier möglicherweise aufgrund noch stärker internalisierter und tradierter Geschlechterbilder besonders, sich selbst und anderen gegenüber einzugestehen, dass sie Opfer weiblicher Partnergewalt geworden sind (vgl. Völschow 2014).

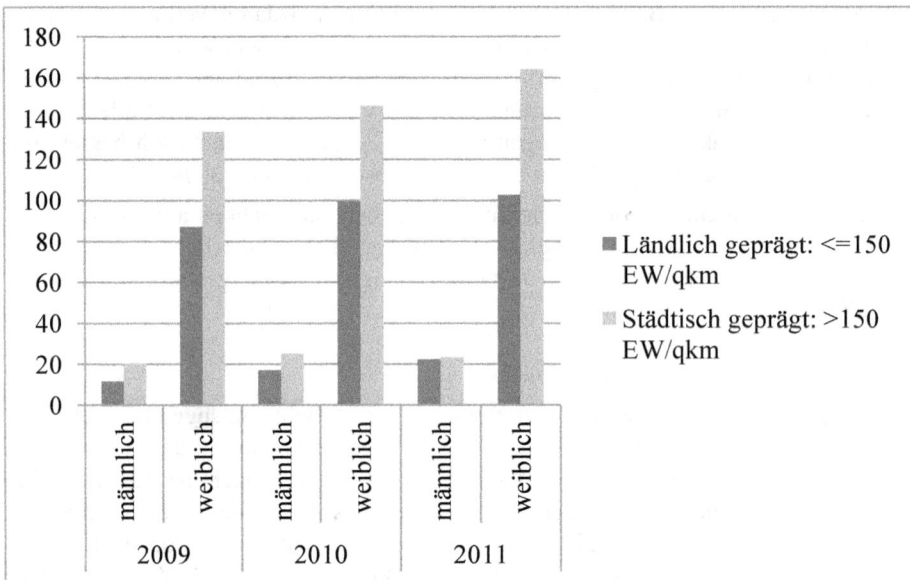

Abb. 5.7:   Opfergefährdungszahl im Stadt/Land-Vergleich von 2009 bis 2011 für Niedersachsen, aufgeschlüsselt nach Geschlecht gemäß eigenen Berechnungen (mit Unterstützung des Lehrstuhls für Landschaftsökologie der Universität Vechta) nach Niedersächsischem Landeskriminalamt und LSKN

Die Makro-und Metaebene betreffende Erklärungsansätze

Auf der Makroebene ist – als eine der klassischen Kriminalitätstheorien abweichenden Verhaltens – die Anomietheorie von Durkheim (1893) zu nennen. Diese Theorie, auf der Heitmeyer (1997) die Individualisierungs-, Modernisierungs- und Desintegrationstheorie als Erklärungsansatz für abweichendes Verhalten aufbaute, rückt die Bedeutung von sich auflösenden gesellschaftlichen Orientierungspunkten und -strukturen als devianzverursachend in den Vordergrund. Wenn sich bestimmte Normen auflösen oder an Bedeutung verlieren, steigt das Risiko devianten bzw. delinquenten Verhaltens. Wenn also z.B. kein Jugendamt und keine pädagogische Einrichtung, kein nachbarschaftliches und kein verwandtschaftliches Netzwerk mehr mit entsprechenden Normen eine Art soziale Kontrolle ausübt, nimmt demnach abweichendes Verhalten Jugendlicher zu. Diese Auflösung kann gesamtgesellschaftlich induziert sein – quasi indem die Werte und Normen eines ganzen Gesellschaftssystems in Auflösung geraten (z.B. durch Krieg, Wirtschaftskrisen oder Zusammenbruch). Sie kann sich aber auch nur auf bestimmte gesellschaftliche Teilgruppen (z. B. Arbeitslose) begrenzen (vgl. Merton 1995 [1949]).

Mit Blick auf die Metaebene einer Gesellschaft spielen neben den bereits erwähnten Ansätzen, die religiös-kulturelle Hintergrundfolien für Partnergewalt liefern, auch genderfokussierte Erklärungen eine Rolle. Während bis vor einigen Jahrzehnten noch ein traditionelles Machtgefälle in einer Partnerschaft auch Gewalt gegen Frauen legitimierte, wird sie inzwischen nicht zuletzt auch durch die veränderte Gesetzeslage sanktioniert. Dabei zeigen Dunkelfeldstudien, dass Partnergewalt nicht nur Gewalt gegen Frauen, sondern auch weibliche Gewalt gegen Männer bedeutet. Die Ursachen sind vielfältig und ebenenübergreifend. Nicht zuletzt spielen Persönlichkeitsdispositionen, fehlende Frustrationstoleranz und Konfliktfähigkeit und vor allem Suchterkrankungen eine nicht unwesentliche Rolle. Ein erheblicher Teil der Gewalthandlungen, die den Partner betreffen, werden unter Alkoholeinfluss begangen. Dabei gibt es prinzipiell auch hier keine zwingende Konzentration auf bestimmte Bevölkerungsschichten oder -gruppen.

5.2.8 Fazit

Das Phänomen familialer Gewalt ist nicht mittels einfacher Kausalzusammenhänge zu erklären. Die Familie kann als ein Netzwerk verstanden werden, dessen Mitglieder dynamisch innerhalb des Systems miteinander interagieren. Neben intrapersonalen Aspekten bei der Entstehung von deviantem oder delinquentem Verhalten, insbesondere innerpsychische Dynamiken und Ambivalenzen einzelner Familienmitglieder, die wiederum mit denen der anderen in Beziehung stehen, spielen vor allem Faktoren für die Entstehung von Gewalt in der Famlie auf den verschiedenen gesellschaftlichen Ebenen eine zentrale Rolle. Diese Gewalt entsteht nicht im „luftleeren Raum", sondern unter den Einflüssen von Bedingungen, die sich auf den verschiedenen gesellschaftlichen Ebenen verorten lassen und letztlich als soziale Implikationen bei der Entstehung – aber auch bei der hier nicht näher fokussierten Vermeidung – familialer Gewalt betrachtet werden müssen.

Hinweise auf weiterführende Literatur
Hurrelmann, K., Einführung in die Sozialisationstheorie, 9. Aufl., Weinheim/München 2006.
Lamnek, S., Luedtke, J., Ottermann, R. und Vogel, S., Tatort Familie: Häusliche Gewalt im gesellschaftlichen Kontext. 3. Aufl., Wiesbaden 2012.

Wiederholungsfragen / Übungsaufgaben
1. Worin unterscheiden sich delinquentes und deviantes Verhalten?
2. Wovon hängt es ab, ob ein Verhalten als abweichend oder konform interpretiert wird?
3. Was unterscheidet Kann-, Soll- und Muss-Erwartungen voneinander?
4. Durch wen erfolgt wann und wie die Sozialisation eines Menschen?

5. Worin unterscheiden sich die erwähnten Erklärungsansätze für abweichendes Verhalten voneinander?

6. Wie erklärt sich für Sie das Zustandekommen von Partnergewalt je gesellschaftlicher Betrachtungsebene?

Anleitung zur Gruppendiskussion

Wie lässt sich die Entstehung von Kindesmisshandlungen unter Berücksichtigung der erwähnten Erklärungsansätze begründen? Bitte verteilen Sie die unterschiedlichen Ansätze in der Gruppe und diskutieren Sie mit den anderen Personen jeweils vor dem Hintergrund des Ihnen zugeteilten Ansatzes das Phänomen am Beispiel einer fünfköpfigen Familie, in der der Vater seit drei Monaten wegen einer Flaute in seiner Branche von Kurzarbeit betroffen ist, die Mutter halbtags in einem Sportstudio arbeitet, die vierjährige Tochter in den Kindergarten und die sieben- und zehnjährigen Söhne in die Grundschule gehen! Die Familie hat vor vier Jahren mithilfe eines Kredits ein Haus in einem Dorf nahe Hamburg gekauft und insbesondere die Söhne werden vor allem von der Mutter geschlagen.

Interpretation der angezeigten Opferzahlen bei Partnergewalt in ländlichen im Vergleich zu städtischen Regionen

Bitte interpretieren Sie die Aussagen der Abb. 5.7. Diskutieren Sie dafür nicht nur, wie die Unterschiede der Daten im Stadt-Land-Vergleich zustande kommen können, sondern auch, welche Ursachen Sie für die Unterschiede zwischen männlicher und weiblicher Gewalt generell sehen.

5.2.9   Literatur

Bandura, A., Lernen am Modell: Ansätze zu einer sozial-kognitiven Lerntheorie, Stuttgart 1976.

Becker, H. S., Außenseiter: Zur Soziologie abweichenden Verhaltens, Frankfurt am Main 1973 [1963].

Birbaumer, N. und Schmidt, R. F., Biologische Psychologie, Heidelberg 2006.

Böhnisch, L., Abweichendes Verhalten: Eine pädagogisch-soziologische Einführung, 4. Aufl., Weinheim/München 2010.

Bundesministerium des Inneren, Polizeiliche Kriminalstatistik 2012, Berlin. Verfügbar unter: http://www.bmi.bund.de/SharedDocs/Downloads/DE/Broschueren/2013/PKS 2012.pdf?__blob= publicationFile (07.10.2013).

Dahrendorf, R., Homo Sociologicus: Ein Versuch zur Geschichte, Bedeutung und Kritik der Kategorie der sozialen Rolle, Wiesbaden 2006 [1958].

Esser, H., Soziologie: Allgemeine Grundlagen, 2. Aufl., Frankfurt am Main/New York 1996.

Fichtner, J., Dietrich, P., Halatcheva, M., Hermann, U. und Sander, E., Kinderschutz bei hochstrittiger Elternschaft. Wissenschaftlicher Abschlussbericht, München 2010.

Heitmeyer, W. (Hrsg.), Was hält die Gesellschaft zusammen? – Was treibt die Gesellschaft auseinander?, Frankfurt am Main 1997.

Honig, M.-S., Entwurf einer Theorie der Kindheit, Frankfurt am Main 1999.

Hurrelmann, K., Einführung in die Sozialisationstheorie, 9. Aufl., Weinheim/München 2006.

Kindler, H., Partnergewalt und Beeinträchtigungen kindlicher Entwicklungen: Ein Forschungsüberblick, in: Handbuch Kinder und häusliche Gewalt, hrsg. v. B. Kavemann und U. Kreyssig, Wiesbaden 2006, S. 36–52.

Krappmann, L. Soziologische Dimensionen der Identität, Stuttgart 1971.

Lemert, E. M., Der Begriff der sekundären Devianz, in: Seminar: Abweichendes Verhalten I, Die selektiven Normen der Gesellschaft, hrsg. v. K. Lüderssen und F. Sack, Frankfurt am Main 1975, S. 433–476.

Liebenwein, S., Erziehung und soziale Milieus: Elterliche Erziehungsstile in milieuspezifischer Differenzierung, Wiesbaden 2008.

Linton, R., The study of man, New York 1936.

Merton, R. K., Soziologische Theorie und soziale Struktur, Berlin/New York 1995 [1949].

Müller, T., Innere Armut: Kinder und Jugendliche zwischen Mangel und Überfluss, Wiesbaden 2008.

Nave-Herz, R., Familie heute: Wandel der Familienstrukturen und Folgen für die Erziehung, 5. Aufl., Darmstadt 2012.

Palentien, C., Gewalt im häuslichen und gesellschaftlichen Bereich – Ursachen und Bewältigungsformen, in: Kinder und Jugendliche verstehen – fördern – schützen: Aufgaben und Perspektiven für den Kinder- und Jugendschutz, hrsg. v. J. Faulde, Weinheim/München 2003, S. 71–81.

Parsons, T., The social system, Glencoe/Ill 1951.

Peters, H., Devianz und soziale Kontrolle: Eine Einführung in die Soziologie abweichenden Verhaltens, 3. Auflage, Weinheim/München 2009.

Pfeiffer, C., Wetzels, P. und Enzmann, D., Innerfamiliäre Gewalt gegen Kinder und Jugendliche und ihre Auswirkungen, Hannover 1999. Verfügbar unter: http://www.kfn.de/ versions/kfn/assets/fb80.pdf (08.10.2013).

Polizeiliche Kriminalprävention der Länder und des Bundes 2013. Verfügbar unter: http://www.polizei-beratung.de/presse/infografiken.html (17.10.2013)

Pothmann, J., Inobhutnahme – eine Hilfe mit unterschiedlichen Gesichtern, in: Kommentierte Daten der Kinder- und Jugendhilfe 2, hrsg. v. Th. Rauschenbach, Dortmund 2001, S. 10–12.

Scheuer-Englisch, H., Die Bindungsdynamik im Familiensystem: Impulse der Bindungstheorie für die familientherapeutische Praxis, in: Die Bindungstheorie: Grundlagen, Forschung und Anwendung, 5. Aufl., hrsg. v. G. Spangler und P. Zimmermann, Stuttgart 2009, S. 375 ff.

Schubert, K. und Klein, M., Das Politiklexikon, 5. Aufl., Bonn 2011.

Schrul, B. und Euhus, B. (o.J.), Hintergründe und Auswirkungen häuslicher Gewalt: Ein Curriculum für die Familienbildung, Institut für angewandte Familien-, Kindheits- und Jugendforschung, Universität Potsdam. Verfügbar unter: http://www.ifk-vehlefanz.de/sites/curriculum-site/currend.pdf (08.10.2013).

Skinner, B. F., Die Funktion der Verstärkung in der Verhaltenswissenschaft, München 1974.

Skinner, B. F., Was ist Behaviorismus?, Reinbek bei Hamburg 1978.

Sutherland, E. H., Principles of Criminology, Chicago 1924.

Völschow, Y., Gewalt gegen Frauen in ländlichen Räumen: Sozialräumliche Implikationen für Prävention und Intervention, in: Trauma & Gewalt 4, 2013.

WAZ, Fall um ermordete Arzu Ö. juristisch endgültig abgeschlossen. Verfügbar unter: http://www.derwesten.de/region/fall-um-ermordete-arzu-oe-juristisch-endgueltig-abgeschlossen-id8408976.html (02.10.2014).

Ziegler, H., Gewaltstudie 2013: Gewalt- und Missachtungserfahrungen von Kindern und Jugendlichen in Deutschland. Verfügbar unter: http://kinderförderung.bepanthen.de/static/documents/Abstract_Gewaltstudie_Prof.Ziegler.doc (07.10.2013)

Zimbardo, P., Das Stanford Gefängnis Experiment: Eine Simulationsstudie über die Sozialpsychologie der Haft, 3. Aufl., Goch 2005.

5.3 Stabilität, Wandel und Zerfall ehelicher Beziehungen: das Modell der Frame-Selektion

Hartmut Esser

5.3.1 Das Problem

Eheliche Beziehungen bilden einen Kernbereich der Familiensoziologie. An der Entstehung, der Stabilisierung, dem Wandel und speziell an dem Zerfall von Ehen bis hin zu der formellen Scheidung lassen sich exemplarisch nicht nur viele familientypische Vorgänge verdeutlichen, sondern auch allgemein die Bedingungen und Vorgänge bei sozialen Systemen und Beziehungen. Wie in den Sozialwissenschaften insgesamt, gibt es hier sehr verschiedene Perspektiven und es herrschen dabei eher Abgrenzungen, auch Dominanzansprüche und gegenseitige Abwertungen, günstigenfalls eine friedlich-ignorante Koexistenz vor (die aktuelleren Übersichten bei Huinink/Konietzka 2007: 48 ff.; Burkart 2008: 159 ff.; Hill/Kopp 2008: 77 f.; Hill/Kopp 2013: Kapitel 2 und 232 ff.; Nave-Herz 2013: Kapitel 6). Das ist in den Sozialwissenschaften üblich, aber es wird der Sache bereits am Anfang, bei der theoretischen Konzeptionalisierung, nicht gerecht. Mehr noch: Gerade für die familiensoziologischen Fragestellungen ist eine systematische, auch theoretisch *explizit* gemachte *Zusammenführung* der verschiedenen Perspektiven und Vorgänge von besonders großer Bedeutung, weil es dort, wie kaum in einem anderen Bereich sonst, ein *Zusammenspiel* ganz unterschiedlicher Aspekte und „Typen" des sozialen Handelns gibt und man das Geschehen erst dann erfassen, verstehen und erklären kann, wenn man nicht schon von vornherein den einen oder den anderen relevanten Aspekt ausblendet. Das gilt etwa gerade für das für eheliche Beziehungen so typische Zusammenspiel von Liebe und Vernunft, von kulturellen Orientierungen und ökonomischen Interessen und Ressourcen, von Alltagsroutinen und außergewöhnlichen Ereignissen und für die oft zu beobachtende Wirkung auch kleinster symbolischer Anzeichen, dass soweit alles in Ordnung ist und alles seinen Gang gehen kann – oder aber eben nicht, und man schlagartig ins Grübeln kommt, ob denn wirklich mit der Ehe noch alles stimmt und was denn jetzt zu tun sei.

5.3.2 Drei Ansätze

Für die Erklärung der Stabilität und des Zerfalls von Ehen lassen sich (mindestens) drei unterschiedliche mikrotheoretische Ansätze unterscheiden.[3] *Erstens* der von Gary S. Becker begründete ökonomische Ansatz, der als Hauptursache des Zerfalls von Ehen die chronische Unterproduktion von ehelichem *Gewinn* ansieht, speziell als Folge der Unterinvestition in das sogenannte ehespezifische Kapital, wie Kinder oder gemeinsames Eigentum. Der tauschtheoretische Ansatz ist nur ein Spezialfall davon, ebenso wie die eher an den (Opportunitäts-) Strukturen ansetzenden Erklärungen, die die Unterschiede im Scheidungsrisiko durch Unterschiede allein schon in den jeweils gegebenen (objektiven) Opportunitäten für attraktive Alternativen zur Ehe erfassen wollen. Für den *zweiten* Ansatz liegt der Grund ehelicher In-

---

[3] Die folgenden Ausführungen orientieren sich in Teilen an früheren Beiträgen des Verfassers zur Thematik: Esser 2002a, 2002b und 2010.

stabilität in der sich abschwächenden *normativen Orientierung* und *sozialen Einbettung* der Akteure, und er erklärt beispielsweise den Zuwachs der Scheidungsraten über den Wertewandel, die zunehmende „Individualisierung" der Gesellschaft und die wachsenden Ansprüche an die Ehe und den Partner oder die Partnerin. Beim *dritten* Ansatz schließlich ist die Scheidung der Schlusspunkt unter einen – mehr oder weniger schleichenden – Prozess, in dem der Aufbau einer gemeinsamen Vorstellungs- und Sinnwelt im Rahmen einer kontinuierlichen *symbolischen Interaktion* nicht gelungen ist und bei dem die Konsensfiktionen, die jede funktionierende Ehe begleiten, zerbrochen sind, wenn es sie denn überhaupt einmal gab.

Die drei Ansätze widersprechen sich nicht. Sie berühren vielmehr jeweils einen der drei grundlegenden Aspekte der gesellschaftlichen Differenzierungen und Handlungsgründe allgemein: Interessen, Institutionen *und* Ideen. Diese drei Aspekte stehen immer in Verbindung zueinander, wenngleich nicht immer in gleichgewichtiger Weise. Die Anreize des Ehegewinns können beispielsweise nur in Bezug auf auch institutionell und kulturell „definierte" gesellschaftliche Bewertungen bestimmt werden. Die normativ unterstützten Werte erhalten ihre dauerhafte Plausibilität nur innerhalb des Kontexts einer insgesamt zufriedenstellenden Bedürfniserfüllung und der strukturellen Stabilität des weiteren Kontexts. Eine gemeinsame Sinnwelt kann auch zum Ehegewinn gezählt werden und ihr Aufbau ist in der Regel das Nebenprodukt alltäglicher Interaktionen, für die es auch hinreichend befriedigende und kostengünstige Opportunitäten geben muss. Von daher ist es nicht überraschend, dass in den empirischen Studien alle drei Ansätze jeweils eine gewisse Plausibilität beanspruchen können, wenn man sich die Aufzählungen der bekannten Listen der empirischen Determinanten der Ehescheidung ansieht (Hill/Kopp 2013: 233 ff.).

Ist also eigentlich alles empirisch wirklich geklärt und theoretisch eingefriedet, wie es zum Beispiel Amato (2010: 651 ff.) allgemein oder Hill und Kopp mit ihrem Blick hauptsächlich auf die familienökonomischen Ansätze (2008: 70 ff., 2013: 225 ff.) nahezulegen scheinen? Das erscheint ein wenig voreilig: Allen fehlt etwas. Das gilt bereits in formaler Hinsicht für den normativen und den symbolisch-interaktiven Ansatz, die nur wenig mehr als (wichtige) Orientierungshypothesen darstellen, aber eigentlich keine „Theorien" sind. Der ökonomische Ansatz kann zwar als einziger das für „richtige" Theorien so wichtige Kriterium der Präzision und der expliziten Benennung von kausalen Mechanismen beanspruchen und ist auch die mit Abstand am weitesten entwickelte Erklärung der ehelichen Stabilität. Aber auch hier gibt es gravierende Lücken, vor allem diejenige, dass dieser Ansatz offenbar wichtige nicht ökonomische Umstände nicht enthält oder nur umdeutet, wie beispielsweise die Bedeutung von gedanklichen Modellen der Orientierung und von signifikanten Symbolen zu ihrer Auslösung. Das Problem besteht daher zunächst *empirisch* darin, dass die wohl relevanten Konstrukte kaum einmal gemeinsam in einer Untersuchung zusammengeführt worden sind und man so immer noch nicht recht weiß, wie sich die verschiedenen Effekte wohl in „Interaktion" miteinander darstellen. Insbesondere *theoretisch* vermisst man die so wichtige *systematische* Zusammenführung der drei Ansätze und eine möglichst auch *formalisierte* Systematisierung des *Zusammenspiels* der von ihnen jeweils betonten, doch sehr unterschiedlichen Aspekte: Anreize und Opportunitäten; Werte, Normen und kulturelle Muster; subjektive Sinnwelten und signifikante Symbole.

5.3.3   Das Mikromodell der Ehe

Die Wichtigkeit der Zusammenführung der Ansätze wird schon mit einer knappen Skizze der Vorgänge bei der Entstehung und beim Zerfall ehelicher Beziehungen deutlich. Eheliche Beziehungen sind, ganz allgemein gefasst, soziale Systeme, die von zwei Akteuren getragen werden. Die Entstehung kann damit als eine spezielle Variante der Bildung einer sozialen Beziehung angesehen werden: „[…] ein seinem *Sinngehalt* nach aufeinander gegenseitig *eingestelltes* und dadurch orientiertes Sichverhalten mehrerer […]" (Weber 1972: 13; Hervorhebungen H. E.). Wie bei der Entstehung von Freundschaften gibt es dabei die beiden typischen Stadien des *Meeting* und des *Mating*. Das Meeting ist insbesondere eine Frage der strukturell verteilten Treffgelegenheiten, das *Mating* eine der Entwicklung einer bestimmten, vor allem auch emotional geprägten (Ko-)Orientierung. Anders als Freundschaften entstehen Ehen erst durch den formellen Akt der Heirat, dem, so sei jedenfalls hier angenommen, eine entsprechende Entscheidung *beider* Akteure vorausgeht. Eheliche Beziehungen bestehen dann, wieder bewusst vereinfachend von einer engen formalen Definition ausgehend, solange es keine Scheidung gibt. Der Bestand und der Zerfall sind demnach wie die Eheschließung *aggregierte* Ergebnisse des Handelns von zwei Akteuren: Wenn sich (mindestens) einer der Akteure „entscheidet", die Ehe zu beenden, dann tritt das Ereignis ein. Die gesellschaftlichen Scheidungsraten sind entsprechend nichts weiter als einfache statistische Aggregationen der entsprechenden individuellen Entscheidungen zur Ehescheidung. Jede Erklärung der Vorgänge muss damit an den Handlungen der Akteure ansetzen und an dem, was diese bestimmt.

Folgt man bei der mikrotheoretischen Fundierung dieser Vorgänge allein der *ökonomischen Theorie*, dann gibt es eine Entscheidung für die Auflösung der Ehe, wenn der für beide Partner addierte Ehegewinn kleiner geworden ist als der addierte Gewinn aus der Scheidung. Die Sache ist aber, schon aus der Sicht dieses Ansatzes, nicht nur etwas komplizierter: Ehen sind ganz spezielle soziale Systeme, in denen gewisse, nicht marktgängige Güter erzeugt werden. Dies funktioniert, wie bei allen „Organisationen", nur über den Einsatz von Ressourcen und eine funktionierende Kontrolle der Effizienz der Produktion dieses Ehegewinns. Die *Grundlage der Effizienz* bilden unter anderem eine gewisse eheliche Arbeitsteilung und die möglichst frühzeitige und ununterbrochene Investition in das sogenannte ehespezifische Kapital (vor allem Kinder, gemeinsames Eigentum und eine gemeinsame Biografie und auch, aber freilich nicht unbedingt, die Aufteilung in Hausarbeit und Beruf nach Geschlecht). Die betreffenden Entscheidungen, etwa den Beruf zugunsten der Übernahme ehespezifischer Funktionen auch nur eine Zeit lang nicht weiter auszuüben, und die ehespezifischen Investitionen selbst sind jedoch eine hoch riskante Angelegenheit: Wenn die Ehe zerbricht, steht derjenige mit den nur ehespezifischen Tätigkeiten und Investitionen mittellos da. Deshalb muss *für die Sicherung einer dauerhaften Produktion des Ehegewinns* dieses Risiko überwunden werden, wobei die besondere „Loyalität" der Paare, ihre spezifischen Einstellungen zur Ehe als eine von ihnen nicht antastbare „Institution" und die Verschränkung ihrer Perspektiven verhindert, dass sie sich gegenseitig in der Unsicherheit blockieren, ob denn alles gut geht und dass, wenn es denn Schwierigkeiten gibt, ein „Exit" allzu vorschnell erfolgt.

Genau hier aber liegt *die mikrotheoretische Lücke* des ökonomischen Ansatzes und der Theorie des rationalen Handelns als alleinige mikrotheoretische Fundierung der Vorhänge bei den ehelichen Beziehungen: Für die Wirkung von „irrationalen" Loyalitäten, von Emotionen, von besonderen normativen oder kulturellen Orientierungen oder gemeinsamen Sinnwelten und

für die nicht kontraktuellen Teile des (impliziten) Ehevertrags gibt es dort keinen Platz, jedenfalls keinen, der auch unbedingte, gegen Änderungen in den Anreizen und Opportunitäten
komplett resistente Situationen kennen würde. Dort ist alles nur eine Frage der relativen
Höhe von Nutzen und Kosten, hier aber eben nicht.

Die Suche nach einer Integration der verschiedenen Perspektiven ist offensichtlich mehr als
nur eine theoretische Fingerübung. Das lässt sich leicht auch an einer Reihe von „Anoma-
lien" und „Grenzen" der jeweiligen Ansätze ablesen. Dass es die Werte und die Sinnwelten
alleine nicht sind, die die Scheidung erklären, wird schon an dem empirisch meist deutlichen
Einfluss der Anreiz- und Opportunitätsvariablen erkennbar. Auch unabhängig von den normativen Bindungen, gemessen etwa an der Religiosität, oder der Existenz einer gemeinsamen Sinnwelt, gemessen etwa über die Beziehungs- und die Ehedauer, haben das Einkommen des Mannes, gemeinsame Kinder und gemeinsames Eigentum, das Leben in einem Dorf
oder in der Stadt oder die Erwerbstätigkeit der Frau stets einen eigenen und merklichen Einfluss auf das Scheidungsrisiko. Die Werte und die Normen können außerdem leicht auch als
Kosten der Trennung interpretiert werden und die gemeinsame Sinnwelt als eine besondere
Form des ehespezifischen Kapitals. Das alles spricht für die Brauchbarkeit des ökonomischen und für die Begrenzungen des normativen Ansatzes. Sie sind seit der Kritik an dem
„normativen Paradigma" eigentlich bekannt. Und manche haben daraus geschlossen, dass es
außer dem Becker-Ansatz der ökonomischen Erklärung von Ehe und Scheidung keiner weiteren Ergänzungen bedürfe. Andererseits gibt es aber auch deutliche empirische Hinweise auf
die Grenzen des ökonomischen Ansatzes. Die (bivariat) oft festgestellte höhere Instabilität
von Ehen mit einem vorherigem Zusammenleben der Partner oder die erhöhte Scheidungsra-
te bei Kindern mit schon geschiedenen Eltern werden unter anderem mit dem Hinweis auf
damit gegebene Unterschiede in den Einstellungen zur Ehe und Familie erklärt, die in den
ökonomischen Erklärungen bekanntlich keinen systematischen Platz haben. Und die besondere Loyalität der Partner in Form ihrer gegenseitigen Liebe bezieht sich auf Affekte, für die
die ökonomische Theorie nur das etwas blasse Konzept eines gewissen Zusatznutzens bereit-
hält, nämlich dass das Wohlergehen des/der anderen nun zum eigenen Wohlergehen gezählt
wird. Der wohl gravierendste Hinweis ist jedoch die vergleichsweise starke empirische Wirkung der kirchlichen Heirat auf das Scheidungsrisiko, statistisch auch unabhängig von der
Konfession und der Religiosität, und damit offenbar alleine schon als symbolischer und ritu-
eller Akt. Das ist mit einer einfachen Theorie des rationalen Handelns kaum erklärbar. Darin
fügt sich ein zunächst eher unscheinbares weiteres Detail ein: Pflegefälle in der Familie, die
man aus der Sicht der „rationalen" Erklärung der Ehestabilität als Minderung des Ehegewinns zu deuten hätte, wirken sich – ganz entgegen der entsprechenden Erwartung – eher
stabilisierend aus (Hartmann 1999: 248). Auch das spricht dafür, dass eheliche Beziehungen
eher als eine Art von *generalisiertem* Tausch angesehen werden müssen, ein Vorgang, mit
dem die einfache Theorie des rational-ökonomischen Tausches immer ihre Probleme hatte.

Kurz: Keine der drei mikrotheoretischen Perspektiven kann, wenigstens in Bezug auf die
Erklärung der ehelichen Stabilität, die gesuchte und für eine integrierende Erklärung auch
benötigte Allgemeinheit beanspruchen. Jede hat Bereiche, in denen sie ihre Erklärungskraft
hat, und solche, in denen das nicht der Fall ist. Gesucht wird deshalb eine „Logik der Selektion" insbesondere dafür, wann sich die Akteure a) einmal „rational" und nach Anreizen und
Opportunitäten verhalten, wann sie gewissen Orientierungen und Normen folgen, also unabhängig von Konsequenzen, und wann sie sich b) nach internalisierten Werten beziehungsweise nach einer symbolischen „Definition" der Situation richten und welche Bedeutung dabei

(c) „signifikante" Symbole und die Orientierung an gedankliche Modelle kultureller Ideen und die Bindung an gewohnheitsmäßige Abläufe haben.

5.3.4 Drei Mechanismen: Definition der Situation, variable Rationalität und Kategorisierung

Aus den verschiedenen Ansätzen lassen sich drei spezielle Mechanismen herauslesen, über die schon erkennbar wird, wie die verschiedenen Aspekte zusammenspielen und integriert werden könnten. *Erstens*: Den beobachtbaren Handlungen geht stets eine mentale *Definition der Situation* voraus, die darin besteht, dass bestimmte Objekte in der externen Umgebung bei den Akteuren intern mit mentalen Dispositionen verbunden sind und so als Symbol beziehungsweise Auslöser für die betreffende Disposition fungieren. *Zweitens*: die Unterscheidung eines vergangenheits- und programmgetriebenen automatisch-spontanen „Verhaltens" und eines intentionalen, auf zukünftige Konsequenzen ausgerichteten reflektiert-kalkulierenden „Handelns". Sie verweist darauf, dass zwar die Fähigkeiten des Menschen zur Informationsverarbeitung begrenzt sind und es schon so etwas wie eine *Bounded Rationality* gibt. Aber das schließt nicht aus, dass sich die Menschen die Situation mit mehr oder weniger an gedanklicher Durchdringung ansehen, bis hin zu einer auch vollen „rationalen" Berücksichtigung aller Umstände und Folgen. Menschen können Situationen demnach mit einer *variablen Rationalität* begegnen – mit dem reflexartigen Auslösen bestimmter Programme als dem einen und dem „rationalen" Handeln als dem anderen, wohl recht seltenen, aber durchaus möglichen, Extremfall, gegebenenfalls mit verschiedenen, unterschiedlich „rationalen" und unterschiedlich aufwendigen Heuristiken als Zwischenstufen. Und *drittens*: Alles wird über Vorgänge der Wiedererkennung und *Kategorisierung* eines wahrgenommenen Objektes in einer Situation mit bestimmten inneren Vorstellungen gesteuert. Ist dieser *Match* perfekt und ungestört, kommt es zur unmittelbaren und automatischen Auslösung der betreffenden Frames und Skripte. Gibt es jedoch eine Störung, dann erhöht sich (schlagartig) der Grad der Aufmerksamkeit und es beginnt eine Suche nach Gedächtnisinhalten und weiteren Anhaltspunkten zur Klärung des Rätsels.

Für diese drei Vorgänge gibt es, teilweise schon seit Langem, eine ganze Reihe von gut belegten empirischen Hinweisen aus anderen Kontexten, teilweise experimenteller Art. Der Vorgang der Definition der Situation ist nach den frühen Hinweisen darauf bei Kahneman und Tversky in einigen Experimenten zu der Wirkung allein schon der sprachlichen Benennung der Situation von Liberman et al. (2004) nachhaltig bestätigt worden. Dazu passen auch die inzwischen wohlbekannten Ergebnisse der experimentellen Spieltheorie, nach denen sich die Kooperationsrate in einer Kollektivgutsituation, die unter rein rationalen Akteuren gleich null sein sollte, schlagartig erhöht und auch zum Schluss nicht mehr abfällt, wenn den Teilnehmern nur angekündigt wird, dass ab jetzt auch – in den Kosten über den erwartbaren Gewinn hinausgehende – Bestrafungen möglich sind (vgl. Fehr/Gächter 2002). Das Vorkommen und die Bedingungen einer variablen Rationalität sind durch die gut ausgebauten und experimentell abgesicherten Dual-Process-Theorien umfangreich belegt (vgl. etwa die Übersicht bei Chaiken/Trope 1999). Nach der richtungweisenden Fassung von Russell H. Fazio (1990) kommt es erst bei einer hinreichend starken Motivation, vorhandenen Gelegenheiten und nicht zu hohen Kosten zu einer rationalen Elaboration, ansonsten bleibt es bei der eher automatischen Befolgung von Stereotypen, Routinen und emotionalen Stimmungen. Die Ergebnisse der neurophysiologischen Gehirnforschung bestätigen diese Zusammenhänge schon seit einiger Zeit eindrucksvoll (vgl. z. B. LeDoux 1999; Rolls 1999; Roth 2001). Das menschliche Verhalten folgt danach zunächst bestimmten angeborenen oder erlernten „Programmen", seien es bloß „kognitive" Habitualisierungen von Reaktionen oder „heiße" emotionale Programme, und erst unter recht speziellen Bedingungen kommt es zu einer „bewussten" Kalkulation: wenn die Situation neu und wichtig erscheint. Die Prüfung der Neuheit und der Wichtigkeit vollzieht das Gehirn dabei offenbar ganz automatisch. Die Effekte der Mustererkennung und der Kategorisierung und die oft immense Wirkung von unscheinbar scheinenden Störungen dabei hat insbesondere Harold Garfinkel schon früh in einer Reihe von allerdings eher unsystematischen empirischen (Feld-)Experimenten belegt: Eine zunächst ganz unproblematisch erscheinende Alltagssituation gerät völlig aus den Fugen, wenn etwas geschieht, was nicht nur unerwartet war, sondern vollkommen aus dem Rahmen der Vorstellbarkeit herausfällt. Experimente zur Wirkung von „Marken" bestätigen die enormen Effekte der Wiedererkennung von stark verankerten und auch emotional besetzten Mustern: Bei „namenlosen" Produkten, für die es die gleichen „objektiven" Informationen gibt, ist der Neocortex der Versuchspersonen deutlich mit komplizierten, aber letztlich „unentschiedenen" Überlegungen beschäftigt. In dem Moment aber, in dem eine gut bekannte Marke erscheint, schaltet der Neocortex das Kalkulieren abrupt ab und es gibt nun deutliche Aktivitäten in evolutionär tiefer verankerten Gehirnregionen, speziell solchen, die mit Emotionen verbunden sind und darüber unmittelbare (Kauf-)Reflexe auslösen (Hubert/Kenning 2008: 283 ff.).

Kurz: Es gibt inzwischen zahllose *empirische* Hinweise aus ganz verschiedenen Bereichen der Kognitions- und Handlungswissenschaften, dass es in der Tat so etwas gibt wie die Definition der Situation, eine variable Rationalität und die Kategorisierung als „Trigger" der Auslösung von Programmen des Denkens und Verhaltens. Aber es gibt kein *theoretisches* Modell für die benötigte Interaktion der drei Aspekte. Das Modell der Frame-Selektion (MFS) ist ein Vorschlag dafür.

5.3.5   Das Modell der Frame-Selektion

Das MFS setzt am Kern von so gut wie allen der in der Familiensoziologie verhandelten theoretischen Ansätze an, auch jener, die sich makrosoziologisch-strukturell oder mikrosoziologisch-interpretativ verstehen: die Erklärung des *Handelns* der beteiligten Akteure über eine allgemeine *mikro*theoretische Fundierung im Rahmen des Modells der soziologischen Erklärung. Dieser mikrotheoretische Kern gehört dort zu der nötigen „Logik der Selektion" und bedarf – bekanntlich – stets der Verbindung zu den strukturellen Bedingungen und empirischen Kontextvariablen über die sogenannten Brückenhypothesen bei der „Logik der Situation"; und er bestimmt die individuellen Effekte, die in die sogenannten Transformationsregeln für die „Logik der Aggregation" als wichtigste empirische Information eingehen. Aber gerade diese Verbindungen nach unten und nach oben können nicht wirklich funktionieren, wenn man schon bei den Konstrukten der verwendeten Mikrotheorie systematische Lücken hat: Es können unter Umständen die relevanten Brückenhypothesen nicht formuliert werden, weil die betreffenden Konstrukte in der Mikrotheorie erst gar nicht vorgesehen sind, etwa die Werte und Normen hier, Kosten und Nutzen da oder die Symbole und Signale der alltäglichen Kommunikation dort. Und die Transformationsregeln enthalten dann möglicherweise falsche empirische Informationen zu den theoretisch vorhergesagten individuellen Effekten und dann natürlich erst recht für die Erklärung der makrotheoretischen Zusammenhänge.

Das Explanandum des MFS ist die Selektion eines bestimmten Aktes A_i.[4] Das MFS besteht aus zwei Teilen und deren systematischer Verbindung. Der erste Teil ist die Modellselektion. Sie betrifft die *Definition der Situation* über die Selektion eines Frames F_i aus einem Satz von alternativen Frames. Dieser Frame bestimmt die gesamte Sichtweise des Akteurs auf die Situation, grenzt sie von anderen Sichtweisen ab, gibt eine bestimmte „Relevanzstruktur" vor und vereinfacht gedanklich drastisch die Situation. Daran anschließend erfolgt innerhalb des so aktualisierten Rahmens – eventuell – die Aktivierung eines damit – mehr oder weniger – verbundenen – Skripts S_i aus einem Satz von alternativen Skripten S und daran wiederum anschließend dann die Selektion von Ai aus einem Satz von alternativen Einzelakten A. Der zweite Teil ist die Modusselektion für den jeweiligen Grad der *variablen Rationalität* dabei mit den beiden Extremfällen des unmittelbaren Auslösens automatischer Reflexe und einer vollständigen Elaboration nach den Regeln der Rational-Choice-Theorie (und diversen „Heuristiken" als Zwischenstufen). Verbunden sind die beiden Selektionen über den (immer: automatischen und nicht zu kontrollierenden) Vorgang der „Mustererkennung" oder *Kategorisierung*: der mehr oder weniger perfekte „Match" zwischen intern gespeicherten mentalen Modellen und den damit assoziierten Objekten in der externen Umgebung, den „signifikanten Symbolen".

Für die *Modellselektionen* bei Frames, Skripten und Einzelakten ist danach zu unterscheiden, ob sie jeweils im rc- oder im as-Modus ablaufen. Für die Modellselektionen im *rc-Modus* gelten die Regeln und Möglichkeiten einer rationalen Wahl. Weil sich die Frames jeweils auf situationsspezifische Ziele, Wissenshintergründe und Sichtweisen beziehen, bildet ihre „richtige" Identifikation eine erste und damit notwendige Voraussetzung für ein sozial verständliches und individuell erfolgreiches Handeln. Daher kommt es – zunächst – vor allem auf die *Cognitive Rationality* an: die Definition der Situation nach ihrer institutionellen und kulturellen „Angemessenheit" und die dazu jeweils „passende" und „sinnvolle" Wahl von Skripten und Einzelakten. Die Modellselektionen im *as-Modus* folgen dagegen nur der automatischen Aktivierung von Frames, Skripten und Einzelakten. Deshalb gibt es dafür auch keine SEU-Werte, sondern „Aktivierungsgewichte" (AW). Für die Frame-Selektion ergibt sich das Aktivierungsgewicht $AW(F_i)$ bei einem Frame F_i aus dem *Match*, mit dem eine Situation wiedererkannt wird. Der Match m_i ist dabei von drei Parametern bestimmt: der Verfügbarkeit (*Availability*) a_i, mit der ein mentales Modell – kognitiv und emotional – gespeichert und „internalisiert" ist; der Erkennbarkeit eines Objekts in der Umgebung o_i; und der gedanklichen Verbindung l_i zwischen Objekten und mentalen Modellen (mit Werten bei mi, a_i, o_i und l_i jeweils im Intervall [0,1]). Also: $AW(F_i) = m_i = a_i \cdot o_i \cdot l_i$. Die Stärke der Verfügbarkeit a_i und die der Verbindung l_i ist dabei einerseits ein Teil des in der Sozialisation erworbenen Wissens, insbesondere aber auch eine Frage der Verankerung in bestimmten Emotionen bis hin zu psychophysiologischen Vorgängen, die zusätzlich zu dem bloßen Wissen für eine spontane und kaum kontrollierbare Aktivierung sorgen. Einen *Mismatch* kann es dabei über alle drei Bedingungen geben: über die fehlende Verfügbarkeit einer Einstellung, die fehlende Sichtbarkeit eines „signifikanten" Symbols in der Situation oder über die fehlende gedankliche Verbindung zwischen Symbol und Einstellung. Selektiert wird dann jener Frame, der das höhere

---

[4] Die folgende Zusammenfassung des MFS beruht in wichtigen Teilen auf den Ausarbeitungen bei Clemens Kroneberg (2005, 2011). Für die weitere *inhaltliche* Verwendung und die Ableitung konkreter Hypothesen ist speziell die Ungleichung (1) weiter unten von Bedeutung. Ihre *formale* Herleitung und die Begründungen für die dabei gemachten Annahmen können im Detail an den betreffenden Stellen bei Kroneberg (2005: 355, 2011: 144 ff.) nachverfolgt werden.

Aktivierungsgewicht aufweist: $m_i > m_j$ (für alle $j \in F$, $j \neq i$). Die Folge ist: Im as-Modus zählt bei der Modellselektion *nur* die Vergangenheit und es kommt zu einer *nicht* weiter reflektierten Auslösung eines *Response* durch einen Stimulus. Skript- und Handlungsselektion geschehen vor dem Hintergrund der jeweiligen Frame-Selektion analog.

Die formale Modellierung der *Modusselektion* folgt dem Vorschlag von Riker und Ordeshook (1973: 21 ff.; mit Bezug auch auf Alfred Schütz: Esser 1991: 61 ff.) zur Erklärung der Änderung von Gewohnheiten. Ausgangspunkt ist die Ausführung einer Routine gegenüber der Berücksichtigung einer neuen Alternative. Mit der Routine ist das zu erwarten, was mit ihrer Aktivierung bisher stets eingetreten ist, mit der Berücksichtigung einer weiteren Alternative eventuell gewisse Erträge, aber auch Kosten der Änderung der Gewohnheiten. Im as-Modus ist die Situation über den Frame F_i mit dem höchsten Aktivierungsgewicht definiert. Ist dieser Rahmen tatsächlich angemessen, gibt es bei entsprechenden Aktivitäten einen Gewinn U_i, wenn nicht, fallen Kosten C_w für ein „falsches" Handeln an. Die Erwartung für die tatsächliche Angemessenheit ist gleich dem Match m_i und die dafür, dass die Rahmung nicht angemessen ist, $1 - m_i$. Bei einer stärkeren Durchdringung im rc-Modus fallen bestimmte Reflexionskosten C, etwa in Form von Aktivitäten zur Informationsbeschaffung oder des aufwendigen *Retrieval* von Gedächtnisinhalten, an. Es sind aber auch Gewinne U_{rc} möglich, nämlich wenn erwartet werden kann, dass es doch eine bessere Alternative gibt, wenn man nicht automatisch den jeweiligen Vorgaben spontan folgt. Ob sich diese Gewinne realisieren lassen, hängt von den Opportunitäten p für eine ausreichende Elaboration ab, die ihrerseits davon abhängen, wie wahrscheinlich das Finden einer besseren Alternative vorab eingeschätzt wird.

Für die Selektion eines Frames F_i gegenüber einem Frame F_j ergeben sich damit aus der geschilderten Kombination von jeweils (nicht) gegebener Angemessenheit eines Frames und (nicht) vorhandenen Opportunitäten der Reflexion vier Konstellationen mit den entsprechenden Eintrittswahrscheinlichkeiten. Aus ihnen folgt für die Selektion zum Beispiel eines Frames F_i im rc-Modus nach SEU(rc) > SEU(as) die folgende grundlegende Bedingung (Herleitung Kroneberg 2011: 146 ff.):

$$(1 - m_i) \cdot (U_{rc} + C_w) > C/p$$

Der Ausdruck $(U_{rc} + C_w)$ beschreibt die *Motivation* für eine rationale Elaboration der Situation und die Reflexion von Folgen. Sie bezieht sich mit U_{rc} auf den Gewinn, der mit einer durchdachten Entscheidung über das Auffinden einer zum Status quo besseren Alternative möglich wäre, und mit C_w auf die Risiken einer falschen Einschätzung der Situation, wenn man ihren Vorgaben spontan und unbedacht folgt. Der Parameter p bezieht sich dann auf die *Opportunitäten* und C sind die *Kosten* C für die weitere Elaboration und die eventuell dazu nötige Informationsbeschaffung.

Drei Besonderheiten sind hierbei noch wichtig: *Theoretisch* handelt es sich bei der Modusselektion nicht selbst schon um eine rationale Wahl, sondern um die automatische Auslösung und Beendigung eines Prozesses: Alle *dazu* nötigen Informationen sind in der Situation, *erstens*, entweder als grobes „Vorratswissen" *vorab* bekannt oder werden mit dem (Mis-) Match *unmittelbar* aktiviert (wie Vermutungen über Chancen und Erträge bei der Geltung eines anderen Frames), in der Situation *aktuell* erlebt (wie eine erkennbare Änderung des Routineertrages) oder fungieren als *objektive* Begrenzungen des Anlaufens von Gehirnfunktionen (wie Zeitrestriktionen und die zusätzlichen mentalen Aktivitäten beim Nachdenken). *Empirisch* sind, *zweitens*, die Effekte von (Mis-) Match, Motivation, Opportunitäten und

Kosten auf die Modusselektion aus den Experimenten zu der sprachlichen Rahmung und vor allem aus den Untersuchungen zu den sozialpsychologischen Dual-Process-Theorien inzwischen breit und gut belastbar belegt. Und *drittens* ist das MFS keine einfache Variante der ökonomischen Theorie, etwa weil in der Gleichung oben auch Kosten, Nutzen und Erwartungen vorkommen: Der (Mis-)Match $(1 - m_i)$, der alles weitere steuert, und die damit verbundenen Prozesse der Kategorisierung kommen in den (impliziten) Annahmen der ökonomischen Theorie nicht vor, jedenfalls nicht explizit.

Aus der Bedingung $(1 - m_i) \cdot (U_{rc} + C_w) > C/p$ wird die wohl wichtigste Implikation des MFS unmittelbar erkennbar: Wenn die Kategorisierung der Situation einen perfekten Match mit $m_i = 1$ ergibt, dann wird $(1 - m_i)$ gleich null und alle Anreize, die sich mit $(U_{rc} + C_w)$ verbinden mögen, werden ausgeblendet. Eine *äquivalente Folge* hat das Fehlen jeder Möglichkeit, an etwas anderes zu denken als an den gerade aktivierten Rahmen, weil es dazu, etwa aus Zeitmangel oder der Unzugänglichkeit von Informationen, dann nicht kommen *kann*. Nun ist p gleich null und die Schwelle C/p übersteigt jede Motivation zu einer weiteren Überlegung, auch dann, wenn es dazu eigentlich große Anreize gäbe.

Über diese beiden Konstellationen – eine starke Orientierung an einem bestimmten Rahmen und/oder ein kompletter Mangel an aktuellen Möglichkeiten der Elaboration – wird die spezielle Besonderheit der variablen Rationalität modellierbar: Es gibt Situationen, in denen das Handeln durch die jeweils gegebenen rationalen Anreize bedingt ist und alles, sozusagen, in der Tat nur eine Frage des Preises ist. Es gibt aber auch Situationen, in denen die Rahmung bestimmte Aspekte ganz ausschließt und das Handeln gegenüber vielen, wenngleich nicht allen, Variationen vollkommen *un*empfindlich ist und *un*bedingt und ohne jedes Zögern oder Nachdenken dem jeweils aktivierten Rahmen und den daran hängenden gedanklichen Orientierungen und Handlungsprogrammen folgt. Das MFS erklärt, wann und warum mal das eine und mal das andere der Fall ist.

5.3.6 Das Framing der Ehe und der Weg in die Scheidung

Das Modell der Frame-Selektion geht davon aus, dass im Prinzip jedes soziale Handeln einer bestimmten orientierenden Rahmung unterliegt, also auch oder erst recht das ehebezogene Handeln. Für die Ehe gehört zu dieser Orientierung das gedankliche Modell etwa einer (inzwischen ggf. hetero- wie homo-)sexuellen Beziehung, deren Oberziel, so sei angenommen, die gegenseitige Liebe, die Regulation der Intimität, die Versorgung mit Affekten und allerlei anderen Dingen ist, die auf Märkten oder anderswo kaum zu erlangen sind. Andere, daran anschließende Vorstellungen und eine Reihe sozialer Drehbücher hängen, mit kulturell und historisch gewiss variierenden Ausprägungen, daran: der Wunsch, eine „richtige" Familie zu bilden, der Verzicht auf die egoistische Berechnung im Umgang miteinander, die sozialen Konventionen, die gegenseitige Zuneigung auszudrücken, selbst die Spielregeln der Sexualität, schließlich aber auch die Regelung des Haushalts, die der Kindererziehung, des Umgangs mit Verwandten und Bekannten, sowie – nicht zuletzt – die des Streites und der stets erwarteten Wiederversöhnung. Nur eines ist in diesem gedanklichen Modell ausgeschlossen: das Gehen eigener Wege und die Orientierung auf ein Leben ohne den Partner. Das wäre ein ganz anderes Modell der Beziehung. Es hätte einen anderen Code der Orientierung und ein anderes Programm des Handelns. Und in dem Maße wie der Code der Ehe gilt, ist für den anderen kein Platz – und umgekehrt. Im deutlichsten „Modell"-Fall ist das von den Partnern geteilte gedankliche Modell der Ehe dann auch die subjektive Repräsentation einer objektiven gesellschaftlichen Regel: die Ehe als *Institution*, zusätzlich verankert womöglich als Sakrament in einer religiösen Doktrin, öffentlich dokumentiert, etwa in der kirchlichen Heirat, und mit dem Schwur besiegelt, zusammenzustehen, in guten wie in schlechten Tagen, wie es heißt, und zwar: „bis dass der Tod Euch scheidet". Erst wenn diese Rahmung nicht mehr als selbstverständlich und fraglos gegeben empfunden wird, werden die anderen Umstände bedeutsam: der Ehegewinn, ein eventuelles Nicht-Passen der Partner in wichtigen Eigenschaften, die Alternativen und die Möglichkeiten, sie zu finden, und auch die Kosten einer Scheidung, die unmittelbaren von Anwalt und Versorgungsausgleich sowie die mittelbaren des Verlusts des ehespezifischen Kapitals: Kinder, gemeinsames Eigentum und die vielleicht schmerzliche Erinnerung an ein gutes gemeinsames Leben vorher.

Vor diesem Hintergrund lässt sich der Verlauf von Ehen als ein situationslogischer Prozess, ausgehend vom Framing der Beziehung zu Beginn, beschreiben, und damit in Abhängigkeit der Parameter m_i, $(U_{rc} + C_w)$, C und p der Ungleichung (1) mit $(1 - m_i) \cdot (U_{rc} + C_w) > C/p$: Match, Anreize, Kosten und Opportunitäten zu einer „rationalen" Suche nach Alternativen.

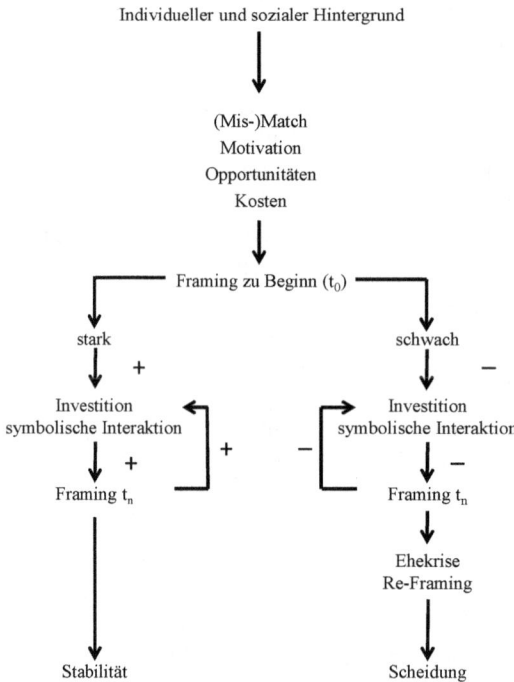

Abb. 5.8:   Framing, eheliche Investitionen und Interaktionen und der Weg in die Scheidung
                  (Quelle: eigene Darstellung)

Dazu werden idealtypisch zwei Situationen unterschieden: ein starkes Framing der Ehe und ein schwaches, jeweils gleich zu Beginn (vgl. Abb. 5.8).

Im Fall des *starken* Framings (zu Beginn) ist der Match perfekt ($m_i = 1$) und damit der Wert von $(1 - m_i)$ gleich null. Die wichtigste Folge davon ist, dass die Beziehung bei ihrem Start gegen *jede* Schwankung in den Anreizen unempfindlich ist. Unter diesen Umständen wird ein zentral wichtiger Prozess der endogenen Stabilisierung der Beziehung leicht möglich: die

Investition in das ehespezifische Kapital, wie eine eheliche Arbeitsteilung, gemeinsame Kinder, gemeinsames Eigentum, gemeinsame Freunde oder der Aufbau einer gemeinsamen Sinnwelt durch eine gemeinsam erlebte Zeit. Die unbedingte Fraglosigkeit des Bestands der Beziehung unterbindet jede Befürchtung, dass die Investition riskant sein könnte. Das bei rationalen Akteuren ansonsten sofort entstehende Kooperationsdilemma gibt es dann nicht, weil die Situation für die Akteure in ihrer festen gegenseitigen Orientierung eben *nicht* strategischer Natur ist. Und die Folge: Jetzt erhöhen sich mit der leicht gelingenden Investition in das ehespezifische Kapital auch der Ehegewinn im Status quo und die Kosten einer falschen Entscheidung, und es werden auch keine Informationen darüber gesammelt, was man zu erwarten hätte, wenn alles doch schiefginge. Darüber verstärken sich dann auch wiederum die „rationalen" Bedingungen für die fraglose Geltung der Beziehung als unverbrüchlich. Zudem unterstützen und verstärken, sozusagen als Nebenprodukt, die während dieser Zeit fortlaufenden symbolischen Interaktionen die gedankliche und emotionale Verankerung des zuvor vielleicht doch nicht so stark verankerten Rahmens.

Die Vorgänge sind bei einem von Beginn an *schwachen* Framing der Ehe ganz anders. Hierbei muss es zunächst einen gewissen *Mismatch* bei der Kategorisierung mit ($m_i < 1$) geben, sodass die anderen Einflüsse überhaupt wirksam werden können. Aber auch bei einem schwachen Framing (zu Beginn) muss es noch keineswegs zu einer zweifelnden Reflexion und zu einer Suche nach Alternativen kommen. Alles weitere hängt dann noch von den anderen Parametern der Modusselektion ab: von dem aktuell erlebten Ehegewinn und den empfundenen Kosten einer Fehlentscheidung einerseits und den Opportunitäten p sowie den Such- und Reflexionskosten C andererseits. Wenn die Ehe zum Beispiel als glücklich erlebt wird und ihr Ende nur als Desaster vorstellbar wäre und/oder wenn die Möglichkeiten nur gering und der Aufwand sehr hoch sind, herauszufinden, ob eine alternative Rahmung angemessener wäre, dann bleibt es bei der Rahmung – auch wenn sich punktuell auch einmal ein anderer Anschein ergibt. Aber die Fraglosigkeit ist dann, anders als bei einem perfekten Match, in der Tat bereits eine Frage von Nutzen, Kosten und Möglichkeiten. Bei einem nur schwachen Framing der Ehe, bei einem nur geringen Ehegewinn und bei zugänglichen Informationen über die möglichen Alternativen sind daher die Voraussetzungen in eine nachhaltige Investition in ehespezifisches Kapital vergleichsweise schlecht, weil die Beziehung nun zu einer strategischen Situation zwischen rationalen Egoisten mutiert ist und sich das Kooperationsdilemma auftut, wie es für riskante Investitionen in Kollektivgüter unter rationalen Egoisten zu erwarten wäre. Darunter leiden dann womöglich auch die fortlaufende symbolische Bestärkung der ursprünglichen Rahmung der Beziehung und ihre eigentlich jederzeit mögliche (Wieder-)Verankerung.

Ein nachhaltiger Mis-Match und daraufhin eventuell einsetzende intensivere „Reflexionen" über den Zustand der Beziehung und ihre Zukunft können auch als *Ehekrise* gedeutet werden (zu dem Konzept der Ehekrise Herzer 1998: 163 f.): die Erschütterung der bis dahin fraglosen Annahme über die Unverbrüchlichkeit der Beziehung und die Aufmerksamkeit für Alternativen, wenn nicht schon für ein dann spontan vollzogenes Re-Framing der Ehe, im Extremfall gleich als „Scheidungskandidat". Bei einem kompletten Re-Framing, etwa bei ganz und gar untrüglichen Anzeichen für die Geltung des jeweils anderen Frames, wie etwa bei der Untreue des Partners, wird diese Phase des Wechsels in höhere Grade der Aufmerksamkeit und des Zweifels sozusagen übersprungen und gleich der andere Frame mit einem dafür dann hohen Frame-Gewicht aktiviert. Es wäre eine abrupte „Konversion" bei der der neue Rahmen nunmehr seinerseits unbedingt gilt und es für die Trennung nun kein Halten mehr gibt.

Die *Scheidung* selbst wäre dann nur (noch) der letzte, eher formale, Schritt der Auflösung der Ehe. Man kann davon ausgehen, dass es dabei wieder eher zu rationalen Erwägungen kommt: Es sind viele, auch formale Regeln zu beachten und es gibt keinen besonderen Zeitdruck, sich die Sache *nicht* zu überlegen. Dann zählen – mit einem Male – die „ökonomischen" Gesichtspunkte: das, was man bei einer auch formellen Scheidung zu verlieren hätte und die Wahrscheinlichkeit für eine im Vergleich bessere Konstellation. Daher muss es auch bei einem schwachen Framing und bei einer solchen Abwärtsspirale keineswegs immer zu einer Scheidung kommen – es sei denn, man hat (sofort wieder) eine neue Beziehung, deren fraglose Rahmung und Handlungsprogramme das verhindern und schlagartig das Leben mit dem Blick auf eine ganz andere Konstellation fokussieren.

5.3.7   Empirische Evidenzen

Die wichtigste Konsequenz des MFS ist die *theoretisch* begründete Implikation, dass die rationalen Anreize nicht allgemein wirken und *alles* nur eine Frage der Differenz zwischen (erwartetem) Nutzen und Kosten wäre, sondern dass es Konstellationen gibt, unter denen die Effekte von Ehegewinn und Verfügbarkeit von Alternativen unterdrückt werden und es *keinerlei* Wirkung in Variationen der Situationsumstände gibt. Es ist die *Hypothese von der Unbedingtheit der Rahmung und der Unempfindlichkeit gegen jede Alternative und Versuchung bei einer starken Rahmung durch Einstellungen, kulturelle Modelle oder Normen und einem perfekten Match.* Dies hat sich in einigen speziellen Analysen zu der Erklärung der Zunahme der Scheidungsraten über die Heiratskohorten von 1950 bis 1990 deutlich bestätigt.[5]

Die Kohortenzugehörigkeit kann dabei als Bündel einiger wichtiger Anreiz- und Opportunitätsvariablen gewertet werden: Es stehen mit den Kohorten zwischen 1950 und 1990 mehr (attraktive) Alternativen zur Verfügung, die Erwerbstätigkeit der Frauen und damit ihre Unabhängigkeit haben zugenommen und auch die gesellschaftliche Akzeptanz von Scheidungen allgemein ist gestiegen. Alles dies senkt nach dem MFS die Schwelle für einen Übergang in die rationale Reflexion, die aber *nur* dann überschritten werden kann, wenn es ein schwaches Framing gibt.

In den empirischen Analysen zeigen sich zunächst deutliche eigene Effekte sowohl der Kohortenzugehörigkeit wie des Framings der Ehe zu Beginn (operationalisiert über die Passung in gemeinsamen Vorstellungen zur Familie, der Akzeptanz in der Bezugsumgebung und der kirchlichen Heirat als Indikator für eine auch religiös verankerte Orientierung), ebenso wie der geläufigen Determinanten der Ehescheidung: Bildung, Erwerbstätigkeit, Kinder und gemeinsames Eigentum als ehespezifisches Kapital, Stadt-Land-Zugehörigkeit, Religiosität und die Paargeschichte mit der Scheidung der Eltern, dem Alter und der Dauer des Kennens sowie der Kohabitation und gegebenenfalls vorheriger Trennungen und Scheidungen. Die Effekte des Framings behalten auch unter multivariater Kontrolle dieser Einzelumstände

---

[5]   Die Datengrundlage der folgenden Ergebnisse zu den Effekten des MFS auf die eheliche Stabilität und die Scheidung ist die Mannheimer Scheidungsstudie. Es handelt sich um einen Datensatz mit Angaben über ca. 2.500 geschiedene und ca. 2.500 verheiratete Paare, davon jeweils 500 aus den „neuen" Bundesländern beziehungsweise der (ehemaligen) DDR. Erhoben wurden unter anderem die jeweiligen soziodemografischen Hintergründe und die zeitbezogenen Ereignisse der (beiderseitigen) Partnerschafts- und Ehebiografie, insbesondere auch zu den ehespezifischen Investitionen (Kinder und Eigentum) und zu den Zwischenschritten auf dem Weg in die Scheidung (wie das Auftreten der ersten großen Ehekrise; zu Einzelheiten Esser 2002a: 42 ff.).

deutlich ihren Einfluss. Es gibt also einen über die Einzelbedingungen hinausgehenden eigenen Effekt der Kohortenzugehörigkeit. Dieser sollte sich nach dem MFS aber nur bei einem schwachen Framing zeigen. In Abb. 5.9 ist die entsprechende statistische Interaktion exemplarisch für die Hazardratenverläufe bei vier Extremgruppen dargestellt: für den stärksten und den schwächsten Frame (6 und 1), jeweils für die 1950er- und die 1990er-Kohorte. Und hier zeigt sich nun deutlich der erwartete Interaktionseffekt: *Nur* in der 1990er-Kohorte wirkt sich die Abschwächung des Framings der Ehe aus, das dann aber ganz massiv.

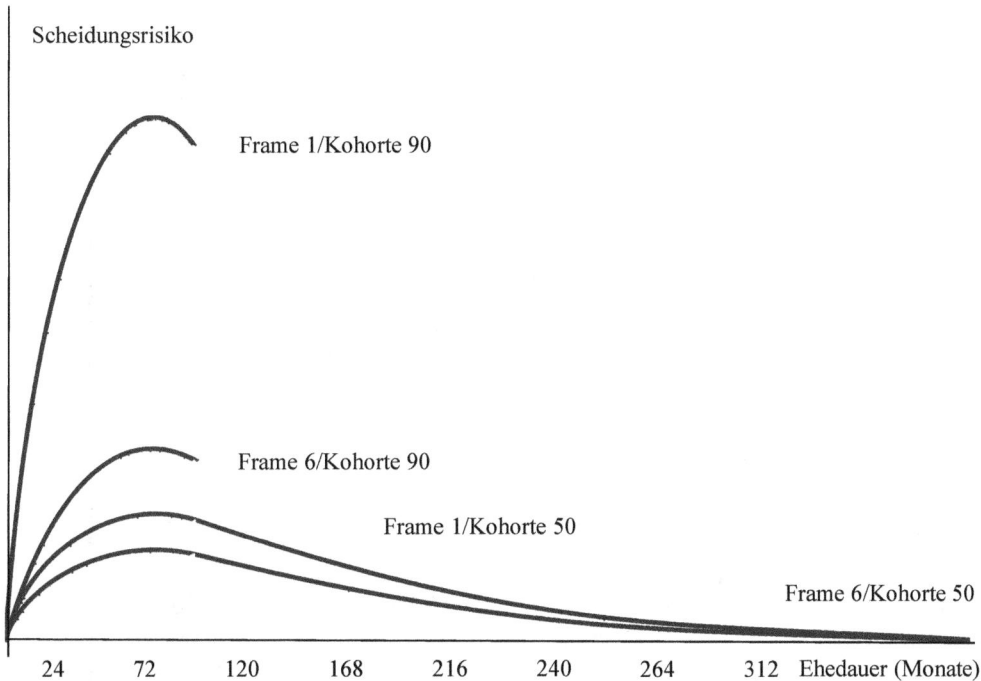

Scheidungsrisiko

Frame 1/Kohorte 90

Frame 6/Kohorte 90

Frame 1/Kohorte 50

Frame 6/Kohorte 50

| 24 | 72 | 120 | 168 | 216 | 240 | 264 | 312 Ehedauer (Monate) |

Abb. 5.9:   Die Interaktion von Kohortenzugehörigkeit und Framing beim Scheidungsrisiko
            (Quelle: nach Esser 2002a: 54)

Der wichtigste einzelne Faktor für das Scheidungsrisiko ist, wie man hat sehen können, das Auftreten von Ehekrisen. Diese sind die wenigstens einem der Partner auch subjektiv so vorkommenden Vorstellungen, dass die Ehe nicht gut läuft und tatsächlich zerbrechen könnte – was vorher unter Umständen ganz unvorstellbar war. Sie beziehen sich auf die eheliche Stabilität auch noch unabhängig davon, ob es zu einer Scheidung kommt oder nicht. Ehekrisen werden im Kontext des MFS als Indikatoren für eine nachhaltige Erschütterung des Framings gewertet und es wird erwartet, dass die Effekte des Framings zu Beginn *nach* der ersten Ehekrise deutlich kleiner werden und sogar verschwinden. Auch dies zeigt sich empirisch deutlich. Tabelle 5.3 beschreibt die Erklärung der Framing-Effekte unter der Kontrolle der verschiedenen Kovariaten für das Scheidungsrisiko vor und nach einer Ehekrise. In Modell 1 stehen die einfachen Effekte der Kohortenzugehörigkeit und des Framings, in Modell 2 diejenigen unter Kontrolle der geläufigen „Determinanten der Ehescheidung" und in Modell 3 die Effekte auch unter Kontrolle der Ehekrisen. Und es zeigt sich in der Tat, dass speziell mit der Ehekrise der Effekt des Framings noch einmal deutlich kleiner wird und es eine besondere Bindung nur noch für die beiden stärksten Grade des Framings gibt.

Tab. 5.3:   Die Änderung der Framing-Effekte auf das Scheidungsrisiko mit dem Auftreten von Ehekrisen

	(1)	(2)	(3)
Kohorte 1950	---	---	---
1960	1.77	1.65	1.44
1970	2.22	1.98	1.52
1980	3.02	2.65	1.83
1990	3.29	2.65	1.73
Frame 1 (niedrig)	9.46	4.69	2.58
2	6.47	3.17	2.31
3	4.02	2.17	1.63
4	2.80	1.86	1.59
5	1.78	1.30	1.32
Frame 6 (hoch)	---	---	---
(erste) Ehekrise			5.31
alpha^0	−8.05	−5.26	−4.20
b	2.17	2.34	2.20
Ereignisse		2.177	
Splitts		26.110	

(Quelle: nach Esser 2002a: 49, Tab. 2, und 51, Abb. 3; kursiv: signifikant mit p > 0.05)

Die wichtigste Funktion eines starken Framings ist nach dem MFS die unter Umständen auch komplette Abschottung der Orientierungen auf die diversen Umstände und Versuchungen nach außen und gegenüber Schwankungen in der Ehequalität nach innen. Nach dem MFS kann danach erwartet werden, dass die betreffenden (rationalen) Anreize und Opportunitäten vor allem dann eine Bedeutung haben, wenn sich der Frame der Ehe abschwächt oder gar ganz auflöst – wie bei dem Auftreten von Ehekrisen. Tabelle 5.3 gibt die Effekte der verschiedenen Determinanten des Scheidungsrisikos für Ehen ohne und mit (vorheriger) Ehekrise wieder.

Tab. 5.4:   Determinanten der Ehescheidung bei Ehen mit und ohne Ehekrise

	ohne Ehekrise	nach Ehekrise
Kohorte 1950	---	---
1960	*2.53*	1.36
1970	*2.99*	1.49
1980	*3.20*	1.30
1990	*3.16*	1.10
Frame 1 (niedrig)	*5.17*	1.47
2	*3.30*	1.64
3	2.15	0.97
4	1.70	1.00
5	1.22	1.20
Frame 6 (hoch)	---	---
alpha^0	−13.1	−10.2
b	5.1	4.5
Splitts		
Ereignisse	813	913
Splitts	12.008	5.404

(Quelle: nach Esser 2002b: 487, Tab. 4; andere Variablen kontrolliert; kursiv: signifikant mit $p > 0.05$)

Es zeigt sich in der Tat, dass es Effekte des Framings der Ehe zu Beginn *nur* gibt, *bevor* Ehekrisen auftreten. Danach ist es egal: Ehekrisen sind Indikator und Teil einer nachhaltigen Erschütterung der Rahmung der Ehe und die Bindungen aus der Vergangenheit sind danach unter Umständen nichts als vergessene Geschichte. Es fällt auch besonders auf, dass es jetzt *keinerlei* interpretierbaren Kohorteneffekt mehr gibt: Wenn die Ehen sozusagen objektiv subjektiv in die Krise kommen, sind der jeweilige Zeitgeist und die Bedingungen für das Risiko der anschließenden Scheidung offensichtlich bedeutungslos. Dann zählen, wie es aussieht, nur noch die privaten Investitionen, Möglichkeiten und (Opportunitäts-)Kosten, also die Umstände, die der ökonomische Ansatz so betont und die auch tatsächlich im Hintergrund eines jeden subjektiven Framings der Ehe als *objektiver* Rahmen immer präsent sind. Nach der Krise ist, etwas vereinfachend gesagt, der bloße Ehegewinn (fast nur noch) das einzige Band, an dem nun alles hängt (Esser 2002b: 487, Tab. 5.4). Vorher blendet gegebenenfalls ein starker Rahmen das alles aus und vermag so die Beziehung gegen die vielen, auch kräftigeren, Schwankungen der guten und der schlechten Tage abzuschirmen, die bei einem schwachen Framing schon ausreichen mögen, die Sache alsbald zu beenden.

5.3.8   Geht doch (nicht)?

Die empirischen Ergebnisse belegen nachhaltig die Triftigkeit der zentralen Annahmen des MFS, insbesondere die keineswegs triviale Implikation einer deutlichen statistischen Interaktion der „Ideen" über die Beziehung und auch der „Institution" der Ehe und der „Interessen" an ihrem Erhalt: *Die unerschütterte Geltung der (institutionalisierten) Ideen setzt die Einflüsse der Interessen außer Kraft, aber wenn die Rahmung in den Sinnwelten verfällt, drängen sich die rationalen Anreize und Möglichkeiten nach vorne.* Dies erlaubt nicht zuletzt einen nicht nur etwas anderen Blick auf die Erklärung der Zunahme der Scheidungsraten über die letzten Jahrzehnte: Sie sind eine Folge der *Interaktion* von Anreizen, Opportunitäten und Rahmungen. Zwar haben sich auch die Anreize und besonders die Möglichkeiten sowie auch die normativen und kulturellen Rahmungen geändert, aber erst das Zusammenkommen von zunehmenden Möglichkeiten und der Abschwächung der Rahmungen und der sie meist tragenden sozialen Einbettung erzeugt jene explosive Mischung von kaum mehr begrenzbaren Ansprüchen, bei der auch schon kleine Schwankungen im Ehegewinn und des Kontaktes zu Alternativen dazu führen, dass die Beziehung aufgegeben wird, oft sogar unverzüglich. Dies wird aber erst aus der theoretischen Zusammenführung von Anreizen, Opportunitäten und Rahmungen auch empirisch auffindbar, wenn man nicht, wie üblich, per Zufall und Ausprobieren darauf kommt. Und genau das ist ansonsten typischerweise anders: Ideen, Institutionen und Interessen, Anreize, Alternativen und Rahmungen sind die Kerne *verschiedener* Ansätze zur Erklärung der Dynamik ehelicher Beziehungen, denen vielleicht zugestanden wird, dass sie sich – irgendwie – „ergänzen". Das MFS überwindet diese Trennungen und erlaubt *systematische* theoretische Ableitungen über das Zusammenwirken der verschiedenen Konstrukte.

Aber das MFS stellt auch nicht alles auf den Kopf und die Beiträge der anderen Ansätze werden damit keineswegs bedeutungslos. Im Gegenteil: Nun können die oft so luftig verwendeten Konstrukte wie kulturelle Vorstellungen, Sinnwelten und Ansprüche, normative Bindungen und symbolische Interaktion systematisch berücksichtigt und in einen präzisen theoretischen Zusammenhang mit den rationalen Anreizen und Möglichkeiten gebracht werden, denen manche wiederum jede Bedeutung gerade für die Analyse ehelicher Beziehungen absprechen und sie nur als ideologisches Korrelat einer zunehmenden Ökonomisierung des gesellschaftlichen Lebens anzusehen vermögen.

So weit, so gut also? Eher nicht! Neben einer Reihe von eher technischen und formalen Einwänden hat die Entwicklung des MFS stets der Vorhalt begleitet, dass es die beanspruchte Leistung der theoretischen Integration nicht erbringe und weiterhin nicht viel mehr als eine – „erweiterte" – Variante der Rational-Choice-Theorie sei (vgl. z. B. Opp 2010). Auch sei es nichts Neues: Orientierungen und Habitualisierungen gäbe es natürlich und es gäbe auch theoretische Ansätze zur Erfassung solcher Rahmungen, nämlich als die Sättigung in gewissen Zielen, vor allem aber als Emotionen, die manchmal alle rationalen Erwägungen außer Kraft setzen (Hill/Kopp 2013: 134 ff.). Es ist hier kein Platz, diese Debatte weiterzuführen. Aber zumindest eines kann man sagen: Es gibt *kein* Modell, das wenigstens versucht, alle diese Vorgänge in eine präzise und systematische Form der „Interaktion" miteinander zu bringen und das damit in der Lage wäre, auch spezifische Hypothesen daraus abzuleiten. Und erst wenn man die entsprechenden anderen Modelle und die dazugehörigen empirischen Belege hätte, könnte man weitersehen.

Hinweise auf weiterführende Literatur

Esser, H., Ehekrisen: Das (Re-)Framing der Ehe und der Anstieg der Scheidungsraten, in: Zeitschrift für Soziologie 31, 2002, S. 472–496.

Hill, P. H., und Kopp, J., Familiensoziologie. Grundlagen und theoretische Perspektiven, 5. Aufl., Wiesbaden 2013, S. 102–120.

Kroneberg, C., Die Erklärung sozialen Handelns: Grundlagen und Anwendung einer integrativen Theorie, Wiesbaden 2011, S. 119–164.

Nave-Herz, R., Ehe- und Familiensoziologie. Eine Einführung in Geschichte, theoretische Ansätze und empirische Befunde, 3. Aufl., Weinheim/ Basel 2013, S. 169–176.

Wiederholungsfragen / Übungsaufgaben

1. Inwieweit vereint das Modell der Frame-Selektion drei der wichtigsten Ansätze der Soziologie, auch in der Familiensoziologie: den ökonomischen, den normativen und den interaktionistischen Ansatz?
2. Was ist „variable Rationalität"?
3. Warum sind Ehekrisen gerade in Zeiten einer verstärkten Individualisierung so desaströs und wie hängt das mit der Hypothese zusammen, dass die Zunahme der Scheidungsraten vor allem mit den gestiegenen Ansprüchen an eine eheliche Beziehung zu tun hat?
4. Wie könnte man mit der Theorie des rationalen Handelns erklären, dass es so etwas wie die „unbedingte" Liebe und Treue gibt. Und wie ginge das im Modell der Frame-Selektion?
5. Ist das Modell der Frame-Selektion eine spezielle Variante der Theorie des rationalen Handelns oder etwas anderes? Und warum (nicht)?

5.3.9   Literatur

Amato, P. R., Research on Divorce: Continuing Trends and New Developments, in: Journal of Marriage and Family 72, 2010, S. 650–666.

Burkart, G., Familiensoziologie, Konstanz 2008.

Chaiken, S., und Y. Trope (Hrsg.), Dual-Process Theories in Social Psychology, New York 1999.

Esser, H., Alltagshandeln und Verstehen. Zum Verhältnis von erklärender und verstehender Soziologie am Beispiel von Alfred Schütz und „Rational Choice", Tübingen 1991.

Esser, H., In guten wie in schlechten Tagen? Das Framing der Ehe und das Risiko zur Scheidung. Eine Anwendung und ein Test des Modells der Frame-Selektion, in: Kölner Zeitschrift für Soziologie und Sozialpsychologie 54, 2002a, S. 27–63.

Esser, H., Ehekrisen. Das (Re-)Framing der Ehe und der Anstieg der Scheidungsraten, in: Zeitschrift für Soziologie 31, 2002b, S. 472–496.

Esser, H., Das Modell der Frame-Selektion. Eine allgemeine Handlungstheorie für die Sozialwissenschaften?, in: Soziologische Theorie kontrovers, Sonderheft 50 der Kölner Zeitschrift für Soziologie und Sozialpsychologie, hrsg. v. G. Albert und S. Sigmund, Wiesbaden 2010, S. 45–62.

Fazio, R. H., Multiple Processes by which Attitudes Guide Behavior: The MODE Model as an Integrative Framework, in: Advances in Experimental Social Psychology 23, hrsg. v. M. P. Zanna, 1990, S. 75–109.

Fehr, E., und Gächter, S., Altruistic Punishment in Humans, in: Nature 415, 2002, S. 137–140.

Hartmann, J., Soziale Einbettung und Ehestabilität, in: Scheidungsursachen aus soziologischer Sicht, hrsg. v. T. Klein und J. Kopp, Würzburg 1999, S. 233–253.

Herzer, M., Ehescheidung als sozialer Prozess, Opladen 1998.

Hill, P. B., und Kopp, J., Theorien der Familiensoziologie, in: Lehrbuch moderne Familiensoziologie, hrsg. v. N. F. Schneider, Opladen/Farmington Hills 2008, S. 65–78.

Hill, P. B., und Kopp, J., Familiensoziologie. Grundlagen und theoretische Perspektiven, 5. Aufl., Wiesbaden 2013.

Hubert, M., und Kenning, P.,A Current Overview of Consumer Neuroscience, in: Journal of Consumer Behaviour 7, 2008, S. 272–292.

Huinink, J., und Konietzka, D., Familiensoziologie. Eine Einführung, Frankfurt/New York 2007.

Kroneberg, C., Die Definition der Situation und die variable Rationalität der Akteure. Ein allgemeines Modell des Handelns, in: Zeitschrift für Soziologie 34, 2009, S. 344–363.

Kroneberg, C., Die Erklärung sozialen Handelns. Grundlagen und Anwendung einer integrativen Theorie, Wiesbaden 2011.

LeDoux, J., The Emotional Brain. The Mysterious Underpinnings of Emotional Life, London 1999.

Liberman, V., Samuels, S. M. und Ross, L., The Name of the Game: Predictive Power of Reputations Versus Situational Labels in Determining Prisoner's Dilemma Game Moves, in: Personality and Social Psychology Bulletin 30, 2004, S. 1175–1185.

Nave-Herz, R., Ehe- und Familiensoziologie. Eine Einführung in Geschichte, theoretische Ansätze und empirische Befunde, 3. Aufl., Weinheim/Basel 2013.

Opp, K.-D., Frame-Selektion, Normen und Rationalität. Stärken und Schwächen des Modells der Frame-Selektion, in: Soziologische Theorie kontrovers, Sonderheft 50 der Kölner Zeitschrift für Soziologie und Sozialpsychologie, hrsg. v. G. Albert und S. Sigmund, Wiesbaden 2010, S. 63–78.

Riker, W. H., und Ordeshook, P. C., An Introduction to Positive Political Theory, Englewood Cliffs, NJ 1973.

Rolls, E. T., The Brain and Emotion, Oxford u. a. 1999.

Roth, G., Fühlen, Denken, Handeln. Wie das Gehirn unser Verhalten steuert, Frankfurt am Main 2001.

Weber, M., Wirtschaft und Gesellschaft. Grundriss der verstehenden Soziologie, 5. Aufl., Tübingen 1972.

6   Ausblick: Die Zukunft der Familie

Rosemarie Nave-Herz

6.1   Einführung

Viele Autoren sprechen der Familie eine Zukunft ab und bezeichnen die Familie, z. B. unter Zugrundlegung marktwirtschaftlicher Begriffe, als „Auslaufmodell". Derartige „Untergangsprophezeiungen" haben eine lange Tradition und reichen zurück bis zu den Anfängen der Familiensoziologie. In jener Zeit, also vor ca. 150 Jahren, wurden als Verursacher der Auflösung von Ehe und Familie die Veränderungen der Produktionsverhältnisse (z. B. Engels, Krüsselberg 2010: 65 f.) sowie der Staat (vgl. z. B. Riehl 1875; Le Play 1875) verantwortlich gemacht. Letzterer übertrug Funktionen der Familie an andere Institutionen und schwächte damit – wie diese Autoren behaupteten – die „natürlichen" patriarchalischen Familienstrukturen und trug damit zur Auflösung der Familie bei. Damit wurden die zeitgeschichtlichen familialen Veränderungen von Familienleitbildern und von realen familialen Strukturen – statt als familialen Wandel – als „Untergang" der Familie interpretiert.

Heutzutage wird der ablaufende Modernisierungsprozess als verursachende Bedingung für eine gesunkene Attraktivität von Ehe und Familie gekennzeichnet: Durch den allgemeinen Wertewandel, durch das wohlfahrtsstaatliche Absicherungssystem, durch die ökonomische Wohlstandssteigerung, durch die veränderte Rolle der Frau, durch die Mobilitätsanforderungen seitens des Erwerbsarbeitssystem u. a. m. hätten Ehe und Familie an Bedeutung verloren und seien in Konkurrenz zu anderen „anpassungsfähigeren" Lebensformen (nichteheliche Lebensgemeinschaften, Singles) geraten (vgl. Kap. 1.9).

Die Familienstatistiken scheinen diesen „Verfallsdiagnostikern" – wie ich sie in meinem Aufsatz „Die These über den Zerfall der Familie" benannte (1998) – recht zu geben: So sind die Eheschließungsquoten sowie die Geburtenraten in den letzten vierzig Jahre stetig gesunken, dagegen die Zahl der Einelternfamilien und der nichtehelichen Lebensgemeinschaften mit Kindern sowie die Ehescheidungsquoten gestiegen (vgl. die Angaben in Kap. 1 in diesem Band). Dennoch sprechen folgende Argumente gegen die Interpretation dieser Zahlenreihen als Indikatoren für eine „Krise" oder einen „Untergang" von Ehe und Familie: Die Deutung der Richtung von statistischen Trends ist abhängig von den Vergleichszeitpunkten. Geht man nicht von den 1960er/1970er Jahren aus, sondern vergleicht unsere gegenwärtigen Daten mit jenen der vorindustriellen Zeit, so zeigt sich statt eines nur abwärts gerichteten Verlaufs ein wellenförmiger. Denn schon damals gab es ein hohes Heiratsalter, eine große Vielfältigkeit von Familienformen, eine geringe Eheschließungsquote usw. Die Gründe, die diese Zahlenreihen bedingten, waren jedoch andere (vgl. Kap. 1 in diesem Band).

Ferner ist aus statistischen Trendverläufen nicht auf Motivationen zu schließen, m. a. W.: sie sind keine Motivanalysen. So bedeutet z. B. die gestiegene Zahl von kinderlosen Männern und Frauen nicht automatisch eine gestiegene Bereitschaft, auf Kinder verzichten zu wollen (vgl. die Beiträge von Lange und Schneider/Ruppentahl sowie Nave-Herz in diesem Band). Zudem zeigen die verschiedensten soziologischen und psychologischen empirischen Forschungsergebnisse, welche hohe Bedeutung die Familie noch heute in Deutschland, aber auch in allen anderen Staaten, besitzt. Mit „Bedeutung" ist gemeint, dass die Familie aus subjektiver Sicht positiv gedeutet wird, dass Personen der Familie allgemein und speziell der eigenen eine sinnstiftende Funktion zuweisen, dass sie betonen, welche hohe „persönliche Wichtigkeit" sie ihr in ihrem Leben zumessen usw. (vgl. ausführlicher Nave-Herz 2013).

Die Fragen im Hinblick auf das Thema dieses Beitrags müssen also lauten: Wird die Familie diese hohe Bedeutung für den Einzelnen in Zukunft behalten? Wird die Familie – wie in der Vergangenheit bis heute – sich weiter verändern: in ihrer Struktur, bezüglich ihrer Funktionen, hinsichtlich der Beziehungen zwischen allen drei oder gar vier familialen Generationen usw.?

Die Zukunftsforschung hat es schwer. Nach Burkart hat sich insbesondere die französische Zukunftsforschung von der Vorstellung verabschiedet, „die Zukunft sei etwas, was man erkennen könne; etwas, das gewissermaßen feststünde und nur noch enthüllt werden müsste" (2009: 255). Zu Recht betont Burkhart an anderer Stelle: Zukunft ist zunächst „nicht das, was kommen wird, sondern das, was wir *jetzt* als Zukunft *denken"* (Burkart 2008: 255; 2009: 11). Doch nicht vorhersagbare Ereignisse können eintreten, die die formulierten Prognosen völlig außer Kraft setzen. Als Beispiele dieser Art sind nicht nur Kriege und Naturkatastrophen zu nennen, sondern auch technische Erfindungen und Entwicklungen, politische Maßnahmen, sich durchsetzende Ideologien u. a. m.

Die Zukunftsforschung versucht ferner nicht mehr, eine ganzheitliche Vorausschau zu entwerfen, stattdessen beziehen sich Prognosen nur noch auf einzelne Szenarien. „Szenarien stellen hypothetische Folgen von Ereignissen dar, die die Aufmerksamkeit auf kausale Prozesse und Entscheidungsmomente lenken sollen. Sie sollen zeigen, wo relevante Entscheidungspunkte liegen, welche Alternativen es jeweils gibt, um die weitere Richtung des Prozesses zu beeinflussen: erwünschte Entwicklungen zu befördern, für unerwünschte Entwicklungen Hindernisse aufzubauen. Es geht bei Szenarien also erklärtermaßen auch um Einflussnahme, um Gestaltung der Zukunft" (Burkart 2009: 13). Dieses Forschungsziel einzulösen, ist zweifellos für politische Entscheidungen wichtig. Im folgenden Beitrag möchte ich aber – jenseits einer Politikberatung – mögliche Veränderungspfade bzw. mittelfristige Prognosen skizzieren, die jedoch – um es noch einmal zu betonen – durch nicht vorhersagbare Ereignisse auch anders verlaufen könnten. Dabei werden soziale und gesellschaftlich zu erwartende Probleme benannt, aber es würde den Rahmen dieses Beitrags überschreiten, über ihre Lösungen zu diskutieren. Das wäre nur in Form einer diesbezüglichen Monografie möglich.

Ich werde theoriegeleitet nach möglichen Veränderungen familialer Dimensionen fragen. Dabei gehe ich – wie in Kap. 1 – von der dort beschriebenen system-differenzierenden Perspektive aus. Hier wurde der soziale Wandel der Familie von einem „funktional diffusen System" zu einem „funktional spezialisierten" dargestellt. Das funktionale Systemziel der Familie ist „die Bildung und Erhaltung von Humanvermögen". Als spezialisierte funktionale Leistung des Systems Familie, auf die alle übrigen sozialen Systeme angewiesen sind und die ihr nahezu exklusiv zugesprochen werden, zählen: 1. die Nachwuchssicherung (Geburt/Adoption und Sozialisation von Kindern), 2. die physische und psychische Regeneration ihrer Mitglieder.

Im Folgenden sollen diese einzelnen Leistungserwartungen an das System Familie unter Berücksichtigung der bereits gegenwärtig bekannten und zu diagnostizierbaren Leistungssteigerungen anderer spezialisierter sozialer Systeme im Mittelpunkt der Analyse stehen. Diese Makroperspektive wird mit mikroanalytischen Forschungsergebnissen ergänzt. Ferner sollen mögliche innersystemische Veränderungen berücksichtigt werden.

6.2 Die funktional-spezialisierte Leistung des Systems Familie: die Nachwuchssicherung (Geburt/Adoption und Sozialisation von Kindern)

Da das System Familie per Definition durch die Generationsdifferenzierung gekennzeichnet ist (vgl. das Vorwort zu diesem Band), muss zunächst die Frage beantwortet werden, ob das gegenwärtige System Familie in der Lage ist, sich selbst weiter zu reproduzieren. Das kann durch Geburt oder Adoption von Kindern erfolgen.

Da durch das Medizinsystem die Planbarkeit von Kindern zuverlässiger wurde und nunmehr der subjektiven Entscheidung unterliegt, wird dieser Entscheidungsprozess durch andere soziale Systeme mitbestimmt. Denn in funktional differenzierten Gesellschaften – im Gegensatz zu segmentären und stratifikatorischen[1] – gehören Personen (auch als „Akteure" bezeichnet) „meist nur ausschnitthaft und temporär den verschiedenen sozialen Systemen an" (Esser 2000: 456) und müssen ihre Entscheidungen und ihr Handeln zwischen den Anforderungen verschiedener sozialer Systeme ausbalancieren. Wie in Kap. 1.9 gezeigt wurde, bestehen durch die Ungleichzeitigkeit der Entwicklung zwischen dem Bildungs- und Erwerbsarbeitssystem einerseits und dem System Familie andererseits kulturelle Spannungen (Berufsorientierung versus traditionelle Familienorientierung), die zu Entscheidungsunsicherheiten im Hinblick auf die Familiengründung führen können. Weiterhin haben strukturelle Zwänge des Bildungs- und Erwerbsarbeitssystems, der Modernisierungsprozess mit seiner Optionssteigerung, die fehlenden als adäquat und zuverlässig von den Betroffenen eingeschätzten Kinderbetreuungssysteme u. a. m. die Bestimmung des „geeigneten" Zeitpunkts der Familiengründung in Deutschland erschwert.

Nichts deutet bisher darauf hin, dass dieses Spannungsverhältnis zwischen den verschiedenen sozialen Systemen in Bezug auf das Familiengründungsproblem reduziert würde: Das Ausbildungs- und Bildungssystem wird – wegen weiter zunehmenden Fortschritts des Wissenschaftssystems – die institutionellen Lernzeiten kaum zu reduzieren in der Lage sein, sie eher evtl. noch ausweiten bis zur endgültigen Übernahme einer Berufsposition. Der Prozess könnte verstärkt werden durch das Erwerbsarbeitssystem, das – wie bereits gegenwärtig in allen Arten von Massenkommunikationsmitteln betont wird – noch mehr und höher qualifizierte Arbeitskräfte zukünftig benötigt, wodurch gestiegene Leistungsanforderungen an das Bildungssystem gestellt werden. Das Schul- und Hochschulsystem haben diese Entwicklung

---

[1] Die segmentierte Differenzierung gab es in früheren archaischen Gesellschaften, d.h. es gab hier nur wenige soziale Unterschiede und Ungleichheiten, z. B. hatte nur der Häuptling und der Medizinmann eine herausgehobene Position inne. Die nachfolgenden Gesellschaften waren stratifikatorisch differenziert, d.h. sie waren stark segregiert, gestützt durch eine vertikale Herrschaftsordnung (Beispiel: das Feudalsystem). Moderne Gesellschaften sind dagegen funktional differenziert oder funktional ausdifferenziert, wobei Stratifizierungen zwar zunächst noch von starker Bedeutung sind, sich aber abschwächen.

bereits schon jetzt antizipiert und mit den verschiedensten entsprechenden Strukturveränderungen reagiert. Gleichzeitig werden weiterhin an die jungen Frauen und Männer für eine Familiengründung hohe Ansprüche an die ökonomische Selbstständigkeit, die finanzielle Sicherheit sowie eine entsprechende materielle Ausstattung als Forderung bestehen bleiben, und zwar wegen der – zu vermutenden – Irreversibilität des Postulats der „verantworteten Elternschaft" und des Individualisierungsprozesses mit seiner Negierung von personellen finanziellen Abhängigkeiten zwischen den beiden Elternteilen. Das neue Unterhaltsgesetz im Hinblick auf die Ehepartner wird ferner zur Abschaffung der Hausfrauen- oder Hausmännerrehen beitragen. Das zeitliche Hinausschieben des Einlösens des Kinderwunschs könnte sich somit fortsetzen, und zwar für eine noch längere Dauer und für mehr Paare als gegenwärtig. Damit könnte einerseits das Alter der Eltern bei Geburt ihres ersten Kindes weiter steigen. Ob und welche Auswirkungen auf die Sozialisation hiermit verbunden sind, ist nicht prognostizierbar, da gesicherte repräsentative Forschungsergebnisse fehlen.

Andererseits könnten die Familien wegen steigender Kinderlosigkeit zahlenmäßig weiter abnehmen. Vor allem die Akademiker und Akademikerinnen haben gegenwärtig die höchsten Anteile an der Kinderlosigkeit (Bundeszentrale für gesundheitliche Aufklärung 2005: 15); und die fehlende Familiengründung bei Höherqualifizierten könnte insbesondere bei denjenigen, die eine Hochschulkarriere anstreben, weiter steigen. Das Elterngeld wird diesen Trend nicht aufhalten. Denn dieses orientiert sich an denjenigen, die sichere und gut bezahlte Positionen und diese zumindest ein Jahr innehaben. Doch die strukturellen Veränderungen im Hochschulsystem durch die Bildungspolitik haben dazu geführt, dass solche Stellen sehr rar geworden sind und dass die Mehrzahl der Absolventen nach Studienabschluss sich zunächst über befristete Positionen mit kurzen Laufzeiten oder über Drittmittelprojekte weiter qualifizieren muss. Hier nutzt das Elterngeld wenig bzw. gar nichts. Es könnte sogar den paradoxen Effekt zeitigen, dass durch den universitären Strukturwandel und die genannten familienpolitischen Maßnahmen die zeitliche Verschiebung der Familiengründung bei den jüngeren Akademikerinnen und Akademikern weiter zunehmen wegen der Hoffnung auf spätere „bessere Zeiten", nämlich bis zur Erreichung einer sicheren beruflichen Universitätsposition. Aber die Verschiebung der Einlösung des Kinderwunschs – so wurde bereits mehrfach betont – kann dann zu einer ungewollten lebenslangen Kinderlosigkeit führen. Jedoch muss betont werden, dass diese Berufsgruppe – gemessen an der Zahl der Gesamtbevölkerung – eine Minorität darstellt, wenn es sich bei ihnen auch um die sog. „geistige Elite" unserer Gesellschaft handelt. Humangenetiker könnten aus diesem Sachverhalt evtl. unter dem Selektionsaspekt düstere Szenarien für das Wissenschaftssystem ableiten. „Es ist denkbar" – so betont ebenso Burkhart – „dass die zukünftige Generation der Führungselite in den westlichen Ländern immer weniger Kinder bekommt. Sie wäre von der Reproduktionsaufgabe entlastet, die von anderen wahrgenommen würde. [...] Noch wird es nicht offen ausgesprochen, aber vielleicht entzündet sich bald eine Debatte darüber, was es bedeuten würde, wenn ‚die Besten' keine Kinder mehr bekämen" (Burkhart 2009: 24).

Differenzierungstheoretisch und zusammenfassend formuliert: Durch das Schul-, Ausbildungs- und Erwerbsarbeitssystems wird dem System Familie die Funktion der Selbstreproduktion und damit die funktionale Leistungserwartung der Nachwuchssicherung weiterhin und evtl. zukünftig noch stärker erschwert, wenn nicht politische oder andere Maßnahmen getroffen werden oder Veränderungen in anderen sozialen Systemen diesem Prozess entgegenwirken.

Aber auch eine gewisse „Gegensteuerung" zeichnet sich durch familiale endogene Veränderungen ab, also durch das System Familie selbst:

Nicht neu ist in unserem Kulturbereich, dass sich kinderlose Paare zur Adoption von Kindern entschließen. Neu ist aber, dass Kinder in Deutschland kaum zur Adoption freigegeben werden, vor allem eine Folge – wie in Kap.1.5 beschrieben – des Postulats der „verantworteten Elternschaft". Deshalb entschließen sich bereits heute manche Kinderlose für die Adoption ausländischer Kinder. In den USA sind in den letzten Jahren Adoptionsvermittlungsorganisationen entstanden, die Paaren und auch Einzelpersonen gegen sehr hohe Gebühren Säuglinge mit gewünschter Haarfarbe und Typ vermitteln. Zwar hat die Bundesregierung im Jahr 2000 das Haager Übereinkommen über den Schutz von Kindern, das auch Auslandsadoptionen regelt, ratifiziert, aber wegen der damit verbundenen bürokratischen Hürden schätzt Terre des hommes, „dass ein Drittel aller ausländischen Kinder, die von ihren neuen Eltern nach Deutschland geholt werden, an den Behörden vorbei im Herkunftsland adoptiert werden [...]. Bei Unicef, der Kinderhilfsorganisation der UN, sieht man vor allem die privaten Vermittlungsagenturen, die Kinder und adoptionswillige Eltern zusammenbringen, mit Skepsis. In einer Dokumentation hat Unicef festgestellt, dass bisweilen Kinder vermittelt würden, die ihren notleidenden Eltern regelrecht abgekauft wurden" (vgl. Kohlweit 2014). Leider gibt es bislang nur populärwissenschaftliche Abhandlungen zu diesem Thema (Beck/Beck-Gernsheim 2013: 195). Fundierte internationale sozialwissenschaftliche Untersuchungen über Umfang und Art ausländischer Fremdadoptionen sowie über die vielfältigen sozialpsychologischen Probleme aller Betroffenen (Kinder und Eltern) wären dringend notwendig.

Trotz internationaler Schutzbestimmungen und Warnungen seitens Menschenrechtskommissionen könnten also dennoch die Adoptionsfamilien (mit ausländischen Kindern) bei uns ansteigen.

Ferner könnte ein Anstieg der Inseminationsfamilien[2] vermutet werden. Weiterhin könnte die Zahl von Frauen zunehmen, die der ungewollten späteren Kinderlosigkeit infolge des Alters oder anderer unkalkulierbarer Ereignisse vorbeugen möchten und sich deshalb zur Egg Freezing-Methode entschließen. Die sozialwissenschaftliche Forschung hat bisher kaum von dieser medizinischen Entwicklung Kenntnis genommen. In der Zeitschrift „Stern" berichtet ein Journalist in essayistischen Form über einen derartigen Fall:

„Sie saßen bei einem Glas Rotwein in einer Bar. Antje sagte: ‚Ich muss mit Dir reden.' Für ihn nahm der Abend eine unerwartete Wendung. Sie wolle sich ein Stück Eierstock entnehmen und einfrieren lassen, sagte sie. Seine erste Reaktion: ‚Bist Du betrunken, oder meinst Du das ernst?' So könnten sie später noch zusammen Kinder bekommen, erklärte sie – dann, wenn sie normalerweise vielleicht schon in den Wechseljahren wäre. Durch einen Eingriff, der bisher nur an einer kleinen Zahl von Krebspatientinnen durchgeführt wurde, bevor sie durch die Bestrahlung und Chemotherapie ihre Fruchtbarkeit verloren [...]. Antje, 34 Jahre, könnte es sich leichter machen. Heute ist es kein Problem mehr, den Kinderwunsch bis nach der Menopause aufzuschieben. Je nach Lebensalter reichen dafür 10–40 Eizellen: Das neue Zauberwort für ewige Fruchtbarkeit heißt ‚Egg Freezing', Eizelleneinfrieren. Beide Verfahren – Eizelleneinfrieren, Eierstock einfrieren – eint ein großer Traum: die Befreiung der Frau vom Diktat der biologischen Uhr" (Albrecht, in: Stern v. 21. 11. 2013, S. 72).

---

[2]   Über Identifikationsprobleme und andere Folgen für die Kinder wissen wir bisher forschungsmäßig nichts.

Burkhart betont insbesondere für die Familie der Zukunft eine zunehmende soziale statt biologische Elternschaft, wenn er schreibt: „Die biotechnologischen Entwicklungen weisen zumindest in diese Richtung. In-vitro-Fertilisation, extra-korporale Befruchtung, Leihmutterschaft und eine längere Periode der embryonalen Entwicklung im ‚Brutkasten' – diese und andere Methoden der Reproduktionsmedizin und der Gentechnologie könnten die bereits eingeleitete Trennung von biologischer und sozialer Mutterschaft weiter untergraben" (2009: 25). Das gilt nach Burkhart auch für die Männer: „Als erstes würde der Vater überflüssig – jedenfalls im Sinne des bisherigen Zeugungsaktes. Die Männer würden immer stärker auf eine reine Samenspender-Rolle reduziert, von der Sexualität abgelöst (die dann vollständig von der Nachwuchserzeugung abgelöst wäre). Als Samenspender wären dann nur noch jene Männer zugelassen, die einen Samen-Qualitätstest erfolgreich bestanden hätten" (Burkhart 2009: 26). Die Frage stellt sich jedoch, ob Männer überhaupt zu einer derartigen Instrumentalisierung bereit sind.

Zusammenfassend bleibt zu prognostizieren, dass einerseits die Zahl von Familien weiter abnehmen, andererseits dieser Trend durch die Reproduktionsmedizin und die Übernahme der sozialen, statt biologischen Elternschaft abgemildert werden könnte. Die Pluralität von Familien würde somit weiter steigen. Doch wird die biologische Zwei-Elternschaft bei der Geburt weiterhin quantitativ die dominante Form bleiben. Denn Kinder besitzen eine sinnstiftende Funktion im Hinblick auf die (leibliche) Elternschaft und stellen für Paarbeziehungen auch Symbolwerte dar, und nicht zuletzt den der Dokumentation der intensiven emotionalen und sexuellen Paarbeziehung, aus der heraus der Wunsch nach einem gemeinsamen Kind entsteht. Es deutet bisher nichts auf einen diesbezüglichen Einstellungswandel in unserer Gesellschaft hin.

Deutlich werden aber die zu erwartenden starken Transferwirkungen des Medizinsystems auf das System Familie im Hinblick auf die familiale Leistungserwartung der Nachwuchssicherung, wenn das Spannungsverhältnis zwischen Schul-, Hochschul- und Erwerbsarbeitssystem sowie dem System Familie nicht aufgelöst wird.

Die funktionale familiale Leistung der Sozialisation von Kindern wird von dem System Familie weiterhin erwartet und erfüllt werden. Ob und wie die einzelne Familie diese Leistung erbringt, ist unter diesem Makroaspekt nicht relevant. Selbst wenn das Kinderbetreuungssystem und das Schulsystem in Form von Ganztagsschulen quantitativ in unserer Gesellschaft und anteilig am Zeithaushalt der Kinder zunimmt (was zu erwarten ist), wird damit nicht die Erziehung von Kindern und Jugendlichen „verstaatlicht", wie in manchen Veröffentlichungen befürchtet wird. Zum einen ist in Bezug auf den zeitlichen Umfang, die Kinder in öffentlichen Institutionen verbringen, anzumerken, dass der Umfang an Familienzeiten zwar abnimmt, aber dennoch wochentags stundenweise, an Samstagen und Sonntagen sowie an Feiertagen und in den Ferienzeiten zunehmend Freizeitzeiten mit den Eltern und Geschwistern verbracht werden. Die Zeiten in öffentlichen Institutionen und die mit den Familienmitgliedern würden sich stärker blockmäßig gliedern. Ferner haben Myrdal/Klein schon 1962 darauf hingewiesen, dass die Quantität, die Mütter (Gleiches gilt für die Väter) mit ihren Kindern verbringen, nichts über die Qualität der Zeitverfügung aussagt. Man könnte sogar vermuten: Je knapper das Gut „gemeinsame Freizeit" ist, desto bewusster wird seine Gestaltung. Zudem bedeutet die räumliche Trennung zwischen den Familienmitgliedern heute nicht mehr automatisch fehlende Präsenz, sondern durch das neue Kommunikations- und Informationssystem häufig nur reduzierte face-to-face-Präsenz (vgl. hierzu Feldhaus 2004 und den Beitrag von Feldhaus/Logemann in diesem Band). Selbstverständlich unterscheiden sich beide Interaktionsformen qualitativ. Über ihre unterschiedliche Wirkung in Bezug auf den familialen Sozialisationsprozess wissen wir forschungsmäßig bisher leider noch nichts; nur Vermutungen und Spekulationen beherrschen bisher die Diskussion.

Mit der zu erwartenden Zunahme an Ganztagsschulen (wegen des weiteren Anstiegs an erwerbstätigen Müttern; vgl. Abschnitt 6.3) wird vermutlich das System Familie wieder von der Hausaufgabenbetreuung entlastet werden. Diese Rückverlagerung von Leistungserbringung an das System Schule könnte damit die Hauptquelle von Konflikten in den familialen Beziehungen reduzieren (vgl. Kap. 1.8 in diesem Band).

Zudem unterscheiden sich das Kinderbetreuungs- und das Schulsystem vom System Familie in Bezug auf die Sozialisation qualitativ (vgl. Kap. 1.4 in diesem Band). Vom System Familie wird vor allem das Erlernen von extra-funktionalen Fähigkeiten erwartet (Vertrauensbereitschaft, Empathie, Fleiß, Pünktlichkeit, Sorgfalt, Durchstehvermögen u. a. m.). Nichts deutet darauf hin, dass dem System Familie diese funktionale Leistungserbringung von anderen sozialen Systemen entzogen werden könnte.[3]

6.3 Die funktional-spezialisierte Leistung des Systems Familie: die physische und psychische Regeneration und Stabilisierung ihrer Mitglieder

Die spezialisierte funktionale Leistungserwartung der physischen Regeneration und Stabilisierung ihrer Mitglieder (auch Haushaltsfunktion genannt) bezieht sich auf deren körperliche Gesundheitserhaltung (Ernährung, Pflege, Vorbeugung vor Krankheiten usw.), die der psychischen auf die „seelische Gesundheit", vor allem auch auf die neue Spannungsausgleichsfunktion (vgl. Kap. 1.5 in diesem Band). Diese funktionalen Leistungserwartungen werden auch zukünftig an das System Familie gestellt werden, auf die alle übrigen sozialen Systeme angewiesen sind.

Es ist jedoch zu vermuten, dass die Leistungserbringung der physischen Regeneration und Stabilisierung ihrer Mitglieder durch das Techniksystem an Umfang abnehmen wird. Vor allem werden sich die hauswirtschaftlichen Leistungen (z. B. die Essenszubereitung, die Pflege der Wohnung durch selbst gesteuerte Staubsauger u. a. m. bis hin zum *smart home* mit interaktiver Technik) durch Technisierung oder durch Auslagerung an diesbezüglich spezialisierte Erwerbsarbeitssysteme (z. B. Reinigungssysteme) weiter minimieren. Röhler prognostiziert ähnlich: „Der Technisierungs- und Automatisierungsgrad von Privathaushalten wird weiter zunehmen. Insbesondere die Informatisierung des Wohnens führt zur Vernetzung der in den Haushalten vorhandenen Geräte im Interesse einer besseren Bedürfnisbefriedigung der Bewohner. Dieser Prozess wird durch neue technische Möglichkeiten und durch die Nutzerbedürfnisse vorangetrieben. Die Eigenlogik der Technisierung und die Effizienzbedürfnisse für ‚ungeliebte' Hausarbeiten, für die keiner der beiden Partner eine Präferenz hat, spielen dabei zusammen. Damit gelingt es, den persönlich notwendigen Aufwand für viele Hausarbeiten zu minimieren. Bereits heute gibt es zum Beispiel sich selbst reinigende Fenster, die

---

[3] Eine totale institutionelle kollektive Kindererziehung war in den israelischen Kibbuzim, die hierfür oftmals als Beispiel genannt werden, nur bei ihrer Entstehung geplant und nur anfangs gegeben. Inzwischen wurde diese zugunsten der Eltern-Kind-Beziehung stark reduziert.

jedoch noch zu teuer sind, um standardmäßig eingebaut zu werden. Durch die Informatisierung werden bedeutend mehr Arbeiten als heute automatisch gesteuert und kontrolliert, was ebenfalls eine Verringerung der zu erledigenden Hausarbeiten bedeutet" (Röhler 2009: 191). Auf diese Weise könnte sich das Problem der innerfamilialen Arbeitsteilung zwar nicht völlig auflösen, sich jedoch reduzieren bzw. mehr oder weniger bedeutungslos werden.

Eine völlige Verlagerung der physischen Regenerations- und Stabilisierungsfunktion in Bezug auf ihre Mitglieder ist jedoch nicht zu erwarten. Z. B. wird das gemeinsame Essen evtl. an Häufigkeit verlieren, aber bestimmte Mahlzeiten sind im Hinblick auf bestimmte Zeiten und Tage (z. B. am Abend, an Wochenenden) fest institutionalisiert und tragen dadurch sosehr zur Ausprägung und Stabilisierung der Gruppenidentität bei, dass ein Abweichen von diesen Ritualen kaum zu erwarten ist. Ein derartiges Verhalten von einzelnen Familienmitgliedern könnte sogar von den anderen als erste Aufkündigung der gegenseitigen Beziehungen gedeutet werden. Ferner wird mit den gemeinsamen Mahlzeiten (vgl. Kap. 1.5 in diesem Band) nicht nur der „Hunger gestillt". Mahlzeiten sind in ein Bündel von sozialen Handlungen eingebettet: Informationsweitergabe, versuchte Einlösung von Erziehungszielen, Ausbildung und Weitergabe von Familienritualen u. a. m. Sie tragen somit zur Stabilität der Binnenstruktur und dadurch – wie bereits betont – zur Gruppenidentität bei. Deshalb ist es nicht verwunderlich, dass empirische Untersuchungen zeigen, wie sehr die Familienmitglieder (auch die Jugendlichen) die Bedeutung des gemeinsamen familialen Essens als wichtige Freizeitaktivität betonen (vgl. Schönberger/Methfessel 2011). Aber selbst die Mahlzeit vorzubereiten, könnte durch ihre zeitliche Reduzierung infolge von Halbfertigprodukten u. a. m. und wegen der Reduzierung von anderen hauswirtschaftlichen Tätigkeiten evtl. sogar zu einer eigenen Art Freizeitaktivität deklariert werden. In den Medien zeigt sich derzeit eine auffällige und sich ausweitende Tendenz zur Aufwertung des Kochens als „individuelle Kunst".

Die Reduzierung von hauswirtschaftlichen Tätigkeiten kann – wie betont – zur Folge haben, dass das Problem der innerfamilialen Arbeitsteilung entschärft wird und dass Frauen immer seltener *nur* die Hausfrauenrolle übernehmen möchten, die immer weniger Zeit beansprucht und weiterhin an Prestige verlieren wird. Das heute andauernde Bemühen von Verbänden und auch von manchen Politikern, die volkswirtschaftliche und soziale Wichtigkeit der Hausfrauen-Rolle herauszustreichen, zeugt gerade davon, dass ihre Anerkennung nicht mehr selbstverständlich ist, sondern erst bewiesen werden muss. Diese Entwicklung ist einerseits auf die Veränderungen der hauswirtschaftlichen Tätigkeiten selbst[4] zurückzuführen, zum anderen auf die gewandelten Prestigekriterien in unserer Gesellschaft. Gleichgültig, ob man diesem Trend persönlich zustimmt, ihn für richtig oder falsch hält (diese Frage ist im Übrigen keine soziologische), es gelten als soziale Prestigekriterien in unserer Gesellschaft vornehmlich: die Berufsausbildungsqualifikation, die Einkommenshöhe, die Stellung in der Berufshierarchie, das Ausmaß an Entscheidungsfunktionen sowie die vermutete berufliche Leistung für die Gesellschaft. Die heutige Hausfrauenrolle ist aber gekennzeichnet durch fehlende Berufsqualifikation, durch fehlende Leistungs- und Erfolgsbemessungskriterien, durch fehlende Anweisungsbefugnisse an Untergebene und durch Aberkennung ihrer Leis-

---

[4]   Es ist für uns kaum noch vorstellbar, was für eine Vielfältigkeit von hauswirtschaftlichen Tätigkeiten noch vor 50/60 Jahren durchzuführen waren, als es noch keine Haushaltmaschinen und moderne Heizöfen sowie Kochherde und Putzmittel gab: So bedeutete das Wäschewaschen, das Flicken von Strümpfen, Wäsche und Kleidung, das Putzen von Fußböden und rußigen Töpfen, das Einwecken und Trocknen von Obst und Gemüse, das Schärfen von Messern, das Kochen und Heizen mit Holz und Kohle u. a. m. einen hohen Arbeitsaufwand.

tung als Beitrag zum Sozialprodukt. Es ist deshalb verständlich, wenn junge Mütter ohne Erwerbstätigkeit ihr Selbstbewusstsein allein über ihre Sozialisationsleistung „abrufen". Aber auch für diese Aufgabe gibt es keine Leistungsbemessungskriterien, was zu Unsicherheit führen kann. Vor allem ihre Kindzentriertheit, die Festschreibung allein auf das Kind, und die damit verbundene fehlende Freizeit und die zuverlässige und geregelte Chance, Zeit auch mal ohne Kleinstkind mit anderen Inhalten verbringen zu können, sowie der fehlende Urlaubsanspruch bedeuten auch eine psychische Überforderung dieser Frauen, die Gewerkschaften für keinen anderen Beruf zulassen würden. Man muss ferner bedenken, dass die Mehrzahl der heutigen, aber vermutlich alle jungen zukünftigen Frauen bei der Familiengründung über eigene Einkommen verfügen, und sich dann bei deren Verlust plötzlich realiter (und entgegengesetzt zum Modernisierungsprozess) in einer personellen finanziellen Abhängigkeit – bei aller emotionellen Bindung und trotz interner Arrangements – von ihrem Partner bzw. Ehemann befinden. Insofern wird die Zahl der erwerbstätigen Mütter in Deutschland weiter ansteigen und das Bild der erwerbstätigen Mutter zur Normalität werden. Das bedeutet, dass der Typ der (hoch-)bürgerlichen Familienform (Vollzeithausfrau und vollzeiterwerbstätiger Ehemann) zukünftig mehr oder weniger der Vergangenheit angehören wird.

Da die konkrete Ehepartnerwahl– wie viele aktuelle Untersuchungen zeigen (zusammenfassend Nave-Herz 2013: 134 f.) – die Homogamiethese bestätigt (man heiratet überwiegend in seiner sozialen Schicht bzw. seinem sozialen und kulturellem Milieu), wird sich gleichzeitig mit dem Anstieg der Zahl der erwerbstätigen Mütter die finanzielle Ungleichheit zwischen den Familien verstärken, nicht nur zwischen den wenigen noch verbliebenen „Hausfrauen-Familien" und den *dual-earner-families*, sondern vor allem innerhalb der letztgenannten Gruppe wegen der Verdoppelung der hohen und der geringen Einkommen.

Die zunehmende Erwerbstätigkeit von Müttern bedeutet aber gleichzeitig auch eine steigende Anzahl von Frauen, die die Ausbalancierung zwischen den Anforderungen der Mutter- und der Berufsrolle lösen müssen, was bisher überwiegend nur für die Männer galt. Unter differenzierungstheoretischem Aspekt bedeutet diese gesellschaftliche Veränderung ein Anstieg des Komplexitätsgrads des Systems Familie gerade auch im Hinblick auf die funktionspezialisierte Leistungserwartung der psychischen Regeneration und Stabilisierung ihrer Mitglieder. Hinzu kommt, dass – wie in Kap. 1.8 in diesem Band gezeigt wurde – die Leistungserwartungen an das System Familie in Bezug auf die Sozialisationsfunktion zeitgeschichtlich gestiegen sind. Damit stellt sich die Frage, ob die beiden funktionalspezialisierten Leistungserwartungen einen so hohen Komplexitätsgrad erreichen könnten, dass – um diesen zu reduzieren – eine innersystemische Differenzierung in Form einer Rangordnung zwischen den beiden spezialisierten Leistungserwartungen entsteht. So könnte z. B. die Sozialisationsfunktion vor der Spannungsausgleichsfunktion in Bezug auf die erwachsenen Familienmitglieder Priorität erhalten. Mit anderen Worten: Das Eltern-Kind-Subsystem bekäme Vorrang vor dem Ehe- bzw. Partner-Subsystem. Auf der Mikroebene könnte diese Veränderung weitere Folgen zeitigen, nämlich dass der Partner, der diesen Rangfolgewandel nicht mittragen kann[5], aus dem Familiensystem ausscheidet. Damit könnte auch hierdurch die Zahl der Einelternfamilien weiter ansteigen.

---

[5] Hinzu kommen selbstverständlich auf der Mikroebene noch weitere verursachende Bedingungen, denn monokausale Erklärungen sind für den komplexen Prozess von Ehescheidungen nicht möglich.

Durch die Globalisierung und die verstärkten Mobilitätsprozesse aus wirtschaftlichen und politischen Gründen könnten die – bisher noch nicht erwähnten – binationalen Familien (zuweilen verbunden damit: die bikonfessionellen) und die Familien mit einem Partner mit Migrationshintergrund ansteigen, evtl. in unterschiedlichem Ausmaß je nach Nationalität und Konfession. Diese Familien könnten eine gesamtgesellschaftliche Integrationsfunktion übernehmen. Doch könnte aber auch – entsprechend der Homogamiethese – die (Ehe-)Partnerwahl in Deutschland weiterhinin überwiegend zu einer kulturbedingten Abschottung, zu einer sozialen Segregation, mit allen ihren möglichen politischen Folgen führen. Das Ausmaß an binationalen bzw. bikulturellen Familien kann in einer multi-kulturellen Gesellschaft, wie die deutsche, als Indikator für den Grad der gesellschaftlichen Integration unterschiedlicher ethnischer Gruppen gelten.

Da durch die steigende Zahl von erwerbstätigen Frauen und Müttern die Eheschließung in Zukunft immer seltener ein Kompensationsinstrument zur Aufhebung finanzieller Ungleichheit in Paarbeziehungen darstellt, werden die Eheschließungen in Zukunft weiter sinken. Insofern kann vermutet werden, dass weiterhin die Zahl der Familien, bestehend aus einer nichtehelichen Lebensgemeinschaft und Kind(ern) steigt (hierzu auch Feldhaus/Hiunink 2011: 101). Wenn auch die Eheschließungsquoten insbesondere infolge der veränderten Rolle der Frau zurückgehen werden, ist nicht anzunehmen, dass die Ehe völlig „aussterben" wird, sie ist kein „Auslaufmodell". Für manche Paare wird die Eheschließung weiterhin einem Sicherheitswunsch – gerade auch im Hinblick auf die Kinder – durch den rechtlich abgesicherten Unterstützungsschutz entsprechen; für manche bleibt sie ein kulturelles Selbstverständnis; einige möchten mit ihr die Intensität und Exklusivität ihrer Paarbeziehung öffentlich demonstrieren; wiederum andere wollen eine religiöse Pflicht einlösen.

Selbst wenn die Eheschließungsquoten abnehmen werden, zeigt sich vermutlich in Zukunft kein Bedeutungsverlust der Familie, wenn auch im Vergleich zu den 1960er/1970er Jahren eine noch stärkere Pluralität von Familienformen zu erwarten ist. Da im Zuge der Globalisierung die unternehmerischen Großorganisationen und die bürokratischen Verwaltungsinstitutionen weiter zunehmen werden, die u. a. durch Anonymität und Zweckrationalität gekennzeichnet sind, dürfte beim Einzelnen das Gefühl der Vereinzelung und das Bedürfnis nach kleinen Gemeinschaften eher stärker werden. Hier erwartet man sich eine ganzheitliche Lebenswelt und ein personales Angenommensein und hier sieht man sich nicht allein als Rollenträger definiert. Diese „Spanungsausgleichsfunktion" wurde in Kap. 1.5 in diesem Band bereits näher beschrieben. Dass diese Sehnsuchterwartungen sich häufig auch als eine Überforderung an die Familie erweisen können, ist evident. Damit könnten die Ehescheidungszahlen zukünftig quantitativ weiter steigen, und durch Wiederverheiratung sich auch die Zahl der Stieffamilien erhöhen.

Dieser Prozess wird sich dadurch noch verschärfen, weil die Anforderungen an den Einzelnen in Bezug auf Flexibilität im Berufsbereich, durch regionale Mobilität, Anpassungs- und Auseinandersetzungsprozessen mit technischem, ökonomischem und politischem Wandel u. a. m. die individuellen Sozialisationsprozesse der Ehepartner sich in sehr unterschiedlicher Weise entwickeln können. Entfremdungsprozesse zwischen den Partnern, wenn kein gegenseitiger stetiger Erfahrungsaustausch diesem Prozess entgegenwirkt, könnten die Folge sein und den Sinn der Partnerschaft infrage stellen.

Die Ehescheidung ist aber nur eine „Vertragskündigung" an den Ehepartner. So kann sich das Ehesytem in unserer Gesellschaft auflösen; das Eltern-Kind-System bleibt schon allein aufgrund von Rechtsnormen (z. B. wegen des Unterhaltsrechts und zumeist durch das gemeinsame Sorgerecht) bestehen. Es kann nur seine Form verändern, vor allem durch die reduzierten Kontaktmöglichkeiten mit dem aus der Haushaltsgemeinschaft ausscheidenden Elternteil. Die zu erwartende Zunahme an Ehescheidungen führt also nicht zur Auflösung der Kernfamilie, sondern wird – wie bereits erwähnt – zu einer erhöhten Pluralität von unterschiedlichen Kernfamilienformen beitragen.

Die Spannungsausgleichsfunktion des Systems Familie basiert auf der Intimisierung und Emotionalisierung seiner Binnenstruktur, die sich – wie in Kap. 1.5 in diesem Band beschrieben – erst seit ca. 200 Jahren sehr langsam in allen sozialen Schichten durchgesetzt hat. Emotionen sind keine anthropologischen Konstanten, sondern entstehen durch das Zusammenwirken biologischer, psychologischer und kultureller Faktoren. Das gilt auch für die sog. romantische Liebe. Sie ist kulturell konstruiert und historisch wandelbar. Lenz betont, dass in den Zweierbeziehungen der Gegenwart emotionale Bindungen mit einer Stärke entstünden, die alle anderen Bindungen, auch die zu den eigenen Eltern und Geschwistern, überstiegen. Kein anderes Gefühl scheine „so eng mit der Partnerbeziehung assoziiert zu sein wie die Liebe" (Lenz 2003: 249). Soziologen haben sich erst seit den 1980er Jahren der Erforschung von Emotionen gewidmet. Die Autoren sind sich einig darüber, dass die Bedeutung von Emotionen gesellschaftlich zukünftig nicht abnehmen, sondern eher zunehmen werden.

Zur funktional spezialisierten Leistung des Systems Familie gehört auch die physische und psychische Regeneration und Stabilisierung ihrer alten Mitglieder. Die Pflegetätigkeiten und gesundheitliche Vorsorgen werden weiterhin in einem hohen Maße von den Familienangehörigen erbracht werden, weil mit ihnen die persönlichen emotionalen Beziehungen symbolisiert und dokumentiert werden. Zwar sind in Bezug auf die Pflege ihrer alten hochbetagten Familienmitglieder Veränderungen zu erwarten. Wenn auch zu prognostizieren ist, dass die Rüstigkeit im Alter infolge der Veränderungen seitens des Medizinsystems zunehmen wird, bleibt dennoch, dass für die Hochbetagten, weil sie quantitativ zunehmen werden, in einem wachsenden Umfang sozialpolitische, pflegerische und medizinische Maßnahmen erforderlich werden, die das System Familie überfordern. Das historisch neue an der gegenwärtigen und zukünftigen Situation vieler älterer Menschen ist (hierzu ausführlicher Nave-Herz 2012: 255 ff.), nämlich nicht ihre völlige Pflegebedürftigkeit in den letzten Jahren, sondern dass sie der unterschiedlichsten Hilfe, Stützen und Versorgungen bedürfen (z. B. Versorgungshilfen in Bezug auf den täglichen Bedarf, den finanziellen Angelegenheiten, aktive Freizeitgestaltung bei körperlichen Behinderungen, Übergangspflege nach Krankenhausaufenthalten u. a. m.). Hierbei handelt es sich auch häufig zunächst nur um zeitweilige notwendige Unterstützungsmaßnahmen. Dennoch könnte das System Familie durch diese Komplexitätssteigerung von Hilfs- und Fürsorgeleistungen überfordert werden; deshalb ist ein weiterer, sehr spezifischer Ausbau des Pflege- und Betreuungssystems (von Tageskliniken, Tagespflegeheimen, Entlastungshilfen für pflegende Angehörige u. a. m.) für die Zukunft zu erwarten. Bei einer notwendigerweise spezialisierten Vielfältigkeit von Unterstützungssystemen hat das System Familie zwar weiterhin die Fürsorgefunktion ihrer hochbetagten Mitglieder zu erbringen, aber die Leistungsart würde sich verändern. Sie beinhaltete nunmehr die Wahrnehmung – etwas überspitzt formuliert – von eher „Managementfunktionen": Leistungen (hier: Hilfen) zu selektieren, zu koordinieren und zu kontrollieren. Damit wird die Familie aber auch eher in der Lage sein, sich auf die emotionalen Bedürfnisse ihrer ältesten Mitglieder zu konzentrieren und sich überhaupt den immateriellen Fürsorgeleistungserwartungen in umfangreicherem Maße zu widmen, was für deren Lebenserwartung in ihrer letzten Phase zugleich notwendig und wünschenswert ist. Differenzierungstheoretisch gesehen, würde der Anteil der

Leistungserbringung zur physischen Regeneration und Stabilisierung zugunsten der psychischen abnehmen.

Die zuvor beschriebene Spannungsausgleichsfunktion, die dem System Familie eine Exklusivität verleiht, könnte jedoch in Zukunft durch die neuen Kommunikations- und Informationsmedien außer Kraft gesetzt werden, zumindest die funktional-spezialisierte Leistungserbringung der psychischen Regeneration und Stabilisierung der Familienmitglieder erschweren. Die dauernde Erreichbarkeit nicht nur im Hinblick auf den Beruf, sondern auch für Freunde, Verwandte, Bekannte usw. könnte die Geschlossenheit des familialen Systems und damit die familiale Intimität und schließlich die Exklusivität des Familiensystems beeinträchtigen. So prognostizieren Wissenschaftler (z. B. Burkhart 2013: 392), dass „die Familie der Zukunft ‚öffentlicher'" wird.

Neuen technischen Erfindungen wird häufig zunächst ihre Chance der unbegrenzten Einsetzbarkeit zugeschrieben und ermöglicht. Erst wenn die Nachteile von technischen Erfindungen und ihrer Entwicklung für Einzelne, für die Gesellschaft oder für bestimmte soziale Systeme offenbar, nachdrücklich spürbar und belegbar werden, greift das Rechtssystem ein. Zuweilen wird bereits schon zuvor durch soziale Normen die Begrenzung des Einsatzes der neuen Technik zu regeln versucht. Das Rechtssystem und die sozialen Normen[6] „hinken" also zumeist technischen Entwicklungen nach. So ist z. B. zur Zeit noch – via Handy, iPhone, Internet – jedermann zu jeder Zeit zumeist zu erreichen. Doch kündigen sich bereits gegenwärtig Tendenzen an, die diese Dauerpräsenz begrenzen: z. B. zeigt eine empirische Studie (Feldhaus 2004; vgl. auch den Beitrag von Feldhaus/Logemann in diesem Band), dass manche Eltern bereits schon jetzt darauf bestehen, dass im gemeinsamen Wohnraum oder zu bestimmten (Essens-)Zeiten Handyverbot gilt. Die Bahn hat Abteilungen nur für Handy- und Internetnutzer eingerichtet, zwar nicht mit dem Erfolg, dass nur dort telefoniert wird. Zur Zeit sind die ersten Arbeitsgerichtsurteile getroffen worden, die Arbeitnehmer, selbst Führungskräfte, vor ihrem Arbeitgeber schützen, indem die Forderung nach Dauerpräsenz durch Internet und Handy vertraglich vereinbart sein muss und ansonsten nicht verlangt werden kann. Entsprechende weitere Regelungen werden sich vermutlich zukünftig in stärkerem Maße durchsetzen, die der völligen Entgrenzung zwischen den sozialen Systemen entgegenwirken und nur zeitlich limitierte und festgelegte Präsenz bzw. Durchlässigkeit erlauben.

Eine weitere plötzliche Wende im Datenverkehr des Internets kündigt sich durch die NSA-Enthüllungen u. a. durch Snowden an, indem nunmehr mit Nachdruck die Forderung seitens des Politiksystems, privater Gruppen, z. B. des CCC[7], auch selbst des Techniksystems gestellt wird, den Zugriff auf die Daten durch gesetzliche Bestimmungen und durch technische Entwicklungen zu beschränken und damit auch die Privatsphäre besser zu schützen.

Durch den „Fall Snowden" wird im Übrigen der einleitende Hinweis (Kap. 6.1) belegt, dass plötzliche, nicht kalkulierbare, d. h. nicht antizipierbare Ereignisse eintreten können (hier: durch eine einzelne Person), wodurch Prognosen nicht in die vermutete Richtung verlaufen (hier: weiterer Ausbau von einfachen Datennetzen im Glauben an das Anonymitätsprinzip).

---

[6]   Zum Begriff „Norm" vgl. den Beitrag von Völschow in diesem Band.

[7]   CCC (Chaos Computer Club) wurde 1981 in Berlin gegründet und organisiert Treffen von Computerexperten seit 30 Jahren. Beim letzten Treffen 2013 nahmen 8000 „Internetaktivisten" teil, die gegen „ausufernde staatliche Überwachung und schwindenden Datenschutz" aufgrund der Snowden-Affäre protestierten.

6.4   Schlussbemerkung

In einem kurzen Artikel können selbstverständlich nicht alle Dimensionen des möglichen zukünftigen Wandels behandelt werden. Ich habe mich auf die dem System Familie zugeschriebenen funktional-spezialisierten Leistungen und damit dezidiert auf eine soziologische Sichtweise beschränkt. Damit wurden z. B. mögliche sozialpsychologische Veränderungen nicht diskutiert und damit Themen, wie z. B. Wandel in den innerfamilialen Interaktionsformen, in Erziehungszielen u. a. m. blieben unberücksichtigt

Wenn von vielen Autoren und Autorinnen zukünftige Veränderungen des Systems Familie allein durch den Wandel des Erwerbsarbeitssystems prognostiziert wird, so wurde jedoch in diesem Beitrag gezeigt, dass insbesondere auch das Medizin- und das Techniksystem das System Familie in seiner Struktur verändern wird.

Soziale Veränderungen sollten aber – darauf wies bereits 1969 René König hin – nicht gleich pathologisiert werden. Gesellschaftliche und auch familiale Veränderungen sind nicht gleich als Zerfallserscheinungen zu interpretieren. Und so deutet bisher nichts daraufhin, dass trotz der genannten Trends das funktionale Systemziel „Bildung und Erhaltung des Humanvermögens" und die funktional-spezialisierten Leistungserwartungen der Nachwuchssicherung (Geburt/Adoption sowie Sozialisation) und der physischen und psychischen Regeneration und Stabilisierung ihrer Mitglieder weiterhin dem System Familie zugeschrieben werden und es diese Leistungen insgesamt weiterhin erbringen wird.

Hinweise auf weiterführende Literatur

Burkhart, G. (Hrsg.), Zukunft der Familie – Prognosen und Szenarien, Zeitschrift für Familienforschung, Sonderheft 6, Opladen 2009.

Nave-Herz, R., Die Familie in Europa als „Fürsorgeinstitution" für ihre älteren Mitglieder, in: Familie, Bindungen und Fürsorge – Familiärer Wandel in einer vielfältigen Moderne, hrsg. v. H. Bertram, N. Ehlert, Opladen/Farmington Hills, MI 2011, S. 281–298.

OECD: The Future of Families to 2030, OECD Publishing 2012. Verfügbar unter: http:/dx.doi.org/10.1787/97892664168367-en

---

Wiederholungsfragen / Übungsaufgaben

1. Listen Sie in Form von Thesen die in diesem Beitrag genannten zukünftigen möglichen familialen Veränderungen mit ihren Begründungen auf.
2. Stellen Sie die Argumente in den verschiedenen Beiträgen in diesem Band in Bezug auf die steigende Kinderlosigkeit zusammen (benutzen Sie hierzu auch das Sachverzeichnis im Anhang). Verschriftlichen Sie Ihre eigene Stellungnahme.
3. Inwiefern können binationale Familien und Familien mit einem Partner mit Migrationshintergrund eine gesellschaftliche Integrationsfunktion in einer multikulturellen Gesellschaft übernehmen?
4. Diskutieren Sie in Ihrer Gruppe den folgenden Zeitungsausschnitt: „,Mutter werden mit 50plus' titelte das Zentralorgan der deutschen Feministinnen ‚Emma' und die Autorin kommentierte: ,Ja, wo ist das Problem?'" Stellen Sie die Vor- und Nachteile für 50-Jährige bei Geburt ihres ersten Kindes schriftlich gegenüber und notieren Sie, ob Sie in Ihrer Gruppe zu einer übereinstimmenden Antwort gekommen sind oder warum nicht.

6.5   Literatur

Beck, U. und Beck-Gernsheim, E., Fernliebe, Berlin 2013.

Bundeszentrale für gesundheitliche Aufklärung (Hrsg.), Kinderwunsch und Familiengründung bei Frauen und Männern mit Hochschulabschluss – Eine Repräsentativbefragung, Köln 2005.

Burkart, G., Einblicke in die Zukunft der Familie, in: Zukunft der Familie – Prognosen und Szenarien, hrsg. v. G. Burkart, Opladen 2009, S. 9–30.

Burkart, G., Zukunft der Familie oder: Szenarien zukünftiger Lebens- und Familienverhältnisse, in: Lehrbuch moderne Familiensoziologie, hrsg. v. N. F. Schneider, Opladen 2008, S. 253–272.

Burkhart, G., Konsequenzen gesellschaftlicher Entwicklungstrends für Familie und private Lebensformen der Zukunft, in: Familie(n) heute – Entwicklungen, Kontroversen, Prognosen, hrsg. v. D. Krüger, H. Herma und A. Schierbaum, Weinheim 2013, S. 392–412.

Esser, H., Soziologie – Spezielle Grundlagen, Bd. 2, Opladen 2000.

Feldhaus, M., Mobile Kommunikation im Familiensystem – zu den Risiken und Chancen mobiler Kommunikation für das familiale Zusammenleben, Würzburg 2004.

Feldhaus, M. und Huinink, J., Multiple Elternschaften in Deutschland – eine Analyse zur Vielfalt von Elternschaft in Folgepartnerschaften, in: Zeitschrift für Familienforschung, 2011, S. 77–104.

König, R., Soziologie der Familie, in: Handbuch der empirischen Sozialforschung, hrsg. v. R. König, Bd. 2, Stuttgart 1969, S. 172–305.

Kohlweit, C., Baby per Mausklick, in: süddeutsche.de, 19. 5. 2010.

Krüsselberg, H.-G., Die vermögenstheoretische Dimension in der Theorie der Sozialpolitik – Ein Kooperationsfeld der Soziologie und Ökonomie, in: Soziologie und Sozialpolitik, Sonderheft 19 der Kölner Zeitschrift für Soziologie und Sozialpsychologie, hrsg. v. C. Ferber und F.-X. Kaufmann, Köln/Opladen 1977, S. 232–259.

Krüsselberg, H. G., Friedrich Engels – Die Vision von der Gleichheit der Geschlechter in Familie, Wirtschaft und Gesellschaft, in: Die Geschichte der Familiensoziologie in Portraits, hrsg. v. R. Nave-Herz, Würzburg 2010, S. 57–78.

Lenz, K., Soziologie der Zweierbeziehung – Eine Einführung, Wiesbaden 2013.

Myrdal, A. und Klein, V., Die Doppelrolle der Frau in Familie und Gesellschaft, Köln 1962.

Nave-Herz, R., Die These über den ‚Zerfall der Familie‘, in: Die Diagnosefähigkeit der Soziologie, Sonderheft 38 der Kölner Zeitschrift für Soziologie und Sozialpsychologie, hrsg. v. J. Friedrichs, M. Lepsius und K. U. Mayer, Opladen 1998, S. 286–315.

Nave-Herz, R., Wilhelm Heinrich Riehl, in: Die Geschichte der Familiensoziologie in Portraits, Würzburg 2010, S. 15–34.

Nave-Herz, R., European Families' Care for Their Olders Members – A Historical Perspective and Future Outlook, in: Families, Ties and Care, hrsg.v. H. Bertram und N. Ehlert, Farmington/Hills 2012, S. 255–270.

Nave-Herz, R., Ehe- und Familiensoziologie, 3. Aufl., Weinheim 2013.

Play, Le F., Les Ouvriers Européens, Paris 1855.

Riehl, W.H., Die Familie, München 1854.

Röhler, A., Zur Zukunft der Hausarbeit in Paarbeziehungen, in: Zukunft der Familie – Prognosen und Szenarien, hrsg. v. G. Burkhart, Sonderheft 6 der Zeitschrift für Familienforschung, Opladen 2009, S. 179–194.

Schönenberger, G. und Methfessel, B. (Hrsg.), Mahlzeiten – Alte Last oder neue Lust?, Wiesbaden 2011.

Autorenverzeichnis

Böllert, Karin, Dr., Professorin für Erziehungswissenschaft mit dem Schwerpunkt Sozialpädagogik, Institut für Erziehungswissenschaft, Arbeitsbereich Sozialpädagogik, Westfälische Wilhelms-Universität, Münster.

Esser, Hartmut, Dr., Professor für Soziologie, Fakultät für Sozialwissenschaften, Universität Mannheim.

Feldhaus, Michael, Dr., Vertretungsprofessur für Mikrosoziologie, Institut für Sozialwissenschaften, Carl-von-Ossietzky-Universität, Oldenburg.

Honig, Michael-Sebastian, Dr., Professeur en Social Work, Université du Luxembourg.

Krüsselberg, Hans-Günter, Dr., Professor der Wirtschaftswissenschaften, Philipps-Universität Marburg.

Lange, Andreas, Dr., Professor für Soziologie, Hochschule Ravensburg-Weingarten.

Lauterbach, Wolfgang, Dr., Professor für Sozialwissenschaftliche Bildungsforschung, Universität Potsdam.

Logemann, Niels, Dr., Leiter des Kompetenzzentrums für Lehrerinnen- und Lehrerfortbildung, Universität Vechta.

Nave-Herz, Rosemarie, Dr. Dr. h. c., Professorin für Soziologie, Institut für Sozialwissenschaften, Carl-von-Ossietzky-Universität, Oldenburg.

Peter, Corinna, Dr., Wissenschaftliche Mitarbeiterin, Institut für Erziehungswissenschaften, Arbeitsbereich Sozialpädagogik, Westfälische Wilhelms-Universität, Münster.

Ruppenthal, Silvia, Wissenschaftliche Mitarbeiterin, Bundesinstitut für Bevölkerungsforschung (BIB), Wiesbaden.

Schlegel, Monika, Dr., Wissenschaftliche Mitarbeiterin, Institut für Erziehungswissenschaft, Arbeitsbereich Sozialpädagogik, Westfälische Wilhelms-Universität, Münster.

Schneider, Norbert F., Dr., Professor für Soziologie, Direktor des Bundesinstituts für Bevölkerungsforschung (BIB), Wiesbaden.

Szydlik, Marc, Dr., Professor für Soziologie, Soziologisches Institut, Universität Zürich.

Völschow, Yvette, Dr., Professorin für Sozial- und Erziehungswissenschaften, Universität Vechta.

Index

www.ingramcontent.com/pod-product-compliance
Lightning Source LLC
Chambersburg PA
CBHW061921260326
41914CB00048B/2072